suhrkamp taschenbuch 4713

München 1914: Während die Bevölkerung wie im Taumel das hundertjährige Bestehen des königlichen Leibregiments feiert, wird am Isarufer die Leiche eines jungen Mannes gefunden. Die Ermittlungen führen den jungen Kommissär Reitmeyer von den Arbeitervierteln bis in die Villen der Großbürger – und in das berühmt-berüchtigte Café Neptun, Vergnügungsort der Offiziere. Weil er jedoch per Gesetz nicht gegen das Militär ermitteln darf, wird er vom Polizeipräsidenten persönlich bedrängt, seine Ermittlungen einzuschränken. Da macht Reitmeyer eine ungeheuerliche Entdeckung, die nicht nur ihn selbst zum Abschuss freigibt – unmittelbar vor Kriegsausbruch könnte sie das ganze Land in den Untergang stürzen.

Angelika Felenda, geboren in Nördlingen, hat Geschichte und Germanistik studiert und arbeitet als Autorin und Übersetzerin in München.

Zuletzt ist von ihr im Suhrkamp Verlag erschienen: *Wintergewitter* (2016).

Angelika Felenda

DER EISERNE SOMMER

Reitmeyers erster Fall

Kriminalroman

Suhrkamp

Erste Auflage 2016
suhrkamp taschenbuch 4713

Druck und Bindung: CPI – Ebner & Spiegel, Ulm
Umschlagfoto: ullstein bild – Philipp Kester
Umschlaggestaltung:
Designbüro Lübbeke, Naumann, Thoben, Köln
Printed in Germany
ISBN 978-3-518-46713-8

DER EISERNE SOMMER

PROLOG

Herbst 1913 – Frühjahr 1914

AUFZEICHNUNGEN EINES OFFIZIERS

20. OKTOBER 1913

Schlechter Nachtschlaf. Wenn Bismarck nicht schlafen konnte, hat er die ganze Nacht »durchgehasst«, wie er sagte. Mir gelingt das auch tagsüber.

22. OKTOBER 1913

Mit Rüdesheim und dessen Schwester in der Tonhalle. Auf ihr Betreiben natürlich. Der dürre Blaustrumpf, diese eckige Brillenschlange, die sich für eine begnadete Pianistin hält und unsere Ohren so oft es ihr gelingt mit den Missklängen moderner französischer Komponisten traktiert, durfte solch ein Ereignis selbstredend nicht versäumen. Der berühmte russische Tänzer Alexander Sacharoff war in der Stadt, der erste Mann, der allein auf einer Bühne auftritt, ohne Primaballerina, ohne Corps de ballet. Es sei ein »synästhetisches Erlebnis«, schnatterte die Ziege, die »Konvergenz der schaffenden Triebe«. Wenn Rüdesheim mich nicht nachdrücklich an meine Freundschaftspflicht erinnert hätte, wäre ich noch an der Kasse umgekehrt. Der Zudrang war allerdings ungemein, und die Überfüllung der Stehplätze geradezu beängstigend.

Was wurde geboten? Eine zaunlattendürre, bleichgeschminkte Gestalt mit brennend rot gemalten Lippen und ausgeprägt jüdischen Zügen, das Haupt von einer Allonge-Perücke umwallt, stakste oder hüpfte in einer Art kurzem Reifrock, unter dem kräftige Männerbeine hervorkamen, über die Bretter. Das unkaschiert Androgyne, das offen Abartige des Tänzers löste beim Publikum, vor allem den Damen, wohlige Seufzer des Entsetzens aus. Einige der Herren, einschließlich meiner selbst, hatten aber bald genug von der Groteske und verließen den Saal. Wenn Artisten wie Sacharoff wieder Schule machen, kommen wir erneut zu einer Zeit widerwärtiger Tanzmänner, wie sie in der Spätzeit des römischen Kaiserreichs als Entartungserscheinungen zutage traten.

Später mit Rüdesheim in der Odeon-Bar noch einen Cognac genommen, nachdem er seine verzückte Schwester nach Hause expediert hatte. Er war ganz meiner Meinung, dass ein Staat, der nicht dem Untergang geweiht sein will, derlei widernatürlicher Vermischung weiblicher und männlicher Wesensart mit ganzer Entschiedenheit entgegentreten müsse.

28. OKTOBER 1913

Fischessen bei Boettcher. Schmödel hatte eingeladen, um seine und Rüdesheims Prüfung an die Kriegsakademie zu feiern. Verfrüht natürlich, weil noch keineswegs feststeht, ob ihnen der Coup gelungen ist. Außerdem wurde auf das Hinscheiden einer Erbtante angestoßen, was wir zum Anlass nahmen, die teure Verblichene nochmals kräftig hochleben zu lassen.

Ohne deren Zuwendungen hätte es Schmödel wohl kaum so weit gebracht. Die kostspielige Nachhilfe für die Aufnahmeprüfung – in Mathematik und Befestigungslehre ist er wahrhaft kein Genie – hätte die Familie allein nie aufbringen können.

Mein Neid hält sich in Grenzen. Ich verschwende keine Energie auf Dinge, die sich nicht ändern lassen. Ein mittelloser Offizier, nicht adelig, der zudem über keine glänzenden Referenzen verfügt, wird niemals, da mag er noch so begabt sein, in eines der Elite-Regimenter aufgenommen werden. Aber den dämlichen Herrn Kavalleristen wird schon noch schmerzlich aufgehen, wie wahrhaft überlebenswichtig in einem modernen Krieg die technischen Einheiten sind, auf die sie jetzt noch so hochmütig hinabblicken.

8. NOVEMBER 1913

Herrenabend im Haus von Scharrenbach. Zugang zu dem illustren Künstlerkreis war mir natürlich nur in Begleitung der Freunde möglich. Doch höchst seltsames Gelichter, das um Mitternacht dort auftauchte: Widerwärtig geschminkte junge Burschen, wie man sie in der Bayerstraße und am Karlsplatz herumlungern sieht, wo sie es auf die Brieftaschen einsamer Herrn abgesehen haben. Krankes Gesindel, Auswurf der Menschheit. So sehr Scharrenbach in seiner griechischen Toga sich auch bemühte, dies war nicht das Reich des Eros, das den Männerbund adelt.

Zwischendurch immer wieder Andeutungen von Rencontres in einem Hotel. Wo sich ein exklusiver Kreis zu gewissen Vergnügungen treffen soll. Die Freunde hielten sich bei Nachfrage auffällig bedeckt.

15. DEZEMBER 1913

Zum Thé dansant im Luitpold-Café. Tout le beau monde versammelt. Am Nebentisch eine bekannte Familie, die Dohmbergs – Vater im Justizministerium, die Mutter noch immer eine beauté von Graden, angeblich aus englischem Adel, mit einem Perlcollier, das eine Wittelsbacherin erbleichen ließe. Die Tochter war auch dort. Ein gazellenartiges Geschöpf, das tatsächlich verblüffend hübsch ist – und kein Korsett trägt, wie Zaumer, der Weiberheld, kennerhaft bemerkte. Zudem soll sie dank eines englischen Erbes eine echte Goldmarie sein.

Ich riet Zaumer, dessen Portefeuille ebenfalls an notorischer Auszehrung leidet, sich an die junge Schönheit ranzumachen, denn in den sauren Apfel einer Ehe muss der mittellose Militär ja schließlich doch einmal beißen. Die vielfach angebotenen Dukatentöpfe der schönen Töchter Israels sind ihm als Offizier ja leider verwehrt, da ein jüdisches Weib das Ende seiner Karriere wäre.

Rüdesheim und Schmödel wirkten den ganzen Nachmittag stark bedrückt. Auf eindringliches Nachfragen gaben sie zu, dass es Probleme gebe. Gravierende Probleme.

1. JANUAR 1914

Silvester bei Boettcher, famoses Souper. Danach in Schmödels Wohnung noch einige Witwen geköpft. Veuve Clicquot und Gänseleber ist das Einzige, was wir uns von den gallischen Nachbarn gefallen lassen!

Die beiden Freunde wirkten sehr nachdenklich, als wir aufs neue Jahr anstießen. Später dann düstere Andeutungen, denen ich entnahm, dass ihre zwielichtigen Bekanntschaften zu Kalamitäten führten. Wirklich überrascht hat mich das nicht. Aber ich gab mich ahnungslos und entsetzt. Bis gegen Morgen dann Schmödel in so memmenhafte Stimmung geriet, dass er als Ausweg aus der verzweifelten Lage sogar die »finale« Lösung in Erwägung zog. Bei so viel Weinerlichkeit packt mich die Wut.

Was ist die Rolle des Offiziers in unserer Gesellschaft, fragte ich. Er ist dazu berufen, die Fahne voranzutragen und die geheiligten Ordnungen vor den Mächten der Anarchie zu bewahren! Sie stimmten mir rückhaltlos zu.

Lässt sich ein Offizier dann abhalten, seine heilige vaterländische Pflicht auszuüben? Sich gar von einer nichtswürdigen Kreatur erpressen?

Schmödel und Rüdesheim, brave Militärs, aber nicht von der schnellen Truppe, wenn es um rasche intellektuelle Auffassung geht, wollten lange nicht begreifen. Gebetsmühlenartig musste ich immer wieder den Unterschied zwischen Standesehre und zivilen Rechtslehren deutlich machen, bis sie endlich Einsicht zeigten: Wir betrachten derlei Angriffe als Krieg! Und im Krieg sind vielfältige Mittel erlaubt.

Als Erstes brauche man einen Plan. Die Kreatur müsse glauben, man gehe auf die Forderungen ein, um ihr dann die Suppe gehörig zu versalzen und ihr das Geld wieder abzunehmen. Und zwar auf eine Weise, dass die Verbrecher es nie wieder wagten, sich nochmals an einen Offizier heranzumachen. Schmödel und Rüdesheim blieben zögerlich. Wirkten aber erleichtert, als ich mich erbot, die Sache für sie in die Hand zu nehmen.

15. JANUAR 1914

Morgen ins Wintermanöver. Bau einer Feldbahn bei Ingolstadt.

5. MÄRZ 1914

Offensichtlich ist das Treiben gewisser Offiziere der militärischen Führung nicht verborgen geblieben. Da ich das Umfeld kenne, ist man von oberer Stelle an mich herangetreten. Nur aus Pflichtgefühl gegenüber meiner Nation habe ich mich bereit erklärt, den Auftrag anzunehmen. Ich soll beobachten und berichten. Meine Auslagen werden erstattet.

I
AULD LANG SYNE

28. Juni 1914 – 6. Juli 1914

I

Er trug Smoking, weißes Hemd, Weste und Überzieher, wie einer der Herren, die noch ein wenig frische Abendluft genossen, bevor sie zu einer Gesellschaft, ins Theater oder zum Souper eilten. Einen Augenblick blieb er auf der Brücke stehen, die Hände auf der Brüstung, und stieg dann langsam die Treppe zum Wasser hinunter. Er hatte keine Eile, ihm blieb noch eine Stunde bis zu dem Treffen, und er wollte auf keinen Fall zu früh dort auftauchen, lieber eine Viertelstunde später. Sollte der Kerl doch ruhig nervös werden.

Ein kühler Hauch wehte vom Flussbett herauf. Das Wasser hatte eine bläulich graue Farbe und strömte gurgelnd an den Brückenpfeilern vorbei. Die Häuserfront am Ostufer wurde von den letzten Strahlen der Abendsonne in rosiges Licht getaucht. Noch nie war er hier gewesen, um die Aussicht zu bewundern, noch nie hatte er angehalten, um den Blick über den Fluss schweifen zu lassen. Wo er herkam, hatte man keine Zeit für derlei Dinge. Warum also jetzt damit anfangen, wo er in ein paar Stunden in einem Zug sitzen würde, der ihn für immer von hier wegbrachte.

Er stieg die Treppe wieder hinauf, schlenderte weiter und bog schließlich in eine Straße ein, wo ein Café seinen gelben Lichtschein auf die Pflastersteine des Fahrdamms warf. Er trat ein und stellte fest, dass er der einzige Gast war. Niemand hatte ihn bemerkt, und er musste mit den Fingern auf die Tischplatte trommeln, bis endlich jemand erschien und sich um ihn kümmerte. Er bestellte einen doppelten Cognac, den er bedächtig in kleinen Schlucken trank. Aber heute kam nicht das wohlig warme Gefühl auf, wie er es sonst kannte, sondern eher ein unangenehmes Kribbeln, eine Art nervöse Erregung in der Magengegend, die ihn einige Male tief Atem holen ließ. Die alte Frau, die ihn bedient hatte, blickte von ihrem Platz am Tresen zu ihm herüber. Er deutete auf sein Glas. Den zweiten Cognac stürzte er so schnell hinunter, dass ihm fast die Luft wegblieb. Er schüttelte sich und lockerte die Schultern. Die Frau ließ ihn nicht aus den Augen. Wie ein ausgestopfter Vogel saß sie an ihrem Platz und starrte zu ihm herüber. »Ein Glas Wasser«, sagte er, zu laut, wie ihm schien, in der Stille des Lokals, die nur vom mechanischen Ticken einer Uhr unterbrochen wurde. »Irgendwie schwül heut Abend«, fügte er hinzu. Er trank auch das Wasser in einem Zug, und als er das Glas auf die Marmorplatte zurückstellte, hallte ein zu lautes, hart klirrendes Geräusch durch den Raum. Dann hob er seinen Blick in die Richtung, aus der das Ticken kam. Noch gut eine halbe Stunde. Aber hier wollte er nicht bleiben.

Mit raschen Schritten ging er zum Flussufer zurück. Von dort aus, auf der anderen Straßenseite, im Schatten der Platanen verborgen, sah er auf den Eingang des Lokals hinüber. Helles Licht strömte aus der Tür, und davor standen mehrere Grüppchen junger Leute, Offiziere zumeist, manche in Begleitung von Damen. Sie unterhielten sich laut, Wortfetzen drangen zu ihm herüber, und ab und zu ein hohes gekünsteltes Frauenlachen. Von der Kirche schlug es halb neun.

Wenn der andere hineingegangen wäre, hätte er ihn gesehen. Vielleicht saß er schon drinnen? Plötzlich hatte er das Gefühl, jemand stehe hinter ihm, nicht er beobachte, sondern er selbst werde beobachtet. Das Rauschen des Wassers schien nicht mehr aus dem Flussbett zu kommen, sondern in seinen Ohren zu tosen, und der Wind in den Blättern hörte sich an wie ein Zischeln, als flüstere jemand neben ihm.

Er nahm ein Etui heraus, zündete sich eine Zigarette an und inhalierte tief. Der Rauch beruhigte ihn. Eine Weile noch sah er zu dem Eingang hinüber, dann setzte er sich wieder in Bewegung und überquerte die Straße.

Als er an den Offizieren vorbeiging, hob einer den Kopf, und einen Moment lang sah es aus, als wollte er ihn grüßen.

Aber dann wandte der junge Mann sich ab und kehrte ihm den Rücken zu. In der Öffentlichkeit wollte der natürlich nichts mit ihm zu tun haben. Die feige Sau.

Im Windfang des Lokals schob er sich an einer Gruppe von Leuten vorbei und trat ein. Wie immer herrschte großes Getriebe. Leutnants in Uniform drängten sich an der Bar, alle Plätze waren besetzt, und durch die Rauchschwaden sah er in den Billardraum, wo an allen Tischen gespielt wurde. Er blickte sich suchend um. Richtig. Rechts hinten an der Garderobe ... der kleine Tisch. Ein Reservierungsschild. Eine Flasche, zwei Gläser. Seltsam. Er machte eine fragende Geste zum vorbeihastenden Kellner. Der nickte. Er setzte sich. Hennessy ... *spendabel, unsere Kundschaft*. Er schenkte sich ein und trank. In drei Stunden ging sein Zug. Drei Stunden, dann war er raus aus allem. Keine schäbigen Kellnerstellen, kein Katzbuckeln mehr vor den feinen Herrn. Zuerst nach Hamburg, dann nach Amerika. Das Geld würde reichen. Weil er nicht teilte! Bis sein Kompagnon das merkte, war er längst über alle Berge. Weit weg, für immer.

Es war heiß in dem Lokal. Er lockerte den Kragen. Wo blieb der Kerl? So hatte er sich die Sache nicht vorgestellt. *Er* wollte bestimmen, wie die Chose lief. Er schenkte sich nach. Am liebsten wäre er abgehauen, hätte den Termin einfach platzen lassen. Aber er brauchte das Geld, ihm blieb keine Wahl. Alles war vorbereitet, die Übergabe musste jetzt stattfinden.

Er hatte den Bahnhof als Treffpunkt vorgeschlagen, aber der andere wollte das Neptun. Neptun am Isarstrand. Als eine Blumenverkäuferin ein »Sträußchen für die Dame« anbot, scheuchte er sie weg. Dann griff er nach der Flasche und füllte erneut sein Glas. Sollte der Kerl sich doch eine neue bestellen! Er stützte den Kopf in die Hände und kniff ein paar Mal die Augen zusammen. Das Licht war zu grell, der Raum zu verqualmt, das Klappern der Teller aus dem hinteren Speiseraum klirrte an sein Ohr. Die Kokotten, die hier ihre Kunden abräumten, lachten schrill. Am unangenehmsten aber war das schnarrende Organ eines Militärs am Nebentisch, der einen Kellner zusammenstauchte, weil er die falschen Zigarren gebracht hatte. Den Tonfall kannte er, den hatte er in seiner Militärzeit oft genug auf dem Kasernenhof genossen: »Du Nichts, wenn ich will, zerquetsche ich dich wie Ungeziefer!« Aber damit war Schluss! Ihn kommandierte keiner mehr herum, ihm sagte keiner mehr, was er zu tun hatte. Er war ab jetzt sein eigener Herr.

Wie zur Bestätigung seiner Gedanken schlug er mit der flachen Hand auf den Tisch. Die Militärs am Nebentisch blickten irritiert zu ihm herüber, er grinste zurück. Musste der andere bloß noch auftauchen, dann war alles geregelt. Er trommelte mit den Fingern auf die Tischplatte und sah zur Tür. Sie schwang auf, doch wieder kam nicht sein Mann, sondern eine Traube Studenten herein, die die Treppe in die obere Gaststube hinauflärmten, im Schlepptau eine Gruppe Malweiber in sackartigen Reformkleidern. Gleichzeitig machte sich jemand an den Mänteln hinter ihm zu schaffen und stieß ihn grob an. Als er sich umdrehen und sich beschweren wollte, legte ihm jemand die Hand auf die Schulter. Der Schankkellner. »Da ist ein Anruf für Sie. An der Theke.«

»Wer …?«

Der Mann zuckte die Achseln und schob sich durch die Menge zum Ausschank zurück. Einen Moment lang starrte er dem Kellner nach, dann zwängte er sich hinter ihm zur Theke.

»Hallo!«, rief er in den Hörer. »Wer …?«

»Ich warte an der Brücke!«

»Was –« Aber da hatte der andere schon eingehängt.

Jetzt reichte es ihm. Was bildete der Kerl sich ein? Ihn hier rumzuscheuchen wie einen Hanswurst! Er kämpfte sich zu seinem Tisch zurück. Als er in seinen Mantel schlüpfte, schwankte der Raum um ihn, an der Decke schaukelten die Lampen. Einen Moment lang hielt er sich am Stuhl fest, um sich ins Gleichgewicht zu bringen. Dann wischte er sich übers Gesicht und griff nach der Flasche. Die nahm er mit, in den Zug, für die Nachtfahrt. Jetzt musste alles ganz schnell gehen, jetzt würde er sich durch nichts mehr aufhalten lassen. Doch auf dem Weg durchs Lokal kam er nur langsam voran, und mühsam, wie durch Schlamm watend, drängte er sich durch die Scharen der Gäste zur Tür hinaus.

Torkelnd überquerte er die Straße, bis zur Brücke waren es nur noch wenige Meter. Aber was war plötzlich mit seinen Augen? Seine Lider waren so schwer, dass er sie kaum offen halten konnte. Und seine Beine gehorchten ihm nicht mehr. Mit größter Anstrengung setzte er einen Fuß vor den anderen, tappte durch die zuckenden Lichtkegel der Straßenlaternen und ruderte mit den Armen, um die Balance zu halten. Da war die Treppe. Er griff nach dem Geländer, aber noch bevor er es zu fassen bekam, traf ihn von hinten ein Schlag. Er griff ins Leere und stürzte kopfüber die Stufen hinab. Die Flasche zerbrach, ein brennender Schmerz fuhr durch sein linkes Auge, seine Lippe, in seinen Mund sickerte Blut. Er roch Erde, vermodertes Laub, wollte es aus der Nase wischen, aber sein Arm war zu schwer. Dann huschte etwas über ihn hinweg, glitt wieselflink in Falten und Taschen. Ein Tier? Nein. Da stahl jemand sein Geld! Dann Schritte, die Treppe hinauf. Er musste ihm nach. Ihn festhalten. Doch nichts ließ sich heben. Die Beine nicht, die Arme nicht, kein Augenlid mehr. Plötzlich ein Ruck, und er wurde auf den Bauch geworfen, wie ein Stück Vieh. Ein Bild aus seiner Kindheit tauchte auf. Wie der Metzger im Winter die Sau zurechtlegte, bevor er sie abstach. Eine Hand fuhr über seinen Nacken, dann wieder ein Ruck, leichter diesmal, und er sah einen Blitz, dahinter eine Tür, eine weit geöffnete Tür, aus der wie Rauchschwaden grelles Weiß strömte.

2

»Herr Kommissär ... Herr Kommissär?«

Es klopfte ein paar Mal. Reitmeyer rührte sich nicht. In ihm war Stille. Gespannte Konzentration. Dann ein Rascheln, hauchzart, ein seidiges Flirren ... die Streicher ein Körper, ein riesiger Vogel, der sein Gefieder rückt, bevor er sich schwerelos ins Blau erhebt. Fächelnde Celli, schmiegsame Flöten, samtdunkler Bass. Dann immer schneller und schneller, seine Finger greifen wie rasend Achtel, Sechzehntel, Zweiunddreißigstel, *prestissimo*, immer höher schwingt er sich hinauf, mit ihm die Bläser, die Hörner und Tuben, alles Holz, alles Blech, jagen dahin in trunkenem Taumel, im Rausch der Musik ... Doch plötzlich ein Becken, scharf wie ein Schnitt, ein Horn wie ein Schrei. Der Dirigent senkt die Arme, schlägt mit dem Taktstock ans Pult, immer heftiger, niemand gehorcht. Quietschende Töne, scharrende Bögen, dann Stimmen ... Kommandos ... Motorengeheul ... ein Klopfen ...

»Herr Kommissär?«

Mit einem Ruck fuhr Reitmeyer hoch und wischte dabei einen Stapel Papiere zu Boden. »Scheiß, verreckter«, murmelte er und ließ sich in seinen Stuhl zurücksinken. Benommen starrte er einen Moment lang auf die Aktenberge, die sich auf seinem Schreibtisch türmten, dann auf Brunner, der in der Tür stand. Wie lange hatte er geschlafen? Kurzer Blick auf die Uhr, bloß ein paar Minuten. Aber während dieser kurzen Zeit die ganze Ouvertüre zum *Thannhäuser* gespielt. Im Nationaltheater, als erste Geige, mit Mottl am Pult.

»Der reinste Eiskeller hier drin.« Brunner schüttelte den Kopf und schlurfte, ein Bein schwerfällig nachziehend, durchs Büro. Seitdem ihm bei einer Arbeiterdemonstration ein ausschlagendes Pferd die Kniescheibe zertrümmert hatte und er im Außerdienst nicht mehr einsetzbar war, ging er im Präsidium »auf Streife«. Ihm entging keine Unpünktlichkeit, keine Knitterfalte in der Uniform, kein nachlässig geputzter Schuh. Jeglicher Schlendrian war ihm nur Ausdruck der drohenden Gefahr, dass alle Unordnung, aller Aufruhr, das ganze Chaos von der Straße in die Amtsstuben hereinschwappte.

»Und das Fenster sperrangelweit aufreißen! Dabei ham wir Schafskälte. Mit Einbruch von Bodenfrost heut Nacht!«

»Ich hab halt frische Luft gebraucht«, erwiderte Reitmeyer und bückte sich, um die auf dem Boden liegenden Papiere aufzuheben. »Was ist denn das für ein Lärm da draußen?«

»Die Bereitschaft rückt aus. Ein Streik in Sendling.« Brunner schloss das Fenster. »Die Anwohner fühlen sich belästigt. Streikposten raufen sich mit Leuten, die zur Arbeit wollen. Jetzt hams doch ihren Tarif.«

Reitmeyer stöhnte auf. »Wer weiß denn, um was es bei dem Streik überhaupt geht. Und Tariflöhne gelten auch nicht für alle.«

»Trotzdem, das ist noch lang kein Grund zum Rumkrakeelen und Rumraufen.« Brunner warf einen Blick auf die Aktenberge. »Sitzen S' wieder seit aller Herrgottsfrüh da? Immer noch an der Arbeit für 'n Klotz?« Brunner wusste Bescheid. Reitmeyer sollte »Material« zusammenstellen für Klotz, den Oberinspektor, der nächste Woche mit dem Polizeipräsidenten zu einer Konferenz nach Berlin fahren wollte. Bloß ein paar Zahlen, nur ein paar Fakten, hatte es geheißen, um den Herrn in Berlin unsere Arbeit zu illustrieren. Aber es hatte nicht lange gedauert, bis ihm schließlich aufgegangen war, dass er möglichst geschliffen einen ganzen Vortrag ausformulieren sollte. Mit dem Klotz in Berlin glänzen wollte.

»Sind'S immer noch nicht fertig?«

Reitmeyer gab keine Antwort. Stattdessen strich er sich ein paar Mal übers Gesicht und zuckte die Achseln. Wie hätte er Brunner erklären können, womit er sich tatsächlich herumschlug. Das Problem waren doch nicht die Zahlen. Sondern dass er mit ihnen einen gefährlichen Trend belegen sollte, vor dem die Presse und natürlich alle Oberen der Polizeiapparate lauthals warnten. Nur gab die Statistik dazu nichts her, man konnte den beklagten lawinenartigen Anstieg des Verbrechertums nicht beweisen. Selbst ein Artikel in einer namhaften Fachzeitschrift, den er Klotz vorgelegt hatte, konnte den nicht vom Gegenteil überzeugen. Dieser Artikel sei eine Ausnahme, meinte er. Allerdings eine höchst bedauerliche, und sie zeuge nur von der mangelnden Verantwortung, die gewisse Kreise bei der Frage von Sicherheit und Ordnung an den Tag legten. Um schließlich nicht selbst in den Ruf zu kommen, für diese gewissen Kreise, also für Sozialisten, Anarchisten und sonstige Umstürzler Sympathien zu hegen, musste er sich etwas einfallen lassen. Hier ging's ums Politische. Und das war immer ein Minenfeld.

Reitmeyer schob seinen Stuhl zurück. Damit konnte er sich jetzt nicht weiter beschäftigen. Sein regulärer Dienstalltag stand an. Aber später, nach Feierabend, durfte er sich wieder die Freizeit mit dem ungelösten Problem versüßen. »Ich lauf schnell ins Donisl rüber und trink einen Kaffee«, sagte er und nahm seine Jacke.

»Da werden S' kaum Zeit haben. Die bringen gleich den Grafen von der Haftzelle rauf. Das hat der Steiger so haben wollen. Gleich in der Früh, hat er gsagt.«

»Welchen Grafen?«

»Der gestern verhaftet worden ist. Am Bahnhof. Weil er aus dem Vier Jahreszeiten abghauen ist.«

»Wegen der Zechprellerei?«, fragte Reitmeyer. »Ja, dann sollens ihn halt raufbringen, wenn der Steiger da ist.« Er wandte sich genervt ab. Immer traf Brunner eigenmächtige Anordnungen, selbstherrliche Entscheidungen. Immer schaffte er so Tatsachen, mit denen sich schließlich alle abfanden, weil keiner die Energie aufbrachte, sich gegen den zähen Widerstand des Polizeiwachtmeisters zur Wehr zu setzen, der ständig Befehle unterlief und Anweisungen umdeutete oder bewusst missverstand.

Von der Treppe drang Stimmengewirr herauf. Jemand beschwerte sich lauthals über die polizeiliche Vorgehensweise und drohte mit empfindlichen Konsequenzen, die diese Behandlung nach sich zöge. Brunner verdrehte die Augen. »Da bringens ihn schon«, sagte er und deutete auf einen jüngeren Mann, der zwischen zwei Wachleuten hereingeführt wurde. Trotz der guten Kleidung, einem dunklen Anzug mit Seidenhemd und Einstecktuch, wirkte der Delinquent etwas ramponiert, das Jackett zerknittert, das Haar zerwühlt. Nach nur einer Nacht in der Haftzelle war von der vormaligen Eleganz nicht mehr viel übrig.

»Ich protestiere auf das Schärfste«, legte der Mann sofort los. »Ich verfüge über Beziehungen und werde mich an höchster Stelle ...«

Reitmeyer hob die Hände. »Ja, ja, das können S' uns alles im Verhör erzählen.« Und zu Brunner gewandt: »Jetzt schaffen S' den bloß schleunigst raus, bis wir ihn selber holen lassen!«

»Ja, aber«, Brunner warf einen Blick auf die Wanduhr. »Es ist doch gleich acht.«

»Aber noch nicht Dienstbeginn«, rief Reitmeyer. »Und so lang will ich hier drinnen meine Ruh haben, Herrschaftszeiten!« Er machte eine scheuchende Bewegung. »Also, Abmarsch, alle miteinander!«

Brunner setzte zu einem Protest an, folgte dann aber grummelnd dem Verhafteten und seinen Bewachern zur Tür hinaus. Reitmeyer trat ans Fenster, holte ein paar Mal tief Luft und blinzelte in die grelle Morgensonne hinaus. In ein paar Minuten würde der Oberinspektor auftauchen, und er hatte immer noch nichts zu Papier gebracht, das er ihm präsentieren konnte. Er hätte die Sache von vornherein ablehnen sollen.

Aus dem gegenüberliegenden Raum ertönte quietschend

die Kurbel der Maschine, mit der Brunner seine Bleistifte spitzte.

»Herr Kommissär, guten Morgen, Herr Kommissär!«

Reitmeyer zuckte zusammen und drehte sich um. Korbinian Rattler, der Polizeischüler, stand vor ihm. Aufgeregt trat er von einem Bein aufs andere und drehte die Mütze in den rot angelaufenen Händen.

»Ich wollt bloß fragen, Herr Kommissär, ob ich heut noch einmal in die Fotografierstelle darf?« Das Haar klebte ihm an der Kopfhaut, was seine abstehenden Ohren und die lange Höckernase noch mehr zum Vorschein brachte. Ohne die abwehrende Geste seines Vorgesetzten zu beachten, sprudelte er weiter. »Gestern hab ich schon gelernt, wie man richtige Aufnahmen macht. Für die Verbrecherkartei. Man muss auf der Mattscheibe zwei Linien im Winkel von 15 Grad anbringen ...«

Von gegenüber ertönte das Geräusch eines scharrenden Stuhls. »Den Rattler hab ich heut in die Registratur eingeteilt!«, rief Brunner.

Reitmeyer hob die Hände und ließ sie wieder fallen. »Da hörst du's.« Er hatte keine Lust, sich gleich wieder mit Brunner anzulegen und dessen Planung umzuschmeißen. Vor allem nicht wegen dem Rattler, den Brunner ohnehin im Verdacht hatte, seinen mühsamen Kampf gegen Zucht- und Disziplinlosigkeit zu sabotieren. Allein schon deswegen, weil er die Frechheit besaß, eigenständig zu denken, wissbegierig zu sein und zu *lesen*.

Reitmeyer sah den Jungen einen Moment lang an und war schon versucht, ihm nachzugeben, ihm die Registratur zu ersparen, wo stumpfsinnige Sortierarbeit auf ihn wartete. Aber mit einem Blick auf seinen Schreibtisch entschied er sich dagegen. Für Diskussionen mit Brunner, die leicht ins Grundsätzliche ausarteten, wenn es um den Polizeischüler ging, hatte er im Moment keine Zeit.

»Meld dich halt noch mal am Nachmittag«, sagte er, »ich schau dann, ob ich was für dich hab.«

Rattler nickte und ließ den Kopf hängen. Als er sich umdrehte, stieß er fast mit Oberinspektor Klotz zusammen, der mit forschem Schritt ins Büro trat.

»Herr Oberinspektor.«

Klotz nickte dem Kommissär zu. Dann klappte er den aufgestellten Kragen herunter und hauchte in die Hände. »Frisch, sehr frisch heute Morgen. Sibirisch geradezu, dieser Kälteeinbruch. Also normal ist das nicht.«

Normal war bei Klotz nie etwas, soweit es die Witterung anbelangte. Aber so begann er jeden Morgen. Es war seine Art der Kontaktaufnahme mit Untergebenen, ein scharf umgrenzter Bereich, in dem widersprochen und ohne Einschränkung diskutiert werden durfte. Als Reitmeyer nicht darauf ansprang, folgte umgehend Teil zwei des Rituals: Der Lobgesang auf das neue Präsidium in der Ettstraße, in das sie vor einigen Monaten umgezogen waren.

»Also wissen Sie, Reitmeyer«, Klotz ließ den Blick durch das Büro des Kommissärs schweifen. »Wenn ich an die Gaslampen und die vergilbten Wände in der Weinstraße denke ...« Ein fast schwärmerischer Ausdruck trat auf sein Gesicht. Reitmeyer ließ die bekannte Hymne über sich ergehen: Die Pracht der Spezialabteilungen, der Daktyloskopie und Zigeunerpolizei, die weiträumigen Amtsstuben und Vernehmungsräume, die geradezu luxuriösen Haftzellen und überhaupt der ganze repräsentative Bau, der eher an einen Fürstensitz erinnerte.

»Ganz richtig, Herr Oberinspektor. Man will gar nicht mehr heim von der Arbeit.«

Klotz sah ihn zweifelnd an und rieb sich erneut die Hände. »Kühl haben Sie es hier.« Reitmeyer war inzwischen an seinen Schreibtisch getreten und schlug seinen Kalender auf. Montag, 29. Juni. Bei der Latte an anstehenden Arbeiten durfte heute nichts mehr dazwischenkommen. Kein Rattler, kein Brunner, die Woche fing gut an.

»Ach übrigens, haben Sie schon Ergebnisse den Einbruch bei dem Juwelier in der Residenzstraße betreffend? Nach dem Aufsehen in der Presse drängt der Herr Präsident auf einen umgehenden Erfolg.«

»Möglicherweise haben wir Glück und die Fingerabdrücke sind in unserer Kartei. Der Abgleich ist noch nicht abgeschlossen. Ich wollte mich aber gerade darum kümmern.«

»Und der Vergiftungsfall?«

»Der Obduktionsbericht steht noch aus.«

»Was ist mit der Sache in den Vier Jahreszeiten?«

»Der Mann wurde am Bahnhof verhaftet. Ich verhöre ihn dann gleich.«

»Also wissen Sie, Reitmeyer, diese Betrugsdelikte nehmen unglaublich zu. Aber kein Wunder, wenn man es zulässt, dass Hochstapler und Diebe ihre Memoiren veröffentlichen dürfen. Das lädt doch zur Nachahmung geradezu ein.«

»Sie meinen den Manolescu? Das hat's doch immer gegeben. Ob man da wirklich von einer Zunahme sprechen kann ...«

Klotz sah den Kommissär mit einem scharfen Seitenblick an. »Solche Entwicklungen zur Bagatelle kleinzureden, wäre wohl das Falscheste, was wir im Augenblick tun könnten.« Dann nahm er eine der Statistiken vom Schreibtisch und fügte eher beiläufig hinzu: »Sind Sie eigentlich mit meiner Sache weitergekommen? Ich bräuchte das Material bis spätestens übermorgen.«

»Ja, sicher, Herr Oberinspektor, ich ...«

Von draußen ertönte ein lautes Poltern, als jemand die Treppe heraufstürmte und den Flur entlangrannte. Vollkommen außer Atem trat Kriminalassistent Erich Steiger ins Büro und wedelte mit einer Zeitung durch die Luft. »Sie werden es nicht glauben! Einfach unfasslich!« Er riss sich den Schal vom Hals und warf die Zeitung auf seinen Schreibtisch.

»Was meinen Sie?«, fragte der Oberinspektor.

Steiger keuchte.

»Jetzt beruhigen Sie sich halt, Mann. Und dann erzählen Sie endlich, was los ist.«

»Ja, Herr Oberinspektor. Also ... Der österreichische Thronfolger ist ermordet worden! Ein Attentat, in Sarajewo. Gestern Mittag.«

Klotz trat einen Schritt näher und sah auf die Schlagzeile. *Der österreichische Thronfolger Franz Ferdinand und seine Gemahlin Sophie ...* »Das ist ja ungeheuerlich!«

»Ja, lesen S' nur, was da steht«, sagte Steiger. »Das ist wirklich unglaublich. Der Konvoi mit dem Erzherzog ist einfach weitergefahren, obwohl bereits eine Bombe auf die Fahrzeuge geworfen worden war. Null Sicherheitsvorkehrungen. Und dann hat sich der Fahrer auch noch *verfahren*! Und ist umständlich *umgekehrt*, damit der Attentäter ja genügend Zeit g'habt hat, die Majestäten totzuschießen.«

Reitmeyer blickte auf das Bild unter der Schlagzeile. »Der fährt in einem offenen Wagen durch Sarajewo? Durch ein Gebiet, das die Österreicher annektiert haben?«

»Sag ich doch!«, rief Steiger. »Wenn der schon einen Besuch im Pulverfass von Europa machen muss, hätt' man wenigstens für einen anständigen Fahrer sorgen müssen, nicht so einen Hornochsen.«

»Und was ist mit dem Attentäter?«, fragte Klotz. »Ein serbischer Nationalist, steht hier.«

»Der ist verhaftet.«

Klotz setzte die Brille ab. »Wissen Sie eigentlich, was das bedeutet?« Mit Zeigefinger und Daumen rieb sich der Oberinspektor die Augen. »Das könnte möglicherweise ...«

»Ja, die Österreicher werdens den Serben schon geben«, erwiderte Steiger.

»Nein, nein, das könnte eine Krise ganz anderen Ausmaßes ...« Klotz sah Reitmeyer an.

»Ein neuer Balkankrieg, meinen Sie? Ich weiß nicht«, sagte Reitmeyer. Er ging zu seinem Schreibtisch hinüber und starrte einen Moment auf die Aktenberge. »Wieder eine Krise.« Dann drehte er sich zu Klotz um. »Aber haben wir nicht ständig Krisen? Mal geht's um Nordafrika, das andere Mal um Bosnien. Vor drei Jahren haben alle gedacht, die zweite Marokkokrise wäre der Startschuss für den großen europäischen Krieg. Aber jedes Mal ist es wieder abgewendet worden. Man hat sich verständigt. Nichts ist passiert. Und selbst die ewigen Balkankrisen ...«

»Der *Balkan*«, sagte Steiger verächtlich. »Ein Haufen Straßenräuber, Umstürzler und Terroristen. Ist längst an der Zeit, dass da drunten mal einer aufräumt.«

In Brunners Büro klingelte das Telefon. Kurz darauf kam er mit einem Zettel in der Hand über den Flur gehumpelt. »Gerad hat die Gerichtsmedizin angrufen«, sagte er und hielt den Zettel hoch. »Die Obduktion der weiblichen Leiche aus der Schellingstraße wär jetzt abgeschlossen.« Er warf einen Blick auf die Zeitung. »Was? Der österreichische Thronfolger ist ...« Er blickte fassungslos in die Runde. »Wo is Sarajewo?«

»Und wie lautet der Befund?«, fragte Reitmeyer.

Brunner starrte auf die Zeitung. »Das hams nicht gsagt.«

Reitmeyer verdrehte die Augen. »Gut, ich fahr in die Pettenkoferstraße und hol mir den Bericht.« Er raffte seine Unterlagen zusammen.

Klotz legte die Zeitung weg. »Ja, nun, trotz aller Tragödien ...«

Reitmeyer sah noch einmal auf das Bild, wo ein junger Mann mit gezückter Pistole vor dem Wagen des Erzherzogs stand, während seine Gemahlin sich schützend über ihn werfen wollte. Bei aller Dramatik, fand Reitmeyer, hatte die Zeichnung doch etwas unfreiwillig Komisches. Die Gemahlin mit offenem Mund, die Arme in die Höhe geworfen, der federgeschmückte Hut zur Seite verrutscht.

»... müssen wir dennoch unsere Arbeit weitermachen«, sagte Klotz. »Also, Sie informieren mich dann, Reitmeyer, wenn

Sie Bescheid wissen.« Er schickte sich an, das Büro zu verlassen. »Und nochmals, der Herr Präsident wünscht umgehende Ergebnisse, was den Einbruchsfall angeht.«

Wieder klingelte das Telefon an Brunners Schreibtisch. »Ja warum kommt denn alles bei mir rein?« Brunner humpelte in sein Büro zurück. »Der österreichische Thronfolger ermordet ...«

Klotz wartete an der Tür und blickte zu dem Polizeiassistenten hinüber, der telefonierte und sich Notizen machte. Nachdem Brunner aufgelegt hatte, hob er den Kopf.

»Das Polizeiamt München III, Mariahilfplatz, hat angrufen und teilt einen Vorfall mit. Aber sie sind unterbesetzt wegen dem Streik. Sie haben zwei Schutzleute hingschickt, die sperren ab. Der Amtsarzt ist auch schon verständigt, und der Polizeifotograf. Und man könnt einen Kriminalhund brauchen, weil keine Ausweispapiere vorhanden sind ...«

»Ja, um Himmels willen, jetzt sagen Sie schon, was passiert ist«, rief Klotz.

»An der Ludwigsbrücke liegt ein Toter.«

3

Das Automobil stand bereits mit laufendem Motor vor dem Eingang, als Reitmeyer die Treppe hinunterlief. Kriminalassistent Steiger saß schon im Wagen und zog fröstelnd den Mantel enger um sich. »Eine Saukälte is das.« Reitmeyer blieb an der offenen Wagentür stehen und erklärte dem Fahrer, dass man noch auf den Mann vom Erkennungsdienst warten müsse, der aber sicher gleich komme.

»Ich hab Zeit«, erwiderte der Fahrer »Wenn aber dann in der Kaufinger keiner mehr durchkommt, weil die Lieferanten alles versperren ...«

Reitmeyer sah zu den Fenstern hinauf und schlug mit der

Hand aufs Wagendach. »Wo bleibt der denn?« Gerade als er ins Präsidium zurücklaufen und nachsehen wollte, kam Radkofer, der Erkennungsdienstler, die Stufen heruntergeeilt.

»Bin schon da. Hab noch einpacken müssen.« Er deutete auf seinen Utensilienkoffer. Den Rattler schleppte.

»Ja, wer hat dir denn erlaubt ...?«

Rattler hievte ächzend den Koffer in den Wagen. »Also direkt beordert –«

»Ich hab ihn mitgenommen«, sagte Radkofer. »Er kann mir zur Hand gehen. Der Bub ist ein heller Kopf. Und zwei sehen mehr als einer.«

Rattler gab sich sichtlich Mühe, seine Gesichtszüge unter Kontrolle zu halten, aber das Lob aus dem Mund eines Spezialisten derjenigen Abteilung, die er am meisten bewunderte, verzog seinen Mund zu einem breiten Grinsen.

»Ja dann, in Gottes Namen.« Reitmeyer ließ sich auf den Beifahrersitz fallen. Sein Arbeitsplan für den Tag war längst hinfällig. Hoffentlich brauchten sie nicht zu lange, schließlich musste er sich noch Gedanken machen, wie er den Vortrag für den Oberinspektor angehen sollte. Er sah zum Fenster hinaus. Vielleicht sollte er sich weniger auf die Statistiken kaprizieren, die Sache stattdessen breiter anlegen, sich noch einmal die Reden seines Präsidenten vornehmen und eher von »Tendenzen« sprechen, die er dann eben nicht so wasserdicht unterfüttern würde. Die Artikel in den Fachzeitschriften machten es schließlich auch nicht anders. Aber so hatte er es eigentlich nicht angehen wollen. Er schnaufte einmal tief durch.

Der Fahrer hatte recht gehabt. In der Kaufingerstraße vor dem Englischen Hof parkten Wagen in Doppelreihe, Hoteldiener luden Gepäckstücke ein, Taxen drängelten sich dahinter, und vor ihnen versperrte ein Pferdefuhrwerk den Fahrdamm. Der Polizeifahrer drückte ein paar Mal auf die Hupe, was den Kutscher des Fuhrwerks jedoch keineswegs zur Eile antrieb.

Steiger sah missmutig zum Fenster hinaus. »Der Tag fängt ja gut an. Gleich in der Früh ...«

»Was war denn los, heut früh?«, fragte Reitmeyer. »Außer der Nachricht aus Sarajewo.«

»Ach, der Hund von meinem Metzger in der Tengstraße ... tot ...«

Der Erkennungsdienstler lachte. »Müssen wir den Fall mit dem Köter auch aufklären?«

»Ach, Schmarrn.« Steiger warf dem Kollegen einen vernichtenden Blick zu. »Aber komisch ist das schon. Gestern noch pumperlgsund, und heut Morgen liegt er dann tot auf dem Trottoir. Vollkommen unerklärlich.«

Unerklärlich? Das brachte Rattler auf den Plan. »Vielleicht wurde er vergiftet. Oder eine Seuche?«

»Nix«, sagte Steiger, »der war nicht krank.«

Das Fuhrwerk hatte sich inzwischen in Bewegung gesetzt, und das Polizeiauto zuckelte hinter ihm drein. Alle schwiegen.

Plötzlich beugte sich Rattler erneut vor. »Da fällt mir ein, ich hab einen Artikel gelesen.«

»Was du nicht sagst.« Genervt sah Steiger zum Fenster hinaus.

»Ja, doch. Also da ging's um Tiersterben. In dem Fall waren's Pferde oder Kühe, glaub ich. Aber das ist egal. Jedenfalls waren die plötzlich tot. Und jetzt kommt's. Nach einer eingehenden Untersuchung hat sich rausgestellt, dass ein Mann, der mehrere Leute auf dem Gewissen gehabt hat, mit Tiermorden angefangen hatte.«

»So ein Schmarrn«, sagte Steiger. »Das war doch ein Hund. Und von einem *Mord* hat man nix sehen können.«

»Ja, haben Sie den untersucht?«

Reitmeyer drehte sich um. »Jetzt reicht's, Rattler.«, rief er. »Noch ein Wort über irgendwelche Artikel und du fliegst raus und kannst zu Fuß in die Registratur zurückmarschieren!«

Der Polizeischüler zog den Kopf ein und schwieg. Aber der

Blick, den Reitmeyer von ihm auffing, bevor er sich wieder nach vorn wandte, deutete unmissverständlich an, dass Rattler keineswegs bereit war, sich widerspruchslos zu fügen.

Der Tote lag am Fuß der Treppe, auf dem schmalen Weg entlang des Isarufers, der mit altem Laub und Reisig bedeckt war. Ein jüngerer Mensch, kräftig und gut gekleidet. Ein Mitglied der besseren Gesellschaft, wie es aussah. Der Amtsarzt beugte sich über ihn, tastete Hals und Kopf ab, wischte mit einem Mulltuch über sein Gesicht und inspizierte die dunkel verkrusteten Verletzungen an der linken Kopfseite.

Reitmeyer blieb auf den untersten Stufen stehen und sah den Erkennungsdienstler fragend an. Der schüttelte den Kopf und winkte ab. »Ihr könnt ruhig runtergehen«, sagte er. »Da sind sowieso schon Heerscharen durchgetrampelt. Verwertbare Fußspuren kannst hier vergessen.« Er warf einen tadelnden Blick auf die beiden Schutzmänner, die neben dem Stativ des Polizeifotografen standen.

Reitmeyer trat neben den Arzt. »Können Sie schon irgendwas sagen, Herr Doktor?«

Der Arzt erhob sich und holte tief Luft. »Tja, also aufgrund der Lage des Toten ist davon auszugehen, dass er kopfüber die Treppe runtergestürzt ist. Sternhagelvoll, würde ich sagen. Dem Geruch nach zu urteilen. Aber der Sturz war nicht tödlich, soweit ich feststellen kann.«

Reitmeyer ging in die Hocke und betrachtete die Verletzungen.

»Die waren ebenfalls nicht tödlich«, fuhr der Arzt fort. »Sehen Sie die Glasscherben? Entweder waren die schon hier und er ist hineingefallen, oder er hat eine Flasche bei sich gehabt, die beim Sturz zerbrochen ist. Aber tödliche Verletzungen hat er sich dadurch nicht zugezogen. Nach dem ungewöhnlichen Kälteeinbruch letzte Nacht tippe ich eher auf Tod durch Unterkühlung nach starkem Alkoholabusus. An Möglichkeiten zum Saufen mangelts hier in der Gegend ja nicht.«

Er deutete auf ein großes Lokal auf der anderen Straßenseite. »Aber mit letzter Sicherheit lässt sich das natürlich nicht sagen. Das muss die Gerichtsmedizin klären.«

Reitmeyer blickte zu Steiger hinüber, der mit den Schutzleuten sprach. Rattler begann auf Anweisung des Erkennungsdienstlers, die Glasscherben einzusammeln.

»Ein Passant hat die Leiche entdeckt«, sagte Steiger, als er von den beiden Schutzleuten zurückkam. »Der hat um 7.15 Uhr das Polizeiamt verständigt. Die Identität des Toten konnte bislang nicht festgestellt werden, der hat keine Ausweispapiere.«

Reitmeyer nickte und sah zu dem Fotografen hinauf, der wieder auf seine Leiter gestiegen war. »Wie sieht's aus?«

»Bin fast fertig, Herr Kommissär.«

»Haben Sie sonst noch irgendwas für mich, Herr Doktor?«

»Ich schätze den Toten auf Mitte bis Ende zwanzig. Keine Anzeichen von Krankheiten. Aber wie gesagt, mit letzter Sicherheit ...«

»Kann ich jetzt?«, fragte der Erkennungsdienstler. Der Arzt nickte, klappte seinen Koffer zu und verabschiedete sich.

Inzwischen war der Kollege mit dem Spürhund eingetroffen. Reitmeyer winkte ihn nach unten ans Ufer. Das Tier schnupperte kurz am Mantel des Toten. Dann drehte es sich um und zerrte, mit der Schnauze am Boden schnüffelnd, seinen Führer zurück die Treppe hinauf. Steiger und Rattler folgten ihm.

»Komm aber gleich wieder zurück!«, rief der Erkennungsdienstler dem Polizeischüler nach. »Ich kann dich hier brauchen.«

4

»Auf die Idee, dass der sich gegenüber im Neptun hat volllaufen lassen, wär ich auch ohne Kriminalhund gekommen«, sagte Steiger.

»Aber wir hätten nicht gewusst, an welchem Tisch er gesessen hat«, warf Rattler ein. »Da hinten hat der Hund angeschlagen, an dem Tisch bei den Garderobehaken.«

Reitmeyer sah sich in dem dämmrigen Lokal um. Schon am frühen Morgen waren fast alle Plätze besetzt. Besseres Publikum, Leute, die es sich leisten konnten und nicht zur Arbeit mussten, Privatiers und Damen mit zitterndem Federwerk am Hut, Militärs in straffen Uniformen und Herren mit schneeweißem Kragen unter maßgeschneiderten Jacketts nahmen ihr Frühstück hier ein. Kellner eilten mit Servierplatten umher, darauf duftender Schinken und goldglänzendes Rührei. Auf einem Tablett klirrten Gläser mit Sekt. An einem Tisch vor ihnen tippte ein Mann auf die aufgeschlagene Zeitung. »Hat der Bismarck nicht recht ghabt?«, fragte er seinen Nachbarn. »Dass wir uns da raushalten sollten? Dass die ewigen Streitigkeiten da unten nicht die Knochen eines einzigen pommerschen Grenadiers wert sind?«

»Habt ihr euch erkundigt, ob jemand was weiß?«, fragte Reitmeyer und drehte sich zu den Kollegen.

»Ja, schon«, sagte Steiger. »Aber der Kellner, der gestern Abend in dem Bereich Dienst gehabt hat, ist nicht da. Außerdem hat mich die Frau Wirtin gebeten, oder besser gesagt, mir befohlen, kein Aufsehen zu machen.«

Reitmeyer zuckte die Achseln. »Ja, ja, so heißt's immer. Bloß kein Aufsehen. Demnächst setzen wir uns bei der Arbeit Alberichs Tarnkappe auf.« Mit entschlossenem Schritt ging er zur Theke hinüber.

Die Wirtin, die hinter einem großen Arrangement von

Grünpflanzen auftauchte, richtete sich noch gerader auf, als er auf sie zukam, energisch hob sie das Kinn. Noch bevor Reitmeyer etwas sagen konnte, legte die Frau los. »Ich hab Ihrem Kollegen schon alles gesagt. Und jetzt wär ich Ihnen dankbar, wenn Sie uns unsere Arbeit machen ließen. Das Durcheinander mit dem Polizeihund hat uns schon gereicht.« Dann wandte sie sich ab und ging mit einem Bestellbon in Richtung Küche.

Reitmeyer wollte gerade etwas erwidern, als er einen leichten Stoß am Ellbogen spürte. Neben ihm stand ein Kellner, der Gläser und Tassen auf ein Tablett lud. Ohne den Kopf zu drehen, raunte er ihm zu: »Der Kollege liegt hinten im Lagerraum. Gehen S' einfach links den Gang runter, zur Tür ganz hinten.« Reitmeyer sah ihn verwundert an und machte dann Steiger ein Zeichen, ihm zu folgen. Noch ehe er den zweiten Schritt getan hatte, fasste der Kellner ihn am Arm und nickte vorsichtig in Richtung Küchentheke: »Aber dass bloß die Chefin nichts merkt!«

Durch ein Milchglasfenster fiel nur spärliches Licht in den Raum. Steiger tastete nach einem Lichtschalter, aber Reitmeyer schüttelte den Kopf und deutete auf eine Pritsche in der hinteren Ecke, wo sich unter einer Decke die Umrisse einer menschlichen Gestalt abzeichneten. Sie traten näher. Der Mann rührte sich nicht, und außer ein paar grauen Haarbüscheln war nichts von ihm zu sehen. Sein Atem ging unregelmäßig, immer wieder schnappte er röchelnd nach Luft. Reitmeyer rüttelte ihn an der Schulter. »Hallo! Können Sie mich verstehen?« Der Mann gab ein dumpfes Grunzen von sich.

»So wird das nichts«, sagte Reitmeyer. Auf einen Wink zu seinem Kollegen zogen sie ihm die Decke weg, zerrten ihn in Sitzposition und lehnten ihn mit dem Rücken an die Wand. Der Mann hielt sich nur mühsam aufrecht, er stöhnte laut auf.

»Wie heißen Sie?«, fragte Steiger mit erhobener Stimme.

»Baumann ... Baumann Severin.«

»Kriminalpolizei, wir müssen Ihnen ein paar Fragen stellen.«

»Ich hab ... nix getan.«

»Na ja«, sagte Steiger. »Außer, dass Sie sich gehörig einen hinter die Binde gegossen haben.«

»Ich hab praktisch nix ... ein Bier ... ein Cognac.« Sein Kopf sackte nach vorn, und er drohte wieder umzusinken.

Steiger hielt ihn fest. »Sie haben gestern doch bei dem Tisch an der Garderobe bedient. Wer hat dort gesessen?«, brüllte er dem Mann ins Ohr.

»So ein Trubel«, murmelte der Mann.

»Wer dort gesessen hat!«

»Ein Herr ... eine Flasche Hennessy bestellt ... dann hat er noch mal weg müssen ...«

»Und dann?«

»Ein anderer ...« Er rang ächzend nach Luft. »Und dann später ... Gast weg ... Flasche ... weg.«

Reitmeyer schüttelte den Kopf. »Das hat keinen Sinn«, sagte er und blickte auf den Mann hinab, der wieder auf die Pritsche zurückgesunken war, nachdem Steiger ihn losgelassen hatte. »Du kommst morgen noch mal her. Wenn der seinen Rausch ausgeschlafen hat.« Bevor sie hinausgingen, warfen sie die Decke wieder über die schnaufende Gestalt.

»Vielleicht weiß der Kellner noch was, der uns den Tipp gegeben hat?«, sagte Steiger.

»Ja, aber Vorsicht, dass der Wirthausdrachen nichts merkt.«

Steiger grinste.

Als sie um die Ecke in den Gastraum einbogen, drangen aus einer Nische gereizte Stimmen. Hinter der Grünpflanze auf der Theke blieben sie stehen und blickten zu dem Tisch hinüber. Die Wirtin, ein aufgeschlagenes Heft in der Hand, stritt sich mit einem Leutnant, der empört auf eine vor ihm liegende Rechnung zeigte. Der Kellner stand daneben und machte dämpfende Gesten.

»Ich zahle keine Flasche Hennessy, die ich nicht bestellt habe!«, rief der Leutnant.

Die Wirtin deutete auf einen Eintrag in dem Heft. »Aber da steht's doch! Sie haben den Tisch reserviert, und die Flasche –«

»Zum letzten Mal, ich war verhindert! Meine Freunde ebenfalls. Wir sind überhaupt nicht hier gewesen!«

»Der Kellner, der gestern Tisch drei an der Garderobe –«

»Was erlauben Sie sich!«, unterbrach er sie. »Das Wort eines Kellners gegen das eines Offiziers?«

Die Wirtin wich einen Schritt zurück. Der Leutnant warf ein paar Münzen auf den Tisch. Verächtlich.

»Das ist für meinen Kaffee. Und das hier«, er schnippte die Rechnung weg, sodass sie zu Boden flatterte, »betrachte ich als gegenstandslos!«

Der Kellner bückte sich und hob den Zettel auf. Die Wirtin zögerte, dann drehte sie sich um und marschierte zur Theke zurück. »Sind Sie immer noch da?«, zischte sie die beiden Kriminaler an und warf das Heft neben die Zapfsäule, bevor sie an ihnen vorbei in die Küche schoss. Der Kellner eilte ihr nach und machte eine ängstliche, abwimmelnde Bewegung, als der Kommissär kurz die Hand hob.

Steiger stieß Reitmeyer an und deutete auf den Militär. »Sollen wir den mal fragen, ob er …?«

Reitmeyer schüttelte den Kopf. Als Polizist hatte er überhaupt keine Handhabe gegenüber einem Offizier. Der musste ihm überhaupt nichts sagen, wenn er nicht wollte. Und im Moment wirkte der Mann nicht besonders entgegenkommend, auch wenn er sich um äußere Fassung bemühte und betont lässig seine Zigarette auftippte, bevor er sie ansteckte.

»Sagt dir die Uniform was?«

Steiger sah auf den dunkelblauen Waffenrock mit schwarzem Kragen. »Artillerie oder Pionierbataillon?«, erwiderte er.

Reitmeyer stellte sich auf die Zehenspitzen und warf einen Blick in das aufgeschlagene Heft. *Tisch 3, Lt. K.*

Der Schankkellner kam an die Theke und klappte das Heft zu. Dann reckte er den Hals und sah einer Frau nach, die das Lokal durchquerte und zur Garderobe ging. »Die Dame«, sagte er, »die war gestern Abend auch da.« Er lächelte süffisant. »Die ist Stammgast hier. Hat am Nebentisch von Tisch drei gesessen.«

Steiger drehte sich um. »Dame?«, fragte er beim Blick auf das stark geschminkte Geschöpf in einem glänzenden, dunkelroten Kleid, eine schwarze Federboa um den Hals. »Eine von den Offiziersschnallen.«

»Ich frag sie trotzdem«, sagte Reitmeyer und trat auf die Frau zu, die ihren Mantel vom Haken nahm. »Entschuldigen Sie, wir sind von der Kriminalpolizei.«

»Ja, ja, ich weiß schon. Ich hab die Sache mit dem Polizeihund ja mitbekommen. Und den Mann, der gestern hier gesessen hat, hab ich auch gesehen.«

»War der –«

»Die Treppe an der Brücke soll er runtergfallen sein? Das wundert mich nicht. Der war ja schon beim Reinkommen angsoffen. Ständig hat er unverschämt zu uns rübergestiert. Und immer weitergsoffen.«

»Hat er hier jemanden getroffen oder mit jemandem geredet?«

Sie zuckte die Achseln. »Ich glaub nicht. Ich hab dann bloß gesehen, wie er gegangen ist. Mit ziemlicher Schlagseite.«

»Ist Ihnen sonst irgendwas aufgefallen?«

Sie zog ihren Mantel an. Dann warf sie einen Blick auf den gläsernen Windfang. »Da draußen hat ein Mann gestanden und ganz aufgeregt gewinkt. Ich hab gedacht, er meint die zwei Herrn, die an dem Tisch hier gestanden sind.«

»An dem Tisch, wo der Verunglückte saß?«

»Ja. Aber da war der Mann noch gar nicht da.«

»Es standen zwei Herrn an dem Tisch, bevor das Unfallopfer kam, und was –«

»Ja, ich weiß nicht. Es war ja so ein Gedränge. Und kurz darauf waren sie auch wieder weg.«

»War denn irgendwas auffällig an den zwei Herrn?«

»Nein ... halt zwei Herrn ... dunkelgraue Anzüge ... nicht mehr ganz jung ...«

Reitmeyer schüttelte den Kopf und nahm sein Notizbuch heraus. »Ja, also dann, wenn Sie sonst nichts bemerkt haben, Fräulein ...?«

»Rupp. Maria Rupp.«

Reitmeyer notierte sich den Namen. »Das wär dann alles.«

Als er sich seinen Weg durch den Raum bahnte, rief sie ihm noch einmal hinterher. »Ich hab ja nicht immer rübergeschaut, Herr Kommissär, verstehen S'?«

»Und?«, fragte Steiger, als Reitmeyer zur Theke zurückkam.

»Nicht sonderlich aufschlussreich.« Abwesend starrte Reitmeyer in sein Notizbuch. »Komisch. Da bestellt einer diesen Tisch und kommt dann nicht. Dann bestellt einer eine Flasche Cognac und kommt dann auch nicht mehr, um sie zu trinken, wenn ich den Kellner richtig verstanden hab. Schon merkwürdig.«

»So was passiert sicher öfter in einem Lokal mit so viel Betrieb.«

»Trotzdem.« Reitmeyer ließ den Blick noch einmal durch den Raum schweifen. »Ich hätt eigentlich gern einen Kaffee«, sagte er. Die Küchentür hinter ihnen fiel krachend ins Schloss. Die Wirtin tauchte wieder an der Theke auf. »Aber hier drin lieber nicht.«

Steiger ging schon in Richtung Vorderausgang. »Was in dem Bonzenladen ein Kaffee kostet, kriegst anderswo ein Bier und zwei Weißwürscht dazu.«

Vor der Tür notierte Reitmeyer, was er in dem Reservierungsbuch gesehen hatte. *Tisch 3, Lt. K.* Steiger winkte ihren Wagen herüber, der noch an der Brücke stand, doch gerade als sie einsteigen wollten, stürzte aufgeregt winkend ein Herr aus dem Lokal. »Sebastian! Hallo, Sebastian«, rief er. »Warte doch mal.«

Reitmeyer blieb stehen. Im Gegenlicht konnte er das Gesicht des Mannes nicht erkennen. Er wusste trotzdem sofort, wer es war. Diese Stimme. Sie gehörte Sepp Leitner, ein alter Schulfreund, heute *Dr.* Joseph Leitner, Landtagsabgeordneter der SPD und bekannter Strafverteidiger. Sie hatten einander jahrelang nicht mehr gesehen. Reitmeyer hatte es auch nicht drauf angelegt.

»Wie du drinnen an mir vorbeigegangen bist, hab ich nicht gleich geschaltet«, stieß er atemlos hervor.

»Ja, Sepp ... grüß dich ...«

»Das ist ja Ewigkeiten her. Mensch, wie geht's dir? Hast einen Moment Zeit? Dann trinken wir was.«

»Jetzt geht's leider nicht. Ich muss ins Präsidium zurück. Aber vielleicht ... demnächst einmal.«

»Nein, nein, so lass ich mich nicht abwimmeln«, erwiderte Sepp lachend. »Auf ein Bier wirst dich ja wohl irgendwann rausstehlen können.« Er griff in die Brusttasche. »Da ist meine Karte, und du meldest dich. Oder ich ruf dich im Präsidium an. Komm schon. Der alten Zeiten wegen.«

Reitmeyer steckte die Karte ein. Dann ließ er sich die Hand noch einmal kräftig schütteln. Als der Wagen abfuhr, rief Sepp ihm nach: »Aber vergiss es nicht!«

5

Reitmeyer blickte über die Akte hinweg auf den vor ihm sitzenden Mann. Ein zäher Hund, das musste man dem Kerl lassen. Er wusste, dass er in der Falle saß, aber er gab nicht nach. Genau wie heute Morgen, als ihn Brunner hatte raufbringen lassen, drohte er auch jetzt mit »höchsten Beziehungen«, und wenn er die spielen ließe, könnte dies ausgesprochen unangenehme Folgen für den Kommissär haben. Reitmeyer war wenig beeindruckt, auch weil sich in der hochmütig-lässigen Attitüde zunehmend Risse zeigten. Fahriger Blick, die Gesten nervös. Davon lenkte auch die noble Aufmachung nicht mehr ab, der feine Anzug, die Krawattennadel, der Siegelring. Einen Moment würde Reitmeyer die Posse noch mitmachen. Dann war Schluss.

»Es war also alles ein Missverständnis?«

»Ganz richtig«, erwiderte der Mann. »Dringende Familienangelegenheiten.«

»So dringend, dass Sie keine Zeit fanden, die Hotelrechnung im Vier Jahreszeiten zu begleichen?«

»Das sagte ich bereits.«

»Und wie wollten Sie dann bezahlen?«

»Man hätte mir die Rechnung zusenden können. Meine Adresse ist ja bekannt.«

»Ah, richtig.« Reitmeyer warf einen Blick in die Akte. »Da steht's ja. Burg Eltz in der Rheinprovinz.«

Der Mann nickte.

»Dumm nur, dass die Post nicht zustellbar gewesen wäre. Wie wir dem Adelskalender entnehmen, gibt es gar keinen Grafen Eltz in Ihrem Alter. Dafür wurden wir in unserer Kartei fündig.«

Ein letztes Aufbäumen, bevor das Fallbeil niedersauste. »Ich muss wohl sehr bitten ...« Augenrollen, empörte Miene.

»Wissen Sie was«, unterbrach ihn Reitmeyer. »Wir machen jetzt Schluss mit der Schmierenkomödie. Sie sind nicht Graf Georg zu Eltz, wie Sie behauptet haben, sondern Jakob Bürgel, geboren am 5.6.1876 in Münstermaifeld.« Er hob kurz den Blick von der Akte. »Tatsächlich mehr oder minder zu Füßen der berühmten Burg«, fügte er lächelnd hinzu. »Aber nicht als Sohn eines Aristokraten, sondern des Stellwerkmeisters Hans Bürgel.«

»Ich …«

Reitmeyer hob die Hand. »Ich habe Ihr Vorstrafenregister hier. Sie wurden mehrfach verurteilt wegen Diebstahl, Zechprellerei, Fälschungsdelikten und falscher Titelführung. Und jetzt, nach Durchsuchung Ihres Koffers«, er nahm einen Umschlag und zog ein paar Fotos heraus, »kommt vermutlich auch noch Verbreitung pornografischen Bildmaterials hinzu.«

Bürgel fuhr hoch. »Die Fotos sind allein für meinen privaten Gebrauch. Der Besitz solcher Bilder ist nicht strafbar.«

»Privater Gebrauch? Interessant. Wie es aussieht, sind Sie sich keineswegs sicher, in welche Richtung Ihre Vorlieben tendieren.« Er breitete die Fotos auf dem Vernehmungstisch aus. »Wir haben hier Material mit allen möglichen Paarungen. Frauen mit Männern, Frauen mit Frauen, Männer mit Männern.«

»Das ist allein meine Sache.«

»Für mich sieht das Ganze eher nach einem breitgefächerten Kaufladenangebot aus, das die verschiedenartigsten Kundenwünsche berücksichtigt. Woher haben Sie die Fotos überhaupt?«

»Geschenkt bekommen.«

»Was Sie nicht sagen. Sie bekommen Bilder geschenkt, die man gewöhnlich für teures Geld erwerben muss. Wer ist denn der selbstlose Spender?«

Bürgel lehnte sich zurück, verschränkte die Arme vor der Brust und schwieg.

»Damit Sie mich nicht falsch verstehen. Ihre privaten Neigungen interessieren mich nicht. Wenn Sie aber Handel mit solchen Fotos betreiben, vielleicht sogar Minderjährige damit in Kontakt bringen, machen Sie sich nach Paragraf 184 strafbar. Darauf steht Gefängnis bis zu einem Jahr.«

»Ich handle aber nicht mit den Bildern!«

»Das hoffe ich für Sie.« Als Reitmeyer die Bilder zusammenschob, stutzte er. Einen der Abgebildeten aus der Rubrik

Männer mit Männern kannte er doch. Wo hatte er den schon einmal gesehen? Der Mensch lag mit geschlossenen Augen auf einem Sofa, Palmwedel ragten von oben über ihn, während sich ein anderer an seinem Genital zu schaffen machte. Reitmeyer drehte die Lampe auf dem Tisch an und hielt das Foto ins Licht. Natürlich, heute Morgen. Der auffällig runde Kopf. Das eng anliegende, pomadisierte Haar. Wie ein Seehund, hatte er gedacht, wie etwas, das sich nicht leicht festhalten ließe. Genauso hatte der Tote am Isarufer ausgesehen.

»Kennen Sie den hier? Wer ist das?« Er legte Bürgel erneut das Foto vor und tippte auf das Gesicht des Mannes.

Bürgel warf einen flüchtigen Blick auf das Bild. »Keine Ahnung. Ich kenne niemanden auf diesen Fotos.«

»Ja, richtig. Sie wissen ja noch nicht mal, woher Sie die überhaupt haben. Dann wissen Sie sicher auch nicht, dass der Mann hier tot an der Isar aufgefunden wurde.«

Bürgel erwiderte seinen Blick mit ausdrucksloser Miene. »Ich habe schon gesagt, dass ich den nicht kenne. Genauso wenig wie alle anderen.«

Reitmeyer stand auf. »Im Moment wären wir fertig. Sie bleiben in Untersuchungshaft, bis geklärt ist, ob es zur Anklageerhebung kommt. Wir überprüfen, ob es in dem Hotel außerdem zu Diebstählen gekommen ist, und natürlich schauen wir auch, ob noch weitere Anzeigen vorliegen, die auf Ihre Person hinweisen.« Dann wandte Reitmeyer sich zu dem Polizisten an der Tür. »Sie können den Mann jetzt runterbringen.«

Bürgel sank in sich zusammen.

Reitmeyer eilte aus dem Vernehmungsraum in sein Büro. Die anderen warteten sicher schon, um zu besprechen, wie sie mit den anstehenden Fällen weiter vorgehen würden, wer welche Aufgaben übernahm. Als er den Gang zu seinem Zimmer entlanghastete, kam ihm Klotz entgegen. »Ah, Reitmeyer, ich hab Sie schon gesucht.«

»Herr Oberinspektor, ich meld mich später bei Ihnen.«

»Nur ganz kurz, Reitmeyer.« Er nahm ihn am Arm und zog ihn beiseite. »Wegen meinem ... Material noch mal.« Klotz senkte die Stimme. »Bei der Statistik über gefährliche Körperverletzung, meine ich. Der einzige Bereich, wo Bayern die anderen Ländern fast um das Doppelte überflügelt.«

»Das liegt am Bier. Stand kürzlich in einem Fachartikel, dass bei uns Wirtshausraufereien zu regelrechten Schlachten ausarten. Oft mussten schon die Schweren-Reiter ausrücken, um –«

»Nein, nein, das meine ich nicht. Mir geht's nicht um den Alkoholkonsum, sondern um die Beteiligten, verstehen Sie. Vielleicht sollte man nicht extra hervorheben, dass meist auch Soldaten an diesen Vorkommnissen beteiligt sind. Weil sich das ja anhören könnte, als wäre das Militär für die Zunahme der Kriminalraten verantwortlich. Ihnen ist doch klar, was bestimmte Kreise aus solchen Informationen machen können.«

»Sicher, Herr Oberinspektor, bloß im Moment ...« Er machte sich los. »Ich melde mich.«

Als er die Tür zu seinem Büro öffnete, saßen Steiger und Rattler bereits vor seinem Schreibtisch. »Wo ist der Erkennungsdienstler?« Reitmeyer schob rasch die Papierberge zusammen, dann setzte er sich ebenfalls.

»Den hat man in seine Abteilung zurückgerufen. Aber er hat ausrichten lassen, dass auf den eingesammelten Scherben Fingerabdrücke von dem Toten festgestellt worden sind.«

»Ja, diese Flasche. Merkwürdig. Wer die tatsächlich bestellt hat, musst du morgen von dem Kellner rauskriegen. Wenn der wieder vernehmungsfähig ist.«

»Komisch«, sagte Steiger. »Wie hat der sich in seiner Arbeitszeit so zusaufen können? Bei *der* Wirtin!«

»Das hab ich mich auch schon gefragt. Andererseits, ich kenn einen Kellner, der säuft die Reste aus Gläsern, und gegen Ende vom Abend hat der so viel intus, dass er am Schluss nicht mehr viel braucht.«

Steiger nickte.

»Wie's aussieht«, fuhr Reitmeyer fort, »hat das Opfer an der Ludwigsbrücke die Flasche tatsächlich mitgehen lassen. Seltsam. Wie der gekleidet war, hätt man nicht gedacht, dass der Cognac-Flaschen klaut.«

»Dazu hätte unser Rattler übrigens was zu sagen. Dem Mann hat sein Mantel nicht richtig gepasst. Der war angeblich zu kurz und zu weit. Aber ein teures Stück aus einem Schneideratelier in der Innenstadt. Er hat sich den Namen von dem Etikett aufgeschrieben –«

»Und die Schuhe von dem Toten waren zu schäbig«, fiel ihm Rattler ins Wort. »Zu billig, mein ich, Verzeihung. Wenn man die mit dem übrigen Aufzug vergleicht.«

»Woher willst du denn das wissen?«, fragte Reitmeyer. »Seit wann kennst du dich mit eleganter Herrengarderobe aus?«

»Ich hab mich eben informiert«, sagte Rattler. »Ein Kriminaler muss über alles Bescheid wissen. Der Dr. Roscher in seinem berühmten Polizeihandbuch empfiehlt ausdrücklich, Sherlock Holmes zu lesen. Und der sagt immer, an der Garderobe eines Menschen –«

»Ja, ja, schon gut! Aber trotzdem, Rattler.« Reitmeyer nickte ihm anerkennend zu. »Gute Arbeit. Jetzt zu dem Juwelier-Einbruch. Wie steht's da? Sind die mit dem Abgleich der Fingerabdrücke schon fertig? Der Präsident lässt ständig fragen –«

»Ja, die können nicht hexen. Wie viele Abdrücke sind in unserer Kartei? Zwölftausend? Letztlich reine Glückssache, wenn man keinen Namen hat.«

»Ich hab einen Zukunftsroman gelesen«, begann Rattler, »da wird die stupide Sucherei ...«

Auf einen strengen Blick des Kommissärs brach er ab. »Und jetzt noch zum Vier Jahreszeiten. Dieser Hochstapler hat ja ganze Berge von ... ähm ...« Rattler sah ihn begierig an. Reitmeyer zögerte. Das wirklich drastische Bildmaterial vor dem Jungen auszubreiten, war ihm doch zu unangenehm. »Ach übrigens, hier hab ich eine Knobelarbeit für dich.« Rattlers Blick leuchtete auf. »Da sind die Unterlagen. Find doch mal raus, ob du eine Art Bewegungsprofil von diesem Jakob Bürgel erstellen kannst. In welchen Städten er war, seine Wohnorte und so weiter.«

Rattler nahm die Papiere.

»Und damit gehst du rüber zum Brunner. Da hast du mehr Ruhe zum Arbeiten.«

Als er die Tür hinter sich geschlossen hatte, fuhr Reitmeyer fort. »Ich wollte sagen, dieser Kerl hat Mengen pornografischer Fotos bei sich gehabt. Damit müsstest du mal in die Sitte rübergehen.« Er zog ein paar Bilder aus dem Umschlag. »Ich gehe davon aus, dass er damit gehandelt hat. Frag die Kollegen doch mal, ob ihnen das Material bekannt vorkommt. Aus welcher Quelle es stammt, wenn möglich. Und außerdem ...«, er reichte Steiger ein Foto, »fällt dir an einem von diesen zwei Herrn etwas auf?«

Steiger nahm das Foto und zuckte zurück. »Widerwärtig«, sagte er. »Nicht, dass ich wüsst.«

»Jetzt schau dir doch mal den Liegenden genauer an.«

Widerwillig warf Steiger erneut einen Blick darauf. »Also, ich glaub nicht.« Er hob den Kopf und sah Reitmeyer an. »Aber... Vielleicht eine Ähnlichkeit mit dem Toten von heut Morgen.«

»Eine ziemlich starke, wenn du mich fragst.«

Das Telefon klingelte. Steiger nahm ab und reichte den Hörer gleich weiter. »Ein Freund von dir. Dr. Leitner.«

Reitmeyer sah seinen Kollegen überrascht an. Dann meldete er sich und hörte eine Weile zu. »Ja, das ging schnell heut früh ... leider ... was, morgen? ... zu den *Dohmbergs*? ... nein, nein, ich glaub nicht, dass ich da kann ... da hab ich schon was vor ... ja, gut ... entschuldige Sepp, ich bin mitten in einer Besprechung ... ich ruf dich zurück. Ja, versprochen.« Er legte auf.

Wie benommen starrte er einen Moment auf seine Notizen. Sein alter Schulfreund Sepp lud ihn zu einer Musik-Soirée bei den Dohmbergs ein. Wie kam der plötzlich auf die Idee? Nachdem sie sich seit mindestens sechs Jahren nicht mehr gesehen hatten. Er schüttelte den Kopf. Steiger sah ihn fragend an.

»Wo waren wir?«, sagte Reitmeyer. »Ach ja. Das Wichtigste hätte ich beinahe vergessen. Hat der Fotograf schon ein Bild von dem Toten fertig?«

»Ja, dem hab ich ein bisserl Dampf gemacht. Und jeweils einen Abzug an die Polizeistationen gegeben.«

Reitmeyer nickte. »Sehr gut, Steiger. Und drüben in der Sitte fragst du mal nach, ob die diesen Mann auf dem Foto kennen.«

Nachdem Steiger draußen war, trat Reitmeyer ans Fenster und sah eine Weile in den Innenhof hinab. Zu den Dohmbergs? Nein. Auf gar keinen Fall! Er zog die Schultern hoch und ließ sie schwer ausatmend wieder sinken. Das Kapitel war für ihn abgeschlossen. Früher einmal, als Gymnasiast und als Student der Jurisprudenz, war er in solchen Häusern ein und aus gegangen. So auch bei Ludwig von Dohmberg, einem hohen Tier im Justizministerium und mit einer englischen Adligen verheiratet. Damals war er mit den beiden älteren Kindern befreundet gewesen, mit Lukas, mit dem er gemeinsam Geigenunterricht hatte, und seiner Schwester Caroline, die ebenfalls Abitur gemacht hatte und studieren wollte. Aber Lukas, schon seinerzeit ein wirklich ganz außerordentlich begabter Musiker, trat inzwischen als Solist im Orchesterverein auf, und nebenbei hatte er sicher auch sein Jurastudium abgeschlossen. Und Caroline ... Er ging an seinen Schreibtisch zurück und ließ sich auf seinen Stuhl fallen. Einen Moment lang tauchte Carolines Gesicht vor ihm auf, ihre blauen Augen, das dunkle glatte Haar. Er holte Luft und spürte ein leichtes Ziehen in der Brust. Vermutlich hatte sie gar nicht wahrgenommen, wie verliebt er in sie gewesen war. Weil sie in ihm immer nur einen Kameraden gesehen hatte, einen engen Freund ihres Bruders, das Mitglied einer Clique, die gemeinsam musizierte, Opern und Konzerte besuchte und Ausflüge zu den umliegenden Seen machte. Mein Gott, wie lange war das her? Kennengelernt hatten sie sich als Pennäler im Wilhelmsgymnasium, inzwischen war er zweiunddreißig.

Er sah eine Weile vor sich hin. Dann nahm er die Karte heraus, die Sepp ihm vor dem Neptun gegeben hatte. *Dr. Joseph Leitner* stand in geschwungenen Lettern darauf. Dazu eine Kanzlei- sowie eine Privatadresse mit diversen Telefonnummern. So weit konnte man es also bringen als mittelloser Häuslerbub. Mit einem Stipendium der Kirche.

»Herr Kommissär?«

Reitmeyer schreckte auf.

»Der Professor Riedl lässt ausrichten, dass er nicht mehr lang da ist. Sie wollten den Obduktionsbericht doch noch abholen!«

6

Schon der ganze Nachmittag hatte wegen des anstehenden Besuchs eine bestimmte Tönung gehabt, oder besser gesagt, einen bestimmten Duft. Jetzt, an der Treppe stehend, bevor es in die grausige Unterwelt hinabging, drückte sich Reitmeyer das mit Kölnisch Wasser getränkte Taschentuch auf die Nase und atmete ein paar Mal tief ein. An den Gestank, der von unten heraufdrang, würde er sich nie gewöhnen. Eine Mischung aus süßlicher Fäulnis und stechendem Laugengeruch, der ihm heute noch widerwärtiger vorkam als sonst. Kaum auszuhalten.

Er lehnte sich an die Wand. Dann gab er sich einen Ruck, setzte vorsichtig einen Fuß vor den anderen und hielt sich dabei am Geländer fest.

Unten sprang plötzlich mit lautem Knall die Tür auf, ein Lichtkegel fiel von dem dahinterliegenden Gang in den Treppenraum, und ein Sektionsdiener schob einen quietschenden Wagen mit klirrenden Metallschüsseln heraus.

»Herr Kommissär?« Der Mann hob den Kopf und sah ihn blinzelnd an. »Kommen S' nur runter, Herr Kommissär, der Herr Professor wartet schon auf Sie.«

Er hielt ihm die Tür auf, Reitmeyer stieg die letzten Stufen hinab, ging mit entschlossenem Schritt an dem brummenden Sicherungskasten vorbei, durchquerte den Gang und öffnete die Tür zu dem schaurigen Ort.

Durch ein oberes Fensterband fiel mattes Tageslicht in den Saal, nur ein Tisch, über den sich die massige Gestalt des Mediziners beugte, war von einer Lampe grell beleuchtet. Im Hintergrund gingen auf schmatzenden Gummisohlen Sektionsdiener herum und trugen wie Kellner auf einer Kirchweih riesige Schüsseln in angrenzende Räume.

»Nur herein in die gute Stube«, rief Professor Riedl und winkte ihn näher, ohne sich aufzurichten. »Ich hab's gleich.«

Mit einer großen Pinzette zupfte er Haare aus der Schramme an der Stirn einer Leiche. Dann schaute er auf, streckte sich, schüttelte den Kopf, und strich über die Wachstuchschürze, unter der sich ein mächtiger Bauch wölbte.

»Also man kann immer wieder nur staunen, mit welcher Kühnheit Diagnosen über die Todesursache gestellt werden. Da gibt der Beschauarzt an, der Tod dieser Frau sei ›zweifellos‹ durch Erstickung erfolgt, wegen der Blaufärbung des Gesichts. Die Obduktion hat aber als Ursache eine heftige Gehirnblutung ergeben, und die Blaufärbung ist ein Totenfleck durch die mehrstündige Bauchlage der Leiche.«

»Ist das der Fall aus der Schellingstraße, wegen dem Sie mich angerufen haben?«, fragte Reitmeyer.

»Nein, nein, der liegt da drüben.« Mit einer angesichts seiner Leibesfülle erstaunlichen Behändigkeit schob Riedl sich zwischen den Tischen hindurch. »Aber der gleiche Murks bei der Feststellung der Todesursache. Da hat der scharfsichtige Medizinmann auf Wurstvergiftung erkannt.« Er griff nach einem Papierstoß. »Ah, da steht's ja. Die Frau ist nach dem Genuss von drei Würsten gesund ins Bett gegangen und am Morgen tot neben ihrem Bett gefunden worden. Die hellroten Flecken hat der Arzt auf eine Lebensmittelvergiftung bezogen. Es handelt sich aber, wie Sie als erfahrener Kriminalist längst ahnen ...«, Reitmeyer sah ihn verständnislos an, »... um eine Kohlenmonoxydvergiftung! Wegen einem schadhaften Rauchabzug am Ofen. Das verdächtige Dienstmädchen ist also vollkommen entlastet, sie hat ihre Herrschaft nicht umgebracht. Kinder, Kinder«, murmelte er kopfschüttelnd, »bloß weil die Herrn Doctores ihr Handwerk nicht richtig lernen, kommen unschuldige Menschen hinter Gitter.«

»Ein Unfall also?«

»Ganz eindeutig.«

»Und können Sie zu dem Fall, der heute Morgen eingeliefert wurde, schon etwas sagen?«

Riedl trat an einen anderen Tisch und schlug das Tuch zurück.

»Also, Ihren Kameraden von heute Morgen hab ich mir angesehen, aber außer dieser Wunde hier keine anderen Verletzungen finden können. Bloß war eben diese Wunde«, er deutete auf das linke Auge der Leiche, »bestimmt nicht tödlich.« Dann griff er unter seine Schürze, zog eine Packung Zündhölzer und einen Zigarillo heraus und zündete ihn an.

»Wo haben S' den gleich noch mal gefunden?«, fragte er und griff erneut nach einem Stoß Papier.

»An der Isar, bei der Ludwigsbrücke«, antwortete Reitmeyer, vermied es aber, näher heranzutreten.

»Kleinen Moment, das haben wir gleich. Aha. Also ich würd sagen, er ist die Treppe runtergestürzt. Und warum? Weil er sternhagelvoll war. Da gehen S' her und riechen S' selber«, lud er Reitmeyer mit einer Handbewegung ein. »Der stinkt jetzt noch wie eine Schnapsfabrik.«

Reitmeyer blieb, wo er war, denn etwas anderes hielt seinen Blick gefangen. Er starrte auf einen Tisch im Hintergrund, da lag ein undefinierbarer brauner Klumpen drauf, aus dem eine Flüssigkeit in die Rinne um den Tischrand tropfte. Der Professor folgte seinem Blick.

»Meyer«, brüllte Riedl zu einem Mann hinüber, der an einer Art Spültrog hantierte, »decken S' ein Tuch über den Säugling, dem Herrn Kommissär wird's schlecht!«

Reitmeyer griff in die Manteltasche.

»Nehmen S' ruhig Ihr Taschentuch raus, Herr Kommissär, das ist keine Schand. Früher als Student hab ich mir regelrecht die Seel aus dem Leib kotzen müssen.« Ein gutmütiges Lachen ließ seinen schweren Leib erzittern. »Das ist ganz normal.«

Reitmeyer drückte kurz das Taschentuch auf den Mund und steckte es schnell wieder ein.

»Das da hinten«, Riedl deutete mit dem Kopf auf den inzwischen verhüllten Tisch, »hat uns das Polizeiamt München III Mariahilfplatz geschickt. Knabenleiche, bereits stark verfault. Hat man im Abort gefunden. Wir müssen jetzt feststellen, ob er gelebt hat oder nicht. Also, ob es Mord war oder bloß eine ... etwas pietätlose Form der Bestattung.« Er paffte muntere Rauchwölkchen in die Luft.

Reitmeyer trat von einem Fuß auf den anderen. »Und wie lautet dann im Fall von dem Toten an der Ludwigsbrücke Ihr Befund, Herr Professor?«, fragte er.

Der Professor lächelte ihn hintergründig an. »Eines jedenfalls kann ich Ihnen sagen«, erwiderte er und stieß erneut eine Rauchwolke aus, »der Bursche auf dem Tisch hat's zu Lebzeiten ziemlich warm ghabt.«

Reitmeyer sah ihn fragend an.

»Tja, wissen Sie, Herr Kommissär, bei jungen Burschen schau ich immer auch gern hinten rein. Ich hab noch eine Untersuchung vorgenommen, geht auf den alten Professor Caspar zurück. Heutzutage vielleicht ein bisschen aus der Mode, aber sein berühmtes Handbuch der Gerichtsmedizin ist für mich immer noch der Grundstein unserer Kunst.«

»Und um welche ... Untersuchung ...?«, fragte Reitmeyer.

»Anusuntersuchung. Und siehe da, Volltreffer. Meiner Meinung nach. Tütenförmige Einsenkung der Nates dem After zu, faltenlose Beschaffenheit der Haut in der Umgebung des Anus durch unermüdliches Reiben des Penis.«

»Sie meinen ...« Er wich einen Schritt zurück.

»Ganz sicher.« Er klopfte triumphierend auf seinen Kugelbauch. »Wir haben's hier zweifelsfrei mit einer Kinäde zu tun.«

»Kinäde?«, fragte Reitmeyer verwirrt. Gleichzeitig fiel sein Blick auf den Schatten einer Gestalt, die sich hinter einem Wandschirm am anderen Ende des Saals abzeichnete. Sie trug eindeutig einen Rock und hantierte mit irgendwelchen Gerätschaften herum. Seit wann arbeiteten Schwestern hier unten? Davon hatte er noch nie gehört.

»Das griechische Wort für den invertierten Mann, den passiven Homosexuellen, eine Schwuchtel auf gut Deutsch, ein Hinterlader.« Riedl trat wieder an den Tisch mit der nackten Leiche. »Hat ja auch nicht schlecht ausgesehen.« Er tätschelte den Schenkel des Toten. »Gut und kräftig gebaut ...« Dann drehte er sich wieder zu Reitmeyer um. »Bei Lebenden ist der Nachweis natürlich wesentlich einfacher zu führen. Nach Einführen des Fingers wird der bei gesunden Individuen fest vom Sphinkter ...« Er umschloss mit der rechten Hand den Zeigefinger der linken.

»Herr Professor, bitte!«

Riedl ließ sich von seiner Abwehr nicht beeindrucken. »Womöglich hilft Ihnen der Hinweis bei der Feststellung der Identität. Vielleicht wissen S' dann gleich, in welchem Milieu Sie sich umschauen müssen.«

Reitmeyer dachte an das Foto, das er bei Bürgel gefunden hatte. »Schon, ja.« Immer noch irritiert schaute er zu dem Wandschirm. »Sagen Sie, arbeiten hier auch Frauen bei Ihnen?«

Der Professor drehte sich um. »Ach, Sie meinen meine Assistentin. Nein, normalerweise nicht. Aber wie's der Teufel will, sind gleich zwei meiner Mitarbeiter ausgefallen. Und verständlicherweise kann bei uns die Arbeit ja nicht endlos liegenbleiben.« Er lachte kurz auf und deutete noch einmal auf den Tisch im Hintergrund, wo der Klumpen Gottseidank inzwischen von einem Tuch bedeckt wurde. »Da hat sich das Fräulein Doktor liebenswürdigerweise bereit erklärt. Wir kennen uns schon seit ihrem Studium. Begabt, sehr begabt. Und sie macht ihre Sache so gut, dass es mir leid tun wird, wenn ich sie wieder hergeben muss.« Er ging zu einem Wasserbecken und seifte sich die Hände ein.

»Jetzt schauen S' nicht so pikiert, Herr Kommissär. Ich war einer der ersten, die sich für's Frauenstudium eingesetzt haben. Und recht hab ich ghabt. Die jungen Damen sind extrem fleißig und äußerst engagiert. Und statt sich im Wirtshaus um den Verstand zu saufen wie ihre Herren Kommilitonen, klemmen sie sich hinter ihre Bücher.«

»Ja, sicher«, antwortete Reitmeyer vage und trat einen Schritt zurück. Die Vorstellung, dass eine Frau hier unten Leichen sezierte, löste ein unbehagliches Gefühl in ihm aus, aber noch schlimmer fand er den Gedanken, dass sie die Ausführungen des Professors über Kinäden und Hinterlader mit angehört hatte. Ihm selbst waren solche Themen ja schon unangenehm genug.

»Also, wenn ich Sie recht verstanden habe, Herr Professor –«

»Ja, also im Moment«, unterbrach Riedl ihn, »tippe ich auf Alkoholvergiftung, möglicherweise ist auch noch eine starke Unterkühlung dazugekommen. In der letzten Nacht war's ja empfindlich kalt. Aber meine Assistentin macht ihn noch auf, um ganz sicher zu gehen. Gell, Fräulein Doktor!«, rief er nach hinten. »Und Meyer!«, bellte er zu dem Mann hinüber, der gerade etwas bläulich Violettes auf eine Waage legte. »Ich geh heut ein bisschen früher.« Zu Reitmeyer gewandt, fügte er hinzu: »Heut ist mein Herrenabend. In den Drei Rosen. Hervorragende Küche, sehr zu empfehlen. Einfach, aber exzellent. Und ich sag immer, das Einfache ist immer noch das Beste. Ein Leberknödl und ein Kalbsnierenbraten, da kann mir jeder Hummer Thermidor gestohlen bleiben.«

»Ja, ich geh dann auch. Danke, Herr Professor«, antwortete Reitmeyer schnell und wandte sich zur Tür.

»Hallo, Sebastian, warte doch mal.«

Er fuhr herum. Die Gestalt in dem weißen Arztkittel. Mit strahlendem Lächeln kam sie auf ihn zu. »Caroline?«

»Sie kennen sich?«, fragte Riedl verblüfft.

»Ja, sicher. Der Herr Kommissär ist ein alter Freund. Von mir und meinem Bruder.«

Reitmeyer starrte sie an.

Sie lachte. »Dass wir uns ausgerechnet in einem Obduktionssaal wiedersehen. Nach so langer Zeit.« Sie schüttelte ihm die Hand.

»Ja.«

»Komm, ich begleite dich hinaus.« Sie öffnete die Tür und stieg vor ihm die Stufen hoch. Am Ende der Treppe blieb sie stehen und legte die Hand auf seinen Arm. »Ich muss dir unbedingt was sagen, bevor du gehst.«

Sie tat seltsam vertraut, als wäre ihre Begegnung nicht viele Jahre her gewesen.

»Verstehst du«, sagte sie, »ich wär ja schon früher aus meinem Kabuff rauskommen, aber dann hat der Professor wieder mit seinen Anusuntersuchungen angefangen. Völliger Blödsinn aus dem letzten Jahrhundert, wenn du mich fragst. Und ich wollte nicht dazwischenplatzen, wenn er gerade wieder über sein Lieblingsthema schwadroniert. Ich dachte, das ist dir vielleicht peinlich.«

Sie lächelte ihn etwas süffisant an, wie er fand.

»Aber egal«, fuhr sie fort. »Ist das nicht schön? Wir sind jetzt praktisch Kollegen bei dem Fall.« Sie sah sich kurz um und senkte die Stimme zum Flüsterton. »Ich muss dich bloß bitten, dass du davon kein Sterbenswörtchen verlauten lässt. Zu niemandem. Vor allem meiner Familie gegenüber nicht.«

»Deiner Familie?«

»Ja, du kommst doch am Samstag zu der Musik-Soiree? Ich hab Sepp ausdrücklich gebeten, dich mitzubringen. Aber verstehst du, wenn die zu Hause erfahren würden, dass ich in der Gerichtsmedizin arbeite ... Leichen seziere, das wäre ein absolutes Desaster. Mein Vater und meine Großmutter.« Sie verdrehte die Augen. »Na, das kannst du dir ja vorstellen.«

»Aber wo ...?«

»Ich bin immer noch im Rotkreuz-Krankenhaus. Und helfe hier bloß aus. Das hat dir der Professor doch erklärt.« Sie tätschelte seinen Arm. »Hör zu, ich hab jetzt keine Zeit. Ich ruf dich an, wenn ich diesen Mann obduziert habe. Und am Samstag können wir uns dann ausführlich unterhalten, ja?« Schon lief sie wieder die Treppe hinunter. »Ich erreiche dich doch noch in deinem Büro?«, rief sie von unten, »in ein bis zwei Stunden?«

Er sah ihr nach, wie sie noch einmal die Hand hob, bevor sie durch die Tür in diese Unterwelt verschwand.

Die Einladung zu der Soiree war also von ihr ausgegangen. Und der Grund dafür war auch klar. Sie wusste, dass sie in der Gerichtsmedizin auf ihn treffen würde und wollte ihn einschwören, dass er nichts über ihre Arbeit dort verlauten ließ. Er ging zu seinem Fahrrad. Caroline war jetzt seine »Kollegin«. Eine merkwürdige Vorstellung. Aber sie war nicht mehr das Schulmädchen, das er gekannt hatte, sondern eine erwachsene Frau, eine Ärztin, und vielleicht sogar noch schöner als damals, ihr Gesicht jedenfalls war schmaler und die Züge prägnanter geworden.Er schwang sich aufs Rad. Zu dieser Musik-Soiree zu gehen hatte er ohnehin nicht vorgehabt, und jetzt, nachdem sie ihr Anliegen losgeworden war, hatte sie vermutlich keinerlei Veranlassung, ihre Einladung zu wiederholen.

Der Lärm tönte bis ins Treppenhaus hinab. Ein Stuhl wurde polternd auf den Boden gedonnert, eine Stimme überschlug sich vor Erregung, Papiere wurden auf einen Tisch geknallt. Reitmeyer nahm zwei Stufen auf einmal. Die Tür zu seinem Büro stand weit offen. Brunner, krebsrot im Gesicht, fuchtelte mit einer Zeitschrift durch die Luft, bevor er sie mehrmals auf Steigers Schreibtisch schlug. »Diese Schmierblätter, dieser Schund ... in der Dienstzeit!«, schrie er.

Rattler drückte sich gegen einen Aktenschrank und hob die Hände. »Das ist kein Schund, sondern eine angesehene Fachzeitschrift.«

»Jetzt reicht's aber!«, rief Steiger. »Raus aus meinem Büro! Alle beide! Ist ja nicht auszuhalten.«

»Was ist denn hier los?«, rief Reitmeyer und schlug aufs Türblatt.

Brunner fuhr herum. »Herr Kommissär. Da, sehen S' selber.« Er klopfte auf die aufgeschlagene Seite der Zeitschrift. »Die Kriminalität des Weibes! Neue Forschungen zu Prostitution und ...« Er schnappte nach Luft. »Ich hab den Rattler in die Registratur eingeteilt, und was macht er? Versteckt sich hinter den Schränken und vertreibt sich die Zeit ...«

»Schluss jetzt!«, rief Reitmeyer. »Rattler, du gehst sofort in die Registratur zurück, und Sie gehen zu sich rüber, Brunner! Ich hab hier zu arbeiten! Wenn Sie gegen den Polizeischüler was vorzubringen haben, dann teilen Sie mir das mit! In angemessener Form! Ich verbitte mir solche Auftritte in meinem Büro! Und jetzt raus! Aber stantepede!«

Rattler wischte schnell zur Tür hinaus, während Brunner noch zögerte. Dann schloss er sich humpelnd an. »Ja, nehmen S' den Saububen nur ruhig immer in Schutz«, murmelte er im Rausgehen. »Zu meiner Zeit hätt man dem Rotzlöffel –«

»Und Tür zu!«, rief Reitmeyer ihm nach.

Steiger verdrehte die Augen. »Vielleicht solltest du mal mit dem Buben reden. Geht ja wirklich nicht, dass der ständig diese Artikel in diesen Fachzeitschriften liest.« Er seufzte. »Und uns dann auf die Nerven geht mit seinen ›neuesten Erkenntnissen‹.«

»Ehrlich, Steiger, ich komm gerad aus der Gerichtsmedizin. Mir reicht's für den Moment.«

Steiger lachte. »Bist auch noch ganz grün im Gesicht.«

»Lass mich bloß in Ruh«, zischte Reitmeyer ärgerlich und ließ sich auf seinen Stuhl fallen. »Sag mir lieber, ob du mit dem Foto vorangekommen bist. Hast du in der Sitte was rausgekriegt über den Mann?«

»Die haben sich das angesehen. Den kennt keiner. Da müsste man schon einen Namen haben, meinen sie.«

»Wenn wir den hätten, würden wir wohl kaum fragen. So ein Schmarrn. Mist, dann müssen wir wieder warten, bis sich jemand auf das Bild hin in den Polizeistationen meldet.« Sein Blick fiel auf die Berge mit den Statistiken, die er für den Oberinspektor aufbereiten sollte. Was anfangs ein Ärgernis gewesen war, wuchs sich langsam zum Problem aus. Reitmeyer brummte der Kopf. So einfach, wie er es sich heute Morgen noch vorgestellt hatte, schien ihm das Ganze mit einem Mal doch nicht mehr. Bloß von »Tendenzen« zu sprechen reichte nicht aus. Wollte er wirklich Tatsachen kaschieren und Entwicklungen verschleiern? Zusammenhänge vernebeln? Auch wenn es der einfachste Weg wäre. Und er musste Sepp anrufen, um ihm abzusagen. Unter einem Vorwand natürlich, weil er ja nicht verlauten lassen durfte, dass er Caroline schon getroffen hatte. Aber vielleicht doch lieber heute Abend von zu Hause aus. Er fühlte nach der Visitenkarte in seiner Tasche. Bei dem Gedanken an das Gespräch mit dem alten Freund kam ein unangenehmes Gefühl in ihm hoch. Sie hatten sich nicht grundlos jahrelang nicht gesehen. Er war ihm aus dem Weg gegangen. Nicht nur, weil er Kommissär und Vertreter einer Staatsmacht geworden war, die Sepp erbittert bekämpfte, sondern vor allem, weil er immer ein Gefühl des Versagens, der Scham fast, gegenüber dem Freund empfand. Sepp hatte es schwer gehabt und neben dem Unterricht im Gymnasium immer auch hart arbeiten müssen, um das karge Stipendium aufzubessern, das ihm die Kirche zugestand. Aber Sepp hatte sein Ziel erreicht. Er debattierte im Parlament, plädierte im Gerichtssaal. Musste sich nicht verbiegen, vor keinem katzbuckeln, niemandem nach dem Maul reden. War sein eigener Herr.

Reitmeyer blickte eine Weile vor sich hin, dann nahm er die Notizen von der Vernehmung heute Vormittag aus der Schublade. Er musste das Protokoll noch schreiben.

Steigers Stuhl scharrte über den Boden. »Ich mach jetzt Feierabend«, sagte er. »Morgen früh komm ich etwas später, weil ich vorher noch zu dem Kellner im Neptun gehen will.«

»In Ordnung, Steiger. Bis morgen dann.«

Reitmeyer machte sich wieder an sein Protokoll. Aber seine Gedanken schweiften immer wieder ab. Er selbst hatte sich nicht durchbeißen, keine Drecksarbeiten machen müssen, um sich das nackte Überleben zu sichern. Trotzdem hatte er das Studium hingeschmissen, als nach dem Tod seiner Eltern das Geld knapper wurde und er zu seiner Tante gezogen war.

Das Telefon klingelte. Caroline meldete sich.

»Und?«, fragte er. »Hast du schon einen Befund?«

»Ja, also ...« Sie klang atemlos. »Den vorläufigen Befund von Professor Riedl kann ich nicht bestätigen. Ich finde keine Anhaltspunkte für einen Tod durch Unterkühlung. Keine Kälteerytheme, keine hämorraghischen Erosionen, nichts. Ich hab alles untersucht.«

»Und was heißt das jetzt?«

»Das weiß ich noch nicht. Ich untersuch ihn noch mal. Morgen früh geb ich dir Bescheid. Vielleicht weiß ich dann mehr. Aber denk daran, das ist alles noch nicht offiziell. Den offiziellen Befund muss der Professor absegnen.«

29. JUNI 1914

Abends Treffen mit Oberst Feichtl vom Kriegsministerium. In seiner Wohnung. Hervorragender Mann. Ein echtes Vorbild. Glänzende Karriere, Durchzug gemacht bis nach ganz oben ins bayerische Kriegsministerium. Aus kleinsten Verhältnissen stammend, hat er es trotz aller Benachteiligung in der Kadettenanstalt bis auf die Kriegsakademie geschafft und seinen Aufstieg allein einem hellen Kopf und seinem außergewöhnlichen Verstand für Technik zu verdanken.

Was meinen Auftrag angeht, bekräftigte ich nochmals, dass ich mich nur aus Pflichtgefühl gegenüber meiner Nation dazu bereit erklärt habe. Mich in Kreisen zu bewegen, die nicht nur meinem Ehrgefühl als Mann und Offizier, sondern der Natur als solcher widersprächen, nötige mir äußerste Überwindung ab. Vollstes Verständnis seinerseits!

Das Ansehen unserer gesamten Armee stehe auf dem Spiel, meinte Feichtl. Was bleibe der militärischen Führung anderes übrig, als Vertrauensleute in Kreise einzuschleusen, von denen größte Gefahr drohe? Einen Skandal wie die Anklage gegen Fürst Eulenburg wegen Homosexualität würde unser Land nicht noch einmal verkraften. Vor allem nicht in einer so angespannten politischen Lage! Aber einfach abstellen lasse sich das Treiben ja nicht. Ginge man offen gegen sie vor, bestehe die Möglichkeit, dass sich die Entarteten in noch geheimere Schlupfwinkel verzögen.

Über die Vorgänge und Darbietungen, die in den Suiten eines bekannten Hotels stattfinden, ist Oberst Feichtl relativ gut informiert. Offenbar führen dort junge Offiziere zum Entzücken anderer Militärs und betuchter Herrn der oberen Gesellschaftsschicht irgendwelche Stücke aus der Feder eines englischen Homosexuellen auf, der für seine Machwerke zu Recht mit Kerker bestraft wurde. Mich dort einzuschleusen dürfte schwierig sein. Also sollte ich an den mir zugänglichen Orten Augen und Ohren offen halten.

Anschließend wurde natürlich das Attentat in Sarajewo besprochen. Der Oberst dämpfte allerdings meine Hoffnungen, die Reichsleitung könnte die Ermordung des österreichischen Thronfolgers unmittelbar zum Anlass nehmen, einen Erstschlag zu führen, um unsere Nation von der Einkreisung unserer Feinde zu befreien. Was steht dagegen?

Diese Bedenkenträger im Kriegskabinett! Ein Präventivkrieg, der unsere einzige Chance gegen die immer bedrohlichere russische Dampfwalze wäre, wird abgelehnt, weil wir nicht als Aggressor dastehen dürfen, und die nötige Heeresvermehrung ebenfalls, weil das Geld dafür fehlt. Weil die preußischen Junker, die sich nicht national genug geben können, wenn es nichts kostet, jegliche zusätzlichen Abgaben und Steuern ablehnen.

Zum Schluss seltsame Fragen von Oberst Feichtl. Ob mir irgendwelches stark kompromittierendes Material untergekommen sei? Fotos, die ein ganz ungeheures Bedrohungspotenzial darstellen könnten. Ich soll mich umhören. Eventuell am Karlsplatz die Szene beobachten, wo ein Umschlagsort für derlei Dinge sei.

30. JUNI 1914

Großer Tisch im Neptun. Die Schweren-Reiter diskutierten über Feierlichkeiten ihres Regiments. Schmödel und Rüdesheim der personifizierte Vorwurf. Immer wieder scheele Blicke und Zeichen verhaltener Wut, doch in großer Runde konnten sie mit ihren Klagen nicht rausrücken. Schließlich folgte mir Schmödel auf die Toilette. Wieso ich mich nicht meldete? Wo das Geld sei? Ich wollte es dem Subjekt doch wieder abnehmen. Ich hätte versprochen, dem Kerl gehörig einzuheizen, ihn so einzuschüchtern, dass er nie wieder wagte, einen Offizier anzugehen. »Krieg« wollte ich führen gegen die Verbrecherbande. Er geriet völlig außer sich.

Ich riet ihm, kein Aufsehen zu machen. (Wir waren nicht allein im Pissoir.)

Zuhause einen letzten wehmütigen Blick durch meine Räume geworfen. Morgen ziehe ich um. Eine solche Wohnung lässt sich einfach nicht finanzieren. Noch nicht!

7

»Da sind die Aufnahmen von dem Toten. Mit einem Bild war ich heut früh bei dem Kellner im *Neptun.*« Reitmeyer blickte auf die Fotos, die Steiger vor ihm ausbreitete.

»Und wie geht's dem jetzt? Hat er den Mann erkannt?«

»Tja, der Mensch ist ein echtes Problem. Weder kann er sagen, ob der an dem Tisch gesessen hat, noch was überhaupt passiert ist. Wenn du mich fragst, ist das ein alter Säufer, der es gerade noch schafft, halbwegs seine Arbeit zu machen, bevor er wieder ins Delirium sinkt. Und dafür braucht er wahrscheinlich nicht mehr viel.«

»Weiß er noch, wer die Flasche Cognac bestellt hat?«

»Angeblich ein Herr, der ihm unbekannt war. Und dass später der Tisch leer und die Flasche weg gewesen ist. Bloß noch die Gläser hätten auf dem Tisch gestanden. Eines davon voll eingeschenkt.«

»Und das hat der Kellner dann getrunken?«

»Ja. Er hat's an die Theke gestellt und kurz vor Arbeitsschluss getrunken, sagt er.«

»Aber der Tisch war doch eigentlich auf den Offizier reserviert?«

Steiger lachte. »Ja, daraus wollt ihm die Chefin dann einen Strick drehen. Nachdem der Offizier nicht bezahlt hat, sollte der Kellner die Rechnung für die Flasche übernehmen. Aber der Mann der Wirtin hat's ihm erlassen. Weil so was schon mal vorkommen kann bei so einem Trubel.«

Reitmeyer schüttelte den Kopf. »Und er war wirklich nach einem Glas Cognac in so einem Zustand?«

»Wer weiß, was der im Lauf des Abends sonst noch gekippt hat. Ist doch typisch für Säufer. Im Nachhinein wollen sie immer bloß ein oder zwei Gläser getrunken haben.«

»Trotzdem«, sagte Reitmeyer. »Irgendwas stimmt da nicht.«

»Was meint denn die Gerichtsmedizin?«

»Dass er volltrunken an Unterkühlung gestorben ist. Glaubt Professor Riedl.« Reitmeyer schob die Fotos wieder zusammen. »Bleibt uns nur abzuwarten, wer sich auf die Aushänge hin meldet.«

»Und übrigens«, sagte Steiger, »hast du die Bilder von dem Mantel gesehen?«

Reitmeyer blätterte den Stapel durch. Rattler war inzwischen hereingekommen und sah seinem Kommissär über die Schulter. »Tatsächlich«, sagte Reitmeyer, »wirklich ein nobles Stück.«

»Mit dem Foto könnte man eigentlich doch gleich zu dem Schneider gehen«, schlug Rattler vor.

Reitmeyer drehte sich um und sah den Polizeischüler an.

»Ich meine, dann würde sich doch alles viel schneller aufklären ...«

Reitmeyer wusste genau, was er damit bezwecken wollte: sich mit einem Ausflug in die Schneiderwerksatt vor stumpfer

Sortierarbeit in der Registratur drücken. Und vielleicht war es gar keine schlechte Idee. Allemal besser, als einfach zu warten, dass sich jemand meldete jedenfalls, der den Mann auf einem der Aushänge erkannte.

»Also gut«, sagte Reitmeyer kurz entschlossen. »Gehen wir. Ist ja ganz in der Nähe.«

MEMORANDUM 30. JUNI 1914
OBERST FEICHTL AN OBERST V. SPAITL (ABTLG. A I)

Bezugnehmend auf unsere Unterredung: Angesichts des Schadens für das Ansehen der gesamten Truppe, falls die Auswüchse in bestimmten Regimentern so weitergehen, wurde ein Vorgehen beschlossen, das weder Öffentlichkeit noch Presse auf den Plan ruft. Eine Person wurde akquiriert, die besonders exponierte Offiziere aus der Nähe sondiert. In einem Fall kamen bereits ausgesuchte Spezialkräfte zum Einsatz.

Sie stellten ihre Fahrräder vor dem Laden ab, und Rattler spähte durch die Schaufensterscheibe, auf der in dunkel getöntem Glas ein goldener Schriftzug prangte, *Bruckmüller und Sohn, Hoflieferanten.* Auch wenn Reitmeyer schon oft an dem Geschäft vorbeigekommen war, betreten hatte er die Schneiderei noch nie. Hier ließen keine Kommissäre arbeiten.

Ein zartes Glockenspiel ertönte, als sie die Tür öffneten, und ihre Schritte wurden sofort von weichen Teppichen verschluckt. Im Innern herrschte eine kirchenartige Stille, und es dauerte eine ganze Weile, bis durch die Samtportiere hinter dem langen, mit Schnitzereien verzierten Ladentisch ein junger Mann auftauchte. Er sah die beiden etwas zweifelnd an und fragte dann mit herablassendem Unterton, womit er dienen könne. Reitmeyer legte seine Dienstmarke auf den Tisch.

»Kriminalpolizei«, sagte er forsch, worauf der Ladenschwengel die Schultern einzog. »Wir haben hier die Fotos von einem Mantel, der aus Ihrer Werkstatt stammt. Im Rahmen einer Ermittlung würden wir gern wissen, an wen Sie den verkauft haben.«

Der junge Mann nahm die Fotos und hielt sie unter eine Lampe, die über der Ladentheke brannte. »Ja ... ja«, sagte er. »Feinstes Kaschmir, von der Sorte haben wir nur ein paar gemacht.«

In dem Moment trat ein älterer Mann, den man nach Auftreten und Kleidung für einen Reichsrat hätte halten können, durch die Samtportiere und schob den Ladenschwengel beiseite. »Was möchten Sie wissen?«, fragte er von oben herab. Der Schneider, Bruckmüller senior persönlich, wie sich herausstellte, nahm die Fotos und reichte sie Reitmeyer zurück. Die Spitzen seines hochgezwirbelten Schnurrbarts bebten geradezu vor Entrüstung. Ganz undenkbar. Mit Namen und Adressen seiner Kunden aufzuwarten? Vollkommen ausgeschlossen. Seine Kundschaft, Mitglieder der höchsten Kreise, müsse sich unbedingt darauf verlassen können, dass ihre Käufe und Bestellungen mit größter Diskretion behandelt würden. Und dass von dieser Regel keine Ausnahmen gemacht werden könne, würde dem Herr Kommissär wohl von selbst einleuchten.

Reitmeyer holte Luft und erwiderte mit scharfer Stimme, dass ihm die Regeln des Bruckmüllerschen Hauses ziemlich gleichgültig seien. »Diskretion, ja? Ich schlage Ihnen was anderes vor, Herr Bruckmüller. Wenn ich nicht gleich die Namen von den Auftraggebern für diesen Mantel kriege, kann ich Sie auch ins Präsidium bestellen und bei Verweigerung der Aussage festnehmen lassen. Vielleicht leuchtet Ihnen das auch von selbst ein?«

Er hatte vielleicht etwas dick aufgetragen, aber seine Worte und die Art ihres Vortrags verfehlten ihre Wirkung nicht. Bruckmüller wurde ziemlich rot im Gesicht, und er holte die Unterlagen.

Tatsächlich war der Mantel nur drei Mal in Auftrag gegeben worden. Von Dr. Albrecht von Löwenstein, Präsident des Oberlandesgerichts München, von Heinrich Knote, Kammersänger an der Hofoper in München, und von Hans von Rager, akademischer Kunstmaler in München. Bereitwillig legte der Schneider die Rechnungen vor, auf denen auch die Adressen vermerkt waren. Beim Blick auf die Preise verschlug es Reitmeyer fast den Atem. Von dem, was so ein Mantel kostete, mussten er und seine Tante fast ein Jahr lang leben.

»Dem haben Sie's aber gegeben«, sagte Rattler bewundernd, als sie draußen standen.

Reitmeyer machte eine abwehrende Geste. »So leicht, wie wir gedacht haben, löst sich der Fall doch nicht auf. Bei keinem der drei Auftraggeber kann es sich um den Mann von der Ludwigsbrücke handeln. Also wie ist der an einen dieser Mäntel gekommen?«

Rattler zog sein Notizbuch heraus. »Ja, dann fragen wir halt nach. Die Wohnung von dem Gerichtspräsidenten ist doch praktisch ums Eck.«

Reitmeyer war sich ein wenig unsicher, ob er an den kleinen Sieg in der Schneiderwerkstatt gleich einen Überfall auf das Heim des Gerichtspräsidenten anschließen sollte. Und die Bedenken ließen auch nicht nach, als sie kurz darauf durch das Tor des Patrizierhauses traten und ihre Schritte auf dem schimmernden Steinfußboden hallten. Aber er wollte ja bloß eine Auskunft. Kurzentschlossen stieg er die glänzende Eichentreppe hinauf und klingelte bei *Dr. v. Löwenstein.* Fast im selben Augenblick wurde die Tür aufgerissen. Eine große, breit gebaute Frau mit straff zurückgekämmtem grauem Haar starrte ihn und Rattler feindselig an. »Ja, was gibt's?«, fragte sie knapp.

Bevor er antwortete, warf Reitmeyer einen Blick in die hallenartige Diele mit dem spiegelnden Parkettfußboden. Dann erwähnte er die Auskünfte des Hoflieferanten und fühlte sich unter den starren Augen der Haushälterin zunehmend wie ein Schulbub, der beim Abfragen einer Lektion ins Schwimmen gerät. Schließlich zog er die Fotos aus der Tasche und wollte sie dem Zerberus reichen. Der Höllenhund würdigte sie keines Blicks. Einen Moment lang verschwand die Haushälterin hinter der Tür, dann tauchte sie mit einem Mantel wieder auf, schlug den Mantelschoß zurück und deutete auf das Etikett. »Genügt Ihnen das?«, bellte sie. Reitmeyer nickte. »Das nächste Mal wenden Sie sich an das Büro des Herrn Gerichtspräsidenten, bevor Sie uns zu Hause überfallen!« Die Tür knallte zu.

Rattler sah seinen Kommissär an. »Sollen wir jetzt gleich auch noch zu dem Kammersänger und dem Maler gehen?«, fragte er flüsternd. Von drinnen hörten sie die laute Stimme der Haushälterin. »Hallo? Den Justizpalast, bitte.«

Reitmeyer schüttelte stumm den Kopf und lief die Treppe hinunter. Zu solch einer idiotischen Spontanaktion ließ er sich keinesfalls noch einmal hinreißen. Auskünfte einholen und Ermittlungen anstellen im Haus von hochrangigen Persönlichkeiten, den Spitzen der Gesellschaft, noch ehe man Genaueres über die Identität des Toten wusste. Noch einmal ließe er sich nicht so abkanzeln von einer Haushälterin. Und bei Heinrich Knote, dem international berühmten Wagnersänger, durfte er statt eines einfachen Hausdrachens wahrscheinlich schon mit Fafner, dem Lindwurm, rechnen.

Als Reitmeyer in sein Büro trat, wedelte Steiger triumphierend mit einem Zettel.

»Da bist du ja. Gab's Probleme? Ist auch egal. Den Ausflug hättest du dir jedenfalls sparen können. Wir wissen jetzt, wer der Tote ist. Seine Vermieterin hat ihn auf einem der Aushänge erkannt.«

»Ja und? Sag schon.«

»Es handelt sich um Hubert Neugebauer aus der Gollierstraße 22, Hinterhaus. Kellner von Beruf. Geboren am 18.7.1887 in München, Krämerstraße 21. In der Au. Der Vater ist Sägfeiler von Beruf.«

Reitmeyer setzte sich und nahm den Zettel, den sein Kollege ihm reichte. »Ah, da schau her«, sagte er. »Also kein Herr aus der besseren Gesellschaft, wie wir gedacht haben. Ein Kellner – aus der Au. Dem allerletzten Krattlerviertel. Wie kommt der zu so einem Mantel?«

»Tja, vielleicht ein Geschenk. Oder gestohlen?«

»Aber da hätte doch sicher jemand Anzeige erstattet. Weißt du, was so ein Stück kostet?« Reitmeyer erzählte Steiger, was er beim Schneider in Erfahrung gebracht hatte.

Steiger pfiff durch die Zähne und sagte dann: »Ich frag gleich mal nach, vielleicht ist ja doch was reingekommen.«

Reitmeyer stand auf. »Das machst du später. Wir fahren jetzt erst in die Gollierstraße und schauen uns in seiner Wohnung um. Wer weiß, was sich da sonst noch alles findet. Du hast der Vermieterin doch gesagt, dass sie nichts anrühren darf?«

Brunner kam ins Büro gehumpelt. »Herr Kommissär, der Herr Polizeipräsident lässt ausrichten, dass er Sie sprechen möchte.«

Kein Zweifel, dachte Reitmeyer, der Hausdrache vom Löwenstein. Die Quittung für seine Dummheit hatte nicht lange auf sich warten lassen. »Ja, dann richten Sie ihm aus, dass ich mich später bei ihm melde. Ich muss jetzt gleich wieder weg.«

Das Telefon klingelte, Steiger nahm ab. »Für dich. Ich geh schon zum Wagen runter.«

»Was?!« Reitmeyer übernahm den Hörer. »Ja! … oh, hallo, Caroline. Ja, ja, danke, wieder besser. Hast du schon was für mich?«

»Was soll ich sagen? Ich kann die Annahme von Professor Riedl nicht bestätigen. Ich hab gerade mit ihm telefoniert. Er ist heute Vormittag an der Universität, und dann muss er wegen einer Gutachtersache nach Nürnberg. Das kam jetzt ganz überraschend, aber du weißt ja, er ist die Koryphäe für knifflige Fragen. Normalerweise gibt's eine Vertretung für ihn, aber im Moment ... Jedenfalls hat er mir verboten, irgendwelche Auskünfte über den Befund abzugeben, bevor er den Fall selbst gesehen hat.«

»Und wann wird das sein?«

»Das kann möglicherweise noch dauern.«

»Aber –«

»Verstehst du, Sebastian, wir sind hier vollkommen unterbesetzt. Der Herr liegt ja auf Eis, hat der Professor gesagt. In der Kühlung, meint er natürlich. Ich soll mich in der Zwischenzeit um die dringlicheren Fälle kümmern, wo die Staatsanwaltschaft schon Druck macht. Außerdem geht er ohnehin davon aus, dass es ein Unfall war.«

»Und wovon gehst du aus?«

»Von gar nichts. Ich finde nur keine Anhaltspunkte für einen Tod durch Unterkühlung. Keine Kälteerytheme, keine hämorraghischen Erosionen, nichts. Ich hab alles untersucht.«

»Und was heißt das jetzt?«

»Du weißt doch, Widerspruch kommt bei berühmten Medizinern nicht gut an.«

»Caroline!«

»Das heißt, dass er ziemlich sicher nicht an Hypothermie gestorben ist.«

8

Ein beißender Geruch nach feucht verbranntem Holz lag über dem Viertel, als Reitmeyer und Steiger in dem Gewirr der Auer Gassen nach der Adresse in der Krämerstrasse suchten. Es sei gleich »hinten neben dem Hergottskramer«, hatte eine Frau gesagt, die vor ihrer Tür mit einer Schar zerlumpter Kinder Reisig bündelte. »Das können S' gar nicht verfehlen.«

Trotz der Wegbeschreibung bogen sie ein paar Mal falsch ab, gerieten in Hinterhöfe, wo es gar nicht mehr weiterging, mussten sich auf den Straßen an Männern mit Hand- und Schubkarren vorbeidrängen, an altem Gerümpel, das sich aus Tandlerläden auf die Gehwege ergoss, und an Hausfrauen, die vor ihren Häusern Wäsche bürsteten, Schwemmholz aus der Isar hackten oder Flick- und Näharbeiten machten. »Krattlerbande, elende«, murmelte Steiger missgelaunt, als er im Vorbeigehen von einer Gruppe lärmender Kinder nassgespritzt wurde, die trotz der wenig sommerlichen Temperaturen barfuß an einem Pumpbrunnen spielten. »Wo ist denn der Herrgottskramer, der gschissene?«

Erst nach weiterem Herumirren gelangten sie schließlich auf einen kleinen Platz, der von geduckten, rußgrauen Herbergsbauten umgeben war. Und tatsächlich hing dort unter einem giebelartigen Vordach eine riesige Christusfigur an einer Hausfront, die fast die ganze Höhe des Gebäudes einnahm. Daneben ging es durch eine zurückgeschlagene Tür in ein dunkles Loch hinab, das die Krämerei der Regina Stegner beherbergte, wie ein Schild verriet. Steiger deutete auf das Haus mit den morschen hölzernen Altanen und schiefen Fensterläden, an dessen linker Seite ein wilder Holunderbusch wuchs. »Das muss es sein.«

Bevor sie sich Neugebauers Wohnung ansehen würden, hatten sie doch erst hierher kommen wollen, zu den Eltern des Toten, der ihr einziger Sohn gewesen war. Ihnen mussten sie die schlechte Nachricht überbringen. Durch eine Tür, die eher aussah, als führte sie in einen Ziegenstall, traten sie in einen dunklen Gang, in dem es penetrant nach altem Kraut und Moder und Katzenpisse roch. Von weiter hinten hörten sie Stimmen und Kindergreinen. Vorsichtig tappten sie durch den nachtschwarzen Flur, um nicht über an der Wand lehnende Arbeitsgeräte und Sägeblätter zu stolpern.

Steiger klopfte an eine Wohnungstür. Eine junge Frau mit einem verrotzten Kleinkind auf dem Arm öffnete sie einen Spalt breit.

»Ja?«, fragte sie misstrauisch.

Von hinten rief eine matte Frauenstimme: »Wenn's wieder um den Hubert geht, kannst gleich sagen ...«

»Sind wir hier richtig bei Neugebauer?«, fragte Steiger und stellte sich vor.

Die junge Frau machte die Tür weiter auf und deutete auf zwei ältere Leute, die wie erstarrt auf einem verblichenen alten Sofa saßen. Von ihren Gesichtern war nicht viel zu erkennen, nur spärliches Licht fiel durch ein winziges Fenster hinter ihnen in die enge Stube. Die junge Frau wandte sich ab und ging zu einem Herd, der, zwischen einer Bettstatt und einem Küchenschrank eingeklemmt, in der Ecke rauchte. Mit einem Schürhaken hob sie die Eisenringe an und stocherte in der mageren Glut herum.

»Leider haben wir Ihnen –«, begann Reitmeyer.

»Wir wissen's schon.« Der Mann auf dem Sofa richtete sich auf. »Von der Kramerin. Jemand hat das Foto bei der Polizei am Mariahilfplatz gesehen.«

Reitmeyer knetete die Krempe seines Huts zwischen den Fingern und wusste nicht recht, wie er fortfahren sollte. »Mein Beileid«, murmelte er und sah hilfesuchend zu Steiger hinüber, der wegen der drangvoll niedrigen Stubendecke mit eingezogenem Kopf neben ihm stand. Das Kind auf dem Arm der jungen Frau begann wieder röchelnd zu greinen.

»Haben Sie in den letzten Tagen noch Kontakt mit Ihrem Sohn gehabt?«, fragte Steiger schließlich.

Die Frau auf dem Sofa beugte sich vor und schüttelte langsam den Kopf. »Der Hubert hat sich schon länger nicht mehr sehen lassen. Früher ist er öfter heimkommen und hat uns was mitbracht. Was zum Essen oder ein paar Mark. Aber in letzter Zeit ...« Sie strich eine graue Haarsträhne aus dem Gesicht und ließ sich seufzend wieder zurücksinken.

Eine dumpfe Stille breitete sich aus, die ab und zu vom leisen Zischen eines Wassertropfens unterbrochen wurde, der aus der Wäsche über dem Herd fiel und auf der heißen Platte platzte.

»Wo liegt er denn jetzt?«, fragte der alte Mann plötzlich, der bislang nur schweigend vor sich hingestarrt hatte.

Steiger räusperte sich. »In der Gerichtsmedizin. Wenn er freigegeben wird, kriegen Sie Bescheid.«

Der alte Mann nickte ergeben.

Reitmeyer sah sich ein wenig ratlos um. »Ja also, wir wären dann eigentlich fertig.« Er wandte sich zum Gehen. An der Tür drehte er sich noch einmal um: »Ach übrigens, was haben Sie damit gemeint, als Sie sagten, wenn's wieder um den Hubert geht? Hat jemand nach ihm gefragt?«

Es dauerte eine Weile, bis ihm die Frau antwortete. »Ja. Zwei Leut. Kurz hintereinander. Vor ein paar Tag.«

»Was für Leut?«, fragte Reitmeyer.

»Der erste war ein jüngerer Mensch, vielleicht Anfang zwanzig. Seinen Namen hat er nicht gsagt. Wollt wissen, wo der Hubert ist.«

»Können Sie den Mann beschreiben?«

Die Frau sah ihre Tochter an, die mit den Achseln zuckte. »Schon stattlich. Dunkle Haar, ganz kurz. Nicht ganz so groß wie Sie. Vielleicht ein Militär, dem Auftreten nach. Aber in Zivil.«

»Ein Leiber«, sagte der Mann auf dem Sofa. »Die kenn ich gleich. Ich mein sogar, ich hab die weißen Knöpf von denen ihrer Uniform gsehen unter dem Mantel.«

»Ein Angehöriger des königlichen Leibregiments?«

Der Mann nickte. »Vielleicht sogar ein Offizier.«

»Und der andere? Wie hat der ausgesehen?«

»Der war älter ... und sehr kräftig. So wie ein Turner vielleicht«, sagte die Frau. »Aber wahrscheinlich auch ein Kellner. Weil er gsagt hat, dass er ein Freund vom Hubert ist.«

»Und beide haben sich nach Ihrem Sohn erkundigt?«

»Ja«, antwortete die Frau. »Sie wollten wissen, wo er ist. Aber woher hätten wir das wissen sollen? Der wohnt doch schon lang nicht mehr bei uns.«

Als Reitmeyer und Steiger auf die Straße traten, mussten sich ihre Augen erst wieder an die Helligkeit des Tages gewöhnen. In einiger Entfernung sahen sie den Pfarrer mit fliegenden Talarschößen über den Platz eilen. Er winkte und hielt mit der anderen Hand seinen Hut fest. »Ich hab's schon gehört«, sagte er atemlos, als er bei ihnen angelangt war. »Wie nehmen's die Eltern denn auf?«

»Sehr gefasst«, antwortete Reitmeyer.

»Ja, die sind Unglück gewöhnt. Wie alle hier. Ich meine, seit die Arbeitslosigkeit wieder angestiegen ist, na ja.« Der Pfarrer machte eine hilflose Geste und drückte die Haustür auf. Dann verschwand er in der Dunkelheit.

»Ein Elend ist das hier«, sagte Reitmeyer.

Aber Steiger wirkte irgendwie abwesend. Er blinzelte immer noch. Dann fragte er schließlich: »Kannst du dir vorstellen, was ein Offizier von den Leibern in der Au verloren hat?«

9

»Ich versteh das nicht«, sagte Steiger, als sie ins Büro zurückkamen. »Dieser Neugebauer wollte doch offensichtlich weg. Das ganze Zimmer, alle Schränke vollkommen leer. Bloß ein gepackter Koffer. Aber nirgends Geld. Oder eine Fahrkarte.«

»Und die Sachen in dem Koffer. Der Anzug und die Hemden. Kein billiges Zeug. Erstaunlich für einen Kellner.«

»Vielleicht alles *Geschenke*? Irgendwie hab ich die Hausmeisterin so verstanden. Auch wenn sie dann schnell sehr ausweichend geworden ist. Weil sie den Mietern ›nix nachsagen‹ will. Weil das ›nicht ihre Art‹ ist«, ahmte Steiger den Tonfall der Frau nach. »Genauso sieht die mir aus«, fügte er hinzu und trat an seinen Schreibtisch. »Was machst du überhaupt an meinem Platz? Und was kritzelst du da herum? Hast du nichts Besseres zu tun?«

Rattler blickte beleidigt auf. »Wo soll ich denn sonst hin? Und ich kritzle nicht herum. Ich übertrage die Aufzeichnungen aus meinem Notizbuch.«

»Und was soll das da sein?«

»Das sind die Punzen auf dem Zigarettenetui, das der Tote bei sich gehabt hat.«

»Was für ein Etui?«, fragte Reitmeyer.

Rattler zog den Kopf ein bisschen ein. »In der inneren Manteltasche von dem Toten hat ein Zigarettenetui gesteckt. Aus schwerem Silber. Ich hab mir schnell Zeichnungen von den Stempeln gemacht, und es dann wieder zurückgetan in der Aufregung.«

»Das holen wir dann halt mit den anderen Sachen ab«, sagte Steiger. »In der Gerichtsmedizin kommt doch nichts weg.«

Reitmeyer schüttelte den Kopf. »So eine Schlamperei.«

»Ja, schon«, räumte Steiger ein. »Aber andererseits, wie's im Moment aussieht, ist der Fall doch geklärt. Der ist besoffen die Treppe runtergestürzt und dann an Unterkühlung gestorben. Die Identität ist auch geklärt. Und was den Mantel angeht, liegt keine Anzeige vor. Und wo der den Mantel hergehabt hat, kann uns genaugenommen ziemlich wurscht sein. In seinem Zimmer in der Gollierstraße jedenfalls war kein weiteres Diebesgut. Oder hast du irgendwas gesehen?«

»Trotzdem –« Reitmeyer brach ab. Carolines Vermutungen musste er für sich behalten, das hatte er ihr am Telefon versprochen. Und ohnehin hatte sie sich nur sehr vage geäußert. »Eigenartig, dass der in ein Lokal geht und keinen Pfennig Geld bei sich hat.«

»Aber wenn ihn jemand ausgeraubt hätte«, warf Rattler ein, »hätte er doch sicher auch das Etui genommen. Das ergibt doch keinen Sinn. Das ist nämlich ziemlich wertvoll. Da schauen S' einmal her.«

Steiger und Reitmeyer sahen auf das Blatt, das der Polizeischüler hochhielt.

»Das sind englische Silberpunzen. Das hab ich mir von einem Juwelier erklären lassen. Es ist 925er Sterlingsilber. Bloß das Wappen und das hier«, er deutete auf das Bild einer erhobenen Hand, deren Handteller nach außen zeigte, »hab ich nicht rausgekriegt. Der Juwelier hat so was auch noch nicht gesehen. Da müsste man einen echten Engländer fragen.«

»Na ja, immerhin«, sagte Reitmeyer, »jetzt wissen wir zumindest, dass es sich um englisches Silber handelt. Und wo der Tote das hergehabt hat«, er machte eine Pause, »jedenfalls brauchen wir zuerst den abschließenden Bericht der Gerichtsmedizin.«

Die Tür ging auf, und Brunner humpelte ins Büro. »Herr Kommissär, ich hab Ihnen doch gesagt, dass der Herr Polizeipräsident ...«

Rattler und Steiger sahen Reitmeyer an.

»Ich geh gleich zu ihm rauf.«

Die Sekretärin des Polizeipräsidenten versah ihren Posten gewöhnlich wie der Kastellan einer mittelalterlichen Ritterburg. Rückten fremde Truppen, niederes Volk oder untere Chargen des Dienstbetriebs an, zog sie die Hängebrücke hoch. Kein Einlass. Da half kein Flehen und kein Bitten. Heute jedoch eilte sie ihm freundlich lächelnd entgegen, deutete auf die angelehnte Tür und flötete mit samtverbrämter Stimme: »Gehen S' nur durch, Herr Kommissär. Sie werden schon erwartet.«

Der Präsident, wie immer tadellos gekleidet, kein Stäubchen auf seinem Jackett, Haar und Schnurrbart perfekt in

Form, stand am Schreibtisch und drückte den Telefonhörer ans Ohr. Nur seine Gesichtszüge wirkten seltsam derangiert und passten nicht recht zu dem makellosen Äußeren. Ohne sein Gespräch zu unterbrechen, winkte er Reitmeyer heran und bedeutete ihm, die Tür zu schließen.

»... ja, ja, ich verstehe, sehr unangenehm ...«, sagte er in den Hörer, »aber von *Ermittlungen* kann keine Rede sein ... ein Übereifer ... sicher, sehr peinlich ... also ich wünsche Ihnen auch noch –« Der Teilnehmer am anderen Ende hatte offensichtlich schon aufgelegt. Mit dem Hörer in der Hand blieb er noch einen Moment stehen und sah den Kommissär an.

»Sagen Sie mal, Reitmeyer, sind Sie wahnsinnig geworden?«, fragte er fassungslos. »In die Wohnung des Gerichtspräsidenten einzudringen, in seinen Privatbereich, und Ermittlungen anzustellen?«

»Es handelte sich nicht um Ermittlungen, sondern lediglich um eine Auskunft.«

»Jetzt stellen Sie sich nicht dümmer, als Sie sind«, sagte der Polizeipräsident mit erhobener Stimme. »Sie wissen ganz genau, dass Sie sich vorher in seinem Büro hätten anmelden oder noch besser mit mir hätten absprechen sollen, bevor Sie mit einem Rotzlöffel von Polizei-Eleven einfach so bei ihm zu Hause aufkreuzen und Fragen nach seiner Garderobe stellen. Von einem erfahrenen Kriminalbeamten hätte ich mir etwas anderes erwartet. Sie sind doch praktisch Jurist.« Er holte Luft, ging zum Fenster hinüber und sah eine Weile in den Hof hinunter.

»Das ist lange her. Und außerdem habe ich nie –«

»Schon gut, Reitmeyer. Unglaublich so etwas.« Dann drehte er sich wieder um. »Ärgerlich, wirklich sehr ärgerlich, dieser Zwischenfall.«

»Es tut mir leid, Herr Präsident, aber –«

Sein Vorgesetzter hob abwehrend die Hand. »Lassen wir das jetzt«, sagte er. »Ich hoffe, es ist mir gelungen, die Sache wieder einigermaßen hinzubiegen.« Mit energischem Schritt ging er zu seinem Schreibtisch zurück und setzte sich. Und bot auch Reitmeyer einen Stuhl an. »Eigentlich, Reitmeyer«, begann er mit völlig veränderter Stimme, »eigentlich habe ich Sie wegen einer ganz anderen Sache sprechen wollen.«

Reitmeyer sah ihn verwundert an.

»Also ich ...« Bevor er fortfuhr, beugte er sich hinunter, öffnete die Seitentür seines Schreibtischs und nahm eine Flasche und zwei Gläser heraus. »Cognac?«, fragte er und hielt die Flasche hoch. Ohne die Antwort seines Gegenübers abzuwarten, goss er zwei Gläser ein und forderte den Kommissär mit einer raschen Handbewegung auf, sich zu bedienen.

Nachdem beide ihre Gläser geleert hatten, lehnte er sich zurück und sah Reitmeyer eine Weile sinnierend an.

»Verstehen Sie, es geht da um eine Sache, die wirklich sehr heikel, ich meine, die absolut delikat ist und größtes Fingerspitzengefühl erfordert.«

»Aha«, sagte Reitmeyer, immer noch leicht verblüfft.

»Ich spreche jetzt weniger als Vorgesetzter zu Ihnen, sondern eher als«, der Polizeipräsident überlegte einen Moment, »als verantwortungsvoller Staatsbürger, von Jurist zu Jurist, wenn Sie so wollen. Zu einem Mann, kurz gesagt, der über genügend Weitblick verfügt, um zu erkennen, wo unserer Gemeinschaft Schaden drohen kann.«

Reitmeyer richtete sich ein wenig unbehaglich auf.

»Um auf den Punkt zu kommen. Eine bekannte Persönlichkeit unserer Stadt, der Kunstmaler von Rager, hat sich an mich gewandt und mir einen Vorfall anvertraut, der ihm einige Sorgen bereitet.«

»*Hans* von Rager?«

»Ja, genau der. Und was ich Ihnen jetzt sage, muss mit der größten Diskretion behandelt werden.«

Reitmeyer nickte zögernd.

»Besagter Künstler hat vor einiger Zeit an einem Herrenabend teilgenommen, bei dem auch andere hochstehende Persönlichkeiten anwesend waren.« Er deutete mit dem Zeigefinger ein paar Mal an die Decke. »Allerhöchste, wenn Sie verstehen, was ich meine?« Er machte eine vielsagende Pause und fuhr mit gesenkter Stimme fort. »Jedenfalls kam es dabei nach ausgiebigem Feiern zu einer ... lassen Sie es mich so ausdrücken, zu einer etwas ungewöhnlichen Darbietung.«

»Darbietung?«

»Ja, soweit ich verstanden habe, wurde eine Art Tableaux vivants gestellt. Das kennen Sie doch, lebende Bilder, das wird im geselligen Rahmen ja oft gemacht. An der Akademie, bei festlichen Veranstaltungen und dergleichen. Einige Herren, aus dem Militär zumeist, stellten also eines oder mehrere Bilder irgendeines Malers nach, dessen Name mir jetzt entfallen ist. Aber das tut ja auch nichts zur Sache. Jedenfalls kam dabei eine Gestalt aus der Antike oder Mythologie vor, eine weibliche Gestalt. Eine Salome, wenn ich mich recht erinnere.«

»Die aus der Oper?«

»Nein! Mann, Reitmeyer, ich sagte Ihnen doch, ein Bild. Sie kennen doch Bilder von Salome. Die kennt doch jeder.«

»Ja, schon ...«

»Sehen Sie. Eines dieser Bilder wurde also nachgestellt. In Frauenkleidern naturgemäß. Ein jüngerer Offizier gab die Salome. Völlig harmlos natürlich. Der bloßen Lust an der Verkleidung, dem reinen Spieltrieb geschuldet. Leider ist davon etwas nach außen gedrungen. Und Sie wissen ja, wie gefährlich so etwas ist, wie missverständlich derlei Dinge in der Öffentlichkeit aufgebauscht oder von der Presse verzerrt dargestellt werden können.«

»In welcher Zeitung hat –«

Der Polizeipräsident winkte ab. »So weit ist es Gott sei Dank noch nicht gekommen. Das gilt es ja zu verhindern. Und da kommen Sie ins Spiel.«

»Ich?«

»Ja, weil Sie einen Fall bearbeiten, der ganz eng in Zusammenhang damit steht.« Er griff nach der Flasche, goss erneut zwei Gläser ein und forderte Reitmeyer mit einer Geste zum Trinken auf.

»Sie meinen den Todesfall an der Ludwigsbrücke?«

»Ja, genau den. Herr von Rager hat zufällig einen der Aushänge an einem Polizeiamt gesehen und mir gesagt, dass er genau an diesen Mann Zahlungen geleistet hat.«

Reitmeyer stellte sein Glas ab. »Ach? Dann stammt der Mantel des Toten also von dem Maler?«

»Jetzt lassen Sie mich doch endlich mit Ihren Mänteln in Frieden, Reitmeyer! Das tut doch hier überhaupt nichts zur Sache!«, rief der Polizeipräsident ungehalten. »Herr von Rager hat mich benachrichtigt, weil er vermeiden will, dass es im Rahmen Ihrer Ermittlungen zu falschen Schlüssen kommt. Der Fall an sich ist ja praktisch geklärt. Ich habe mich bei Professor Riedl in der Gerichtsmedizin erkundigt, und der geht davon aus, dass das Subjekt die Treppe hinuntergestürzt und anschließend an Unterkühlung gestorben ist. Irgendwie hatte er von den Vorgängen bei dem Herrenabend erfahren.«

»Und Herr von Rager hat Zahlungen ...?«

»Ja natürlich. Weil er die anderen Anwesenden schützen wollte. Sie wissen doch, dass wir in unserer gegenwärtigen Lage keinen Skandal brauchen können. Schon gar nicht, wenn das Militär darin verwickelt ist. Sie lesen doch auch Zeitung und wissen über die Weltlage Bescheid. Das ungeheuerliche Attentat in Sarajewo. Was geschieht jetzt auf dem Balkan? Was tut Russland? Und die Franzosen haben die Wehrpflicht auf drei Jahre verlängert. Ganz Europa rüstet auf. Da können wir doch unser Militär nicht schwächen wegen so einer Lappalie, wegen so einem verkommenen ...«

»Ich verstehe trotzdem nicht ganz, was ich ...«

»Deshalb erkläre ich es Ihnen ja«, erwiderte der Polizeipräsident ungeduldig. »Also, hören Sie«, fuhr er nach einer Weile in versöhnlicherem Tonfall fort und beugte sich wieder über den Schreibtisch. »Sie machen ganz normal Ihre Arbeit. Und um die für Sie zu erleichtern, um Ihnen gleich den richtigen Einblick zu geben, suchen wir den Kunstmaler gemeinsam auf. Dann können Sie ihm die Fragen stellen, die Sie im Rahmen Ihrer Untersuchung für nötig halten. Hans von Rager kennt mich und kann somit darauf vertrauen, dass die Angelegenheit mit der nötigen Vertraulichkeit behandelt wird. Sie wissen doch, wenn unbescholtene Bürger mit der Kriminalpolizei zu tun kriegen, reagieren sie oft verschreckt und konfus, was unserer Arbeit keineswegs dienlich ist.«

»Aha, und wann gehen wir dorthin?«

»Jetzt gleich. Ich habe uns schon angemeldet.«

AUFZEICHNUNGEN EINES OFFIZIERS

30. JUNI 1914

Mit Zaumer und zwei anderen Kameraden aus dem Eisenbahnbataillon in der Odeon-Bar. Zaumer teilte meine Bedenken, was eine erfolgreiche Durchführung des Schlieffenplans angeht, weil dafür mindestens zwei weitere Divisionen nötig wären. Und wer verhindert ein modernes Massenheer, fragte ich. Das Berliner Kriegskabinett! Die sind es doch, die die Ängste der preußischen Junker teilen! Dort fürchtet man sich, Mannschaften einzuziehen, die statt vom Land aus der großstädtischen Arbeiterschaft stammen. Weil sie sozialistisch durchseucht seien und demokratische Tendenzen in die Armee einbrächten. Genauso große Angst hat man vor einer Zunahme bürgerlicher Offiziere. Angeblich hätten diese Leute nicht jene Werte verinnerlicht, die einen Aristokraten schon von Geburt an auszeichneten. Ganz recht, meine Herrn Eliteregimentler! Ich bin kein Roter und kein Reichsverräter, dennoch ziehe ich nicht in den Kampf, um einem schon halb verwesten Leichnam neues Leben einzuhauchen, um Privilegien und Standesinteressen der alten Adelsmumien zu verteidigen. Ich kämpfe für Deutschland! Damit unserer Nation das Überleben gesichert wird! Und damit stehe ich nicht allein!

10

Ein livrierter Diener führte sie in einen dämmrigen kleinen Salon, der ganz in Grün und Blau gehalten war. Tapeten, Bezüge, Vorhänge und Tischdecken, alles schimmerte silbrig glänzend bis matt in ozeanischen Tönen, sodass man den Eindruck hatte, man wäre in eine Unterwasserwelt geraten. Und ebenso still war es auch. Außer dem leisen Rascheln eines Palmwedels, den sein Vorgesetzter gestreift hatte, als er sich setzte, war nichts zu hören. Einen Ort für Vernehmungen stellte sich Reitmeyer anders vor. Den Präsidenten schienen ähnliche Gedanken zu beschäftigen. Auch ihm schien die intime Atmosphäre, die er plötzlich mit seinem Kommissär teilen musste, ein wenig peinlich zu sein. Unbehaglich rutschte er auf seinem Stuhl hin und her, bevor er aufstand und zu einem Bild an der Wand trat, das er mit angehobener Brille studierte. Ein Frauenporträt. Dafür war Rager berühmt. Er malte vornehmlich Damen. Damen aus Bluts- und Bierbrauadel, Herrscherinnen von Geblüt, Adeptinnen der leichten und ernsteren Muse, Prinzessinnen aus amerikanischen Finanzdynastien und Töchter Chicagoer Schlachthausbarone. Jedenfalls solche, die seine exorbitanten Honorare zahlen konnten.

»Hm, wirklich brillant«, sagte der Präsident und trat einen Schritt zurück. »Dieser Schleier um den Hals, wie Schaum das Gewebe. Altmeisterlich! Der beherrscht eben sein Handwerk.«

Reitmeyer murmelte etwas vage Zustimmendes. Auf eine tiefergehende Kunstdiskussion mit seinem Vorgesetzten wollte er sich lieber nicht einlassen. Vor allem das Handwerksargument war neuerdings ein schlüpfriges Pflaster geworden und wurde immer dann bemüht, wenn es galt, die modernere Malerei niederzubügeln. Und die Vertreter dieser Richtungen, hieß es, diese Schmieranten, bar aller handwerklichen Solidität, schädigten den in Kunstdingen weltweit gerühmten Ruf der Stadt. Sie missbrauchten den guten Namen Münchens als Aushängeschild für ihre Vereinigungen, obwohl sie den hiesigen Kunsttraditionen fremd und feindlich gegenüberstünden und weder münchnerisch schafften noch münchnerisch empfänden. So stand es in den Zeitungen.

Und so gesehen war Hans von Rager nicht nur ein gefeierter Maler, sondern eine der Säulen, die den Ruf der bayerischen Kunstmetropole als »Isar-Athen« garantierten. Ein solcher Mann musste natürlich vor übler Nachrede, vor den Furien der Gossenpresse, vor jeglichem Skandal bewahrt werden.

Von draußen näherten sich Schritte. Die Tür ging auf, und Hans von Rager trat ein. Reitmeyer kannte den Maler nicht persönlich, aber von Fotos in den Zeitungen, und vor ein paar Jahren hatte er ihn bei der Centenarfeier des Kunstakademie im Bürgerlichen Bräuhaus gesehen – einer echt münchnerischen Veranstaltung mit Tannenreis, Brezen- und Radi-Arrangements, Bavaria, Bierfahrt und Kellnerinnen in Altmünchner Tracht. Dort war er für einige der umjubelten Tableaux vivants verantwortlich gewesen, ein jugendlich wirkender Sechzigjähriger, wie es Reitmeyer damals vorkam, der inzwischen jedoch um ein Jahrzehnt gealtert erschien. Gebückt fast und mit schleppendem Schritt bewegte er sich voran, ein Mann, den ein hartes Schicksal getroffen hatte, oder zumindest ein gehöriger Dämpfer.

Rager entschuldigte sich, dass er die Herren habe warten lassen. Einen Grund dafür gab er nicht an, aber ein leichter

Alkoholgeruch, der die elegant gekleidete Gestalt umwehte, deutete an, dass er sich für die Begegnung etwas Mut hatte antrinken müssen.

Nach den Begrüßungsformalitäten und nachdem die Besucher alle angebotenen Erfrischungen abgelehnt hatten, kam der Präsident zur Sache.

»Mein lieber Rager«, begann er, »mir ist natürlich vollkommen bewusst, wie unangenehm diese Angelegenheit ist. Sie dürfen uns glauben, dass uns nichts ferner liegt, als in Ihrem Privatleben herumzustochern, aber aufgrund der Tatsache, dass Sie sich selbst an uns gewandt haben, gehe ich davon aus, dass Sie nichts dagegen einzuwenden haben, wenn Ihnen mein Kommissär, der mit dem Fall des verunglückten Subjekts betraut ist, ein paar Fragen stellt.«

»Nein ... nein«, antwortete der Maler etwas unsicher.

Der Präsident warf Reitmeyer einen Blick zu, dass er das Wort ergreifen dürfe.

»Herr von Rager«, begann Reitmeyer. »Sie haben den Herrn Präsidenten davon unterrichtet, dass Sie an Hubert Neugebauer Zahlungen geleistet haben. Könnten Sie mir vielleicht sagen, in welcher Form das geschehen ist?«

Der Maler sah den Präsidenten hilfesuchend an. Der nickte ihm ermunternd zu.

»Ja also, er hat mir einen Brief geschickt.«

»Mit der Post?«

»Nein, durch Boten.«

»Haben Sie den Brief noch?«

»Nein, den habe ich ... vernichtet.«

»Aha, sehr schade. Können Sie uns vielleicht sagen, was in dem Brief gestanden hat?«

Der Maler schüttelte etwas abwesend den Kopf und sah wieder den Präsidenten an. »Ja, ich weiß nicht mehr genau. Dass er von ... den Vorgängen erfahren hat ... und damit an die Presse gehen will.«

»Wo haben diese Vorgänge denn stattgefunden? In Ihrem Haus?«

»Nein«, stieß er hervor. »In einem ... Hotel.«

»In einem Hotel? In welchem Hotel?«

»Also Reitmeyer«, unterbrach ihn der Präsident ungeduldig, »der Ort tut nun wirklich nichts zur Sache. Jetzt lassen Sie Herrn von Rager doch erzählen.«

»Also gut«, sagte der Kommissär, »die Vorgänge fanden also in einem Hotel statt. Wie hat Hubert Neugebauer von den Vorgängen erfahren? War er anwesend zum fraglichen Zeitpunkt?«

»Das ... das weiß ich nicht. Er hat bloß geschrieben, dass er die Informationen hat, und mir gedroht, wenn ich nicht zahle ... und dass auch Fotos existieren.«

»Wie hoch war denn die Summe, die er gefordert hat?«

»Also, das war eigentlich nicht *eine* Summe, deswegen habe ich mich ja an den Herrn Präsidenten gewandt, damit es zu keinen falschen Schlüssen kommt.«

»Was wollen Sie damit sagen? Hat er Sie mehrmals ...?«

»Ja, nein. Er hat laufende Zahlungen gefordert. Monatlich. Ich hab befürchtet, wenn Sie ... wenn Sie vielleicht Unterlagen bei ihm finden und feststellen, dass er monatlich von mir Geld bekommen hat, dann denken Sie vielleicht ...«

»Was denken wir dann vielleicht?«

»Also Reitmeyer, jetzt lassen Sie den Herrn Kunstmaler doch reden. Er hat gesagt, dass er die geforderte Summe monatlich entrichtet hat, es ist ganz gleichgültig, ob er dem Subjekt einmal oder mehrmals Geld geben musste. Es geschah schließlich aufgrund eines höheren Zwecks. Das habe ich Ihnen schon erklärt.«

»Na schön«, sagte Reitmeyer. »Können Sie mir dann vielleicht sagen, in welcher Form diese Summen übergeben wurden? Und um wie viel es sich jeweils gehandelt hat?«

»Es waren immer zwischen einhundert und einhundertfünfzig Mark. Deshalb hab ich ja auch gezahlt. Mir hat's nicht besonders weh getan, und wenn man dadurch einen großen Schaden abwenden kann von so vielen unbescholtenen Menschen ... Und das Geld hab ich abgeben lassen, immer in verschiedenen Lokalen. Wo viel los ist und niemand so genau darauf achtet, wer die Kuverts dann abholt.«

Reitmeyer schwieg einen Moment. Hundert oder hundertfünfzig Mark. Das war etwa sein Monatsverdienst. Eine Summe, die dem Maler »nicht weh« tat. Dann sah er seinen Präsidenten an. Für wie blöd hielten die beiden ihn eigentlich? Dass es sich bei den monatlichen Zahlungen nicht um Erpressung, sondern wahrscheinlich um Unterhalt handelte – wofür auch immer –, war mit Händen zu greifen. Der Maler hatte bloß Angst, dass dies im Rahmen der Ermittlungen hätte herauskommen können, und deswegen diese Räuberpistole erfunden. Aber so war es vermutlich mit dem Präsidenten abgesprochen worden.

»Herr von Rager«, begann er wieder, »der Herr Präsident hat mich unterrichtet, dass es an besagtem Herrenabend zu bestimmten Darbietungen gekommen sei. Könnten Sie mir vielleicht beschreiben, um welche Art von Darbietungen es sich dabei handelte?«

»Ja, um Tableaux vivants, um lebende Bilder. Aber das ist nicht von mir ausgegangen. Das waren die anderen. Die jungen Leute.«

»Um welche Bilder hat es sich dabei denn gehandelt?«

»Ich hab die Bilder nicht wirklich erkannt. So gut waren die nicht gestellt. Aber irgendwelche Themen aus der Mythologie.«

»War vielleicht eine Salome darunter?«

Der Maler sah den Präsidenten an, der seinen Blick ungerührt erwiderte. »Schon möglich.«

»Bei den Darstellungen der Salome handelt es sich doch zumeist um eine sehr leicht bis unbekleidete Frau. Ich meine, wie kann das von jungen Männern nachgestellt werden?«

Der Maler wand sich auf seinem Stuhl, als säße er auf einem Ameisenhaufen. »Ja so absolut ... werkgetreu waren die Sachen nicht. Es war halt mehr ein Spaß.«

»Sie sagten vorhin, die jungen Leute. Meinten Sie damit vielleicht junge Offiziere?«

Rager blickte gequält auf.

»Und ich gehe wohl recht in der Annahme, dass Sie den Namen der Person, die Sie in den Kreis eingeführt hat, nicht preisgeben wollen?«

»Ganz richtig.«

»Dann hätte ich eigentlich nur noch eine Frage: Haben Sie Hubert Neugebauer einen dunklen Kaschmirmantel geschenkt?«

Der Maler fuhr zusammen, als hätte ihn ein Insekt gestochen, und warf einen geradezu verzweifelten Blick auf den Präsidenten. Der erhob sich daraufhin lässig, klopfte dem Künstler auf die Schulter und sagte: »Mein lieber Rager, wir wären dann soweit fertig. Ich danke Ihnen für Ihre Geduld. Aber wenn Sie mir einen ganz persönlichen Wunsch erfüllen würden. Ich würde mich sehr freuen, wenn Sie mich zum Abschluss noch einen Blick in Ihr Atelier werfen ließen. Möglicherweise auf eine Arbeit in statu nascendi. Es ist für den Laien schließlich immer ein Hochgenuss, wenn er sehen kann, wie so ein Kunstwerk entsteht.«

Der Maler erhob sich schwerfällig und öffnete eine schmale Tür. Nach dem Halbdunkel in dem Salon mussten sie die Augen zusammenkneifen, als sie in den angrenzenden hellen Raum traten. Durch kathedralenartige Fenster flutete Licht in den riesigen hohen Raum. Die Wände waren mit Gobelins bedeckt, Statuen blickten auf sie herab, auf meterlangen Tischen lagen aufgeschlagene Skizzenbücher, und von der umlaufenden Empore hingen kostbar wirkende Stoffbahnen herab. Nirgendwo Farbtöpfe, Pinsel, kein Geruch nach Terpentin. Ein Atelier hatte sich Reitmeyer anders vorgestellt. Aber offensichtlich arbeitete der Künstler hier gar nicht, sondern inszenierte hier nur seine Auftritte für seine betuchte Klientel.

Der Maler führte den Präsidenten vor eine Staffelei, auf der das Gemälde einer Dame stand. Nicht in statu nascendi, wie sein Vorgesetzter gehofft hatte, sondern fertig ausgeführt. Die Schöne lagerte auf einer Ottomane, die zarten Füßchen auf einen Schemel gestellt, das Kleid ziemlich durchsichtig. Offensichtlich eine Dame der leichteren Muse, die Rager immer ein wenig pikanter darstellen durfte als die Vertreterinnen des Adels und hohen Bürgertums. Aber alles so hübsch und gefällig und handwerklich perfekt, wie man es von dem Künstler kannte. Der Präsident war begeistert.

Während die beiden sich unterhielten, blieb Reitmeyer an einem der Tische stehen und blätterte eines der Skizzenbücher durch. Lauter Studien einzelner Körperteile. Erstaunlicherweise von männlichen Körpern. Rückenansichten, Arme, kräftige Schenkel, an denen jeder Muskel genau herausgearbeitet war, Köpfe im Profil und en face ... Plötzlich hielt er inne. Den jungen Mann kannte er doch. Rasch blätterte er weiter. Unverkennbar. Es war Lukas von Dohmberg, sein alter Musikerfreund. Der hatte Rager Modell gestanden? Nackt? Das war doch nicht möglich. Als hätte ihn jemand ertappt, klappte er das Skizzenbuch zu.

Der Präsident drehte sich um. »Ja, wir müssen uns dann auch wieder auf den Weg machen«, sagte er zu dem Maler, der plötzlich seltsam verloren wirkte in seinem großen Atelier. »Aber nochmals vielen Dank für Ihre Liebenswürdigkeit, mein Freund. Und für den Kunstgenuss«, fügte er auf die Staffelei deutend hinzu.

Der livrierte Diener führte sie die imposante Treppe hinunter und öffnete ihnen die Tür. Vor dem Haus blieb der Präsident einen Moment stehen, sah Reitmeyer an und sagte: »Sie haben Ihre Sache sehr gut gemacht, angesichts der Umstände.«

Reitmeyer schüttelte den Kopf und griff sich an die Krawatte. »Also bei allem Respekt, Herr Präsident. Ich weiß wirklich nicht, welche Rolle mir bei dieser Farce zugedacht ist. Mit meiner Auffassung von meinem Beruf als Kriminalpolizist hat das jedenfalls nichts zu tun.«

Der Präsident zuckte zurück, fasste sich aber schnell wieder und legte dem Kommissär zu dessen Verblüffung die Hand auf die Schulter.

»Mein lieber Reitmeyer«, sagte er, »ich kann Ihnen nur eines sagen, auch ich habe im Lauf meiner Amtszeit so manche Kröte schlucken müssen. Aber immer im Dienst der Staatsräson. Das werden auch Sie noch begreifen.«

Reitmeyer verstand bloß eins: dass er bei einer Vertuschung mithelfen sollte. Die angebliche »Erpressung« sollte davon ablenken, dass der Maler ständig Zahlungen an Neugebauer geleistet hatte – falls man Unterlagen darüber fände. Sehr schlau war die Sache allerdings nicht eingefädelt. Und wenn sich bestätigte, dass dieser Kellner tatsächlich nicht an Unterkühlung gestorben war, musste sich sein Präsident schon was Intelligenteres ausdenken, um den verdienten Künstler aus der Schusslinie zu kriegen.

»Die können mich alle kreuzweis«, fluchte er auf dem Weg vom Isarhochufer nach unten, »von wegen Staatsräson.« Gott sei Dank war er nicht im Wagen des Präsidenten hergefahren, sondern mit dem eigenen Fahrrad. Auf engem Raum mit seinem obersten Vorgesetzten hätte er es jetzt keine Sekunde ausgehalten. Er brauchte dringend frische Luft.

MEMORANDUM 30. JUNI 1914

OBERST FEICHTL AN OBERST V. SPAITL

Unsere Spezialkräfte beobachten polizeil. Ermittlg. in verschiedenen Milieus. Quelle des Belastungsmaterials nach wie vor im Dunkeln. Wir arbeiten daran.

11

»Scheiß, verreckter.« Nachdem er die Hälfte des Weißbiers geleert, sich an die warme Hauswand gelehnt hatte und über die spiegelnde Oberfläche des Kleinhesselohers Sees hinausblickte, beruhigte sich das Stakkato in Reitmeyer. Ein kurzer Abstecher zum Seehaus war genau die richtige Entscheidung gewesen. Aber jetzt breitete sich eine gewisse Wehmut in ihm aus. Hier hatte er als Bub oft mit seinem Vater gesessen und über die Radrennen diskutiert, die sie auf der Rennbahn in Milbertshofen gesehen hatten. Damals wäre er selbst gern ein berühmter Rennfahrer geworden. Ein Thaddäus Robl oder Josef Fischer, die beiden Weltmeister aus München. Er trank einen Schluck Bier und stellte langsam das Glas wieder ab. Rad fuhr er immer noch. Aber als Polizist.

Resigniert stierte er eine Weile vor sich hin. Dann griff er in seine Manteltasche, zog eine Packung Zigarillos heraus und hielt nach dem Kellner Ausschau. Als er sah, dass der Mann mit Abkassieren beschäftigt war, ging er nach drinnen und suchte selbst nach Streichhölzern. Während er auf eine Bedienung wartete, blickte er in die Vitrine neben der Theke, wo auf einem Glassockel eine Prinzregententorte stand. Tiefbrauner, glänzender Guss, keine Verzierung, die ihre ernste Feierlichkeit störte. Wenn früher seine Mutter diese Torte anschnitt, die praktisch die Weihe vom Prinzregenten erhalten hatte, weil sie von Erbshäusser, dem Hoflieferanten, stammte, war immer ein bestimmter Lebensabschnitt erreicht. Die Erstkommunion, die Firmung, das Abitur. Das ganze Leben war eingeteilt, überschaubar gewesen, ging seinen vorgezeichneten Gang. Der nächste Festtag wäre sein Juraexamen gewesen. Aber dazu war es nicht mehr gekommen. Sein Vater war tödlich verunglückt, als er im Winter von einer Straßenbahn gestreift wurde, das elterliche Eisenwarengeschäft musste verkauft werden, und der Notverkauf brachte nicht so viel ein, wie sie sich erhofft hatten. Und als kurz darauf seine Mutter erkrankte, hätte niemand gedacht, dass sie zwei Wochen später an einer Lungenentzündung sterben würde. Er schnaufte tief durch. Für den Abschluss des Studiums jedenfalls hatte das Geld nicht mehr gereicht.

»Aha«, sagte plötzlich jemand hinter ihm. »Ein hehrer Anblick, diese Torte. Fast wie ein Denkmal für den Münchner. Der Inbegriff von seligen Zeiten.«

Er zuckte zusammen und drehte sich um. Sepp stand hinter ihm.

»Ja, wenn das kein Zufall ist. Mann, Sebastian.« Sepp lachte. »Dass wir uns in so kurzer Zeit zum zweiten Mal über den Weg laufen! Alter Freund! Sitzt du draußen? Komm, wir trinken was zusammen!«

Ohne Reitmeyers Antwort abzuwarten, nahm Sepp seinen Arm, zog ihn nach draußen und nahm gegenüber von ihm Platz. »Also, dass ich dich hier treff«, fuhr er fort. »Mann, dir hätten doch die Ohren klingeln müssen, so viel war heut von dir die Rede.«

»Von mir? Wieso?«

»Ja, wegen dem Kaschmirmantel von dem Nobelschneider, der bei diesem Kerl an der Isar gefunden worden ist. Und angeblich dem Präsidenten gehören sollte ... Ja der Skandal!«, wieherte Sepp und warf die Hände in die Luft. »Ermittlungen gegen den Landgerichtspräsidenten, dass nicht gleich der weißblaue Himmel einstürzt, bei so viel Verwegenheit unter den bayerischen Kommissären. Also wir haben Tränen gelacht.«

Reitmeyer machte eine unwirsche Handbewegung. »Lass mich heut bloß mit irgendwelchen Präsidenten in Frieden«, erwiderte er schroff und griff erneut nach seinem Glas. »Mir reicht schon mein eigener. Und überhaupt, es ging bloß um eine Auskunft. Egal, welchen Tratsch man dir auch erzählt hat.«

»Tut mir leid, Sebastian, tut mir wirklich leid. Ich hab halt von Kollegen am Gericht erfahren –«

»Ach scheiß drauf«, sagte Reitmeyer. Doch nach einem Blick in das verdatterte Gesicht seines Freundes fügte er etwas versöhnlicher hinzu: »Tut mir leid, Sepp. Ich hab einen saumäßigen Tag hinter mir.« Er zwang sich zu einem Lächeln. »Sag mir lieber, was du hier im Englischen Garten machst.«

»Dasselbe wie du«, sagte Sepp, »den Kopf auslüften, nach dem ganzen Kanzleiendampf. Aber«, er machte eine wegwerfende Geste, »jetzt lassen wir mal die leidige Arbeit beiseite. Ich freu mich wirklich, dich zu sehen.« Der Kellner trat an ihren Tisch. »Bringen S' mir auch ein Weißbier«, sagte Sepp. »Und ein Kirschwasser. Nein, zwei«, verbesserte er sich mit einem Blick in Reitmeyers Richtung. »Zur Feier des Tages. Du hast schon ein bisschen Zeit?«

Reitmeyer nickte.

»Nach meinem Anruf bei dir war ich bei den Dohmbergs und hab mit dem Lukas gesprochen. Der will dich unbedingt sehen und lädt dich ganz ausdrücklich zu der Soiree am Samstag ein. Und du sollst auch deine Geige mitbringen. Keine Ausrede, hat er gesagt. Ich hab's ihm versprechen müssen.«

»Ich weiß nicht«, erwiderte Reitmeyer abwehrend.

»Keine Widerrede. Und von der Caroline soll ich dich auch ganz herzlich grüßen. Sie freut sich genauso auf ein Wiedersehen nach der langen Zeit.«

Reitmeyer setzte sich etwas unbehaglich auf. »Was macht der Lukas denn jetzt so? Ich hab ihn ein paar Mal in der Tonhalle und im Orchesterverein gehört. Wie er das neben der Juristerei schafft, ist mir ein Rätsel.«

»Neben welcher Juristerei? Die hat er doch schon lang an den Nagel gehängt. Das weißt du nicht?«

Reitmeyer schüttelte verwundert den Kopf. »Aber er hat sicher sein Examen noch gemacht, oder?«

»Ach wo. Der alte Dohmberg hat zwar noch lang daran

geglaubt und alles bloß für eine vorübergehende Bummelei gehalten, aber in Wirklichkeit hat der Lukas schon vor langer Zeit damit abgeschlossen. Auch wenn sein Vater das nicht wahrhaben wollte. Und vor allem seine Großmutter nicht. Du kennst sie doch, die alte Rätin. Wenn ihr Sohn schon nicht Justizminister geworden ist, dann wenigstens der Enkel. Und jetzt ist er *Künstler*!« Sepp verdrehte die Augen, als er den schrillen Tonfall der alten Rätin nachahmte. »Also praktisch ein Zigeuner. Der hat ihnen die Aufstiegsträume gehörig verhagelt. Die ganze Hoffnung liegt jetzt natürlich auf dem jüngsten der drei Kinder, dem Franz. Der ist Offizier, und wenn nicht Kriegsminister, so muss er mindestens General werden.«

Reitmeyer schüttelte langsam den Kopf. »Ich hab ja keine Ahnung gehabt. Dabei hab ich immer gedacht ...«

Der Kellner brachte die Getränke. Sie stießen an.

»Und wie geht's der Caroline?«, fragte Reitmeyer, nachdem sie getrunken hatten.

»Die hat Medizin studiert. Du kennst sie doch«, antwortete Sepp lachend. »Wenn die sich mal was in den Kopf gesetzt hat, zieht sie's auch durch. Klar gab's Gezeter. Medizin war ja nicht gerade, was sich der alte Dohmberg und die Rätin für die hübsche Tochter vorgestellt haben – von wegen dem Schamgefühl und so. Da gab's natürlich Bedenken, ob sie von ihren hochrangigen Verehrern noch als Gattin akzeptiert werden würde.«

»Verehrern?«, fragte Reitmeyer betont beiläufig.

Sepp grinste. »Ja, genau solche, wie du einmal einer gewesen bist. Bloß reicher. Bankierssöhne, Brauhausadel und dergleichen.«

Reitmeyer spürte einen leichten Stich.

»Aber für dich hat sie ja immer eine besondere Schwäche gehabt«, fügte Sepp lächelnd hinzu.

Reitmeyer stieß eine Rauchwolke aus, die sein Gesicht verbarg.

»Jedenfalls ist sie jetzt Ärztin im Rotkreuzkrankenhaus. Aber da werden Assistenzärzte so schlecht bezahlt, dass man schon Geld haben muss, um sich die Arbeit leisten zu können.« Er lachte kurz auf. »Und Geld genug hat sie ja von ihrer englischen Tante – der Suffragette – wie es bei den Dohmbergs abfällig heißt.«

»Und was sagt ihre Mutter dazu?«

»Ach, die Baroness? Wie üblich gar nichts. ›Oh dear‹, wenn's hoch kommt. Du weißt, wie sie ist. Meine Tante Mathilde schmeißt noch immer den Haushalt, und die Baroness selbst kümmert sich um rein gar nichts, außer um ihre Rosen natürlich, wie es sich für eine englische Lady gehört.« Er beugte sich vor und senkte die Stimme. »Das sei ja letztlich auch der Grund gewesen, meint die Rätin, dass ihr Sohn nicht Minister geworden ist. Weil seine Frau die wichtigen Leute nicht genügend hofiert hat. Weil ihr alle Arschkriechereien fremd und irgendwelche Aufstiegsfantasien völlig wurscht sind. Sie war ja schließlich schon immer wer.«

Reitmeyer entspannte sich langsam.

»Im Gegensatz zu ihrer Schwiegermutter, der dünkelhaften Schabracke, die schon bei der bloßen Erwähnung des königlichen Hauses in einen Hofknicks versunken ist –« Er brach ab. »Tut mir leid, ich wollt nicht ...«

»Ach, denk dir nichts. Wir waren uns früher doch immer einig, was die anbelangt.«

»Aber die Baroness war mir eigentlich immer recht sympathisch«, fuhr Reitmeyer fort, »und sie war auch immer sehr nett zu mir.«

»Nett?«, protestierte Sepp. »Sie war immer hin und weg von dir. Weil du sie an ihren geliebten Bruder Sebästijän erinnert hast. Genauso wonderful und vor allem genauso good looking.«

»Gott, ja. Das war mir immer furchtbar peinlich.«

»Trinken wir noch einen?«, fragte Sepp, als der Kellner vorbeiging.

Reitmeyer blickte unschlüssig auf die leeren Gläser und schüttelte dann den Kopf. »Ich muss wieder ins Präsidium zurück.«

»Ja, ich muss eigentlich auch wieder in meine Kanzlei«, erwiderte Sepp. »Einen Zeichner raushauen, weil wieder einmal eine Karikatur als Majestätsbeleidigung aufgefasst wird.« Er legte etwas Geld auf den Tisch und erhob sich. »Aber wir sehen uns dann bei den Dohmbergs. Und überhaupt sollten wir in Zukunft mehr Kontakt halten, find ich.«

»Stimmt schon«, sagte Reitmeyer und erhob sich ebenfalls. »Wenn ich bloß nicht immer so eingespannt wär. Ach übrigens«, fragte er, nachdem sie die paar Schritte zu seinem Rad gegangen waren, »das kommt jetzt vielleicht ein bisschen unvermittelt, aber ich bin rein zufällig darüber gestolpert. Hast du eine Ahnung, was der Lukas mit dem Kunstmaler von Rager zu tun gehabt hat?«

Sepp blieb stehen und sah Reitmeyer an. »Mit dem Rager? Gar nichts. Soweit ich weiß.«

»Wie gesagt, es ist mir nur nebenbei untergekommen. Der Lukas hat natürlich nichts zu befürchten.«

»Seltsam«, sagte Sepp, »mit dem Rager?«, und schüttelte den Kopf.

Reitmeyer sah seinen Freund noch einmal prüfend an, bevor er sich verabschiedete. Als er auf sein Fahrrad stieg, ließ ihn das Gefühl nicht los, dass Sepp doch mehr wusste, als er zugeben wollte.

Als Reitmeyer in sein Büro trat, humpelte Brunner aufgeregt zu ihm herüber. »Ja, wo waren S' denn, Herr Kommissär. Ich hab schon überall nach Ihnen gsucht.«

»Brunner. Was gibt's denn so Wichtiges?«

»Da ruft einer ständig an und will Sie sprechen.«

»Ja. Und wer?«

»Das hat er nicht gsagt. Es sei aber ganz dringend. Sie würden ihn schon kennen.«

»Dann soll er sich halt morgen noch mal melden. Ich bin jedenfalls nicht mehr lang an meinem Platz, die Arbeit hier nehme ich mit nach Hause.« Er ging an seinen Schreibtisch und begann die Papiere einzupacken. Obenauf lag eine Nachricht von Oberinspektor Klotz:

BEZÜGLICH: Zigeunerplage. Vorsicht! Der Herr Präsident hat noch immer nicht verdaut, dass die Reichszigeunerzentrale nicht nach München gekommen ist. Also: Unsere vorbildliche Arbeit beim Aufbau des Zigeunerregisters erwähnen – dass über jedes Subjekt eine Karte mit Wanderungsprofil und Fingerabdrücken besteht – aber nicht allzu breit ausführen!

Er zerknüllte den Zettel und warf ihn in den Papierkorb.

12

In der Nacht war das Wetter umgeschlagen. Ein Sturm war aufgekommen, der schwere Regenwolken hereinblies, es goss in Strömen. Windstöße rissen mit wütender Lust die Blüten von den Büschen und mähten die Blumen im Vorgarten hin. Gleichzeitig war es merklich wärmer geworden. »Eine unerträgliche Schwüle« hätte der Oberinspektor gesagt, »ein Umschwung, wie man ihn noch nie erlebt hat.«

Reitmeyer grinste in sich hinein. Da konnte allerdings was Wahres dran sein. Wenn man es nicht aufs Wetter, sondern auf seine eigene Person bezog. Auch er hatte sich in der Nacht für einen durchaus unerhörten Umschwung entschieden und das Material für seinen Vorgesetzten keineswegs so aufbereitet, wie Klotz es sich erhofft hatte.

»Sebastian«, rief seine Tante aus der Küche. »Wart doch!«

»Ich hab's eilig!«, antwortete er und war schon halb zur Tür hinaus, bevor sie an ihm herumzupfen und herumbürsten konnte, wie jeden Morgen, wenn er es nicht schaffte, rechtzeitig zu entkommen. »Jetzt warte doch!«, rief sie ihm nach. »Die Hildegard war gestern da.« Er lief bereits die Treppe hinunter. »Die hat dir einen Guglhupf gebracht.«

»Ja, bis heut Abend«, rief er zurück und hob noch kurz die Hand, bevor die Haustür hinter ihm ins Schloss fiel. Er ging zu seinem Rad. Die Hildegard. Ein leichter Ärger stieg in ihm auf. Die betrachtete sich schon als seine Verlobte. Doch das war ein Komplott zwischen ihr und seiner Tante Theres. Eine Übereinkunft zum gegenseitigen Vorteil. Die Hildegard suchte einen Mann und seine ewig sorgende Tante nach einer Möglichkeit, wie man es abwehren könnte, dass er nicht »mutterseelenallein« zurückblieb, wenn sie einmal nicht mehr war. Die Lösung des Problems schien nun gefunden. In Hildegards Hände sollte er übergehen, nahtlos praktisch, weil sie schon jetzt die Nachfolgerin in deren künftige Aufgaben einweisen konnte. Am Zeitungsladen hielt er kurz an, von der Markise tropfte das Wasser. Er las die Schlagzeilen. *Die Särge des österreichischen Thronfolgerpaars auf Schlachtschiff Viribus Unitis nach Triest unterwegs.*

Er musste unbedingt mit Hildegard reden, dachte er plötzlich. Ihr sagen, dass es nichts werden würde mit ihnen beiden. Das wäre natürlich nicht so leicht. Nach den verschiedenen Sonntagnachmittagen in seiner Wohnung, wenn seine Tante sich auf den Friedhof verabschiedet hatte und länger ausblieb, als man gemeinhin zum Gießen von zwei Gräbern brauchte. Aber auch das war vermutlich ein Teil des Komplotts gewesen, um ihn zu seinem Glück zu zwingen. Und er war hineingetappt in die Falle. Jetzt bliebe ihm nur noch die Rolle des gemeinen Schufts, wenn er die Frau so einfach sitzenließe.

Als er die Treppe des Präsidiums hinaufging, lief hinter ihm mit großen Sätzen Rattler die Stiege herauf.

»Herr Kommissär! Herr Kommissär!«, rief er atemlos.

»Rattler. Ja, was ist denn los? Kannst es wohl kaum erwarten, wieder in die Registratur zu kommen.«

»Mir ist noch was eingefallen! Wegen dem Mantel!«

Reitmeyer blieb stehen, sah ihn an: »Was du nicht sagst.«

»Den müsste man vermessen«, sprudelte der Polizeischüler weiter, »und dann mit den Maßen von dem Schneider vergleichen. Dann könnte man zweifelsfrei sagen, wer der Besitzer ist.« Er sah Reitmeyer triumphierend an.

Der nickte. »Keine schlechte Idee, Sherlock Holmes. Aber die Frage, wem der Mantel gehört, ist eigentlich geklärt.«

»Wie?«, sagte Rattler enttäuscht. »Und wer –«

Noch bevor sie ins Büro traten, kam Brunner ihnen entgegen. »Hab Sie vom Fenster aus gsehen. Der Herr Oberinspektor hat ausrichten lassen, dass der Rattler die Unterlagen zum Bahnhof bringen soll. Zum 9-Uhr-30 auf Gleis 7. Er selbst kommt vor der Abfahrt nicht mehr rein.«

Reitmeyer zog seine Jacke aus und öffnete seine Aktenmappe. »Da siehst du's, Rattler. Vergiss den Mantel. Hier sind die Unterlagen«, sagte er. »Aber pass auf, dass du nichts verlierst auf dem Rad.«

Mit Blick auf den Boden griff der Polizeischüler nach den Papieren. Dann trottete er von dannen.

Von der Tür aus sagte Brunner: »Heute früh hat der Mensch von gestern wieder angerufen. Er will den Präsidenten sprechen oder Sie.«

»Dann soll er sich halt noch einmal melden.«

»Dass der nie seinen Namen sagt …«

»Tja, was weiß ich«, erwiderte Reitmeyer ungeduldig. Womöglich war es Rager, der Kunstmaler, schoss ihm durch den Kopf. Der sollte ihm bloß vom Leib bleiben, nach der Farce in seiner Villa. Der konnte ruhig warten, bis sein Freund, der Präsident, wieder zurück war. Reitmeyer stand auf, um das Fenster zu öffnen. Aber noch im Aufstehen fiel ihm etwas ein, das ihn wieder in den Stuhl zurücksinken ließ. Er hatte für die Soiree bei den Dohmbergs zugesagt, obwohl er schon verabredet war. Mit Hildegard. Sie wollte ins Kino: *Herrin am Nil.*

Als Kompensation für die »schweren Sachen«, die sie in der Tonhalle mit ihm durchleiden musste. Er überlegte einen Moment. Vielleicht konnte sie mit seiner Tante hingehen, die liebte das Kino. Und wenn er mit ihr redete, würde Hildegard schon verstehen, dass er wieder einmal verhindert war. Beruflich. Sie musste ja selbst manchmal absagen, wenn sich ihre Dienstzeiten als Krankenschwester änderten. Er griff zum Telefon.

AUFZEICHNUNGEN EINES OFFIZIERS

MITTWOCH, 2. JULI 1914

Im Casino nach Tisch den Ausführungen unseres Kommandeurs gelauscht. Konnte nur schwer an mich halten, um nicht laut dazwischenzubrüllen. Die staatstragende Funktion des Offizierskorps sei ja selbstverständlich, ebenso die unabdingbare Treue zum Königshaus und die Gegnerschaft zu republikanischem Gedankengut. Die Offiziere bildeten eine Aristokratie der Gesinnung, die auch nichtadelige Vertreter einschließe. Sie seien Ritter des Geistes, eine ganz neue Kaste, die den Waffenadel hervorbringe.

Bravo! wollte ich rufen. Und alles zum Nulltarif! Keine Mark mehr Sold! Für den Waffenadel keine Geldfonds von reichen Reservisten, die einspringen, wenn mir ein Wechsel zu platzen droht. Rettung nur für den Geburtsadel in seinen Eliteregimentern. Ich mach's mir gemütlich auf meinem geistigen Rittergut, und Blumwies, der Wucherer, drückt mir die Luft ab.

SPÄTER AM ABEND

Gereizte Stimmung, als ich im Neptun an den Tisch von Schmödel und Rüdesheim trat, wo sie mit einigen Kameraden saßen. Themen, bei denen bislang größte Einhelligkeit herrschte, bieten plötzlich Anlass zu spitzen Bemerkungen, fast feindseligen Äußerungen. Dass die Heeresvermehrung 1913 viel zu gering ausfiel, war nie ein Streitpunkt gewesen. Aber jetzt gibt man mir plötzlich zu verstehen, dass Leute, die solche Ansichten vertreten, Krawallmacher seien und meine Mitgliedschaft im Deutschen Wehrverein höchst fragwürdig.

Ich weiß natürlich, was dahintersteckt. Man will sich abgrenzen von mir. Man stellt sich jetzt explizit auf Seiten der adelig-altkonservativen Kräfte, um mir zu zeigen, dass ich als Angehöriger des Eisenbahnbataillons nicht dazugehöre.

Ja, ganz richtig, meine Herrn Kavalleristen, wollte ich brüllen, ich reite nicht in schimmernder Wehr auf stolzen Rössern, ich lebe nicht mehr im Mittelalter! Sondern muss organisieren, dass binnen kürzester Zeit Hunderttausende an die Front geführt werden. Auf Pferden? Lächerlich!

Aber ich gab mich gelassen und ließ mir nichts anmerken. Ich weiß natürlich, wie es ihnen geht. Sie tragen schwer an dem finanziellen Verlust. Zweitausend Mark sind kein Pappenstiel. Dass mein Plan fehlgeschlagen ist und sie das Geld nicht zurückbekamen, war ein bitterer Trank für sie. Wie jetzt die Paradeuniformen finanzieren, wie teure Pferde? Mir kommen die Tränen.

Meine Lage hingegen hat sich verbessert. Doch saniert bin ich noch lange nicht. Ich brauche kurzfristig mindestens noch mal zweitausend. Die Mietschulden aus der teuren Wohnung und der Versuch, meinem Schicksal am Spieltisch eine günstige Wendung zu geben, haben leider zu weiteren Verbindlichkeiten geführt. Wenn Blumwies mir keinen Aufschub gibt, wenn publik wird, dass ich bei einem jüdischen Wucherer in der

Kreide stehe, kann ich meinen Abschied nehmen. Und was dann?

Am Ende des Abends, hinter zwei Gästen am Tresen stehend – Schmödel und Rüdesheim in der Nische sahen mich nicht –, hörte ich dann, wie sie sich lauthals über mich stritten. »Wir hätten dem Eisenbahner von vornherein nicht trauen sollen!«, schrie Schmödel. (Er war ziemlich angetrunken.) »Schwingt schneidige Reden über die Rolle des Offiziers, über Ehre und Nation ...«

»Ja, du warst doch so begeistert von ihm«, unterbrach ihn Rüdesheim. »Gerade von seinen Reden und seiner tadellosen nationalen Haltung. Du hast ihn doch ständig eingeladen, seine Lokalrechnungen bezahlt und ihm ein Luxusleben ermöglicht, das er sich nie hätte leisten können. Und dann wollte er dem Subjekt das Geld wieder abnehmen. Einheizen wollte er dem Kerl, dass der es nie mehr wagen würde, sich noch einmal an einen Offizier ranzumachen. Aber was heißt abnehmen, vielleicht hat er dem Dreckskerl das Geld überhaupt nie gegeben!«

Ich verkniff mir ein Grinsen. Vertrauensseligkeit ist immer ein Fehler, meine Herren. Wenn dann noch die Dummheit dazukommt, sich gegenseitig an die Gurgel zu gehen, ist das Unheil perfekt.

Was für erbärmliche Gestalten.

13

Helles Licht strömte am Samstag aus den offenen Souterrainfenstern der Dohmbergschen Villa, als er mit gemischten Gefühlen durch den Hof zum Entrée ging. Er blieb stehen und warf einen Blick in die Küche hinab. An dem langen Tisch, auf dem jetzt wuchtige Silberplatten mit kalten Speisen aufgereiht waren, hatte er früher oft mit Sepp und Lukas gesessen und Hausaufgaben gemacht. So viel hatte sich seit damals verändert. Die Küche war fast eine Art zweites Zuhause für ihn gewesen, und Mathilde, die Haushälterin, hatte ihn immer ganz besonders ins Herz geschlossen gehabt. Sie war grau geworden, wie er an der Haarsträhne sah, die unter ihrem Kopftuch vorfiel, als sie sich über kleine Canapées beugte, die sie mit einer dunklen Masse bestrich. »Aber die hier«, sagte sie, ohne den Blick von der Arbeit zu heben, »servieren Sie erst später, damit die Gänseleber noch im Kühlen bleiben kann.«

»Frau Mathilde.«

Sie hob den Kopf. Dann erhellte ein Strahlen ihr rot angelaufenes Gesicht. »Sebastian!«, rief sie und richtete sich auf. »Das freut mich aber, dass ich dich mal wieder seh. Komm doch runter!«

Reitmeyer lief die Treppe hinunter und trat in die Küche. Mathilde wischte sich die Finger ab und kam ihm entgegen.

»Fesch schaust aus, Herr Kommissär, sehr fesch«, sagte sie und schüttelte ihm die Hand. Ohne ihn loszulassen deutete sie in die Ecke neben der Tür, wo ein Mann in schwarzem Frack, leicht vorgebeugt und eine Hand schützend auf die Hemdbrust gelegt, in ein Lachsbrötchen biss. »Den Herrn Alfons kennst sicher auch noch?«

»Ja, klar.«

»Herr Alfons, Sie erinnern sich doch noch an den Sebastian, der früher hier oft bei uns war?« Der Mann nickte kauend, wischte sich an einer Serviette die Hände ab und kam näher.

»Freilich, freilich«, sagte er und begrüßte ihn höflich.

»Der Herr Alfons hilft uns immer noch aus, wenn wir eine Einladung geben. Und seit er im Ruhestand ist und nicht mehr im Bayerischen Hof bedient, kann er auch kurzfristig mal einspringen. Wie heut zum Beispiel.« Plötzlich strich ein Schatten über ihr Gesicht, sie ging zum Tisch zurück und ließ ihre schwere Gestalt in der knisternd gestärkten Küchentracht auf einen Stuhl sinken. »Also das ist ein Tag«, ächzte sie. »Früher, zu deiner Zeit, hätt's so was nicht gegeben, Sebastian.«

»Was ist denn los?«

Im selben Moment ging die Glastür zum oberen Stockwerk auf, und eine junge Frau, den Hut schief auf dem Kopf, schob einen schweren Koffer in die Küche. »So«, sagte sie und ließ die Tür klirrend hinter sich zufallen. »Mir reicht's jetzt!«

Mathilde sprang auf. »Ja, Sie wollen doch nicht wirklich fort, Fräulein Maria? Bitte. Die Gäste kommen gleich.«

»Das ist mir wurscht! Ich lass mich nicht so behandeln.« Mit einer entschlossenen Bewegung rückte sie den Hut gerade. »So haben die Herrschaften vielleicht im letzten Jahrhundert mit den Dienstboten umspringen können, aber heutzutag lässt sich das keiner mehr gefallen!« Sie schob den Koffer über den Fliesenboden in Richtung Hinterausgang und wandte sich kurz an Reitmeyer. »Könnten Sie mir den vielleicht die Treppe rauftragen? Ich hab mir ein Taxi bestellt.«

»Aber Fräulein Maria, mein Neffe, der Dr. Leitner, hat doch dafür gesorgt, dass Sie ein gutes Zeugnis kriegen. Könnten Sie nicht wenigstens noch heut Abend ...«

»Ich bleib keine Minute mehr in einem Haus, wo man mich des Diebstahls bezichtigt. Wie eine Verbrecherin haben die mich behandelt ... also«, sie sah Reitmeyer noch einmal an, »wären Sie so nett?«.

Reitmeyers Blick ging zu Mathilde, die eine hilflose Handbewegung machte, dann trug er den Koffer die Treppe hinauf. Das Taxi wartete bereits vor der Einfahrt, der Fahrer stieg aus und schleppte auf einen Wink von Maria das Gepäck zum Wagen. Sie folgte ihm, ohne sich noch einmal umzudrehen.

»Was war denn das?«, fragte Reitmeyer, als er in die Küche zurückkam.

»Ach.« Mathilde ließ sich wieder auf ihren Stuhl fallen. »Ich brauch jetzt einen Schnaps. Herr Alfons, schenken S' uns allen einen Obstler ein. Sie kennen sich ja aus.« Während der Mann in der Speisekammer verschwand, beugte sich Mathilde vor und flüsterte Reitmeyer zu: »Die Diamantkämme von der Baroness, der gnädigen Frau, mein ich, sind verschwunden. Der Franz hat das Zimmer von dem neuen Mädchen durchsuchen müssen, der Lukas hat sich geweigert, so was zu machen. Aber man hat nichts gefunden. Auch im Zimmer von der Liesl nicht.«

»Wer ist die Liesl?«

»Eine Nichte von mir. Noch ganz jung. Auch aus Lalling. Die hab ich hergeholt, damit sie was lernt.« Sie warf einen schnellen Blick zur Speisekammer hinüber. »Und dann hat die alte Rätin die Polizei rufen wollen. Das hat der Sepp gerade noch verhindert. Die Caroline war in ihrem Krankenhaus ja nicht zu erreichen. Sonst wär vielleicht alles nicht so eskaliert.«

Herr Alfons kam zurück und servierte formvollendet auf einem Silbertablett den Schnaps. »Zum Wohl«, sagte er, bevor er selbst ein Glas kippte.

»Jetzt müssen Sie allein zusammen mit der Liesl servieren«, sagte Mathilde und stellte ihr Glas ab.

Der Mann ließ die Schultern fallen und nickte ergeben. »Das Kind ist ja sehr gelehrig, aber ob sie ... ich geh am besten mal rauf und seh nach ihr.«

»Jetzt sind alle oben«, fuhr Mathilde fort, als er draußen war, »und beruhigen die Rätin. Du kennst sie ja, die alte Scharteke. Die Baroness hat sich schon selber beruhigt.« Sie machte eine Bewegung, als leerte sie ein Glas. »Aber das Schlimmste war eigentlich, wie der gnädige Herr auf seinen Sohn, auf den Franz, losgegangen ist. Weil nichts gefunden worden ist, hat er ihn verdächtigt, dass er den Schmuck genommen und versetzt hat.«

Reitmeyer schüttelte den Kopf. »Wie kommt er denn darauf?«

»Na, weil er ständig blank ist. Du kennst doch die jungen Offiziere. Er kommt nie mit seinem Geld aus. Das geht schon lang so.«

»Und was denken Sie darüber? Ich meine, der Lukas hat doch bestimmt auch nicht viel Geld. Als Musiker.«

Mathilde sah ihn irritiert an, ging aber auf seine Frage nicht ein. »Die gnädige Frau kann den Schmuck genauso gut verlegt haben. Eigentlich hätt sie ihn im Safe einsperren müssen. Aber in letzter Zeit ist sie gar nicht gut beinander, vergisst alles. Die arme Frau, und heut ist ihr Geburtstag.«

Die Glastür flog auf. »Die Party findet also hier unten statt, was?«

Reitmeyer drehte sich um. Lukas stand vor ihm, sein alter Freund. Er war schmaler geworden, das blonde Haar fiel ihm inzwischen fast auf die Schultern, und er war noch immer glatt rasiert, wie damals in ihrer Studentenzeit, als er sich von den »germanisch-martialischen« Kommilitonen absetzen wollte. Und damals hatte er sich von Rager zeichnen lassen? Nackt! In welchem Verhältnis stand er zu dem Maler?

»Mann, Sebastian! Wenn mir der Herr Alfons nicht verraten hätte, dass du dich hier unten versteckst ...« Lachend kam er auf ihn zu und klopfte ihm auf die Schulter.

»Eigentlich wollte ich ja, dass du bei uns mitspielst, aber mein Herr Vater hat gerade das ganze Musikprogramm umgeschmissen. Das moderne Zeug könne meine Mutter aufregen.«

»Das Einzige, was die aufregt, ist ihre Schwiegermutter, die alte Rätin«, warf Mathilde ein.

Jemand polterte die Treppe herunter. »Tante Mathilde, du musst dich um die Liesl kümmern. Die ist so verheult und verrotzt, dass man sie so unmöglich auf die Gäste loslassen kann. Ah, Sebastian, du bist schon da?« Sepp schüttelte ihm die Hand.

»Sag ihr, sie soll sich das Gesicht mit kaltem Wasser waschen. Ich muss mich jetzt um meine Arbeit kümmern. Also, Abmarsch! Alles raus aus meiner Küche.«

»Dann mach ich solange Türdienst, bis die Liesl wieder in Form ist«, sagte Sepp, als sie die Treppe hinaufstiegen.

»Prima Idee!«, sagte Lukas. »Da bräuchte mein Alter keine Kugel, um tot umzusinken. Ein SPDler begrüßt im Haus eines bayerischen Ministerialdirigenten die Gäste.«

Diese Aufgabe hatte allerdings bereits Herr Alfons übernommen, wie sie sahen, als sie ins Vestibül traten. Lukas und Sepp gingen durch die weit geöffneten Schiebetüren in den Salon weiter, während Reitmeyer kurz stehen blieb, um einen Pulk Gäste vorbeizulassen. Er sah Erika Sondermann, ihre frühere Geigenlehrerin, neben Dr. Ruckspiel, dem Hausarzt der Familie, dahinter ein paar ältere Damen, vermutlich Freundinnen der alten Rätin, und schließlich die alte »Scharteke« persönlich, wie üblich ganz in Schwarz mit einem zitternden Tüllgebilde auf dem Kopf. »Herr Kommissär«, erwiderte sie mit eisiger Höflichkeit seinen Gruß, und das trockene Rascheln ihres Witwentafts schien sich noch eine Spur spröder anzuhören, als sie ihn beim Passieren durch die Salontüren streifte.

Als er sich den Gästen anschließen wollte, rief plötzlich jemand von weiter hinten seinen Namen.

»Hallo, Sebastian, hallo!« Caroline stand auf der Treppe und winkte aufgeregt. Er bahnte sich den Weg in Richtung Eingang zurück.

»Ich wollte eigentlich vor der Feier mit dir sprechen, aber jetzt ist keine Zeit mehr. Ich muss mich um meine Mutter kümmern und mich noch umziehen. Aber wir reden später, ja? Nach dem Essen?« Sie lief die Treppe hinauf und drehte sich noch einmal um. »Und denk daran!« Sie legte den Finger auf den Mund.

Reitmeyer stieg die Treppe hinunter, als drei neue Gäste durch die Tür traten, bei deren Anblick er kurz zusammenzuckte: Dr. von Bleicher mit Gattin und Tochter. Keineswegs überraschend natürlich, denn Bleicher, Ministerialdirektor im Innenministerium, war ein guter Freund des Hausherrn und auch mit dem Polizeipräsidenten eng befreundet. Die Schmierenkomödie mit dem Kunstmaler war sicher mit ihm abgesprochen worden, nachdem sich sein Präsident, wenn's um Politisches ging, immer Ratschlag von oben holte. Reitmeyer schnaufte auf. Ihm war durchaus bewusst gewesen, dass dies hier kein lockerer Abend unter alten Schul- und Musikerfreunden werden würde. Dafür war er schließlich auch nicht hergekommen, sondern um mit Caroline über den Fall zu sprechen.

Er trat in den Salon. Die Gäste hatten inzwischen Platz genommen. Allerdings reichten die Stühle nicht aus, und die jungen Offiziere standen in den Gängen oder drängten sich im hinteren Teil des Salons. Lukas und Sepp saßen in der letzten Reihe, sie winkten ihm zu und deuteten auf einen freien Sitz neben sich. »Hoffentlich hat's die Caroline geschafft«, begann Lukas und hielt dann inne, als aus dem Vestibül Schritte ertönten. »Oh je.«

Die Herrin des Hauses, in einer meerblauen Seidenrobe, ihre legendären Perlen um den Hals, tauchte am Arm ihrer Tochter auf. Auf dem immer noch faltenlosen, schönen Gesicht der Baroness lag ein abwesendes Lächeln, als hätte sie Mühe, sich wach zu halten. Lukas sprang auf, um seiner Schwester zu helfen, die wie betäubt wirkende Mutter nach vorn zu geleiten. Von zwei Seiten gestützt, gelang es ihr, die Balance zu halten, und erhobenen Hauptes, wie eine Königin, die in der Kalesche durch die Straßen fährt, nickte sie huldvoll nach rechts und links.

Herr von Dohmberg betrat die Bühne. Er war stark gealtert, seitdem Reitmeyer ihn zum letztenmal gesehen hatte, sein Haar vollständig ergraut, und neben der Nase hatten sich Furchen eingegraben, als wäre er magenkrank. »Ich will nicht viele Worte machen, liebe Freunde«, sagte er, erkennbar um eine dem Anlass gemäße Lockerheit bemüht, »seien Sie willkommen. Genießen Sie die Musik und danach unser Buffet.« Dann gab er den Musikern ein Zeichen, und nach einigem Kleiderrascheln und den üblichen Hustern setzten die Streicher ein.

Reitmeyer hörte eine Weile zu. War das Stück wirklich für eine Geburtstagsfeier geeignet? Klang es nicht eher so, als wolle jemand vor Kummer geradezu vergehen, wenn auch auf sehr wohlerzogene und diskrete Weise. »Die haben wohl noch die Noten von der Beisetzung des Prinzregenten«, flüsterte Sepp.

»Auf Wunsch meines Vaters«, erwiderte Lukas nicht ganz so leise.

Das getragene Jammern zog sich noch eine Weile hin, bis die erste Geige zu einer Art Schlusslauf ansetzte, die anderen Streicher schlossen sich an, ausholende Bogenstriche, und es war vollbracht. Allgemeines Aufatmen, erleichterter Applaus. Von vorn ertönte das Scharren eines Stuhls, Caroline erhob sich, und ein Pianist setzte sich an den Flügel. Sie stieg auf die Bühne und wartete einen Moment, bis Ruhe eingekehrt war.

»Meine lieben Freunde«, begann sie. »Ich werde jetzt auf Wunsch meiner Mutter zwei englische Lieder singen. *Blow the Wind Southerly* und *Auld Lang Syne*, was ungefähr so viel heißt wie ›Um der guten alten Zeiten willen‹. Und jetzt möchte ich, ebenfalls auf Wunsch meiner Mutter, meinen Bruder Lukas auf die Bühne bitten, damit er uns auf seiner Geige begleitet.«

Etwas zögernd stand Lukas auf, ging nach vorn und nahm sein Instrument vom Flügel. Er stimmte kurz, das Klavier gab eine schlichte Melodie vor, er fiel ein und improvisierte darüber. Caroline stand da und lächelte ihren Bruder an. Dann nickte er ihr zu, und sie begann.

Während sich ihre glasklare, filigrane Stimme in den Raum erhob, griff sich Reitmeyer unwillkürlich an den Hals. Der Schmelz der Töne löste kein Genießen, sondern eher das Gefühl bei ihm aus, als schnürte ihm etwas die Luft ab. So war es ihm schon früher oft ergangen, wenn sie sang. Doch jetzt, während sie eine »bonnie breeze« beschwor, die den »true lover« zu ihr tragen sollte, hatte er zugleich, wenn auch ganz unsinnigerweise, den Eindruck, die Worte seien direkt an ihn gerichtet, sie spräche ganz offen ihn an. Peinlich berührt, als hätten auch alle anderen dies bemerkt, sah er sich um. Aber alle starrten nur gebannt auf die Bühne. Immer noch irritiert, beschloss er, sich für den Rest des Vortrags gegen weitere Missdeutungen zu wappen, indem er intensiv an etwas anderes dachte. An etwas Schreckliches. Die Gerichtsmedizin, den Professor, den braunen Klumpen auf dem Seziertisch. Was zumindest einigermaßen funktionierte, bis auf die Stelle in dem englischen Lied, wo sie »um der alten Zeiten willen« die Zuhörer – oder doch wieder ihn – aufforderte »a cup of kindness« zu trinken, und er erneut glaubte, jemand wühle mit spitzen Nadeln in seinem Inneren.

Frenetischer Beifall. Die Gäste klatschten wie wild und wollten Caroline nicht ohne Zugabe von der Bühne lassen.

Sepp stupste Reitmeyer an und deutete auf die jungen Offiziere, die in dem Gang neben den Stuhlreihen standen. Unter ihnen Franz von Dohmberg. In Zivil. »Hast du den je so gesehen«, sagte er leise. »Der ist doch schon in Uniform auf die Welt gekommen.«

Damit hatte er recht. Tatsächlich konnte man Franz, den jüngsten Dohmberg, von seiner Uniform nicht trennen. Als kleiner Junge hatte er die der Kadetten getragen und später die hellblaue der Leiber. Er war kleiner als seine Geschwister, gedrungener, mit dem runden Kopf der Dohmberg-Linie, während Lukas und Caroline das Schmale, Aristokratische ihrer Mutter geerbt hatten. Und tatsächlich wirkte er in dem dunklen Anzug seltsam unbekleidet, wie jemand, dem man die Maske heruntergezogen hatte, und dahinter wäre kein Gesicht.

»Warum macht er das?«

»Um seinem Vater eins reinzuwürgen vermutlich«, erwiderte Sepp und deutete auf die Bühne, wo im allgemeinen Jubel Lukas seine Schwester umarmte, dann wieder seine Geige ans Kinn hob und mit einem Grinsen in Richtung seines Vaters und seiner Großmutter eine schmachtende Melodie intonierte. »A Last Rose of Summer«, verkündete Caroline mit einem ironischen Knicks. »Das ist auch das Letzte, womit ich Sie aufhalte, bevor Sie endlich das Buffet stürmen dürfen.« Sie nickte dem Pianisten zu und sang. Und Lukas spielte so schmalzige Verzierungen dazu, mimte so übertrieben den Teufelsgeiger und drehte und wand sich so exaltiert und hingebungsvoll, dass Reitmeyer und Sepp gemeinsam mit einigen anderen Gästen in lautes Gelächter ausbrachen.

Das Publikum jubelte. Der alte Dohmberg schien die Vorstellung weit weniger zu genießen. Reitmeyer beobachtete, wie er ein paar Mal unbehaglich den Hals reckte und sich indigniert umsah. Seine Körperhaltung drückte unübersehbar Ablehnung aus, als revoltierte sein Beamtengewissen gegen jegliches Künstlertum, gegen alles Außerordentliche und Geniehafte, worin er offensichtlich nichts anderes als etwas zutiefst Zweideutiges, Anrüchiges und Zweifelhaftes erblickte.

Alle waren aufgesprungen, klatschten und lachten. Einige Herrn liefen nach vorn, um Caroline die Hände zu küssen. Auch Sepp und Reitmeyer standen auf. Während sie sich durch die Gäste drängten, war Lukas von der Bühne gesprungen, um seine Mutter zu stützen, die sich leicht schwankend erhoben hatte. Sepp machte ebenfalls einen Satz, um der Baroness seinen Arm anzubieten.

»Oh, Sebästijän«, seufzte sie, als sie Reitmeyer erblickte. Und zu Ihrem Sohn gewandt: »Isn't he a good-looking chap?«

Lukas und Sepp, mit Reitmeyer im Schlepptau, eskortierten die Dame des Hauses aus dem Salon. Als sie ins Speisezimmer traten, blieb die Baroness stehen. »Oh dear«, stieß sie mit Blick auf das heillose Gedränge hervor. Liesl bemühte sich nach Kräften, alle mit Tellern, Besteck und Servietten zu versorgen, während der etwas knöchrige Herr Alfons versuchte, eine gewisse Ordnung in den Ablauf zu bringen. Es war hoffnungslos. Es fehlte schlichtweg an Personal und Sitzgelegenheiten, und die pikierte Bemerkung des Ministerialdirektors von Bleicher zu zwei Offizieren, die sich hinter ihm drängten – »gehen S' ruhig vor, Sie kennen sich besser aus mit Essen fassen« – brachte nur auf den Punkt, was alle dachten: Dies war keine Bewirtung in einem anständigen Haus, sondern das reinste Desaster.

Reitmeyer ging in den Salon zurück.

»Und was machen die Russen, wenn die Österreicher mit den Serben abrechnen?«, fragte ein Herr, der mit Dr. Ruckspiel an den Salontüren stand. »Das sind doch die Verbündeten der Serben, die schauen doch sicher nicht einfach zu.«

Plötzlich zupfte jemand Reitmeyer von hinten am Ärmel. »Geh in den Wintergarten voraus«, flüsterte Caroline. »Ich komm gleich.«

Reitmeyer blickte ihr nach, wie sie wieder im Speisezimmer verschwand, dann ging er langsam durchs Vestibül zum Wintergarten. In dem dämmrigen Raum mit den großen Pflanzkübeln herrschte angenehme Stille, das Summen der Gespräche tönte nur von fern herüber. Er trat an die hohen Fenster und blickte in den mondhellen Garten hinaus. Kurz darauf ging die Tür auf, Caroline schlüpfte herein und ließ sich in einen knirschenden Korbsessel fallen. »Mein Gott«, stöhnte sie. »Heut wär ich fast aufgeflogen.«

»Wieso das?«

»Weil irgendjemand von meiner Familie im Krankenhaus angerufen hat und die sich da fast verplappert hätten.« Sie setzte sich auf. »Und bei dem, was ich dir jetzt sage, darfst du dich auch nicht verplappern. Bis Montag musst du das absolut für dich behalten. Erst wenn Professor Riedl den Fall gesehen hat, darf der Befund veröffentlicht werden, das hat er mir nochmals eingeschärft. Er will's einfach nicht glauben, verstehst du, aber ich –«

»Jetzt sag doch um Himmels willen, was du rausgekriegt hast!«

»Also gut. Inzwischen bin ich überzeugt, dass der Mann von der Ludwigsbrücke keines natürlichen Todes gestorben ist. So sehr ich auch suche, ich finde einfach keinen Anhaltspunkt dafür.«

»Und wieso wird der Fall dann immer wieder geschoben, wieso werden immer wieder andere Fälle vorgezogen? Weil es sich bloß um einen Kellner handelt? Ist es das? Bei einem Reichsrat würde man kaum so vorgehen.«

Caroline fuhr auf. »Jetzt mach aber mal einen Punkt! Wir behandeln alle Fälle, die bei uns eingeliefert werden, nach den gleichen Richtlinien.«

»Aber wenn du schon so einen Verdacht hast, müsste die Sache doch vordringlicher ... Ich meine damit: Du sprichst hier von einem Kapitalverbrechen!«

»Professor Riedl geht aber nicht davon aus!«, unterbrach sie ihn ärgerlich. »Ich bin keine anerkannte Gerichtsmedizinerin und muss mich den Anweisungen meines Vorgesetzten fügen!«

»Der berühmte Professor könnte sich aber auch mal irren!«

»Man merkt ganz deutlich, dass du kein Mediziner bist und dich nicht auskennst mit den strengen Hierarchien, die bei uns herrschen.«

Reitmeyer lachte bitter. »Von Hierarchien brauchst du mir nichts zu erzählen!«

Es klopfte. Liesl, das Hausmädchen, steckte den Kopf durch die Tür. »Könnten Sie vielleicht kommen, Fräulein von Dohmberg? Ihre Mutter ...«

Caroline stand auf. »Ich muss jetzt wieder raus. Du hast ja selbst gesehen, was hier los ist. Vielleicht kann ich retten, was noch zu retten ist.«

Reitmeyer blieb noch einen Moment sitzen. Caroline ging also davon aus, dass der Mann ermordet worden war. Er sah auf die fleischigen Blätter eines Feigenbaums, die im matten Licht glänzten. Wenn der Professor Carolines Befund bestätigte, mussten sich der Polizeipräsident und sein Freund Bleicher aus dem Innenministerium schon etwas Schlaueres ausdenken, um den berühmten Künstler und dessen Umfeld vor Ermittlungen zu schützen. Und auch Lukas wäre davon betroffen.

Als er die Tür ins Vestibül öffnete, rauschte eine Dame an der Seite ihres Gatten vorbei. »Soll ich mich zum Essen etwa auf den Boden kauern?«, fragte sie aufgebracht. »Hol unsere Mäntel, wir gehen!«

»Sebastian«, rief Sepp von der Salontür aus. »Ich hab dich schon gesucht. Komm, wir schnappen uns was zu trinken, Essen gibt's notfalls später in der Küche.«

»Da hab ich eine bessere Idee«, sagte Lukas, aus dem Speisezimmer tretend. »Wir gehen in die Bibliothek und lassen uns vom Herrn Alfons was bringen, wenn der schlimmste Trubel vorbei ist. Ich halt's da drinnen sowieso nicht mehr aus. Wenn unser Hausarzt, der Ruckspiel, wieder mit dem ›natürlichen Recht‹ unserer Nation auf Vorherrschaft anfängt, mit seiner ganzen Dampfnudelmystik von deutschem Blut und Mannestum, kommt mir jedes Mal das Kotzen. Also? Gehen wir?«

»Ja, warum nicht?«, sagte Sepp und nickte Reitmeyer zu. »Ich brauch auch keine weiteren Vorschläge, wie man auf dem Balkan aufräumen soll. Nach dem Attentat in Sarajewo fühlt sich plötzlich jeder Beamtenhintern zum Generalstäbler berufen.«

Als Lukas die Tür zur Bibliothek öffnete, zuckte er zurück. Sein Vater saß am Tisch mit Ministerialdirektor Dr. von Bleicher, vor ihnen standen eine Karaffe mit Cognac und der Zigarrenkasten. »Tut mir leid, Vater«, sagte Lukas, »wir wollten nicht stören.«

Bleichers untersetzte Gestalt richtete sich im Sessel auf,

und er sah die Eindringlinge mit zusammengekniffenen Augen an. Sein kahler Schädel glänzte im Schein der Lampe. »Nein, nein, Sie stören gar nicht«, sagte er nicht ganz überzeugend. »Kommen Sie ruhig herein. Ah, und da ist ja auch der Dr. Leitner.« Er lehnte sich zurück, und ein Lächeln zerrte den Schmiss an seinem Mundwinkel nach oben. »Dass Sie noch die Muße finden zu solch profanen Lustbarkeiten? Wo Sie doch neben Ihren Tätigkeiten als Abgeordneter auch noch geschliffene Artikel für diverse Blätter schreiben müssen.«

»Herr Ministerialdirektor, schön, dass Sie bei Ihrer mühevollen Tätigkeit noch die Zeit finden, diese Blätter zu lesen«, erwiderte Sepp mit einer Verbeugung.

»Das tut er nur aus staatsbürgerlicher Verantwortung«, warf Lukas ein und klopfte Sepp auf die Schulter. »Die hohe Verbreitung der Linkspresse verdankt sich schließlich nicht zuletzt der Tatsache, dass sie von allen Ministerien abonniert wird. Irgendwoher müssen sie ja erfahren, was in der Welt wirklich los ist.«

Dohmberg warf seinem Sohn einen drohenden Blick zu. Bleicher ließ sich nicht beirren. Er lachte leise und klopfte sich auf den Bauch.

»Oh, tut mir leid«, fuhr Lukas fort, ohne sich um seinen Vater zu kümmern, »ich habe Ihnen meinen Freund noch gar nicht vorgestellt. Sebastian Reitmeyer, alter Geigerfreund. Seines Zeichens Kommissär im Polizeipräsidium.«

»So, so ... ein geigender Kommissär«, erwiderte Bleicher und sah Reitmeyer mit einem schwer deutbaren Lächeln an. »Kein Wunder, dass unsere Stadt in aller Welt als Hort der Künste gepriesen wird, wenn selbst verdiente Polizisten als Jünger der Euterpe dienen.«

»Ho, ho, Euterpe«, sagte Sepp. »Die Muse der Musik. Hoffentlich sind unsere Kommissäre gebildet genug, damit sie wenigstens wissen, wem sie dienen.«

Reitmeyer fühlte sich zunehmend unbehaglich. Bleicher

hatte sicher von seinem verunglückten Auftritt in der Wohnung des Landgerichtspräsidenten gehört. Und jetzt machte er ihn im Haus seiner Freunde lächerlich. »Mit Verlaub, Herr Ministerialdirektor«, sagte er mühsam beherrscht »An meinen bescheidenen Fähigkeiten dürfte das nicht liegen. Ich würde mich weniger als geigenden Kommissär, sondern allenfalls als einen schlichten Freizeitmusiker bezeichnen. Mit meinem Beruf hat das rein gar nichts zu tun.«

Um Bleichers Nase zuckten winzige Muskeln wie bei einem Hund, der Witterung aufnimmt. »Aha«, sagte er knapp und stieß eine Rauchwolke aus, die seinen Kopf umnebelte.

»Also, meine Herren«, sagte Sepp und öffnete die Tür. »Dann wollen wir nicht länger stören.« Ein Lichtstrahl fiel auf Dohmbergs Brille und ließ ein Glas aufblitzen. Sepp griff Reitmeyer am Ärmel und zog ihn ins Vestibül hinaus. Lukas folgte ihnen.

»So ein herablassender Arsch«, sagte Sepp, nachdem er die Tür geschlossen hatte. »Geigender Kommissär, das klingt wie singender Pelikan oder radelnder Affe. An deiner Stelle hätte ich dem noch was ganz anderes gegeigt.«

»Ja, du vielleicht«, stieß Reitmeyer hervor. »Du bist ja auch nicht angestellt in dem Laden.«

Sepp legte ihm die Hand auf die Schulter. »So hab ich's nicht gemeint, Sebastian. Das weiß ich doch. Aber wenn man diesem intriganten Pack ... und er gehört zu den Hinterhältigsten in dem Saustall.«

Reitmeyer sah ihn fragend an.

»Ja, was mauschelt er denn, wenn ihm ein kritischer Artikel nicht behagt? Statt von Staats wegen die Initiative zu ergreifen, was zur Folge hätte, dass vor einem Schöffengericht verhandelt wird, bringt er einen Beamten dazu, Privatklage wegen groben Unfugs zu erheben. Dann wird von Berufsrichtern verhandelt, wo's weniger Freisprüche gibt, dafür aber saftige Strafen hagelt. Aber scheiß drauf. Jetzt gehen wir zur

Mathilde runter und schlagen uns den Bauch voll. Wie steht's mit dir, Lukas?«

Es wurde eine lange Nacht. Später setzten sich auch Mathilde und Herr Alfons dazu, dessen Gewissensbisse wegen der desaströsen Bedienung sich selbst mit mehreren Kirschwassern nicht beruhigen ließen. »Aber was hätt man machen können«, murmelte er. »Egal, ob man à la française oder à la russe serviert hätte, es war einfach nicht genügend Personal.«

»Die da droben können uns getrost den Buckel runterrutschen«, sagte Lukas. »Jetzt feiern wir erst mal unser Wiedersehen. Und dann hol ich die Instrumente, und wir spielen ein bißchen. So, wie's geplant war. For auld lang syne.«

Reitmeyer rückte, während sie alle tranken, immer wieder auf seinem Stuhl hin und her; sobald es ihm auffiel, fragte er sich, ob die anderen es bemerkt hätten. Den ganzen Abend hatte er gewartet, dass Caroline endlich Zeit für ihn hätte, aber nach ihrem Streit im Wintergarten war sie ihm regelrecht aus dem Weg gegangen. Dann dachte er daran, was sie ihm erzählt hatte. Und als Lukas und er schließlich ein bißchen geigten, stellte sich auch das Glücksgefühl nicht wieder ein, das er früher immer beim gemeinsamen Musizieren empfunden hatte. Die Erinnerung an die Zeichnung in Ragers Skizzenbuch ließ ihn einfach nicht los. Lukas und der Maler – welche Verbindung gab es da?

Es dämmerte schon, und die Vögel zwitscherten, als Reitmeyer ziemlich betrunken durchs Hoftor wankte. Am Torpfeiler blieb er kurz stehen und sah auf ein Pärchen hinüber, das seine derangierte Kleidung ordnete. Die beiden waren offensichtlich zu einem Schäferstündchen im nahen Englischen Garten gewesen, denn der Mann zupfte seiner Begleiterin Laubreste aus den Haaren und hielt ihr die Kämme, während sie sich die Locken aufsteckte, bevor sie im Dienstboteneingang des gegenüberliegenden Hauses verschwand. Der Anblick hatte etwas so Intimes und zeugte von solcher Vertrautheit, dass es Reitmeyer einen kleinen Stich versetzte. Solche Momente hatte er mit Hildegard nie erlebt. Bei ihnen gab es keine Innigkeit, keine wirkliche Nähe. Er ging weiter. Und was verband ihn mit Caroline? Sie teilten ein Geheimnis. Aber brachte sie das Wissen um einen Mord einander wirklich näher?

14

Als er sich umdrehte, stand der Kerl an der Kabinentür. War lautlos hereingeschlüpft, kein Knarzen, kein Scharren, kein Lufthauch. Und grinste ihn an. Er wich erschrocken zurück und suchte Halt an der Massageliege.

»Ah, immer noch fleißig? Immer noch tätig für die feinen Herren. Alles bereitstellen, alles herrichten. Weiche Handtücher, duftende Öle …« Er nahm ein Flakon und schnupperte daran.

»Was wollen Sie hier?«

»Mich mal umsehen an deinem Arbeitsplatz.«

»Ich bin schon fertig mit der Arbeit. Ich räum bloß noch auf.«

»Ja prima. Dann wären wir ja ganz ungestört.«

»Was ... was soll das?«

Der andere gab keine Antwort, sondern trat, immer noch grinsend, einen Schritt auf ihn zu.

Er warf schnell einen Blick auf die schmale Tür, die zu dem Becken hinaus führte. Wenn er die Liege nach vorn stieß, versperrte er dem Kerl den Weg und konnte durchs Bad abhauen. Er kannte sich aus hier. Bis der ihm folgen könnte, wäre er schon weg.

»Schlauer Plan«, sagte der andere, der ihn nicht aus den Augen gelassen hatte. »Nur leider vollkommen zwecklos.« Er klappte sein Jackett zurück und entblößte eine Pistole.

»Was wollen Sie? Ich hab Ihnen doch alles gegeben.«

Der Kerl lachte auf. »Alles?«, sagte er höhnisch.« Glaubst du, ich weiß nicht von den satten Provisionen, die du als Vermittler junger Burschen an ältere Herrn einstreichst?«

»Wenn Sie nicht sofort gehen ... schrei ich um Hilfe.«

»Oh. Und wer sollte dich hören hier unten?«

»Ja, aber was wollen Sie denn? Ich hab nichts ...«

»Ach nein? Der andere zog einen Flachmann aus der Manteltasche. »Trink das!«

»Aber ... ich will nichts trinken.« Er wich noch weiter zurück.

»Trink das, hab ich gesagt!«

Er nahm den Flachmann und trank einen Schluck.

»Weiter«, sagte der andere und richtete die Waffe auf ihn.

Er gehorchte. Jedes Mal, wenn er keuchend absetzte, bedeutete ihm der Kerl weiter zu trinken. Der Schnaps brannte ihm die Kehle hinab, dass er kaum mehr Luft bekam.

»Jetzt zieh dich aus!«

»Was?«

»Zieh dich aus!«

Er stellte den Flachmann ab, band langsam seinen Massagekittel auf. Dann blickte er auf und sah den anderen spöttisch an. »Ah, so ... so einer bist du. Die Tour willst du. Ich soll mir in die Hosen scheißen vor Angst, dich anflehen, um Gnade winseln, aber du kennst kein Erbarmen ...«

»Halt's Maul!«

Er zog den Kittel aus. Dann Hemd und Hose. In Unterhose, Strümpfen und Schuhen stand er vor ihm. »Das hättest doch gleich sagen können. Ich brauch keinen Schnaps. Ich komm auch so in Fahrt.«

»Alles runter.«

Er streifte die Unterhose ab und beugte sich hinunter, um Strümpfe und Schuhe auszuziehen. Nackt stand er vor ihm.

»Leg dich auf die Liege.«

»Wie rum hättest du's denn gern? Soll ich –«

»Los, mach schon!«

»Die Creme ...«

»Halts Maul, du Stück Dreck!«

Er legte sich auf die Liege. Sicher würde gleich eine Flut von Beschimpfungen auf ihn niedergehen. Das kannte er schon. Manche geilten sich so auf. Aber nichts. Er hörte nur ein Rascheln. Wahrscheinlich zog sich der andere aus. Komisch, neulich in seiner Wohnung hatte er keinerlei solche Anstalten gemacht. Wollte bloß alles wissen. Wer zahlte, und bei wem was zu holen war. Und war saugrob geworden, als er nicht gleich damit rausrückte. Hatte ihm fast den Arm ausgekugelt, als er sich wehren wollte. Und ihm dann alles abgenommen. Das glaubte der Kerl jedenfalls. Aber das Versteck hatte er nicht gefunden. Überfälle gab's schließlich öfter. Das hatten schon andere probiert. Aber er war ja nicht blöd.

»Du weißt doch, was deinem Kumpel passiert ist?«

»Was ...?« Er wollte sich aufrichten.

Der andere packte ihn am Genick und drückte ihn mit eisernem Griff auf die Liege zurück. Die kalte Waffe strich langsam über seine Rückenwirbel hinab.

»Den hat man an der Isar gefunden.«

»Aber ...?« Erneut wollte er sich aufrichten, sich losreißen, doch plötzlich schoss ihm ein grässlicher Gedanke durchs Gehirn. Er schlug wie wahnsinnig um sich, mit den Armen, den Beinen, schrie laut auf, flehte, jammerte ... Da, da, Schritte! Er hörte Schritte! »Hilfe! Hilfe!«, schrie er. Der Kerl ließ von ihm ab. Als er sich aufrichten wollte, traf ihn ein harter Schlag. Er hörte nur noch, wie die Kabinentür zuschlug.

MEMORANDUM 6. JULI 1914

OBERST FEICHTL AN OBERST V. SPAITL

Bezüglich Ihrer Nachfrage wegen kompromittierendem Fotomaterial. Quelle und Verteilungswege konnten noch nicht festgestellt werden. Die Spezialkräfte arbeiten mit Nachdruck daran.

15

Sein Kopf dröhnte immer noch leicht, als er langsam in die Unterwelt hinabstieg.

»Der Herr Professor ist noch nicht da«, sagte der Sektionsdiener. »Aber das Fräulein Doktor ist hier.« Er deutete auf eine offene Tür, die in die hinteren Abteilungen führte.

»Ja, danke«, antwortete Reitmeyer. Wie üblich griff er nach seinem Taschentuch, um es sich an die Nase zu drücken. Es half nichts, der Gestank erschien ihm heute noch schlimmer als sonst.

Im hinteren Bereich fiel eine Tür zu. Er drehte sich um. »Ah, Sebastian, guten Morgen! Professor Riedl ist aufgehalten worden und kommt etwas später.«

»Ja, schade, jetzt bin ich gleich als Erstes hergeradelt.«

»Ja, tut mir leid.«

»Ach, übrigens, ich wollt dir noch was sagen. Vorgestern hat sich ja keine Gelegenheit mehr ergeben. Vielleicht hilft es dir, wenn du mit dem Professor sprichst.«

»Komm, wir gehen lieber nach hinten ins Büro.« Sie führte ihn durch einen kahlen Gang in einen kleinen Raum, der nur mit einem Schreibtisch, einem Schrank, ein paar Stühlen und einem Regal möbliert war. »Na, hast du dich erholt von der Küchensause. Der Sepp war so angeschlagen, dass er die Nacht auf einer Pritsche in der Spülküche verbracht hat.«

»Ich hab ganz gut geschlafen, nur ein bisschen kurz«, log er. Er hatte sich so elend gefühlt wie selten. Als er sie ansah, fiel ihm der wirre Traum von gestern Morgen wieder ein. Sie badete in einem See. Das nasse Haar kringelte sich auf ihren Schultern, und das Sonnenlicht ließ feine Tröpfchen aufblitzen, bevor sie im Ausschnitt ihres Badeanzugs verschwanden. »Komm rein zu mir«, hatte sie gerufen und sich mit einem Arm am Holzsteg festgehalten. »Es ist herrlich!« Er räusperte sich.

»Setz dich doch. Was wolltest du mir sagen?«

»Wir haben mit Hilfe eines Spurenhunds festgestellt, dass das Opfer im Neptun an einem bestimmten Tisch gesessen hat. Einer der Kellner hat zugegeben, dass er ein Glas Cognac getrunken hat, das dort stehengeblieben war. Bei seiner Befragung am nächsten Tag war er in einem so schlechten Zustand, dass mir der Gedanke gekommen ist, er könnte betäubt worden sein. Ich meine, vielleicht war die Flasche, die das Opfer mitgenommen hat, irgendwie präpariert?«

»Ja, das ist kompliziert. Zuerst müsste man rauskriegen, um welches Betäubungsmittel es sich gehandelt hat. Nehmen wir mal an, es war Veronal, ein beliebtes Schlafmittel, und in höheren Konzentrationen sogar als Narkose einsetzbar. Jedenfalls«, sie lachte kurz auf, »hat der Entdecker des Medikaments, der nach Basel fahren wollte, nach Einnahme desselben bis Verona durchgeschlafen, daher übrigens der Name. Aber das Nachweisverfahren ist ziemlich aufwändig, soweit ich weiß.« Sie sah ihn an. »Das müsste natürlich von einem Chemiker gemacht werden. Aber ich kann so was nicht anordnen.«

»Ich versteh schon. Aber du könntest darüber noch mal mit dem Professor reden.«

»Das hab ich ohnehin vor. Und bin auch schon darauf gefasst, dass er mir wieder sagt, dass angelesenes Wissen und jahrelange Erfahrung am Seziertisch zwei verschiedene Paar Stiefel sind. Lässt du dir von deinem Polizeischüler die Kriminalarbeit beibringen?«

»Praktisch jeden Tag.« Jetzt musste auch er lachen.

»Ja, du bist eben ... was Besonderes.« Sie lächelte ihn etwas hintergründig an, und er dachte an den Moment, wie sie im Wintergarten beieinandergestanden hatten. Wieso hatte er sie so angefahren? Es klopfte. Caroline öffnete die Tür.

»Fräulein Doktor, ich hab die Sachen von dem Toten an der Ludwigsbrücke draußen auf den Tisch gelegt«, sagte der Sektionsdiener.

»Ah ja, vielen Dank.«

Reitmeyer erhob sich und folgte ihr in den Sektionssaal hinaus.

Auf einem Tisch in der Ecke lag ein Kleiderbündel. Der Sektionsdiener stand daneben und hielt einen Stoffsack in der Hand. »Ich leg Ihnen alles hier rein. Dann können Sie's besser transportieren. Das Etui auch?«

Reitmeyer nickte. »Ja, tun Sie's nur rein.« Caroline trat einen Schritt näher, um einen Blick auf das Zigarettenetui zu werfen. Und Reitmeyer hatte den Eindruck, dass sie ein wenig zurückzuckte. Als wäre sie erschrocken. Doch als er sie ansah, erwiderte sie vollkommen ungerührt seinen Blick.

»Pass auf, Korbinian. Ich hätte da einen Auftrag für dich. Die Sache muss aber erst mal unter uns bleiben.«

Rattler nickte. »Klar, Herr Kommissär. Selbstverständlich.«

»Also, pass auf. Du nimmst das Zigarettenetui. Das kennst du ja schon.« Rattler zog den Kopf ein wenig ein. »In der Fotografierstelle lässt du Aufnahmen machen. Und mit denen gehst du in die englische Gesandtschaft.« Rattler riss die Augen auf. »Da fragst du, ob sich jemand mit englischen Wappen auskennt. Weil uns das hier im Rahmen einer Ermittlung interessiert.«

»Sicher, Herr Kommissär. Schon verstanden.« Rattler riss seine Jacke vom Garderobehaken und stürzte hinaus.

Die Sache hatte ihm keine Ruhe gelassen, dieses Gefühl, dass Caroline das Etui erkannt hatte.

Die Tür wurde aufgerissen und Brunner humpelte herein. »Herr Kommissär, da sind Sie ja.«

»Geklopft wird wohl nicht mehr, was, Brunner?«

»Ich hab schon in der Gerichtsmedizin angrufen, aber da waren Sie schon wieder weg.«

»Was gibt's denn so Dringendes?«

»Ja, wissen Sie's noch nicht?«

»Brunner!«

»Im Regina-Hotel hat man einen Toten gefunden.«

Reitmeyer gab es einen Stich. »Einen Gast?«

»Ich weiß nicht. Der Direktor dort ist ganz außer sich.«

Als das Polizeiauto mit Reitmeyer und dem Fotografen in den Maximiliansplatz einbog, sah er ihn schon: einen Herrn im schwarzen Anzug. Aufgeregt ging er vor dem Hotel auf und ab.

»Das ist der Direktor«, flüsterte der Fotograf. »Der passt uns wahrscheinlich ab, damit wir nicht noch mal durch seine vornehme Hotelhalle stapfen. Den ganzen Vormittag ist der schon um uns rumgerannt und hat achtgegeben, damit bloß die Gäste nichts mitkriegen. Einen Ton hat der drauf.«

»Ja, ja, immer das Gleiche. Bloß kein Aufsehen. Aber mit dem werden wir schon fertig.«

Reitmeyer ging mit forschem Schritt auf den Direktor zu. »Kriminalpolizei München, Reitmeyer mein Name. Bringen Sie mich bitte zu meinen Kollegen.«

Der Mann sah ihn etwas verdutzt an. Ganz offensichtlich war er es nicht gewöhnt, Anweisungen entgegenzunehmen. Er reckte sich.

»Ich bin der Direktor hier. Müller«, sagte er knapp.

Reitmeyer nickte. »Also, können wir?«

»Ich muss Sie bitten, den Seiteneingang zu benutzen. Ihre Leute haben heute schon für genug Aufregung gesorgt.«

Reitmeyer zuckte die Achseln. Durch den Lieferanteneingang, über mehrere Treppen und durch endlose Gänge folgten sie ihm in die Badeabteilung. Am Ende eines Gangs öffnete der Direktor eine Tür, und sie blickten in einen hohen, dämmrigen, mit grünlichem Marmor ausgekleideten Raum. Breite Stufen, rechts und links mit einem verzierten Eisengitter versehen, führten zum Badebecken hinab, in dessen Wasser sich die schwachen Lichtreflexe der Wandbeleuchtung spiegelten. Es herrschte völlige Stille. Reitmeyer sah den Direktor fragend an.

»Der Arzt hat den Toten in eine der Massagekabinen legen lassen, weil er ihn dort besser untersuchen konnte. Wegen dem Licht«, erklärte Müller.

»Ein Gast?«

Der Direktor räusperte sich. »Nein. Einer unserer Masseure.« Dann ging er um das Becken herum und öffnete eine der schmalen Türen. »Herr Doktor, der Kriminalkommissär ist jetzt hier.«

Reitmeyer trat ein. Der Arzt saß an einem kleinen Tisch und blickte von seinen Notizen auf. »Ah, Herr Kommissär. So sieht man sich wieder. Leider ist der Anlass wiederum kein erfreulicher.«

»Wann ist er das schon?«

Der Arzt deutete auf den Körper, der unter einem Tuch auf dem Massagebett lag.

Reitmeyer nickte. »Ach, übrigens, wo sind mein Kollege Steiger und der Mann vom Erkennungsdienst?«, fragte er den Fotografen.

»Der Steiger vernimmt die Leute vom Personal, und der Erkennungsdienstler ist schon wieder weg. Ich brauch noch ein paar Aufnahmen von dem Bad, dann bin ich auch fertig.«

Reitmeyer setzte sich zu dem Arzt an den Tisch. Der schob einige Papiere zusammen. »Und Sie wollen sicher wissen, was ich bis jetzt sagen kann?«

»Ganz richtig.«

»Tja, also fest steht, dass es sich um einen dreiunddreißigjährigen Mann handelt, der, seinem Geruch nach zu schließen, in stark alkoholisiertem Zustand ... sozusagen ... baden gegangen ist. Wann der Tod eingetreten ist, lässt sich schwer feststellen, da er im Wasser gelegen hat, was die Leichenstarre verzögert. Woran er gestorben ist, kann ich ebenfalls nicht mit Sicherheit sagen.«

»Also viel ist das nicht.«

»Auf der rechten Kopfseite, oberhalb der Schläfe, ist eine Verletzung zu erkennen, die eventuell darauf hindeutet, dass er ausgerutscht ist, sich angeschlagen hat, bewusstlos ins Wasser gestürzt und ertrunken ist.« Er stand auf und schlug das Tuch zurück. »Schauen Sie her. Man sieht nicht viel. Aber er hat eben auch lang im Wasser gelegen. Deshalb kann ich von der Haarbeschädigung keine Rückschlüsse auf die Art des Sturzes ziehen.«

Reitmeyer erhob sich, trat zögernd einen Schritt näher und sah dem Toten ins Gesicht. Ein gut aussehender Mann mit markanten Zügen, der friedlich und wie schlafend dalag.

»Endgültig kann das nur die Gerichtsmedizin klären. Aber eigentlich schon furchtbar, dass wieder so ein junger Mensch hat sterben müssen, bloß weil er sich so zugesoffen hat.«

Die Tür ging auf, Steiger kam herein.

»Sind Sie fertig, Herr Doktor?«

»Ja, hier ist mein Beschaubericht«, erwiderte er und reichte Steiger ein Papier. »Ich mach mich dann auch wieder auf den Weg. Also, meine Herren, bis zum nächsten Mal.« Er nahm seine Tasche und verabschiedete sich.

Reitmeyers Blick war immer noch auf den Toten gerichtet. An der Stelle, auf die der Arzt gedeutet hatte, konnte er immer noch nichts erkennen. Er zog das Tuch wieder über die Leiche.

»Und, Steiger«, fragte er nach einer Weile, »was sagt das Personal?«

»Nicht viel.« Steiger schlug sein Notizbuch auf. »Die halten sich ziemlich zurück. Dieser Müller scheint ein eisernes Regiment zu führen.«

»Aber irgendetwas musst du doch rausbekommen haben?«

»Das Opfer, Alois Huber, war seit drei Jahren hier im Hotel beschäftigt. Er war als Masseur angestellt und für den gesamten Badebereich zuständig. Auch für die Reinigung der zwei Kabinen und den Beckenbereich. Sein Dienst ging gestern bis zehn Uhr abends. Um zirka zwanzig Uhr haben ihn noch Leute aus dem Küchenbereich gesehen, das ist ebenfalls hier unten. Er hätte heute Morgen um neun Uhr seinen Dienst antreten sollen. Um zirka neun Uhr dreißig wollte eine Frau aus der Wäscherei frische Handtücher bringen, hat aber den Masseur nicht angetroffen. Nachdem sie durch die Kabine in den Badebereich ging, hat sie den Mann tot im Becken aufgefunden.«

»Irgendwelche Spuren hier unten im Badebereich?«

»Laut Spurensicherung nichts.«

»Ist der Tote schon früher wegen eines Alkoholproblems aufgefallen?«

Steiger schüttelte den Kopf. »Überhaupt nicht, das ist es ja. Dass er sich betrunken haben und anschließend in das Becken gestiegen sein soll, finden alle ziemlich verwunderlich. Jedenfalls sei so was noch nie vorgekommen.«

»Was weiß man sonst noch über ihn?«

»Er ist am 3.5.1881 in München geboren, wohnhaft in der Tulbeckstraße 12, nicht verheiratet. Ob's Angehörige gibt, müssen wir erst noch feststellen. Hier weiß man von niemandem.«

»Sonst noch was?«

Steiger klappte sein Notizbuch zu. »Ja, ich weiß nicht. Der Kellner an der Bar, der manchmal Getränke hier runterbringt, hat mir noch was Komisches erzählt.«

»Was Komisches?«

Steiger zuckte die Achseln. »Also letztes Wochenende hat ihn ein Herr über die Badeabteilung ausfragen wollen. Wie es da sei, wer die benutzt und so weiter.«

»Ja und?«

»Ja, er hat ihm Auskunft gegeben, aber irgendwie den Eindruck gehabt, dass dieser Mann kein Gast war, sondern ... von der Polizei.«

»Was?«

»Sag ich doch. Deshalb hab ich vorhin angerufen, ob es seitens irgendeiner Abteilung Ermittlungen hier gibt. Von der Sitte zum Beispiel.« Er machte eine vage Geste. »Ich hab halt gedacht, in einem Bad, wo viele Männer ...«

Reitmeyer zog die Augenbrauen hoch.

»Aber nichts. Sie ermitteln hier nicht, hat's geheißen.« Steiger starrte einen Moment vor sich hin und schüttelte den Kopf. »Trotzdem hab ich so ein Gefühl, als wenn sie mir nicht alles gesagt hätten, als wär da noch irgendwas anderes.«

»Warum?«

»Ich weiß nicht. Bloß so ein Gefühl.«

»Ein Gefühl, sagst du, ja?« Reitmeyer schwieg eine Weile. Vielleicht sollte er Steiger von den anderen Vorfällen erzählen? Von den »Darbietungen«, wie sich der Polizeipräsident ausgedrückt hatte. Hatten die hier im Regina stattgefunden? Eine Frage, der der Kunstmaler Rager in ihrem Gespräch ausgewichen war. Sollte es einen Zusammenhang geben mit dem »geselligen Zusammensein« zwischen Militärs und hochrangigen Persönlichkeiten der Gesellschaft und einem ertrunkenen Bademeister? Es gab keinerlei Hinweise auf ein Fremdeinwirken. Merkwürdig war das schon. Aber er hatte dem Präsidenten vollkommene Vertraulichkeit versprochen.

»Wir gehen gleich hier rauf«, sagte Steiger. »Wieso schleichen wir uns dauernd über irgendwelche Hintertreppen? Wir sind doch nicht die Hausl in dem Laden.«

Sie gingen zum Vorderausgang hinauf.

Als sie durch eine Tür in die Halle traten, wo gerade Hoteldiener die Treppe herunterkamen und Koffer auf einen Gepäckwagen luden, blieb Reitmeyer stehen und sah zur Rezeption hinüber. Dort stand der Direktor und verabschiedete ein paar Gäste. Mit gut geöltem Lächeln wechselte er einige Worte mit ihnen, verabreichte der Dame einen Handkuss und machte Bücklinge vor den Herrn. Nachdem die drei abgezogen waren, blickte er auf und sah zu dem Kommissär hinüber. Übergangslos erstarrten seine Züge wieder zur arrogant herablassenden Direktorenmiene. Er ging auf sie zu. »Gibt's noch was?«, fragte er.

»Nein«, antwortete Steiger. »Wir wären so weit fertig. Die Leiche wird im Lauf der nächsten Stunde abgeholt. Es sind bereits zwei Wachtmeister abgestellt, um die Sache zu beaufsichtigen.«

»Aber ich muss um äußerste Diskretion bitten.«

Reitmeyers Blick schweifte kurz durch die Halle mit den spiegelnden Marmorböden und kostbaren Teppichen, wo große Deckenlüster gedämpftes Licht verbreiteten. In tiefen Fauteuils, von Stehlampen beleuchtet, saßen elegant gekleidete Damen und Herren, tranken Mokka aus winzigen Tässchen und knabberten hauchdünnes Gebäck. »Nur keine Sorge, Herr Direktor«, erwiderte er im Weggehen, »im Gegensatz zu uns schleicht sich der Tod im Palasthotel durch den Hintereingang raus.«

16

»Du musst die Angehörigen ausfindig machen, falls es welche gibt«, sagte Reitmeyer zu Steiger.«

»Ich kümmer mich drum.«

»Und frag doch mal nach, ob Kommissär Sänger jetzt Zeit hätte, ich würde gern mit ihm sprechen. Konnten seine Leute bei der Sitte dir eigentlich irgendwas über die Herkunft der Fotos sagen, die dieser Bürgel bei sich hatte?«

»Einer hat den Bilderstapel schnell durchgeblättert und gemeint, das sei der übliche Dreck. Wie er überall verscherbelt wird. Woher der stammt, wissen sie nicht.«

»Herr Kommissär«, Brunner stand im Büro. »Der Herr Oberinspektor hat angrufen. In aller Früh. Aus Berlin.«

»Ah ja?«

»Ja, er wollt Sie sprechen.« Der Polizeiassistent schlurfte wieder hinaus. Reitmeyer grinste in sich hinein. Er wusste genau, was Klotz von ihm wollte. Ihn rüffeln, zusammenstauchen, ungespitzt in den Boden rammen. Wenn der's nur gekonnt hätte. Denn was hatte Klotz in der Hand gegen ihn? Unterlagen, die absolut wahrheitsgemäß die Entwicklung der Kriminalraten wiedergaben. Dass Reitmeyer sie nicht im Sinn von Klotz interpretiert, oder genauer gesagt, verfälscht hatte, ließ sich offiziell nicht gegen ihn verwenden. Klotz hätte ja auf der Fahrt nach Berlin selbst genug Zeit gehabt, das Material in seinem Sinn aufzubereiten. Aber da war der Herr Oberinspektor natürlich mit anderen Dingen beschäftigt gewesen. Mit dem Herrn Präsidenten im Speisewagen zu tafeln, sich bei den Zigarren seines obersten Vorgesetzten zu bedienen und bei einigen Cognacs den »lawinenartigen« Anstieg des Verbrechertums zu beklagen. Wahrscheinlich hatte er die Papiere erst kurz vor seinem Auftritt aus dem Umschlag gezogen, aber da war es zu spät gewesen.

Reitmeyer stellte sich das Gesicht des Oberinspektors vor. Jetzt hatte er wirklich einmal einen Umschwung erfahren, wie man ihn noch nie erlebt hatte. Auch wenn er keinesfalls die Außentemperaturen betraf.

Es klopfte. Rattler steckte den Kopf durch die Tür.

»Herr Kommissär? Ich hätt jetzt die Ergebnisse von der Ermittlung.«

»Korbinian, komm nur rein. Du kannst ruhig laut reden. Ich bin allein.«

Rattler setzte sich auf einen Stuhl neben dem Schreibtisch des Kommissärs und zog umständlich die Fotos und einen

Zettel aus der Brusttasche. »Die Leute in der englischen Gesandtschaft waren sehr hilfsbereit. Man hat mich in das Büro von einem Attaché geführt, und der Herr Attaché hat mich umfassend informiert.«

»Mir reicht eigentlich eine kurze Zusammenfassung.«

Rattler blickte etwas beleidigt auf. »Die Hand hier im oberen Teil des Wappens«, begann er und deutete auf das Foto, »ist das Zeichen der Baronet-Würde. Ein Baronet, das heißt ein ›kleiner Baron‹, ist eine Adelswürde, die 1611 neu geschaffen wurde, weil die englische Krone Geld für die Besiedelung von Nordirland brauchte. Deshalb wurden diese Titel an Leute verkauft, die viel dafür bezahlen konnten. Aber jetzt wird's knifflig. Die Hand hier ist die ›Rote Hand von Ulster‹. Das geht auf eine alte keltische Legende zurück. Also in grauer Vorzeit ...«

Reitmeyer trommelte mit dem Bleistift auf den Tisch.

»... haben zwei Kapitäne eine Wette gemacht, wer zuerst in Irland die Hand ans Ufer legt, hat gewonnen. Als dann einer von den beiden befürchtet hat, der andere könnte ihn mit seinem Schiff überholen, hat er sich mit dem Schwert die Hand abgehackt und sie an Land geschmissen. Deshalb die rote Hand, verstehen Sie? Wegen dem Blut.«

»Aha. Also ein Zeichen von irischen Baronets?«

»Nein. Das sind englische Baronets, die sich den Titel gekauft haben. Das habe ich doch erklärt!«

»Aber von wem das Wappen stammt, konnte er nicht sagen.«

»Nein, leider nicht. Er hat keine Bücher zur Heraldik, also zu den Wappen von Baronets.«

Reitmeyer nickte. »Gute Arbeit, Korbinian. Jetzt wissen wir zumindest, dass das Etui ursprünglich einem englischen Baronet gehört hat.«

»Ja, aber wie der Tote an der Ludwigsbrücke dazu gekommen ist, wissen wir nicht.«

Reitmeyer schwieg. Die Erkenntnisse nutzten ihm mehr, als Rattler ahnen konnte. Er war sich jetzt vollkommen sicher, dass Caroline das Etui erkannt hatte. Dass es wahrscheinlich sogar aus ihrer Familie stammte, von ihrem Großvater vermutlich, dem englischen Baronet. Wie es an den Toten an der Ludwigsbrücke gekommen war, dafür hatte er natürlich keinerlei Beweise ... aber einen Verdacht.

Steiger kam herein. Er hielt eine Zeitung in der Hand und gab Reitmeyer mit einer Geste zu verstehen, dass er ihn allein sprechen wollte.

»Ich war kurz drüben bei der Sitte«, sagte er, als Rattler draußen war, »um mich noch mal zu erkundigen, ob die irgendwelche Ermittlungen laufen haben im Regina. Das wurde verneint. Der Kommissär Sänger war nicht da, aber einer von seinen Assistenten ist mir auf den Gang nachgelaufen und hat mir die Zeitung hier zugesteckt. So ein Linksblatt. Wir sollten den angestrichenen Artikel lesen, aber mehr wollt er nicht sagen.«

»Hast du ihn gelesen?«

»Ja, schon, aber besonders aufschlussreich find ich den nicht.«

»Lass mal sehen.«

MÜNCHEN – EINE ATTRAKTION FÜR TOURISTEN

München unternimmt seit Jahren alle Anstrengungen, um seinem Ruf als Touristen-Magnet gerecht zu werden. Es gibt Vereine, die die Schönheiten, die Lustbarkeiten und die Gemütlichkeit der Stadt lobpreisen, es gibt auch Leute, die mitten im Sommer maskierte Feste arrangieren und zu den Wagner-Festspielen weltbekannte Künstler auf die Bühne des Prinzregententheaters stellen. Aber auch weniger kostspielige, mit Essen, Trinken, Tanzen und auf irgendeine Art mit Weißwürsten zusammenhängende Vergnügungen ziehen scharenweise Fremde herbei.

Es sind verschiedene Bedingungen gegeben, die von überall Talerkönige anlocken: Höhenluft für abgehauste Nerven, auch sonstige der Gesundheit zuträgliche Verhältnisse und eine Möglichkeit, Mensch unter Menschen zu sein, die sogar einen preußischen Bürgermeister wieder auf vernünftige Füße stellen könnte.

Für diejenigen Herrschaften, die nicht nur bei Trachten- und Jodelfesten in glasige Bieraugen starren möchten, sondern vornehmere Divertissements bevorzugen, ist gleichermaßen gesorgt. Unsere diversen Palasthotels offerieren selbst verwöhntesten Ansprüchen Erfüllung. In prächtigen Räumen, noblen Sälen und edlen Bars kann sich die bessere Gesellschaft niveauvoll vergnügen, und in den Bädern, die oft verschwenderisch im griechisch-römischen Stil gestaltet sind, können so auf antikische Art der arbeitsmüde Fabrikant, der erschöpfte Militär und manch überreizte Herren, die schwer an ihren Brieftaschen tragen, Ablenkung und Entspannung finden.

»Aha. Nicht schlecht.«

Steiger sah ihn verständnislos an. »Ja, was denn? Was die schreiben, weiß doch jeder.«

»Das ist das ja Gewiefte bei diesen Blättern. Die haben im Lauf der Jahre gelernt, wie man Zensur und Beleidigungsklagen umgeht, damit sie für ihre Frechheiten keine monatelangen Haftstrafen mehr kassieren. So ganz nebenbei lassen sie im Zusammenhang mit Bädern in Palasthotels ein paar Begriffe wie ›griechisch-römisch‹, ›antikisch‹ und ›niveauvolle Entspannung‹ einfließen und können davon ausgehen, dass ihre Anspielungen verstanden werden. Dir sind doch die ganz gleichen Gedanken gekommen: Bäder ... wo viele Herrn verkehren ...«

»Ja, meinst du?« Steiger lockerte unbehaglich die Schultern. »Aber das geht uns nichts an. Das betrifft die Sitte.«

»Sicher. Solange feststeht, dass der Tote eindeutig besoffen ertrunken ist.«

»Aber warum hat mir der Assistent von der Sitte den Artikel zugesteckt? Läuft da doch irgendwas?«

»Zumindest ist dieser Wink mit dem Zaunpfahl auch bei der Sitte angekommen. Gut möglich, dass sie vorher schon Informationen hatten. Die kennen sich ja aus im Milieu. Oder ...« Reitmeyer lehnte sich zurück und blickte an die Decke. »Oder man hat ihnen zu verstehen gegeben, die nicht zu benutzen ... und ihnen ...«

»... einen Maulkorb umgehängt.« Sie sahen sich an. Steiger verzog plötzlich das Gesicht und brach in schallendes Gelächter aus. Auch Reitmeyer prustete los.

»Du siehst ihn auch vor dir?«, fragte Steiger, Reitmeyer nickte. Die Vorstellung, wie Kommissär Sänger, unter Kollegen als »Sittensänger« bekannt, da er mit seinem kräftigen Bariton als eine der verlässlichsten Stützen des Polizeichors fungierte, mit einem Maulkorb im Gesicht gefühlvoll das *Ännchen von Tharau* intonierte, löste haltlose Heiterkeit bei ihnen aus.

»Aber Schluss mit dem Schmarrn«, sagte Reitmeyer, nachdem sie sich wieder beruhigt hatten. »Wir müssen uns als Erstes Gewissheit über die Todesursache verschaffen. Und vielleicht ist da tatsächlich irgendwas im Busch, und man will auf höchster Ebene verhindern, dass es wieder zu einem Skandal kommt, wie vor ein paar Jahren bei dem Eulenburg-Prozess. Da ist immerhin ein enger Freund des Kaisers wegen Homosexualität angeklagt worden. Und da hat's auch mit Zeitungsartikeln angefangen.«

»Ja, schon. Aber dann haben die zwei Fischer vom Starnberger See zugegeben, dass sie tatsächlich mit dem Herrn Fürsten ...«

Reitmeyer setzte sich sehr gerade hin. »Ruf doch mal in der Gerichtsmedizin an und frag nach, ob sie schon irgendwas sagen können. Falls nicht, dann bitte sie, den Fall bevorzugt zu behandeln.« Er griff nach dem Hörer. »Und ich frag jetzt mal in der Sitte, wann wir Kommissär Sänger sprechen können.«

»Und?«, fragte er, als Steiger aufgelegt hatte.

»Ja, sie wussten nicht genau, wann wir mit einem Ergebnis rechnen können. Der Professor Riedl sei schon weg, und der Assistent kann im Moment nicht an den Apparat kommen, hat der Sektionsdiener gesagt. Ich versteh das nicht.«

Reitmeyer schüttelte den Kopf. »Ich auch nicht.« Er stand auf. »Ich geh schnell selber hin.«

Auf dem Weg in die Unterwelt hielt er diesmal nicht inne, zögerte keinen Moment und blieb nicht stehen, um sich sein Taschentuch an die Nase zu drücken, sondern hastete die Treppe hinunter und riss die Tür zum Sektionssaal auf. Drinnen brannten nur ein paar trübe Lampen, kein Mensch war zu sehen, es herrschte völlige Stille. Aus dem Gang, der in die hinteren Räume führte, fiel ein gelblicher Lichtkeil in den Saal.

»Hallo?«, rief er. »Jemand da?« Keine Antwort. Er lauschte. Aus einem Wasserhahn seitlich an der Wand tropfte es in ein metallenes Becken. Auf zwei Tischen zeichneten sich unter Tüchern die Umrisse von Leichen ab.

Er trat in den Gang. Auch hier kein Laut. Ihn fröstelte. Nach einem kurzen Klopfen öffnete er die Tür zum Büro. Auf dem Schreibtisch, neben einer brennenden Leselampe, standen eine Kaffeetasse und ein paar Teller, darauf Essensreste. Als wäre jemand bloß schnell rausgegangen. Dann probierte er nacheinander die anderen Türen. Alle verschlossen.

Plötzlich schrillte draußen im Sektionssaal ein Telefon. Mit ein paar Sätzen hastete er in den Saal zurück, doch als er den Apparat erreicht hatte, hörte das Klingeln auf. »Himmelherrgott«, fluchte er. Was war hier los? Wo waren die alle hin?

Nervös ging er ein paar Schritte auf und ab. Dann blieb er stehen. Die Stille schien sich aufzublähen wie eine Blase. Er sah zu den beiden Hügeln unter den Tüchern hinüber. Und zuckte zusammen, als wieder ein Wassertropfen ins Becken fiel. Plötzlich fiel ihm ein, dass er bei seinem letzten Besuch in dem Büro auf der Innenseite der Tür eine Telefonliste gesehen hatte. Vielleicht könnte er den Pförtner im Vorderbau anrufen. Vielleicht wusste der, was hier vor sich ging.

Rasch lief er wieder zum Büro zurück und öffnete die Tür. Als er sie schloss, um auf der Liste nach der Nummer zu suchen, sah er sie. Caroline. Vor dem Stuhl in der Ecke. Auf dem Boden.

II
»WER SCHWACH IST, MUSS UNTERGEHEN.«

6. Juli 1914 – 13. Juli 1914

6. JULI 1914

Man braucht kein Hellseher zu sein. Nein. Man sieht's ihm an. Der alte Dohmberg wurde vorgewarnt. Auf seinen Stock gestützt schleppt er sich vom Justizministerium nach Haus. Ein gebrochener Mann. Der Wink war ein schwerer Schlag für ihn. Ich seh die Szene vor mir:

Der Staatssekretär nimmt ihn beiseite: Verehrter Herr Kollege (raunend, mit Betroffenheitsflor in der Stimme), verstehen Sie mich nicht falsch, ich will Ihnen keinesfalls zu nahe treten (noch ein paar Girlanden in der Art). Aber bestimmte Entwicklungen lassen es unvermeidlich erscheinen, dass wir Sie über gewisse Vorgänge ... (jetzt kommt der Cognac zum Einsatz) ... nein, noch ist nichts offiziell ... nur Vernehmungen. Dabei ist der Name Ihres Sohnes gefallen ... nein, keine Anklage ... nur eine Akte ... aber vielleicht könnten Sie Vorsorge treffen, dass bestimmte Kontakte vermieden ... bestimmte Orte nicht mehr aufgesucht ...

Der Vater ist empört. Was erlauben Sie sich! ruft er. Bis ihm aufgeht, dass es schon alle Spatzen von den ministerialen Dächern pfeifen: Sein Sohn hat ungesetzliche Beziehungen! Er ist in eine Sache verwickelt, die seine gesamte Familie in den Abgrund reißen kann.

Der alte Mann weiß nicht mehr ein noch aus. Er braucht einen Freund, der ihm rät und beisteht. Er ist reif.

Später am Abend ein kleines Souper im Luitpold-Café eingenommen. Der prachtvolle Saal ist immer wieder ein Genuss! Helgoland-Hummer und ein halbe Witwe bestellt. Köstlich. Allein. Ohne die Gesellschaft der »Freunde«. Oberst Feichtl, ein Mann, der die Weltläufte kennt, hat mir einen großzügigen Vorschuss gewährt. Er wisse doch, sagte er, dass man erst von einem Hauptmannsgehalt an überhaupt leben könne. Er selbst stamme aus keiner wohlhabenden Familie und habe als junger Offizier so manchen Engpass erlebt. Ein wirklich feiner Mensch!

Wenn sich meine anderen Pläne gut anlassen, und dafür habe ich gesorgt, bin ich bald saniert. Es ist wie immer und überall. Wer sich nicht wehren kann, muss zahlen. Wer schwach ist, muss untergehen.

17

»Um Gottes willen, Caroline!«

Er kniete sich nieder, legte die Arme um sie und hob ihren Oberkörper an. Ihr Kopf hing schlaff nach hinten. »Caroline! Caroline!« Er klopfte ihr auf die Wangen. Legte den Finger an die Halsschlagader. Ein schwacher Puls. Wieder klopfte er auf die Wangen, rief ihren Namen. Langsam hoben sich ihre Lider. Sie starrte ihn an. Ihre blauen Augen wirkten fast schwarz wegen der riesigen Pupillen. Ein Anflug von Lächeln strich über ihr bleiches Gesicht. »Sebastian«, sagte sie. »Du bist da.«

Vorsichtig hob er sie hoch und setzte sie auf den Stuhl. Aber sie hielt sich nicht gut und drohte wieder nach vorn zu kippen. Er hielt sie fest.

»Es … es geht schon wieder«, sagte sie flüsternd und lehnte den Kopf an die Wand zurück. »Plötzlich war's so …«

»Du bist bleich wie der Tod und kannst dich kaum aufrecht halten. Was war denn los?«

Sie lehnte sich wieder zurück. »Ach, es war vielleicht ein

bisschen viel. Ich hab im Krankenhaus für einen Kollegen den Nachtdienst übernommen, und dann war ich den ganzen Tag hier. Hab zu viel Kaffee getrunken ... und diese Tropfen zum Wachbleiben ...«

»Also, ich bring dich jetzt jedenfalls erst mal heim, und dann schläfst du dich richtig aus.«

Mit einem Ruck fuhr sie auf und wäre fast vom Stuhl gekippt. »Nein ... nein ... bloß nicht heim. Das halt ich im Moment nicht aus.«

»Ja, aber wo willst du denn sonst hin?«

»Egal, bloß nicht nach Haus. Irgendwohin.« Sie sah ihn flehentlich an. Vielleicht ...« Sie zögerte. »Zu dir?«

Im Taxi legte er den Arm um sie, Caroline lehnte schweigend den Kopf an seine Schulter, und sie fuhren durch den Abend wie ein verliebtes Paar auf dem Weg ins Theater oder in ein Restaurant. Während Reitmeyer aus dem Fenster auf die vorübergleitende Stadt hinaussah, wo sich vor tiefblauem Himmel Laternenlicht abzeichnete und Schaufenster ihren goldenen Schein auf die Gehwege warfen, erinnerte er sich an eine Zeit, als er sich nichts sehnlicher wünschte, als einmal so mit ihr durch die Straßen zu fahren. Doch für romantische Reminiszenzen blieb im Moment wenig Raum. Er hoffte bloß inständig, dass seine Tante, die zu einer Taufe nach Freising gefahren war, bei ihren Verwandten blieb, wie sie es vorgehabt hatte. Denn auf die Frage, warum das Fräulein Dr. von Dohmberg nicht in der prächtigen Villa ihrer Familie, sondern in der bescheidenen Wohnung der Reitmeyers zu nächtigen wünschte, wäre ihm nichts Rechtes eingefallen. Er wusste es ja selbst nicht.

Vor seinem Haus angekommen, half er ihr aus dem Wagen, aber da sie immer noch recht wackelig wirkte und er befürchtete, sie könne erneut umkippen, hob er sie im Hausgang kurzerhand hoch, trug sie in sein Zimmer im ersten Stock hinauf, schaffte es, ohne sie abzustellen, die Tür aufzusperren, und setzte sie auf sein Bett.

Sie blieb einen Moment sitzen und wand sich dann unbeholfen aus dem Mantel. Gleich darauf begann sie ihre Bluse aufzuknöpfen und verhedderte sich mit dem Verschluss ihres Rocks. Plötzlich hielt sie inne und blickte zu ihm auf. »Kannst du mir helfen?«, fragte sie.

Er schluckte und trat zögernd näher. Mit leicht zittrigen Fingern öffnete er den Haken, während sie ihre Bluse und anschließend den Rock abstreifte. Sie hatte jetzt nichts mehr an außer einem dünnen Unterkleid, unter dem sich ihre nackten Brüste abzeichneten. Mit einer raschen Bewegung warf sie die Schuhe ab und schlüpfte unter die Decke.

Etwas unschlüssig, was er tun sollte, blickte er auf die ausgestreckte Gestalt hinab, die mit geschlossenen Augen vor ihm lag. Er setzte sich auf die Bettkante. »Was ist denn los bei dir daheim?«

»Ach ...« Sie blickte an die Decke. »Das geht schon eine ganze Weile so. Nichts als Streit und Unfrieden. Du hast es doch selbst gesehen bei der Soiree. Meistens geht es um den Franz. Weil er nie mit seinem Geld auskommt, durch die Aufnahmeprüfung an die Kriegsakademie gefallen ist, dafür horrende Spielschulden macht ...«

Reitmeyer nahm ihre Hand.

»... und dabei hab ich ein ganz schlechtes Gewissen ihm gegenüber. Keiner von uns hat sich richtig gekümmert um ihn ... und ihr drei, der Lukas, der Sepp und du, ihr habt ihn auch nie richtig gemocht.«

»Also, so würde ich das nicht sehen.«

»Du kannst es ruhig zugeben, bei mir war's ja auch nicht anders. Wir haben ihn ja kaum gekannt. Mit zehn Jahren hat man ihn auf die Kadettenschule geschickt, wo er kaserniert war und nur am Sonntagnachmittag heimgehen durfte.« Sie seufzte und nahm einen kräftigen Schluck von dem Cognac, den er ihr gereicht hatte.

»Erinnerst du dich noch?«, sie blickte ihn an, und er sah Tränen in ihren Augen. »Wie ihr euch damals lustig über ihn gemacht habt? Weil er am Odeonsplatz vor einer Hofkutsche Front gemacht hat? Also zackig salutiert, obwohl gar niemand drinnen saß. Was man an dem fehlenden Wimpel hätte erkennen können. Aber er war halt noch ein kleiner Bub, im ersten Kadettenjahr, und so hat man es ihm beigebracht, dass er vor Hofkutschen salutieren muss. Und mit Lukas ist es nicht viel anders. Wann immer sich die Möglichkeit bietet, lässt unser Vater ihn spüren, wie sehr er ihn dafür verachtet, dass nichts Ordentliches aus ihm geworden ist. Ein Künstler? Ein Musiker? Nichts als eine einzige, große Enttäuschung! Lukas tut mir so leid!«

»Bist du deswegen so erschrocken, als du das silberne Etui bei den Sachen des Toten von der Ludwigsbrücke gesehen hast? Weil du es erkannt hast?« Schweigend starrte sie ihn an. »Weil es aus deiner Familie stammt. Und vermutlich deinem Bruder Lukas gehört hat.«

Sie richtete sich auf, als wolle sie protestieren.

»Er hat's nicht verloren, stimmt's? Und es ist ihm auch nicht gestohlen worden, sonst hättest du anders reagiert.«

»Sebastian!«

»Er hat's dem Neugebauer gegeben. Aus welchem Grund auch immer.«

Sie griff sich an den Hals, als schnürte ihr etwas die Luft ab, dann ließ sie sich wie erschlafft aufs Kissen zurücksinken und starrte an die Decke.

»Es ist ... noch viel schlimmer«, flüsterte sie tonlos.

»Was ist noch schlimmer?«

Sie richtete sich auf, sagte eine Weile nichts und griff nach dem Cognac. Nachdem sie ein paar Schlucke getrunken und das Glas wieder abgestellt hatte, sagte sie leise: »Der Tote aus dem Regina-Hotel ist nicht ertrunken.«

»War dann doch die Kopfverletzung verantwortlich für seinen Tod?«

»Das konnte ich ausschließen. Daran ist er nicht gestorben.«

»Woran dann?«

Sie strich sich das Haar zurück und sah ihn an. »Es war wieder die gleiche Situation wie bei dem Toten an der Ludwigsbrücke. Keine klaren Beweise für eine Alkoholvergiftung, und da er in dem Badebecken gelegen hatte, auch keine Möglichkeit, auf eine anschließende Unterkühlung zu schließen.«

»Ja und?«

Sie holte tief Luft. »Ich wusste nicht mehr weiter. Mir ist nichts mehr eingefallen. Also hab ich den Toten vom Sektionsdiener rasieren lassen. Am ganzen Körper, auch am Kopf. Und hab ihn Zentimeter für Zentimeter abgesucht. Mit der Lupe. Auf der Rückenseite, am oberen Nacken ... hab ich's dann gesehen.«

»Was gesehen?«

»Einen fast unsichtbaren Einstich.«

»Wo?«

»In die Medulla oblongata. Das ist das verlängerte Rückenmark. Im obersten Halsmark liegt das spinale Atemzentrum. Ein Stich zwischen den zweiten und dritten Halswirbel hat den sofortigen Tod zur Folge.«

»Das heißt«, Reitmeyer stand auf.

»Es war Mord.«

Sie ließ sich wieder auf das Kissen zurücksinken.

Er ging ein paar Schritte auf und ab. »Und wie ist dann das erste Opfer umgebracht worden? Der Mann an der Ludwigsbrücke? Und komm mir jetzt nicht wieder mit dem Professor Riedl, der erst alles absegnen muss.«

»Da war's genauso.«

»Was?« Reitmeyer blieb stehen. »Der hat auch diesen Stich? Dann hätten wir es ja mit einer Mord*serie* zu tun?«

Sie nickte.

Er sah auf sie hinab, wie sie bleich und reglos auf seinem Bett saß, und trat ans Fenster. Einerseits wollte er sie in die

Arme nehmen, sie trösten und beschützen, andererseits hätte er sie am liebsten geschüttelt, um alles aus ihr herauszupressen, was sie über den Hintergrund der Sache und vor allem über ihren Bruder wusste. Aber sie jetzt unter Druck zu setzen, wo sie immer noch schwach und hilflos in seinem Bett lag? Nein. Damit würde er warten, bis sie sich wieder erholt hatte.

»Wer hätte einen solchen Stich durchführen können?«, fragte Reitmeyer und trat wieder ans Bett. »Braucht man dafür eine bestimmte Ausbildung? Ich meine, ein bestimmtes Wissen?«

Sie zuckte die Achseln. »Das Wissen ist ziemlich weit verbreitet. Jeder Metzger kennt sich damit aus.«

Bei dem Wort »Metzger« fiel Reitmeyer plötzlich wieder die Geschichte mit dem Hund ein, die Steiger erzählt hatte. Der Hund seines Metzgers war eines Morgens tot aufgefunden worden, ohne jeglichen Hinweis auf die Todesursache.

»Könnte man auch Hunde so umbringen?«

»Sicher, Hunde, Schweine, Menschen. Warum?«

Er schüttelte den Kopf. »Ach, mir ist da bloß was eingefallen.«

Doch als er sich an die Fahrt mit den Kollegen zur Ludwigsbrücke erinnerte, fiel ihm auch Rattlers Einwand wieder ein, der in einem seiner Artikel von einem Mann gelesen hatte, der Tiere umbrachte, bevor er mit dem Morden von Menschen anfing. Hatte jemand geübt an dem Tier? Nachprüfen ließ sich das nicht mehr, den Hund hatte schon längst der Abdecker geholt.

»Aber um den Stich anzubringen, muss man genau treffen. Also müsste das Opfer doch sicher ruhighalten, damit das klappt.«

Sie sah ihn an. »Du denkst, dass der Täter sein Opfer sediert hat? Hast du mir nicht erzählt, dass ihr vermutet, das Opfer an der Ludwigsbrücke sei möglicherweise betäubt worden?«

»Genau. Andererseits könnte man jemanden auch durch

einen gezielten Schlag ruhigstellen. An die Schläfe zum Beispiel.«

»Schon möglich.«

»Also gehen wir mal davon aus, dass das erste Opfer aus der Flasche getrunken hat, die mit einem Betäubungsmittel versetzt war, und das zweite durch einen Schlag an die Schläfe ruhiggestellt wurde.« Er sah sie an. Sie hatte die Augen wieder geschlossen und auf ihrem Gesicht lag ein so gequälter Ausdruck, dass er abbrach. Er stand auf und ging leise zur Tür.

»Geh nicht weg, Sebastian«, sagte sie flüsternd.

Er blieb stehen. »Ich hol uns bloß Wasser.«

»Komm wieder. Bitte. Hilf mir. Meine Familie hat damit nichts zu tun. Das glaubst du mir doch, ja?«

18

»Ich weiß nicht, Herr Kommissär. Der Herr Präsident ist gerade erst aus Berlin zurück.«

»Es wäre aber wirklich dringend«, insistierte Reitmeyer.

Die Sekretärin verschwand ins Büro ihres Vorgesetzten. Reitmeyer rieb sich den Nacken. Die Nacht auf dem Wohnzimmersofa, auf das er sich zurückgezogen hatte, nachdem Caroline eingeschlafen war, war nicht sonderlich erholsam gewesen. Aber noch quälender war die Erinnerung an die ambivalenten Gefühle, als er sie festgehalten und sie sich an ihn geschmiegt hatte. Meinte sie wirklich ihn, oder suchte sie bloß Beistand und Halt in der für ihren Bruder bedrohlichen Situation?

»Was gibt's denn so Dringendes?«, rief der Präsident und erschien in der Türöffnung. »Ah, Herr Kommissär. Eigentlich bin ich ja gerade erst angekommen. Na, aber wenn es tatsächlich so wichtig ist, dann kommen Sie halt rein.«

Reitmeyer trat ein und schloss die Tür hinter sich.

»Herr Präsident, ich weiß nicht, ob Sie schon über die jüngsten Ereignisse informiert sind? Über den Todesfall im Regina-Hotel?«

»Nur oberflächlich. Ein Unfall, soweit ich verstanden habe.«

»Ja, nun. Der Fall scheint doch wesentlich komplizierter zu liegen.«

Der Präsident deutete auf den Stuhl vor dem Schreibtisch, während er fortfuhr seine Aktentasche auszupacken. »Komplizierter? Was meinen Sie damit?«

»Bei den Todesfällen im Regina-Hotel und an der Ludwigsbrücke hat sich nach eingehender Untersuchung der Gerichtsmedizin ergeben, dass es sich in beiden Fällen um Mord handelt.«

»Was?« Der Präsident fuhr herum und sah Reitmeyer entgeistert an. »Wieso um Mord? Ich dachte, bei dem Subjekt an der Ludwigsbrücke sei die Todesursache geklärt?«

»Leider nein. Erst nach eingehender Prüfung hat sich herausgestellt, dass in beiden Fällen eine, sagen wir außergewöhnliche Tötungsform angewendet wurde, die Professor Riedl nicht gleich erkannt hat.«

Der Präsident fixierte ihn mit aufgerissenen Augen.

»Es handelt sich um einen Stich in die Medulla oblongata. Das ist das verlängerte Hirnmark hier hinten am Hinterhauptloch.« Er griff sich an den Nacken. »Ein Stich zwischen den zweiten und dritten Wirbel hat den sofortigen Tod zur Folge.«

Der Präsident griff sich unwillkürlich ebenfalls an den Nacken. Dann überlegte er einen Moment und ließ den Arm wieder fallen.

»Ist Ihnen klar, was Sie da sagen? Das würde ja bedeuten, wir haben es mit einer Serie zu tun? Jemand ...«

»Jemand geht zielgerichtet gegen Erpresser vor.«

»Erpresser?«

»Eine reine Theorie einstweilen, Herr Präsident. Ein Gedanke, der mir im Zusammenhang mit der Aussage des Kunstmalers von Rager gekommen ist.«

Der Präsident zuckte zurück, als hätte er eine heiße Herdplatte berührt. »Von Rager. Glauben Sie denn, das Motiv könnte …«

»Man kann es nicht ausschließen.«

»Dann … dann würde ja auch Herr von Rager zum Kreis der Verdächtigen zählen?«

Reitmeyer machte eine bedauernde Geste.

Der Präsident ging zum Fenster und sah eine Weile hinaus. Man konnte fast Mitleid mit ihm haben. Sein ganzes mühsam aufgerichtetes Kartenhaus aus platten Lügen und Vertuschung war eingestürzt. Mit schäbigen, kleinen Schmierenkomödien wäre hier nichts mehr zu flicken. Den feinen Herren in ihren prächtigen Villen bliese ein scharfer Wind ins Gesicht. Vielleicht gerieten auch ein paar Militärs gehörig ins Bibbern.

»Aber das ist ja nicht auszudenken«, sagte der Präsident und drehte sich wieder um. »Ich meine, Ihre Ermittlungen würden Sie ja sofort in ein Umfeld hoher und höchster Persönlichkeiten führen. Und bei dem Opfer im Regina-Hotel kämen vermutlich auch militärische Kreise unter Verdacht?«

»So ist es, Herr Präsident.«

Sein oberster Vorgesetzter ging zum Schreibtisch zurück und ließ sich auf seinen Sessel fallen. »Also das müssen wir unbedingt verhindern!«

»Verhindern?«

Der Präsident öffnete die Seitentür seines Schreibtisch, wo er seinen Cognac verwahrte, wie Reitmeyer von seinem letzten Besuch wusste, stieß sie aber nach kurzem Zögern wieder zu. Dann hob er den Blick und sah seinen Kommissär mit entschlossener Miene an. »Davon darf unter keinen Umständen etwas nach draußen dringen.«

»Wie soll ich das verstehen?«

»Genauso, wie ich es gesagt habe. Kein Wort nach draußen, zu niemandem, vor allem nicht zur Presse.«

»Und was sollen wir dann als Todesursache angeben? Wenn wir es beide Male als Unfall stehen lassen, könnte ich in meiner Abteilung nicht mit Ermittlungen beginnen. Das würde doch niemand verstehen.«

»Ja, ja, sicher. Einfach übergehen können wir die Sache natürlich nicht.« Er starrte eine Weile ins Leere. Die Erregung in seinem Inneren ließ sich nur am Zucken seiner Mundwinkel ablesen.

»Ich meine –«

Er ließ Reitmeyer nicht ausreden, und ganz so, als wäre in seinem Gehirn ein Mechanismus erst mit Verzögerung angesprungen, beugte er sich plötzlich über den Tisch und feuerte seine Sätze wie die Salven aus einem Maschinengewehr auf ihn ab.

»Stellen Sie sich vor, wie die Skandalpresse über uns herfallen würde! Von allen Seiten würde man auf uns eindreschen! Zum Schluss wären wir noch verantwortlich, weil wir es zugelassen haben, dass so ein … so ein Verrückter sein Unwesen treibt! Und nicht nur die Gossenblätter und die Schmieranten der Linkspresse würden sich auf uns einschießen, auch von konservativer und katholischer Seite, von Nationalliberalen und vom Zentrum kämen Vorwürfe! Weil wir uns immer schon zu nachsichtig gezeigt hätten und den Verderbnissen der Moderne nicht entschlossen genug entgegengetreten wären!« Er holte japsend Luft und warf die Arme in die Höhe. »Mit dem Vertrauen in eine geregelte Ermittlung wäre es damit ein für alle Mal vorbei.«

»Ja glauben Sie –«

»Nein, Reitmeyer, auf gar keinen Fall! Die beiden Fälle dürfen überhaupt nicht in Zusammenhang gebracht werden! Gegenüber der Öffentlichkeit belassen wir es bei der ursprünglichen Erklärung. Die beiden Subjekte sind durch Unfälle gestorben.«

»Und intern?«

Der Präsident überlegte. »Innerhalb Ihrer Abteilung behaupten Sie, dass bei dem Fall im Regina die Todesursache nicht eindeutig geklärt werden konnte. So was kommt doch immer wieder vor. Da können Sie sicher auf frühere Beispiele zurückgreifen. Die genaueren Details müssen Sie natürlich mit der Gerichtsmedizin absprechen.«

»Und Oberinspektor Klotz gegenüber?«

Der Präsident seufzte leicht auf. »Ja, richtig, der Oberinspektor.« Er sah eine Weile zum Fenster hinüber. »Ein verdienter Beamter, gewiss. Aber nach seinem Vortrag in Berlin, wissen Sie«, er schüttelte den Kopf. »Ich hatte mir ehrlich gesagt mehr erwartet von ihm. Eine deutlichere Unterstützung für unsere Anliegen, wenn Sie verstehen, was ich meine.«

Reitmeyer verstand sehr wohl, verzog aber keine Miene.

»Und in einer so heiklen Angelegenheit, in einer Zeit, wo wirklich so viel auf dem Spiel steht und ein Gespür fürs Politische gefragt ist ... Nein. Sie sagen ihm im Moment nicht mehr als den anderen Mitgliedern Ihrer Abteilung. Sie tragen die volle Verantwortung.«

»Wie Sie meinen, Herr Präsident.«

»Also nochmals, kein Wort nach draußen, und alle Berichte und neuen Erkenntnisse direkt an mich.« Er stand auf. »Ansonsten haben Sie freie Hand.«

»Auch in Sachen Hans von Rager?«

Der Präsident wand sich ein bisschen. »Wissen Sie, Reitmeyer, wenn Sie Informationen bezüglich seiner Kontakte zu bestimmten ... Subjekten haben wollen, wüsste ich nicht, warum Sie ihn schonen sollten? Wenn sich aber Spuren in Richtung des Militärs ergeben sollten«, er sah Reitmeyer eindringlich an, »ich meine, offiziell ermitteln können Sie gegen das Offizierskorps aufgrund der Rechtslage ja ohnehin nicht, aber wenn sich Hinweise in diese Richtung ergeben sollten, wenden Sie sich in jedem Fall unverzüglich an mich. Und zwar ausschließlich an mich.«

Rager wurde also geopfert. Der Mann, den der Präsident als alten Freund bezeichnet hatte, wurde eiskalt an Messer geliefert, wenn es galt, jeden möglichen Verdacht vom Militär abzuwenden. Reitmeyer erhob sich.

»Sie halten mich auf dem Laufenden, Reitmeyer.«

Bevor er die Tür schloss, sah er noch, wie sich der Präsident bückte und die Seitentür seines Schreibtischs öffnete. Sicher, sein Chef brauchte jetzt einen Schluck nach dem Schock. Und dann einen zweiten, um sich zu der glänzenden Strategie zu gratulieren, die ihm gegen die Furien der Linkspresse eingefallen war.

19

»Nobel, nobel«, sagte Brunner und warf einen Blick auf die Fotos der Badeabteilung des Regina, die auf Steigers Schreibtisch ausgebreitet waren. »So wo kommt unsereiner ja nie hin.«

»Außer es schwimmt ein Toter in dem Becken«, sagte Steiger und schob die Bilder zusammen.

Reitmeyer sah auf die Uhr. Das Gespräch mit den Mitarbeitern hatte länger gedauert, als er eigentlich geplant hatte. Und bevor sie in die Wohnung des Masseurs fuhren, musste er unbedingt noch mit Professor Riedl sprechen und ihm einschärfen, dass von der Todesursache nichts nach draußen dringen durfte. Um Nachahmungstäter abzuhalten, würde er sagen. Die Gerichtsmedizin müsste einen zweiten Bericht verfassen, der von einer Schlagverletzung ausging, und der erste, der die heimtückischen Stiche enthielt, sollte sorgfältig weggeschlossen werden. Bis er ihn persönlich abholte.

Seine Ausflüchte allerdings, was die Todesursache des Masseurs anbelangten, hatten ihn jetzt schon einigermaßen in die Bredouille gebracht. Weil natürlich einhellige Verwunderung darüber herrschte, dass Professor Riedl mit keinem eindeutigen Befund aufwartete – das sei doch noch nie vorgekommen –, aber schließlich waren Steiger und Brunner bereit, die Version ihres Kommissärs zu schlucken. Nicht jedoch Rattler. Der fand es höchst seltsam, dass nicht geklärt werden konnte, ob das Opfer nach einem Sturz ertrunken oder ob es niedergeschlagen und anschließend ins Wasser geworfen worden sei. Das sei doch das Wichtigste! Deshalb könne man doch erst nach Vorliegen eines Berichts der Gerichtsmedizin zielgerichtete kriminalistische Ermittlungen aufnehmen und von Anfang an nach wissenschaftlichen Kriterien vorgehen.

In dem Moment war ihm ausgerechnet Brunner zu Hilfe gekommen. So weit komme es noch, meinte er, dass vorlaute Lausbuben, die erst einmal lernen müssten, wie man Karteikarten einsortiert, in gerichtsmedizinische Befunde Einsicht nähmen. Die sollten tun, was man ihnen anschafft, bis sie fertige, ausgelernte Polizisten seien. Ansonsten hätten sie das Maul zu halten und echte Kriminaler nicht bei der Arbeit zu stören.

Rattler hatte darauf nichts mehr erwidert, aber sein Blick hatte Bände gesprochen. Mit dem Jungen müsste Reitmeyer in Zukunft vorsichtig sein, dem würde nicht die geringste Kleinigkeit entgehen. Einstweilen hatte er ihn mit einem »Geheimauftrag« abgelenkt. Er sollte möglichst diskret Fotos von den Offizieren des Leibregiments besorgen, die er den Neugebauers, den Eltern des ersten Opfers, vorlegen wollte. Vielleicht war einer der Männer darunter, die sich nach ihrem Sohn erkundigt hatten.

Das Telefon klingelte. Steiger nahm ab. »Die Gerichtsmedizin«, sagte er und reichte den Hörer weiter.

»Das ist ja eine schöne Bescherung«, rief Professor Riedl, »was meine junge Kollegin da rausgefunden hat.«

»Einen Moment, Herr Professor«, bat Reitmeyer schnell und legte die Hand auf die Sprechmuschel. »Steiger, wir treffen uns Punkt eins hier, dann geht's in die Gollierstraße, in die Wohnung von dem Masseur.« Steiger nickte und ging hinaus.

»Ein Medulla-Stich, ich muss schon sagen«, fuhr Riedl mit erhobener Stimme fort, »und wenn das Fräulein Doktor nicht so hartnäckig gewesen wäre, hätte ich einen Riesenbock geschossen, wie ich es bei den Doctores meiner Zunft so oft beklagen muss.«

Im selben Augenblick stürmte Klotz in sein Büro. »Reitmeyer! Was habe ich da erfahren?«, rief er hochrot im Gesicht. »Sie haben die alleinige Verantwortung bei dem Fall?«

»Einen Moment, Herr Professor ...«

»Das ist doch eine Intrige! Von langer Hand vorbereitet. Sie wollten mich reinlegen mit dem Material, vor dem Präsidenten lächerlich machen.«

»Ich rufe Sie später zurück.« Reitmeyer legte auf.

»Sie haben mich angeschwärzt, mich verleumdet«, rief Klotz außer sich und machte ein paar Schritte auf Reitmeyer zu, als wolle er sich auf ihn stürzen.

»Herr Oberinspektor!«, rief Reitmeyer. »Beruhigen Sie sich! Ich habe nichts dergleichen getan. Das war die alleinige Entscheidung des Herrn Präsidenten!«

»Ach, erzählen Sie mir doch nichts!«

Reitmeyer sah auf den zornbebenden Mann, der mit rudernden Armen vor ihm stand. Ein erbärmlicher Anblick. Hinter dem ganzen Geschrei verbarg sich in erster Linie Hilflosigkeit und Wut über eine Situation, in die er sich selbst manövriert hatte. Wie hätte er dem Präsidenten erklären können, dass Reitmeyer ihn reingelegt hatte? Dass er mit einem ausformulierten Vortrag seines Kommissärs gerechnet hatte, den er als seinen eigenen auszugeben gedachte. Dass er sich mit fremden Federn schmücken wollte, statt seine Arbeit selbst zu tun. Klotz rang nach Luft. »Das wird ein Nachspiel haben!«, stieß er hervor, bevor er türenknallend wieder hinausstürmte.

Reitmeyer ging zum Fenster hinüber und atmete tief durch.

Mit Klotz, dem obersten Umstandskrämer und Bedenkenträger, war er schon früher aneinandergeraten. Aber jetzt warf der ihm vor, ihn hinterrücks eiskalt ausgebootet zu haben. Auch wenn das so nicht stimmte, würde er sicher versuchen, ihm etwas anzuhängen, um sich für den Reinfall in Berlin zu rächen. Er seufzte. Sein Arbeitsumfeld war vermintes Gebiet in Zukunft. Er musste sich vorsehen.

Nachdem er sich noch schnell etwas zu essen geholt hatte, eilte Reitmeyer gerade die Treppe zum Präsidium hinauf, als hinter ihm laut quietschend ein Fahrrad bremste.

»Herr Kommissär«, stieß Rattler atemlos hervor. »Ich hab's schon. Die Fotos.« Er klopfte triumphierend auf die Brusttasche seiner Jacke.

»Hast du die in einem Militärblatt gefunden?«

»Nein.« Er stellte sein Fahrrad ab und stieg die Treppe hinauf. »In einem Fotoatelier. Die hängen immer Bilder in ihrem Schaukasten aus. Mein Freund ist Lehrling in dem Atelier, und mir ist eingefallen, dass ich dort Fotos vom Leibregiment gesehen hab.«

Er sah sich kurz um, als handle es sich um konspiratives Material, und zog die Fotos aus der Tasche. »Ich muss sie ihm aber wieder zurückgeben.« Er deutete auf ein schmächtiges Bürschchen, das hinter dem Eisenzaun vor dem Haupteingang stand. »Das ist übrigens mein Freund, der Ferdl. Jetzt schauen S' halt gleich, ob die Ihnen was nützen.«

Er reichte ihm zwei ziemlich große Abzüge. Auf einem war das ganze Regiment angetreten, und auf dem zweiten saßen sechs Offiziere um einen Tisch und starrten mit ernsten Mienen in die Kamera. Junge Männer, die Schnurrbärte wie angeklebt in den schmalzweißen Gesichtern. Einen davon erkannte er sofort. Franz von Dohmberg.

»Gute Arbeit, Korbinian. Kann ich die Fotos bis heute Nachmittag behalten?«

»Sicher. Später lass ich dann Abzüge machen. Der Ferdl hängt in der Zwischenzeit was anderes in den Kasten. Das fällt seinem Chef gar nicht auf.«

»Und der posaunt auch nicht überall rum, dass sich die Polizei für die Fotos interessiert hat?«

Rattler schüttelte den Kopf, dann sah er noch einmal zu dem Jungen mit dem Fahrrad hinüber. »Auf den Ferdl ist absoluter Verlass. Der weiß Bescheid: Verdeckte Ermittlung. Den können S' foltern. Der hält dicht.«

20

»Da hinten muss es sein«, sagte Steiger, als er mit Reitmeyer und Rattler aus dem Wagen stieg. »Da muss der Eingang zum Hinterhaus sein.«

Durch die dunkle Toreinfahrt traten sie in einen staubigen Hinterhof, wo ein grauhaariger Mann in Hemdsärmeln die rissigen Gehwegplatten kehrte, zwischen denen hier und dort ein paar Gräser wuchsen, genauso farblos wie die Wände der vierstöckigen Mietskaserne. In einer Ecke des Hofs, halb verborgen hinter einem Karren mit aufgetürmtem Schwemmholz, drängte sich eine Schar verängstigter Kinder, von denen offensichtlich nur die Mutigsten wagten, gelegentlich einen Blick auf den Mann mit dem Besen zu riskieren. Es lag eine merkwürdige Spannung in der Luft, als wäre kurz zuvor ein gehöriges Donnerwetter über die Kleinen niedergegangen. Das Schlimmste schien schon vorbei zu sein, denn der Mann stieß nur noch in Abständen Flüche und Verwünschungen aus, während er sich fegend, mit dem Rücken zu den Kriminalern, in Richtung Hofeinfahrt voranarbeitete.

Steiger machte ein paar Schritte auf den Mann zu, der immer noch laut vor sich hinschimpfte. »Saubande, elende. Hundskrippeln, verreckte.«

»Sind Sie der Hausmeister?«, fragte Steiger.

Der Mann drehte sich um, hob das Kinn und sah ihn unter buschigen Augenbrauen misstrauisch an. »Und wer will das wissen?«, erwiderte er barsch.

Steiger zog seine Dienstmarke. »Kriminalpolizei München.«

Der Mann wich ein wenig zurück und duckte den Kopf. »Ja ... bin ich. Was gibt's denn?«

»Wir möchten in die Wohnung des tödlich verunglückten Alois Huber. Können Sie uns aufsperren?«

Der Hausmeister nickte. »Ja, kann ich.« Er deutete auf die offen stehende Tür des Hintereingangs. »Den Schlüssel hab ich in meiner Wohnung.«

Rattler sah den Kriminalassistenten irritiert an.

»Ich lass mir immer aufsperren«, sagte Steiger. »Dann weiß ich gleich, ob der Hausmeister Schlüssel hat.« Rattler schenkte ihm einen scheinbar respektvollen Blick angesichts so großer kriminalistischer Raffinesse.

Kurz darauf erschien der Mann mit dem Schlüssel in der Hand und stieg vor ihnen die Treppe hinauf.

»Es ist im zweiten Stock«, sagte er ächzend. »Zwei Zimmer. Zwei Zimmer für eine Person ganz allein«, fügte er bedeutungsvoll hinzu.

»Gibt's das sonst nicht im Haus?«, fragte Reitmeyer.

Der Hausmeister blieb stehen und sah den Kommissär an, als wolle der sich über ihn lustig machen. »Ja, wissen S' denn nicht, was eine Zweizimmerwohnung kostet? Bei uns im Haus jedenfalls mindestens zwanzig Mark. Wie soll sich das ein alleinstehender Mensch leisten können? In den meisten Einzimmerwohnungen hier wohnen ja schon bis zu vier Personen.«

Sie waren vor der Wohnungstür angelangt, und der Hausmeister sperrte auf. Als er Anstalten machte, mit den Kriminalern einzutreten, hielt ihn Reitmeyer zurück. »Danke sehr. Aber hier können wir Sie im Moment nicht gebrauchen. Wenn wir fertig sind, geben wir Ihnen Bescheid.« Brummend machte der Mann sich von dannen.

Rattler schloss die Tür hinter ihnen, und sie sahen sich um. Sie standen in einer Art Wohnküche mit hellen, neu wirkenden Möbeln. Vor allem das Sofa mit dem dunkelroten Velourbezug und den vier gepolsterten Stühlen um einen ovalen Tisch stach ihnen ins Auge. Steiger schüttelte den Kopf.

»Das muss ja ein Vermögen gekostet haben«, murmelte er. »Und der Herd da hinten ist auch nagelneu.«

»Und ein geschnitztes Buffet«, sagte Rattler. »Aus Eiche.«

Steiger öffnete die Tür zu dem angrenzenden Zimmer, blieb stehen und drehte sich mit aufgerissenen Augen zu den anderen um. »Also, das müsst ihr sehen!«

Reitmeyer und Rattler traten hinter ihn und warfen einen Blick in das Schlafzimmer.

»Ist euch schon jemals so was untergekommen?«, fragte Steiger und deutete auf das Bett.

»Das ist ein französisches Bett«, sagte Rattler, als bestimme er eine seltene Pflanze. »Bei uns gibt's das kaum. Aber in Frankreich sind die sehr verbreitet. Hab ich gelesen.«

»Du schon wieder! Wir sind aber in München, im Westend, in einem schäbigen Arbeiterviertel«, sagte Steiger und schüttelte den Kopf. »Mann, jetzt schau sich einer diese Vorhänge an. Das ist doch Brokat, wenn mich nicht alles täuscht.«

»Hast du bei deinen Vernehmungen im Regina-Hotel gefragt, was der Masseur verdient hat?«, fragte Reitmeyer.

»Ja, sicher. Achtzig Mark Grundgehalt hat's geheißen. Es kämen natürlich noch die Trinkgelder dazu. Aber so was«, er machte eine ausgreifende Geste, »das kann doch kein Mensch mit Trinkgeldern finanzieren.«

Reitmeyer hatte sich auf das Sofa gesetzt und ließ den Blick über die opulente Einrichtung schweifen. Je genauer man hinsah, umso Unglaublicheres entdeckte man. Einen schweren Kübel aus getriebenem Messing mit einer Palme darin, massive Silberleuchter, Kristallvasen, feines Porzellan auf dem Buffet, eine Perserbrücke auf dem Boden. Alles irgendwie zusammengewürfelt und vollkommen unpassend zu dem Herd und dem Spültisch in der Ecke, und noch unpassender, wenn man an das Stiegenhaus draußen dachte, wo es säuerlich nach Kohl, Kinderwindeln und Mäusedreck roch. Nach Armut.

Der Masseur musste sein Gewerbe sehr erfolgreich betrieben haben, und wahrscheinlich über einen längeren Zeitraum. Die Beute, die er hier zusammengetragen hatte, stammte nicht aus den letzten paar Monaten, so viel war klar. Während er darüber nachdachte, kam ihm plötzlich ein Gedanke, der ihn aufspringen und in den angrenzenden Raum laufen ließ.

Rattler hatte im Kommissariat das Foto von den Offizieren des Leibregiments gesehen! Wenn er hier ein Foto von Franz fand, käme nicht nur der in Verdacht, sondern das Augenmerk würde überhaupt auf die Dohmbergs gelenkt und damit auch auf Lukas, dessen Beziehung zu dem Maler Rager nach wie vor ungeklärt war und dubios erschien. Schließlich hatte er sich nackt von ihm zeichnen lassen! Und Rattler hatte ihn ohnedies schon so merkwürdig, wenn nicht gar misstrauisch angesehen, als er nach dem erneuten Besuch bei den Neugebauers in der Au auf Steigers Nachfrage bloß erwiderte, dass die Eltern den Masseur erkannt hätten. Aber er hatte nicht gesagt, dass sie auch den Offizier eindeutig identifizieren konnten. Genau das hatte er nämlich befürchtet. Deswegen war er auch allein zu den Neugebauers gegangen, ohne Steiger und Rattler.

Als er ins Schlafzimmer trat, stand Rattler mit einem Packen Fotos in der Hand vor der offenen Schublade der Kommode.

»Habt ihr irgendwas gefunden?«

»Na ja«, antwortete Steiger und deutete auf eine Schachtel in seiner Hand. »Die hat unten im Schrank gestanden. Da sind an die 300 Mark drin. Und eine goldene Uhr.«

»Und was hast du?«, fragte Reitmeyer den Polizeischüler.

Rattler schüttelte etwas irritiert den Kopf. »Ja, also Fotos ... von Frauen, dabei hab ich gedacht, dass sich der Masseur eher für ... Herrn ...«

»Lass mal sehen«, sagte Reitmeyer und griff nach den Bildern. »Das sind keine Frauen, sondern Damendarsteller«, sagte er. »Da steht's doch. Aber die kannst wieder reinlegen. Das ist bloß der übliche Mist. Sind sonst noch Fotos in der Kommode?«

Der Polizeischüler durchwühlte inzwischen die anderen Schubladen. »Nein, ich glaub nicht, bloß Wäsche und Hemden.« Plötzlich hob er den Kopf. Auch Reitmeyer hatte etwas gehört. Ein Scharren an der Tür, als wolle jemand das Schloss aufsperren, das allerdings gar nicht abgesperrt war. Reitmeyer legte den Finger auf den Mund und drückte sich neben der Schlafzimmertür an die Wand. Die Wohnungstür ging auf. Reitmeyer spähte ums Eck.

Ein Junge, fast ein Kind noch, mit halblangem blondem Haar und mädchenhaften Zügen kam herein. Als er die Jacken und Taschen der Kriminaler sah, fuhr er blitzschnell zurück, warf die Tür wieder zu und jagte die Treppe hinunter, und Reitmeyer hinter ihm her. Auf dem untersten Treppenabsatz sah er, wie der Junge zur Haustür hinausstürzte. Im selben Moment hievte der Hausmeister einen schweren Holzkorb von der Kellertreppe herauf und stellte ihn vor den Eingang. »Weg da!«, rief Reitmeyer. Der Mann sah ihn begriffsstutzig an und ging nicht zur Seite. »Aus dem Weg, verdammt!« Reitmeyer stieß ihn beiseite und rannte über den Hof. Als er durchs Tor auf die Straße lief, sah er nur noch einen Wagen, der mit quietschenden Reifen davonfuhr.

»Verdammter Mist«, fluchte er und rannte wieder die Treppe hinauf. »Der ist doch tatsächlich mit einem Auto weggefahren! Wisst ihr, was das heißt?«

»Ziemlich klar«, sagte Rattler. Er stand am Fenster und sah in den Hof hinab. »Dass jemand auf ihn gewartet hat. Vermutlich, bis ihm der Bub ein Zeichen gemacht hätte.«

Steiger sah Rattler kopfschüttelnd an. »Was für ein Zeichen?«

»Na, dass er nachkommen kann.«

»Der Rattler hat schon recht. So ein Bürschchen hat doch keinen Wagen mit Fahrer. Sein Gönner aber schon. Ich schätze, der Masseur hat tagsüber seine Wohnung als Absteige vermietet, sonst hätte er ja keinen Schlüssel gehabt. Und ich wette, der Hausmeister war in die Geschäfte eingeweiht. Sonst hätte er mir nicht so zufällig den Weg versperrt.«

»Der Bub könnte natürlich auch geschickt worden sein, um etwas zu suchen«, sagte Rattler.

»Aber was?«, sagte Reitmeyer. »Ja, was steht ihr so rum. Na los, weitersuchen.« Er ging wieder ins Schlafzimmer zurück. »Rattler, du nimmst dir das Buffet draußen vor.«

Er setzte sich aufs Bett und zog die Nachttischschubladen auf. Irgendwo mussten doch Notizen über Geldeinnahmen sein. Gerade Erpresser führten doch oft regelrecht Buch. Aber er fand bloß ein Durcheinander aus Zetteln, alten Briefen, Postkarten, Nähzeug und verschiedenen Lederetuis, zwischen denen loses Kleingeld herumlag. »Hast du eigentlich überprüft, ob der Masseur im Hotel irgendeinen Schrank gehabt hat?«, fragte er Steiger.

Steiger, der halb in den Kleiderschrank gekrochen war und aus dem unteren Bereich Schuhe herausnahm, richtete sich auf und sah ihn leicht schuldbewusst an. »Nein, da hab ich mich hauptsächlich um die Vernehmung der Angestellten gekümmert. Aber falls da noch was sein sollte ... es ist ein Schlüsselbund bei den Sachen des Toten. Der liegt in der Asservatenkammer. Man könnt ja noch mal nachschauen. Wenn du meinst.«

»Steiger! Auf jeden Fall schauen wir da noch mal nach! Und den Inhalt von den zwei Schubladen nehmen wir zur näheren Auswertung mit. Schütt einfach den ganzen Krempel in eine Tüte, wenn du fertig bist.« Dann, noch während er sprach, fiel sein Blick auf ein kleines Bild, das halb verdeckt von der Nachttischlampe an der Wand hing. Er beugte sich vor. Dieses Bild, oder ein ganz ähnliches, hatte er doch schon einmal gesehen. Ein männlicher Rückenakt, mit Kohle gezeichnet, die Muskelstränge und die strammen Hinterbacken liebevoll herausgearbeitet. Wo hatte er das schon einmal gesehen? Er stand auf und nahm das Bild von der Wand. Vielleicht gab es eine Signatur? Und tatsächlich, rechts unten in der Ecke, ganz winzig, stand *H. v. R.*

»Da schau her«, sagte er zu Steiger. »Dass in einer Mietskaserne im Westend ein echter Rager an der Wand hängt, hättest du dir auch nicht träumen lassen.«

Steiger schnaufte auf und schüttelte den Kopf. »Ich denk nicht, dass wir in einer Galerie in der Residenzstraße nachfragen müssen, wer ihn gekauft hat.«

»Das Bild nehmen wir mit. Bin gespannt, welche Erklärung der berühmte Maler dafür hat. Mit dem Kunstmarkt braucht er uns jedenfalls nicht kommen.«

Als Reitmeyer in die Wohnküche zurückging, standen Türen und Schubladen des Buffets offen, doch der Polizeischüler beschäftigte sich mit etwas anderem. Er hatte die Perserbrücke zur Seite gezogen und trat mit dem Fuß immer wieder auf eine Stelle bei der Tür, was die Diele mit einem ächzenden Knarren quittierte. Dann beugte er sich hinunter und inspizierte die Lücke zwischen den Brettern.

»Rattler«, sagte Reitmeyer, »Was machst du denn da? Hast was gefunden?«

Wie ertappt fuhr der Polizeischüler herum. »Ich hab bloß nachsehen wollen, ob ... unter dem Teppich was liegt.« Schnell schob er mit der Fußspitze den Teppich wieder in die alte Position und ging rasch zum Büffet hinüber. »Ich hab alles genau durchsucht hier drin«, stieß er hervor, »aber da ist bloß Geschirr und Besteck drin. Schweres Silberbesteck, 925er.«

Warum log er ihn an? Er hatte unter den Dielen nach einem

Versteck gesucht, das hatte Reitmeyer gleich gesehen. Warum prahlte er nicht mit seiner Spürnase, mit seinen an Sherlock Holmes geschulten Methoden? Und warum lag er nicht, die Lupe gezückt, längst auf dem Bauch und untersuchte akribisch jeden Zentimeter des Bodens? Hatte ihm Brunners Rüffel bei der Besprechung einen solchen Dämpfer versetzt, dass er sich in nächster Zeit lieber bedeckt halten wollte? Um irgendwann, falls die Ermittlungen feststeckten, noch mehr aufzutrumpfen, wenn er mit dem Versteck herausrückte?

Im Moment war er eigentlich ganz froh, dass Rattler mit seiner Suche nicht weitergekommen war. Wenn es tatsächlich ein Versteck unter den Bodendielen gab, wollte er lieber selber noch einmal herkommen und nachsehen. Allein.

»Könnten wir nicht gleich mit dem Sittensänger reden, ob er nicht doch was weiß übers Regina-Hotel?«, fragte Steiger, als sie ins Büro zurückkamen. »Bevor ich mit der Auswertung von den Sachen anfang. Vielleicht gibt's ein paar Hinweise, ein paar Tipps, die mir bei der Arbeit nützlich wären?«

»Der kann leider erst morgen.«

»Ach, übrigens«, sagte Rattler, der den Rager neben seinem Schreibtisch abstellte, »da hab ich Ihnen das Bewegungsprofil von diesem Hochstapler aus den Vier Jahreszeiten, von diesem Jakob Bürgel, hingelegt. Ganz lückenlos ist es nicht.«

Reitmeyer nahm die Blätter und überflog die Liste. Offensichtlich bewegte sich der Mensch hauptsächlich zwischen den Großstädten. Berlin, Leipzig, Frankfurt, Köln. Dann blieb sein Blick an einem Eintrag hängen. Mai 1914. Anzeige wegen Zechprellerei im Münchner-Kindl-Keller. Gegen Jakob Bürgel und Regina Zipf. Eingestellt. »Bei Regina Zipf (Sedanstraße 5) handelt es sich um eine registrierte Kartendame«, hatte Rattler vermerkt.

»Wie hast du das denn rausgekriegt?«

»Ein Hinweis von Brunner. Pack und Pack gesellt sich gern,

hat er gemeint. Dann hab ich den Namen in der Sitte überprüfen lassen.«

Also hatte sich Bürgel unter seinem richtigen Namen in München aufgehalten. Vielleicht sogar bei der Prostituierten gewohnt. Der Sache müsste er nachgehen.

21

»Noch eine Halbe?«

Reitmeyer schüttelte unwillig den Kopf. »Nein, zahlen!«

Die Kellnerin machte eine bedauernde Geste. »Tut mir leid, jetzt war halt plötzlich viel los.«

»Schon recht«, erwiderte er ungehalten. Ein Abendessen nach einem hektischen Arbeitstag hatte er sich anders vorgestellt. Vielleicht hätte er sich nicht den Löwenbräukeller am Stiglmairplatz aussuchen sollen. In der vergangenen Viertelstunde hatten sich ganze Trauben von Gästen zur Tür hereingeschoben, immer wieder stießen ihn einige unsanft an, ein paar Rüpel quetschten sich an seinen Tisch und brüllten ungeduldig nach der Bedienung.

Alles sollte schnell gehen, weil man nach oben in den Saal hinauf wollte. Sein Nachbar, der ihn bis zum äußersten Ende der Bank abgedrängt hatte, quittierte seinen vorwurfsvollen Blick, indem er auf einen der ausgelegten Zettel tippte: *Dem Vaterland zum Schutz, den Feinden zum Trutz*, stand in großen Lettern darauf. »Ex-General Lietzmann spricht. Vom Deutschen Wehrverein«, erklärte er. »Hervorragender Mann.« Reitmeyers Bedarf an vaterländischer Aufrüstung war nach Dienstschluss gedeckt. Und für Wirtshauspolitik hatte er noch nie was übriggehabt.

Er trank sein Bier aus, wartete endlos, bis er endlich zahlen konnte, und verließ das Lokal. Als er in den Gang hinaustrat, blieb er abrupt stehen.

Der Mann, der eilig an ihm vorbei die Treppe nach oben lief, war doch der Offizier, der sich im Neptun mit der Wirtin gestritten hatte? Er sah ihm nach. Dann ging er kurzentschlossen ebenfalls nach oben.

Die Veranstaltung hatte bereits begonnen. Durch die Tür sah man auf ein Rednerpult, wo ein weißbärtiger Mann, heftig gestikulierend und mit schnarrendem Organ, den Zuhörern eine schonungslose Einschätzung der Lage versprach. Da er statt einer Uniform einen dunklen Anzug trug, hätte man den Ex-General auch für einen harmlosen Dorfschullehrer halten können. Ein Eindruck jedoch, der sich bei seinen Worten schnell wieder verflüchtigte. Wie lange man denn noch warten wolle, rief er. »Wir sind von Feinden umzingelt! Jenseits des Rheins ein vergeltungssüchtiges Frankreich und jenseits der Oder ein eroberungswütiges Russland, das unsere friedliche Nation unterjochen will!«

Während der Redner weitertobte, dass nicht nur äußere, sondern auch innere Feinde das Vaterland bedrohten, sah sich Reitmeyer nach dem Offizier um. Der saß ganz vorn neben einem anderen Militär und klatschte frenetisch Beifall, als der Ex-General die Phalanx der Reichsfeinde aufzählte. Die Sozis und Pazifisten natürlich, aber auch Frauenrechtsverbände und eine entartete Kultur, alles wirke zusammen, um den gesunden Volkskörper zu schwächen und den Untergang Deutschlands herbeizuführen.

Als Reitmeyer sich umdrehte, blickte er in die Gesichter von zwei Mitgliedern der politischen Polizei, die sich nicht anmerken ließen, dass man sich vom Sehen kannte. Der Redner wetterte inzwischen gegen Schlaffheit, Indolenz und die Lorbeerhypnose, die sich nach dem Sieg über Frankreich im Siebzigerkrieg eingebürgert habe. Mit solchen Haltungen sei der kommende Waffengang, der Überlebenskrieg, nicht mehr zu gewinnen. Der Offizier sagte etwas zu seinem Nebenmann, worauf der zustimmend nickte. Sollte er sich später an die

Leute von der politischen Abteilung wenden? Ob sie die beiden kannten? Wahrscheinlich zwecklos. Sie verfolgten ihre eigenen Ziele, hielten sich für was Besseres, und schon gar nicht teilten sie ihre Erkenntnisse mit anderen Abteilungen.

An den »Politischen« vorbei schlenderte er in den Gang neben den Stuhlreihen, wo einige Männer standen, die begeistert applaudierten, als der Redner die Österreicher aufforderte, die Verschwörernester auf dem Balkan ein für alle Mal »auszuräuchern.« Einer der Begeisterten, ein jüngerer Mann mit Halbglatze und Spitzbart, drehte sich zu ihm um.

»Recht hat er!«, rief er.

Reitmeyer nickte. »Ja, ja. Ganz hervorragender Mann.«

»Sind Sie Mitglied?«

»Noch nicht ...«

»Dann wird's aber Zeit.« Der Mann lachte. »Übrigens, Rottenmüller. Zweiter Schriftführer.«

»Angenehm«, sagte Reitmeyer und ließ sich die Hand schütteln. »Sie haben ja einen ungeheuren Zulauf.« Er warf einen Blick durch den Saal. »Vor allem so viele Militärangehörige.« Er deutete auf den Offizier. »Da ist ja auch der Leutnant ... wie heißt er noch? Mein Neffe ist Fahnenjunker bei ihm.«

Der Mann folgte seinem Blick. »Ah, Sie meinen den Leutnant Kapfenbach vom Eisenbahnbataillon. Der ist schon von Anfang an bei uns dabei. Sehr aufrechte Gesinnung. Da hat Ihr Neffe aber Glück.«

»Ganz meine Meinung«, erwiderte Reitmeyer. Aber seine Worte gingen in tosendem Beifall unter, als der Ex-General warnte, dass nicht nur der Erbfeind Frankreich, das perfide Albion und die russische Dampfwalze das Vaterland bedrohten, sondern genauso die moralische Entartung, die sich dem Einfluss des Judentums verdanke.

Reitmeyer schob eine Entschuldigung vor und drängelte sich durch die rasende Menge. Er hatte genug von den geifernden Hetztiraden des preußischen Ex-Generals. Draußen schob er sein Rad eine Weile über den Gehsteig.

Es stimmte natürlich, was Sepp neulich bei der Soiree gesagt hatte. Dass bestimmte Verbände gewaltigen Druck machten, um die Regierung zu zwingen, einen aggressiveren Kurs einzuschlagen. Nicht wieder den Schwanz einzuziehen wie nach der letzten Marokkokrise. Und seit bei den Wahlen vor zwei Jahren die SPD als stärkste Partei im Reichstag abgeschnitten hatte, war das Geschrei der Rechten noch schlimmer geworden. Ob die Polizeioberen nicht letztlich das Anwachsen der Linken meinten, wenn sie von der wachsenden Flut des Verbrechertums redeten? Aber mit dem Frisieren von Statistiken wäre dagegen wohl kaum etwas auszurichten.

Bevor er wieder aufs Rad stieg, schrieb er sich den Namen des Offiziers auf. *Lt. Kapfenbach. Eisenbahnregiment.*

22

Mit düsterer Miene schoss der Oberinspektor an ihm vorbei, als Reitmeyer am nächsten Tag um kurz nach zwölf die Treppe hinunterlief. Nicht die geringste Bemerkung über den Wärmeeinbruch kam über seine Lippen, obwohl der plötzliche Witterungswechsel selbst Reitmeyer nicht normal vorkam. Aber warum sollte Klotz bei jemandem gut Wetter machen, der ihn seiner Meinung nach so gnadenlos ausmanövriert hatte?

Steiger kam hinter ihm die Treppe herunter. »Jetzt grüßt der auch mich nicht mehr«, sagte er kopfschüttelnd und sah dem Oberinspektor nach.

Reitmeyer machte eine bedauernde Geste. »Tja, das wird sich so schnell nicht einrenken.« Er öffnete die Tür und ging zu seinem Rad. »Ich statte jetzt dieser Kartendame mal einen Besuch ab. Doch merkwürdig, dass sich ein Hochstapler und

Gentleman-Betrüger wie der Bürgel, der sich in Nobelhotels herumtreibt, mit einer Prostituierten aus einem Arbeiterviertel einlässt? Die Dame will ich mir mal ansehen.«

»Wenn sie dich überhaupt reinlässt.« Steiger lachte. »Polizisten werden da droben in Haidhausen nicht grad mit offenen Armen empfangen.«

In dem Haus in der Sedanstraße fand er kein Klingelschild, und so tappte er durch den dunklen Hausflur und erfuhr erst von einer mürrischen alten Frau, die aus dem Keller heraufschlurfte, dass die Zipf im Erdgeschoß im Hinterhaus wohnte. Er ging über den Hof und klopfte an die Tür.

»Wer ist da?«, rief eine weibliche Stimme.

»Reitmeyer, Kriminalpolizei. Ich bin nicht von der Sitte«, fügte er hinzu. Die Tür ging einen Spalt breit auf. »Fräulein Zipf? Ich möchte bloß eine Auskunft.« Eine junge Frau in einer Art Nachthemd mit einem Schal um die Schultern sah ihn abweisend an.

»Um was geht's?« Auf seine Bitte, einen Moment eintreten zu dürfen, schüttelte sie den Kopf.

»Wohnt ein Jakob Bürgel bei Ihnen?«

»Jakob wie? Kenn ich nicht.«

»Es gab aber eine Anzeige vom Münchner-Kindl-Keller.«

»Das war ein Missverständnis. Die hams zurückgezogen.«

»Aber Sie kannten den Herrn?«

»Na, hab mich bloß unterhalten mit ihm.«

»Und wie kam es dann zu der Anzeige wegen Zech –«

»Was weiß ich?«, unterbrach sie ihn ungeduldig. »Der hat später ja bezahlt.«

»Wohnen Sie allein hier?« Sie drückte die Tür weiter zu. »Wen geht das was an!«, antwortete sie schnippisch, bevor sie die Tür ganz zumachte.

Da stand er und starrte aufs Türblatt. Er hätte ein Foto von Bürgel mitnehmen und die Nachbarn fragen sollen, ob sie den

Herrn im Haus gesehen hätten. Jetzt müsste er noch einmal herkommen. Auffällig war bloß, dass es im Zusammenhang mit diesem Menschen wieder zu einem »Missverständnis« gekommen war. Als er durch den Hof ging, kam ihm eine Frau mit einem kleinen Buben an der Hand entgegen.

»Entschuldigen Sie«, sagte er. »Wohnen Sie hier?«

Sie nickte.

»Kennen Sie ein Fräulein Zipf?«

Die Frau sah ihn erschrocken an. »Naa«, erwiderte sie und zog das Kind weiter. »naa, die kenn ich nicht.«

Reitmeyer sah ihr nach, während sie wie gehetzt im Hauseingang verschwand. Wovor hatte sie Angst?

»Hast du uns angemeldet bei Kommissär Sänger?«

»Ihn selber hab ich nicht gesprochen. Aber er ist da«, antwortete Steiger. »Wir können gleich rübergehen.«

Als Steiger kurz darauf an Sängers Tür klopfte, wich er erschrocken zurück, da sie im selben Moment von innen aufgerissen wurde. Eine Frau in elegantem Kostüm mit einem blauen Samtbarett auf dem Kopf kam herausgeschossen, rauschte an den beiden Kriminalern vorbei und verschwand mit laut klappernden, wütend klingenden Schritten den Gang hinunter.

Reitmeyer schüttelte den Kopf und blickte konsterniert auf Kommissär Sänger, der äußerst aufgebracht die Hände hochwarf, bevor er erregt seinen Schnurrbart zwirbelte. Ungewöhnlich für seinen Kollegen. Der große, ansehnliche Mann mit dem welligen Blondhaar galt gemeinhin als die Ruhe selbst.

»Wir wollten nicht stören ...«, sagte Reitmeyer.

»Nein, nein«, erwiderte Sänger rasch und bat sie mit einer Geste, einzutreten. »Das war nur«, er schloss die Tür hinter ihnen, »ein sehr unangenehmer Zwischenfall.«

Steiger und Reitmeyer setzten sich auf die angebotenen Stühle, während Sänger, immer noch zu aufgewühlt, um Platz zu nehmen, vor seinem Schreibtisch auf und ab ging. »Das war die Schriftführerin von einem Frauenrechtsverein. Die sich beschwert hat.«

Sie sahen den Sittensänger fragend an. Es dauerte eine Weile, bis der sich so weit beruhigt hatte, um ihnen in etwas abgehackter Form zu erklären, dass eine Frau Dr. Büttner, »eine Juristin!«, am Bahnhof verhaftet worden war. Versehentlich, wohlgemerkt. Was der »hinterfotzigen Person« aber nur recht gewesen sei, weil sie den Vorfall weidlich auszuschlachten gedenke. In ihrer Zeitschrift, dem »Schmierblatt, dem infamen«. Wo sie ständig auf die Polizeiorgane eindresche, die angeblich unbescholtene Frauen belästigten und gleich der Prostitution bezichtigten, sobald sie allein unterwegs waren.

Sänger ließ sich auf seinen Stuhl fallen und sah die Kriminaler mit düsterer Miene an. »Und nach dem Versehen stellt man uns wieder als Volltrottel hin.« Mit den Händen zog er eine Linie wie eine Zeile durch die Luft. »*Münchner Polizei verhaftet Suffragette als Bordsteinschwalbe*. Eine Witzzeichnung im Simplizissimus ist uns garantiert.«

Steiger verzog es das Gesicht. Er sah schnell zu Reitmeyer hinüber, der seinen Blick aber nicht erwiderte, sondern die Augen starr zu Boden gerichtet hielt.

»Ja, lachen S' nur!«, rief Sänger. »Sie haben ja keine Ahnung, nicht den geringsten Schimmer, in welchem Saustall wir unsere Arbeit tun müssen!«

Reitmeyer setzte sich auf. »Hören Sie, wir wollten keinesfalls –«

»Ach was!«, rief Sänger. »Es ist ja wahr. Ständig gibt's neue Bestimmungen, aber die denken doch wir uns nicht aus! Das kommt doch alles von oben! Und ständig läuft irgendwer Sturm gegen irgendwas! Wir sollen nicht im Privatleben der Bürger rumschnüffeln, heißt's auf der einen Seite. Andere rufen nach schärferen Kontrollen. Aber Bordelle, wo man das machen könnte, werden auch abgelehnt. Prostituierte sollen überhaupt nicht mehr kontrolliert werden, und wenn, dann auch die Freier, schreien die Frauenrechtlerinnen. Und dann zetern wieder irgendwelche Sittlichkeitsvereine, wir seien schuld, wenn die ganze Moral verkommt und alles in Sumpf und Morast versinkt! Manchmal möcht man am liebsten alles ...«

»Also in der Hinsicht«, erwiderte Reitmeyer vorsichtig, »versteh ich Sie sehr gut, Herr Kollege.« Er beugte sich vor und sah den Sittensänger an, der sich zwar äußerlich beruhigt hatte, aber immer noch aussah, als könnte die geringste Kleinigkeit das Fass erneut zum Überlaufen bringen.

»Entschuldigen Sie, wir hätten uns vielleicht anmelden sollen«, fuhr Reitmeyer fort, »aber eigentlich ginge es bloß um ein paar Fragen.«

»Ja, ja, sicher, schon gut, schon gut«, antwortete Sänger etwas versöhnlicher. »Worum geht's denn?«

»Wir haben schon erfahren, dass Sie im Hotel Regina nicht ermitteln. Aber wir hätten gern gewusst, ob es von Ihrer Seite nicht vielleicht doch Erkenntnisse gibt.«

Als hätte jemand mit einem Schlag die Temperatur unter dem Kochtopf seiner leise brodelnden Emotionen erhöht, fuhr Sänger hoch, riss die Seitentür seines Schreibtischs auf und zog eine Akte heraus, die er auf den Tisch knallte. »Was sag ich denn die ganze Zeit? Wir sitzen wieder zwischen allen Stühlen! Nicht bloß Erkenntnisse!«, rief er erregt. »Sogar Beweise haben wir hier!«

Reitmeyer wich etwas zurück.

»Aber verwenden dürfen wir das Material nicht! Auf höchste Anweisung!«

»Vom Präsidenten?«

Sänger schnaubte. »Vom Präsidenten. Vom Innenministerium. Vom Kriegsministerium. Suchen Sie sich's aus! Kein Wort nach draußen, hat's geheißen. Nicht mal intern darf ich Ihnen was sagen!«

»Ja, aber –«

»Nix aber. Bloß denken dürfen Sie sich Ihren Teil. Palast-Hotel, Bade-und Massagebetrieb, reiche ältere Herren, jüngere Offiziere ... und wie bei allen großen Hotels das Heer der kleineren Ganoven, die ihren Reibach machen wollen, sich vor den Toren der vornehmen Etablissements als ›Fremdenführer‹ andienen, bei Interesse mit aufs Zimmer gehen, und die betuchten Gäste anschließend nach Strich und Faden ausnehmen oder erpressen. Aber was erzähl ich Ihnen da, Reitmeyer. Das wissen Sie doch selber.«

»Schon«, antwortete Reitmeyer zögernd, um Sänger nicht zu unterbrechen, der in seinem Furor vielleicht mit mehr herausrückte, als er eigentlich durfte.

»Bei der Vernehmung des Personals ... Sie wissen sicher von dem Todesfall des Masseurs«, sagte Steiger, »hat sich ein Herr so eingehend nach der Badeabteilung erkundigt, dass der Barkellner meinte, er sei von der Polizei.«

Sänger zog die Augenbrauen hoch. »Von uns war der nicht.«

»Haben Sie vielleicht eine Vermutung, um wen es sich gehandelt haben könnte?«, fragte Reitmeyer.

»Tja, vielleicht aus irgendeinem Ministerium?« Er beugte sich vor und fügte mit gesenkter Stimme hinzu: »Das muss natürlich unter uns bleiben, aber im Regina handelt es sich um einen Sonderfall. Der Zirkel hochgestellter Persönlichkeiten, die sich dort zu ...«

»... geselligem Zusammensein ...«

Ein maliziöses Lächeln strich über Sängers Gesicht. »... der sich dort zu geselligem Zusammensein trifft, ist schon ungewöhnlich. Deswegen auch der Maulkorb für uns. Wir verfügen über Aussagen von zwei Subjekten, die eine ziemliche Sprengkraft entwickeln könnten, wenn sie ans Licht kämen. Sie verstehen, angesehene Persönlichkeiten, Vertreter hoher militärischer Ämter, Geheimnisträger.«

»Meinen Sie denn ...?«, fragte Steiger erschrocken.

»Ich meine gar nichts«, erwiderte Sänger und hob abwehrend die Hände.

»Ist der Masseur aus dem Regina in dieser Hinsicht bei Ihnen aktenkundig? Als Erpresser?«, fragte Reitmeyer.

Sänger zuckte die Achseln. »Ich hab Ihnen schon zu viel gesagt«, fügte er hinzu und klopfte auf die Akte vor sich. »Ich würde Ihnen ja gern helfen, aber nach Lage der Dinge ...« Er machte eine bedauernde Geste.

Es klopfte. Jemand steckte den Kopf durch die Tür. »Herr Kommissär? Hätten Sie einen Moment?« Sänger stand auf und schob die Akte eine Spur näher zu Reitmeyer hinüber. »Entschuldigen Sie«, sagte er und blickte noch einmal bedeutungsvoll auf die Papiere, bevor er hinausging. Reitmeyer warf Steiger einen schnellen Blick zu, dann zog er die Akte zu sich und blätterte sie rasch durch. In der Eile hielt er nur nach Namen Ausschau. *Von Schmödel, von Rüdesheim*, las er ein paar Mal. Und einmal *Dohmberg*. Die Tür ging wieder auf. Er klappte die Akte zu und schob sie wieder über den Tisch. Sänger kam mit forschem Schritt herein.

»Was ich noch sagen wollte, Kollegen, falls Sie bei Ihren Ermittlungen selbst auf etwas stoßen«, mit einem verhaltenen Lächeln rückte er die Akte gerade, nachdem er Platz genommen hatte, »... und wenn Sie dazu, sagen wir mal, eine Interpretation brauchen, stehe ich Ihnen gern zur Verfügung.«

Reitmeyer und Steiger erhoben sich und dankten dem Kollegen.

»Darauf kommen wir sicher zurück. Und hören können wir Sie ja auch bald schon wieder, wie ich der Einladung dort entnehme.« Reitmeyer deutete auf das Plakat auf der Rückwand der Tür, wo eine Feier zur Verabschiedung eines verdienten Kollegen annonciert wurde.

Sänger strahlte mit einem Mal übers ganze Gesicht. »Ja, das würde mich sehr freuen, wenn Sie auch kämen. Sie, als ausgewiesener Musikfachmann!« Er schüttelte ihm herzlich die Hand.

Auf dem Weg in sein Büro überlegte Reitmeyer, dass er diesmal zur Aufführung des Polizeichors wohl unbedingt hingehen würde. Allerdings weniger wegen des Kunstgenusses, sondern eher, weil er darauf hoffte, dass der Leiter der Sitte in lockerer Atmosphäre noch einiges mehr singen würde, als bloß das *Ännchen von Tharau*.

»Bei der Auswertung«, sagte Reitmeyer und deutete auf den Karton mit den Sachen des Masseurs, »kann dir doch der Rattler helfen. Wo ist der überhaupt?«

»In der Registratur«, sagte Brunner. »Da ist er heut ganz freiwillig hin.«

Steiger blickte auf. »Freiwillig?«

»Ja, aber jetzt brauchen wir ihn hier«, sagte Reitmeyer ärgerlich. »Und geben Sie ihm den Zettel hier. Er soll mir zu dem Namen die Adresse raussuchen.« Ihn beschäftigte noch das Gespräch mit dem Sittensänger und die fast schon subversive Art, wie der ihm Einblick in die Akte ermöglicht hatte.

Die Ministerien hatten alles an sich gerissen, und er konnte nur blind herumstochern. Aber genau so war es offensichtlich gewollt. Er sollte ermitteln, damit man nach außen hin – der Presse gegenüber – nicht angreifbar wäre. Wirklich rauskriegen würde er nichts. Bei dem Gedanken an die Presse fiel ihm plötzlich Sepp ein. Der arbeitete doch mit diesem Linksblatt zusammen. Und dessen Chefredakteur stand im Ruf, über die verschiedensten geheimen Kanäle zu verfügen. Vor allem könnte er noch mal versuchen, etwas über Lukas' Beziehung zu Rager herauszufinden.

Es klopfte. Rattler trat ein. »Da hätt ich die Adresse. Tengstraße 24.«

»Das ging aber schnell«, sagte Reitmeyer verblüfft.

»War kein Problem. Ich hab beim Eisenbahnbataillon angerufen und gesagt, dass ich vom Schneideratelier Bruckmüller bin. Der Anzug für den Herrn Leutnant wär fertig. Wir hätten aber bloß eine Telefonnummer und wüssten nicht, wohin wir liefern sollen.«

Steiger grinste. »Also unser Rattler!« Er nahm einen Umschlag vom Tisch. »Ach übrigens, ich lass jetzt die Wertsachen und das Geld einschließen«, sagte er.

Als sich die Tür hinter ihm und Rattler geschlossen hatte, griff Reitmeyer zum Hörer und ließ sich mit der Kanzlei von Sepp verbinden.

23

Ein übler Schwaden aus verbrauchter Luft und dichtem Zigarettenqualm schlug dem Kommissär entgegen, als er die Tür des Lokals öffnete und fast wieder die Stufen hinuntergestolpert wäre, weil im selben Moment einige ausgelassene Gäste nach draußen drängten. Künstler mit langen und Malweiber mit kurzen Haaren, alle in formlosen, kittelartigen Gewändern, was ihn einen Moment innehalten ließ. Vielleicht war er doch eine Spur zu korrekt gekleidet für die Kneipe. Bei Sepp würde derlei nicht ins Gewicht fallen, der war ihr Anwalt, auf ihrer Seite, aber die Polizei war hier nicht gern gesehen. Hoffentlich kannte ihn niemand. Die Klientel war für ihren beißenden Spott bekannt.

Aber seit wann verkehrte Sepp überhaupt im Café Stephanie, einem ausgewiesenen Stammlokal für verkrachte Dichter, Anarchisten, Revoluzzer und Jünglinge aus diversen Donaumonarchien, auf die meist alle drei Bezeichnungen gleichzeitig zutrafen? »Nicht zum Zeitvertreib!«, meinte seine Sekretärin, als Reitmeyer am Nachmittag angerufen hatte, um einen Termin für ein Treffen zu vereinbaren. Er habe eine Mandantschaft dort. Der Besitzer des Cafés wolle sich informieren, was man gegen die ständigen Strafen wegen Sperrstundenverletzung unternehmen könnte.

»Rechtzeitig zusperren?«, hatte er vorgeschlagen und der Sekretärin so ein Lachen entlockt. Er wusste, dass es hier um ein hoch politisches Thema ging, das gerade auf breiter Front diskutiert wurde. Sein Präsident, der sich aus strategischen Gründen an die Seite des katholischen Zentrums, aller Betschwestern, Tugendwächter und Sittlichkeitsverbände gestellt hatte, wollte keine Nachtkonzessionen erteilen, da München trotz seiner über 600000 Einwohner keine Großstadt sei. Dafür wurde er von der liberalen und linken Presse gehörig unter Beschuss genommen. Und Sepp ließ es sich nicht entgehen, die Eingaben verschiedener Gastwirte juristisch zu unterstützen.

Nachdem die Schar lärmend an ihm vorbeigezogen war, trat Reitmeyer in die Gaststube und musste an den dicht besetzten Tischen nicht lange Ausschau halten. Gleich hinten, an einem langen Tisch neben dem Ofen, entdeckte er Sepp in Gesellschaft von zwei vollbärtigen Männern. Einer der beiden redete heftig gestikulierend auf ihn ein, was den Anwalt nicht sonderlich zu beeindrucken schien, denn er wandte sich ab und nahm, leicht schäkernd, mit einer Frau am Nebentisch Kontakt auf. Als er sich wieder umdrehte, sah er ihn, erhob sich und winkte ihm zu.

»Mann, Sebastian! Du hier? Im Zentrum der Weltrevolution!«

»Ich wollt mir bloß anschauen, wie sich ein SPDler mit dem Anarchismus versöhnt«, antwortete er und ergriff die ausgestreckte Hand.

»Da kannst lang warten«, warf einer der Vollbärtigen ein.

»Ja, so weit sind wir noch nicht«, sagte Sepp. »Im Moment bringen wir bloß unsere vereinten Truppen gegen die Trutzburg in der Ettstraße in Stellung.«

»Keine Großstadt!«, stieß einer der Vollbärtigen verächtlich hervor »Dieser Präsidentenarsch ist es doch, der alles tut, damit München ein Kuhdorf bleibt! Aber die Melodie, die er uns aufspielt, wird nicht in der Ettstraße gepfiffen. Sondern höheren Orts!«

»Deshalb müssen sie ja ständig ihr Existenzrecht beweisen«, erwiderte sein Gegenüber. »Bei der Verfolgung von Diebstahl und Verbrechen gelingt es ihnen ja selten, ihre Unersetzlichkeit zu beweisen. Da ist es schon leichter, im Fasching Kriminaler abzuordnen, um die Beine der Damen zu beäugen, damit sie nicht zu eng mit denen der Herrn in Berührung kommen.«

»Jetzt sollen sogar Polizeihunde ausgebildet werden, die gleich anschlagen, wenn die Röcke unserer Mitbürgerinnen die Knie nicht züchtig genug bedecken.« Gelächter am Nebentisch.

Reitmeyer sah Sepp etwas zweifelnd an. »Deine Sekretärin hat mir verraten, wo ich dich finden kann. Ich hätt dich gern kurz gesprochen, wenn's dir möglich wäre?«

»Ja, sicher. Kein Problem. Ich hab allerdings noch zu tun hier. Wie wär's in zirka zwei Stunden? In der Redaktion?«

Im Hinausgehen überlegte Reitmeyer, dass er die Zeit nutzen konnte, um nochmals schnell nach Haidhausen zu fahren. Er brauchte bloß aus dem Büro ein Foto von Bürgel zu holen und damit einen kleinen Rundgang durch die Nachbarschaft der Regina Zipf zu machen. Abends waren ohnehin mehr Leute zu Hause als tagsüber.

Allerdings war das »Franzosenviertel«, dessen Straßen nach den Orten siegreicher Schlachten im Siebzigerkrieg benannt waren, nicht gerade für seine Obrigkeitsliebe bekannt. Hier lebten dicht gedrängt Arbeiter in Mietshäusern, und Polizisten durften nicht mit auskunftsfreudigen Bewohnern rechnen. »Nein, kenn ich nicht, hab ich nie gesehen«, hieß es also immer, wenn er irgendwo klopfte. Ob das stimmte oder ob man ihm bloß nichts sagen wollte, war schwer zu entscheiden.

Als er durch die Einfahrt wieder auf die Straße hinausging, schob jemand hinter ihm sein Fahrrad heraus. Er drehte sich um. Den jungen Mann kannte er doch! »Ferdl?«, rief er und blieb stehen. Der Junge zuckte zusammen. »Du bist doch der Freund vom Korbinian Rattler? Wohnst du hier?«

»Na«, antwortete der Junge erschrocken. »Ich ... ich helf da bloß manchmal aus.« Er deutete auf ein Fotogeschäft im Vorderhaus.

»Das ist aber nicht das Atelier, wo die Bilder her sind, die du uns gegeben hast?«

Er schüttelte den Kopf. »Die waren aus dem Atelier hinter dem Marienplatz. Wo ich regulär angestellt bin.«

»Hat dein Chef nicht bemerkt, dass du die Fotos kurz ausgeliehen hast?«

»Na ... nix.«

»Übrigens, danke noch mal. Du hast uns sehr geholfen. Der Korbinian hat schon gesagt, dass auf dich unbedingter Verlass ist. Er hält große Stücke auf dich.«

»Ja, er ist halt mein Freund, und wir machen viel miteinander.«

Reitmeyer trat einen Schritt näher. »Und? Bist du auch so kriminalistisch interessiert?«

Der Junge stellte einen Fuß aufs Pedal und sah sich um, als würde er verfolgt. »Naa .. ich ... ich bin Laborant.« Er stieg aufs Rad.

»Ferdl, wenn du es eilig hast, will ich dich nicht aufhalten.«

Der Junge nickte. Dann fuhr er wie gehetzt davon.

Reitmeyer ging den dämmrigen Flur in der *Arbeiterpost* entlang. Nur eine Tür stand offen, aus der ein heller Lichtkegel nach draußen fiel. In einem großen Büro mit mehreren Tischen, darüber Lampen an langen Schnüren, saß ein Mann in Hemdsärmeln, den Telefonhörer ans Ohr gedrückt. »Ja, ja ... hab ich«, sagte er, ohne aufzublicken. »Aber noch mal den Schluss.«

Reitmeyer machte sich nicht bemerkbar. Als Vertreter der

Staatsmacht in der Redaktion des Linksblatts fühlte er sich ohnehin etwas beklommen, falls ihn jemand fragte, würde er sich als »Freund von Dr. Leitner« ausgeben, mit dem er hier verabredet sei. Seinen Namen würde er nicht nennen.

Leise ging er ein Stück weiter den Gang hinunter und blieb vor einem großen Bild des »Arbeiterkaisers« August Bebel stehen. *Treu übers Grab hinaus, des Volkes bestem Sohne, gedenken dein der Arbeiter Bataillone* stand in verschnörkelten Lettern darunter. Er horchte. Sollte er doch irgendwo klopfen? Im selben Moment ging eine Tür auf, und Sepp winkte ihn zu sich. Schnell trat er in dessen Büro.

»Du arbeitest noch?«, fragte er, während Sepp ihm einen Stuhl anbot. Gleichzeitig warf er einen Blick auf die eingespannte Seite in der Schreibmaschine: *Droht ein dritter Balkankrieg?*

»Und?«, fragte Reitmeyer. »Droht einer?«

»Tja …« Sepp setzte sich. »Ziemlich sicher sogar. Mich würd's wundern, wenn die Österreicher das Attentat nicht als Anlass nutzten, mit dem großserbischen Nationalismus abzurechnen. Die Frage ist, ob das ein Lokalkonflikt bleibt. Oder ob gewisse Teile unseres Militärs ebenfalls einen Anlass zum Losschlagen daraus konstruieren. Bevor die Russen so stark sind, dass wir sie angeblich nie mehr schlagen können. Du kennst die Propaganda, aber deswegen wolltest du mich wahrscheinlich nicht sprechen. Stimmt's?«

»Nein, eher wegen –«

»Wegen dem Artikel in unserem Blatt. Über die feinen Luxushotels in der Stadt.« Er lachte. »Und du liegst auch nicht falsch mit deiner Annahme, dass unsere Zeitung schon seit längerer Zeit über gewisse Vorgänge im Regina Bescheid weiß. Der Artikel war tatsächlich als kleiner Stich ins Wespennest gedacht.«

»Um was zu erreichen?«

»Ja, bestimmt nicht, um ins gleiche Rohr zu posaunen wie

diese ganzen Sittenwächter, die den Untergang der treudeutschen Kultur beklagen. Wir sind nach wie vor für eine Abschaffung des Paragrafen 175. Unsere Partei war immer gegen eine Kriminalisierung von Homosexuellen. Aber wenn die Moralapostel uns schon so eine Vorlage liefern, wären wir doch blöd ...«

»... das nicht als Druckmittel zu benutzen?«

»Möglicherweise«, räumte Sepp mit einem feinen Lächeln ein, »wäre ich nicht furchtbar traurig, wenn ein paar dieser Offiziersschnösel und Weltreichsphantasten ihren Abschied nehmen müssten, und ein paar Kunstmaler ihre einflussreichen Sitze in diversen Kommissionen verlieren würden.«

»Kunstmaler?«

»Ah, daher weht der Wind! Deshalb hast du mich neulich im Seehaus nach dem Rager gefragt.«

»Ich kann dir leider ...«

»Ja, ich kapier's. Ihr ermittelt in die Richtung. Aber ich kann dir nur noch mal sagen, dass der Lukas nichts mit dem Rager zu tun hat. Noch nie gehabt hat. Im Gegensatz zu ... seinem Bruder.«

»Was sagst du? Nicht Lukas, sondern Franz?«

»Der hat bei dem Rager Zeichenunterricht gehabt. Früher, als Bub, bis er fünfzehn war oder so. Der berühmte Maler war ja ein enger Freund der Familie. Aber irgendwann hat der alte Dohmberg den Kontakt abgebrochen, und Franz durfte auch nicht mehr zu ihm hin.«

»Und der Lukas?«

»Hat mir öfter erzählt, dass der Rager, der alte Depp, total verschossen in ihn gewesen sei. Wenn auch ziemlich aussichtslos.« Sepp grinste. »Lukas war immer schon ein ausgewiesener Weiberheld.«

»Und weiter?«

»Der alte Dohmberg hat dem Rager vorgeworfen, dass er für das mangelnde Interesse von Franz am weiblichen Geschlecht verantwortlich sei. Davon hat er sich nicht abbringen lassen, ganz egal, was ihm die Caroline aus neuester ärztlicher Sicht beibringen wollte. Da wird nämlich stark bezweifelt, dass man jemand einfach umbiegen kann.«

»Die Caroline weiß davon?«, fragte Reitmeyer irritiert. Sie hatte ihm doch nicht widersprochen, als er annahm, das Silberetui habe Lukas gehört. Hatte sie ihn etwa ganz gezielt auf eine falsche Fährte locken wollen?

»Caroline? Die ganze Familie. Seit Jahren. Die Baroness winkt natürlich bloß ab, das seien eben ›boys‹. Offensichtlich ist sie der Meinung, dass sich so was schon auswächst. Aber der alte Dohmberg kann die Sache nicht so hinnehmen, auch weil immer die Gefahr eines vernichtenden Skandals besteht.«

»Und unternimmt er etwas dagegen?«

»Schwer zu sagen. Was soll er machen? Wahrscheinlich sperrt er ihm das Geld. An sein eigenes Erbe kommt Franz noch nicht ran. Aber so richtig Geld hat auch der alte Dohmberg nicht, weil das Vermögen seiner Frau und den Kindern gehört. Das hat sein Schwiegervater, der alte Baronet, so gedeichselt. Möglicherweise hat er sich in seiner Not an bestimmten Machenschaften verschiedener Ministerien beteiligt, die zumindest einen drohenden Skandal verhindern wollen.«

»Womit wir wieder bei deiner Zeitung wären?«

»Nicht bloß bei meiner oder überhaupt einer Zeitung! Jeder stellt doch Vermutungen an. Was denkt man sich, wenn ein Masseur im Badebecken ertrinkt? Ein Unfall? Möglich. Aber ebenso könnte sich jemand eines unliebsamen Liebhabers, Mitwissers oder eines Erpressers entledigt haben. Und ausgerechnet in einem Hotel, das für seine ›geselligen Runden‹ unter Herrn mit bestimmten Neigungen bekannt ist. Das weißt du genauso gut wie ich, wenn nicht besser.«

»Ich hab's dir schon gesagt, Sepp. Ich kann dir wirklich –«

»Ach, Sebastian, begreifst du denn nicht? Du musst mir gar nichts erzählen. Das kann sich jeder an fünf Fingern abzählen. Eine grandiose Vertuschungsaktion läuft da. Wie ich die Intriganten aus den Ministerien kenne, haben sie in diese abendlichen Kreise längst Informanten eingeschleust, die ihnen berichten, und notfalls werden besonders renitente Subjekte versetzt oder sonst irgendwie aus dem Verkehr gezogen. Und dich –«

»Ja, Sepp. Sag's mir, was ist meine Rolle in dem Spiel?«

»Dich, Sebastian, brauchen sie als Feigenblatt.«

AUFZEICHNUNGEN EINES OFFIZIERS

8. JULI 1914

Auftragsgemäß das Gesindel am Stachus beobachtet. Höchst widerwärtig. Aber Material bei einem Subjekt erworben. Sehr interessant! Ob die herrschaftlichen von Dohmbergs wissen, was für Fotos kursieren?

Franz, die Goldschnittseele! Er leidet ja so sehr. Weil sein innig Geliebter, die Kellner-Kanaille, die ihn nach Strich und Faden beschissen hat, nicht mehr unter den Lebenden weilt. Doch seine Leiden könnten noch viel schmerzlicher werden. Zum passenden Zeitpunkt!

Wenige Tage vor den Feierlichkeiten zum Hundertjährigen des Leibregiments. Wo der fesche Herr Leutnant vor König und Würdenträgern paradieren will. In der Uniform von 1814. Lächerlich.

Hatte mich im Casino an einen Tisch gesetzt, wo ein Major, ein putziges Männlein aus dem vorigen Jahrhundert, Cercle hielt. Mit feuchten Augen erinnerte er sich an Zeiten, als die Truppe tagtäglich mit Lanzen und Fahnen, mit Wimpeln und klingendem Spiel, von der Isarkaserne aufs Oberwiesenfeld zog. Jeden Tag Sonntagsstimmung, jeden Tag Festtagslaune mit Hüte schwenkenden Männern, winkenden Ladenmädchen und jauchzenden Kindern. Und, wie lebte es sich in der Idylle, wollte ich fragen. Wahrscheinlich nicht schlecht, wenn die Familie monatlich Zuschuss lieferte. Zweihundert Mark mussten es schon sein. Mein Sold ist nicht mehr, als ein Arbeiterhaushalt hat. Aber ich muss tadellos auftreten, darf meinem Regiment keine Schande machen. Wie gelingt mir das? Mittels Schulden bei einem jüdischen Wucherer, weil mir die Banken nichts geben. Davon weiß der feine Herr Major natürlich nichts.

24

Das Gebüsch gegenüber dem Hintereingang des Regina war ein idealer Observierungsposten: Er hatte freie Sicht, ihn selbst sah keiner. Seit etwa zwei Stunden beobachtete er das Kommen und Gehen auf der anderen Straßenseite und hatte bereits ziemlich genaue Vorstellungen davon, wie der Betrieb im Bauch der Nobelherberge funktionierte. Jetzt am Abend wurde nicht geliefert, sondern abgeholt. Deshalb das Brauereifuhrwerk. Drei stämmige Kerle in verschwitzten Hemden balancierten auf ihren Schultern Kisten mit Leergut, die sie klirrend auf der Ladefläche stapelten. Daneben ein weiteres Fuhrwerk, das Müll und Abfall abtransportierte. Dazu gehörten vier Leute, ein älterer Mann und drei jüngere, fast Halbwüchsige noch. Den dreien würde er sich anschließen, wenn sie wieder reingingen. Und die Bierfahrer fort wären.

Und wie es hinter der Tür weiterging, hatte ihm Steiger in einer seltenen, einmal nicht mürrisch abweisenden Anwandlung erklärt. Es hatte ihm gefallen, dem staunenden Polizeischüler die weniger glitzernden Seiten des Palasthotels zu schildern und sich mit ein paar eingestreuten Bemerkungen, »ja, echt«, »davon hat unsereins ja keinen Schimmer«, zu immer detailgenaueren Beschreibungen hinreißen zu lassen. Jedenfalls hatte er sich alles gemerkt. Sein Gedächtnis war exzellent. Er trainierte auch jeden Tag. Prägte sich ein Bild ein, das er dann nach der Erinnerung zeichnete, und die Abstände zwischen Einprägen und Zeichnen konnte er inzwischen schon auf mehrere Stunden ausdehnen, ohne ein Detail zu vergessen.

Als er sich Steiger gegenüber erkenntlich zeigen wollte, indem er ihm von den neuesten Errungenschaften französischer Kriminalisten berichtete, fiel der leider wieder in seinen alten Modus zurück. »Kinematografische Beobachtung von Verbrechern? So ein Schmarrn!«, schrie er, und es half auch nichts, als er ihm beizubringen versuchte, dass hier die Zukunft der Polizeiarbeit liege und solche Aufnahmen irgendwann ganz selbstverständlich sein würden. Steiger reagierte wie üblich und schmiss ihn raus. Aber so war seine Lehrstelle, nichts für eigenständige Denker. Damit kam man nicht weiter in der Ettstraße. Dumpfe Kommissköpfe allenthalben. Aber was Wunder, wenn sich die Polizei hauptsächlich aus ehemaligen Militärs rekrutierte, und zwar aus den Rängen, wo die Hand für alle Zeiten an der Hosennaht festgeklebt war.

Anfangs hatte er sich noch die Mühe gemacht, über jeden seiner Vorgesetzten ein Dossier anzulegen, weil er seine Menschenkenntnis schulen und durch immer genauere Beobachtung verfeinern wollte, aber das hatte er bald aufgegeben. Seiner anfänglichen Einschätzung – auf einer Skala von 1-10 ausgedrückt – war nichts hinzuzufügen:

Steiger:	Intelligenz: 3	Interessen: Feierabend
Klotz:	Intelligenz: 0,25	Interessen: Operette
Brunner:	Intelligenz: 0	Interessen: 0

Reitmeyer war natürlich der Ausreißer in dem Schema. Dessen Intelligenz schätzte er auf mindestens 7, und damit war er sicher zu schlau für den Betrieb. Leider scheute er Auseinandersetzungen. Aber bei aller falschen Nachgiebigkeit, vor allem dem Arschloch Brunner gegenüber, hätte er sich doch etwas anderes erwartet von ihm. Wenigstens einen halbwegs klaren Einspruch bei den Beschimpfungen des alten, hinterfotzigen Trottels. Aber das war noch nicht alles. Neuerdings verhinderte er sogar ordentliche Ermittlungsarbeit! Warum?! Den Sturköpfen in der Abteilung war das egal, oder es fiel ihnen gar nicht auf. Zum Beispiel, was es mit dem Silberetui des Opfers an der Ludwigsbrücke auf sich hatte. Oder wer der Leiber war, der bei den Eltern des Kellners aufgetaucht war. Neugebauer und der Masseur kannten sich. Wenn nun auch einer der Offiziere auf dem Foto mit den beiden zu tun hatte?

Er würde es rauskriegen. Das wäre doch gelacht! Und wenn er seinem Kommissär die lückenlosen Beweise vorlegte, bliebe dem die Spucke weg! Er würde ihnen schon zeigen, wie man nach modernen Richtlinien ermittelte. Auch was die Herkunft der Bilder von diesem Bürgel anbelangte, die seine Vorgesetzten vor ihm verbergen wollten. Er hatte die Akte später natürlich gefilzt. Und ein Fachmann, der Ferdl, ein strenger Logiker wie er selbst, der in einem Atelier aushalf, wo es zumindest Andeutungen von zwielichtigen Machenschaften gab, konnte wertvolle Spuren auftun.

Jetzt! Das Bierfuhrwerk setzte sich mit klirrender Ladung in Bewegung. Aber die Burschen von dem Mülltransporter standen auf dem Wagen und räumten herum, um Platz für neue Säcke zu machen. Er musste noch warten.

Was die Durchsuchung in der Tulbeckstraße betraf, war er mit seiner Methode der logischen Folgerung ziemlich schnell zu einem Schluss gekommen: Der Masseur bewahrte seine wirklich wichtigen Sachen nicht in der Wohnung auf. Das wäre viel zu gefährlich gewesen. Seine Hypothese: Der hatte sein Versteck anderswo. Bestimmt nicht unter der Bodendiele an der Tür. Und den Karton mit den 300 Mark und der goldenen Uhr hatte er bloß nicht mehr wegschaffen können.

Jetzt! Jetzt! Die Burschen von dem Fuhrwerk schickten sich an, wieder reinzugehen, und gerade kam eine Abordnung jüngerer Angestellter – deren Nachtschicht begann? – die Straße entlang. Der perfekte Moment. Vorsichtig verließ er seinen Posten hinter dem Gebüsch, überquerte den Fahrdamm und schloss sich ihnen an.

Als Erstes kamen sie in einen Raum, von dem zwei Korridore abbogen. Die Müllfuhrwerker sammelten die dort aufgestapelten Kisten und Säcke ein, ein Teil der Angestellten begab sich in Richtung des rechten Gangs, wohin der führte, hatte Steiger nicht sagen können. Er musste ohnehin den geradeaus führenden zum Küchentrakt nehmen. Als ihn jemand in dem Gedränge anrempelte und ihn kurz ansah, erwiderte er den Blick ungerührt. Immer kühl und beherrscht bleiben! Das hatte er geübt. Er lief einfach den anderen hinterdrein. Keiner beachtete ihn. Dann kamen sie zu einer Stelle, wo sich links ein größerer Vorplatz öffnete, hinter dem der Küchenbereich lag. Die meisten bogen hier ab. Ein paar gingen weiter. Die Luft wurde dampfig und ein abgestandener Geruch stieg ihm in die Nase. Nach etwa zwanzig Metern wurde der Geruch immer stechender, und die Leute vor ihm bogen in einen Trakt ab, wo einem der Gestank fast den Atem abschnürte. Waschbrühe! Genauso hatte es Steiger beschrieben. Er blieb etwas zurück und drückte sich neben einem Schrank in eine Türöffnung, falls sich einer von den anderen umdrehen sollte. Doch in dem funzligen Licht der Lampen, die in großen Abständen von der Decke hingen, war es ein Leichtes, in die Schatten einzutauchen. Er wollte lieber warten, bis alle weg waren, damit niemand bemerkte, dass er allein weiterging.

Nachdem alle in der Wäscherei verschwunden waren, sondierte er die Lage. Niemand zu sehen. Er müsste es bis zum Ende des Gangs schaffen, zur Tür in den Badebereich. Ein wenig geduckt setzte er die ersten Schritte, nicht zu hastig, falls doch jemand auftauchen sollte. Falls ihn jemand überraschte, hatte er sich die Ausrede zurechtgelegt, dass er in der Küche was abliefern müsse. Dafür hatte er ein kleines Päckchen in der Tasche. Mit Zeitungspapier ausgestopft. Der Küchenbereich sei doch da hinten, ob er das denn nicht gesehen habe? Dann würde er den begriffstutzig tumben Lehrdeppen vom Land geben, blöd glotzen, den Kopf einziehen, die Achseln zucken. Die Haltung eben, die alle Grobiane und Besserwisser zu den üblichen Ausfällen animierte. »Rindvieh, blindes«, »Bauernschädel, blöder«, und was ihnen sonst noch leicht von der Zunge ging, wenn sie einen vermeintlich Schwächeren und Dümmeren vor sich hatten.

Aber er begegnete niemandem. Und stand schließlich vor der Tür. Doch etwas aufgeregt inzwischen, sperrte er auf und stand in dem Raum mit dem Badebecken, den Steiger ihm beschrieben hatte. Ein dämmriges Nachtlicht warf seinen trüben Schein auf die glatte Wasserfläche. Er sah auf die beiden Türen, die zu den Massagekabinen führten. Auf Zehenspitzen ging er darauf zu, öffnete vorsichtig eine der Türen und lauschte. Absolute Totenstille. Er machte kein Licht an und durchquerte vorsichtig den kleinen Raum, um in den Gang hinauszukommen. Dort sollten Schränke sein, laut Steiger. Als er die Kabinentür einen Spalt öffnete, hielt er die Luft an. Wenn ihn hier jemand überraschte, wären seine Ausflüchte, er sei ein dummer Bauerntrampel, der sich verlaufen habe, für die Katz. Dann säße er in der Falle. Als Einbrecher in einem Palasthotel. Er schob die Tür wieder zu und setzte sich auf einen Stuhl. Ihm war heiß. Er öffnete seine Jacke. Er musste sich beruhigen. Klar denken.

Erwischte ihn hier jemand, konnte er bloß noch versuchen, abzuhauen. Und Verfolger möglichst aufhalten. Er zog die Massageliege quer in den Raum. Wenn ihm von dort draußen jemand nachstellen wollte, würde er sie schnell vor die Tür stoßen, bevor er durch den Hintereingang floh. Die Tür zum Badebereich hatte er absichtlich nicht wieder abgesperrt. Man brauchte immer einen Plan, falls irgendwas schiefgehen sollte. Man musste nachdenken, nüchtern und sachlich, ohne Nervenflattern.

Erneut öffnete er vorsichtig die Tür. Im Gang dahinter war alles still. Keiner da. Im dämmrigen Licht einer Wandlampe sah er Schränke. Zwei hohe weiße Schränke. Mit offenen Regalen im oberen Bereich. Für Handtücher. Darunter Schubladen. Er trat näher. Alle abgesperrt. Er probierte die Schlüssel. Seine Hand zitterte. Fast wären ihm die Schlüssel entglitten. Der dritte passte. Er zog die Schublade auf. Papiere. Zettel. Ein schwarzes Heft! Das musste es sein. Die »Buchhaltung«! Er griff weiter nach hinten. Kramte herum. Ein Päckchen. In weißes Seidenpapier gewickelt. Er riss es auf. Zwei lange Steckkämme. Mit Steinen besetzt. Einer blitzte kurz auf in dem schwachen Licht. Wie ein Auge. Dann spürte er einen Luftzug. Hörte ein Knacken. Das Licht ging aus.

25

Reitmeyer blickte eine Weile auf die Grüppchen von Männern, die am Rand des Platzes oder unter den Bäumen neben dem Kiosk zusammenstanden. Stark geschminkte junge Burschen mit auffälligen Einstecktüchern, die hier am Stachus auf Kundschaft warteten, und vornehm aussehende ältere Herrn, die wie beiläufig stehen blieben und die angebotene Ware prüften. Gesprächsfetzen und leises Lachen drangen zu ihm herüber. Sich mit Fragen an diese Klientel zu wenden, war sinnlos. Sie würden ihm nichts sagen.

Er ging zum Kiosk, kaufte eine Schachtel Zigarillos und zündete gleich einen an. Der Rauch, den er tief in die Lungen einzog, dämpfte jedoch nicht das Unbehagen, die Mischung aus Wut und Scham, die Sepps Worte ausgelöst hatten. Warum er überhaupt zur Polizei gegangen sei, hatte der gefragt, das habe er nie verstanden. Auch wenn sich Kriminaler für was Besseres hielten als die Sittenschnüffler, hingen sie doch alle am Gängelband einer undemokratischen Regierung, die sich von den eigenen Leuten keine Knüppel zwischen die Beine werfen ließe. Verändern könne man den Laden nur durch politischen Kampf. Ob er denn auf die Weltrevolution warten solle, hatte darauf er gefragt, wenn gleichzeitig ein Mörder frei herumlaufe?

Von dem Medulla-Stich hatte er Sepp natürlich nichts erzählt – obwohl er in seiner Erregung fast damit herausgeplatzt wäre –, sondern bloß so viel, dass nicht geklärt sei, ob die Verletzung am Kopf des Opfers von einem Schlag herrühren könnte. Das etwas gedehnte »Aha« seines Freundes ließ ihn vermuten, dass sich Sepp seine eigenen Gedanken machte. Aber er bohrte nicht nach.

Er radelte Richtung Westend. Der frische Nachtwind tat ihm gut. Trotz des unangenehmen Endes war das Treffen nicht umsonst gewesen, ein paar Informationen hatte er bekommen. Die Dohmbergs wussten Bescheid über die Neigungen ihres Sprösslings. Und Lukas hatte dem Maler nicht Modell gestanden, sondern Rager hatte seinen Kopf wahrscheinlich auf den Akt eines anderen Jünglings montiert. Wie er Lukas kannte, würde er herzlich lachen über den vergeblichen Versuch des »alten Deppen«, seine Fantasien auf diese Weise auszuleben.

Als er in die Tulbeckstraße einbog, sah er sich ein paar Mal um, bevor er sein Fahrrad vor der Hofeinfahrt abstellte. Plötzlich lief ein Hund die Straße herunter, hielt bei ihm an, schnüffelte an seinen Schuhen und machte Anstalten, an seinem Rad das Bein zu heben. »Hau ab, du Sauköter, du verreckter«, zischte er und stieß mit dem Fuß nach ihm. Das Tier wich ihm jaulend aus und lief dann vor ihm in die Hofeinfahrt. Reitmeyer folgte ihm und der Köter verschwand hinter dem Holzkarren, der immer noch am selben Platz stand. Erst als er leise die Haustür öffnete, hörte er aus der Richtung des Karrens ein Knurren und Bellen. Der Hund kläffte irgendwas an. Eine Katze wahrscheinlich.

Im Haus war alles still, bis auf ein Kindergreinen im oberen Stock, und von ganz oben hörte man die Aborttür auf dem Treppenabsatz schlagen. Er wartete einen Moment, bevor er zur Wohnung des Masseurs hinaufging. Dort angekommen, zog er ein Papiermesser aus der Tasche und durchtrennte das Polizeisiegel.

Im Innern der Wohnung schob er die Perserbrücke beiseite, nahm einen der Silberleuchter, zündete die Kerzen an und stellte den Leuchter auf den Boden. Dann fuhr er mit dem Papiermesser die Bodenritzen entlang, und schon bei der zweiten Ritze merkte er, dass sich die Diele anheben ließ. Jetzt sah er auch, was Rattler offensichtlich entdeckt hatte: Die Diele war an einer Stelle durchgesägt worden. Mit einem kräftigen Ruck hob er sie an und nahm das Teilstück heraus. Darunter war tatsächlich eine Vertiefung, die eindeutig als Versteck gedient hatte. Aber es war leer. Bis auf eine braune Lederbrieftasche. Reitmeyer blätterte die Fächer durch. Kein Geld. Nur im letzten Fach drei Bildpostkarten. Ansichten von Oberammergau, Berchtesgaden, St. Bartolomä am Königssee. Und jeweils unterschrieben mit: *Es grüßt dich deine Wally*.

26

»Ah, du packst das Bild für mich ein, gut, Steiger.«

»Ja, aber das Papier –« Er brach ab. Klotz stand in der Tür und wischte sich über die Stirn. »Schwül heute Morgen«, sagte er.

Reitmeyer sah den Oberinspektor überrascht an. Hatte er sich statt starrer Konfrontation wieder auf seine alte Strategie besonnen? Mit einem Mal? Weil seine Versuche, ihn beim Präsidenten anzuschwärzen, nicht gefruchtet hatten?

»Ja, ja, das bayerische Wetter«, erwiderte Reitmeyer, »nur was für robustere Naturen.« Der Oberinspektor blieb unschlüssig stehen. Der Kommissär machte eine bedauernde Geste. »Tut mir leid, ich bin eigentlich schon am Weggehen …«

»Sicher, sicher«, antwortete Klotz und ging hinaus. Steiger sah ihm kopfschüttelnd nach, wie einem Lakeien, von dem man eigentlich erwartete, dass er wusste, was sich gehörte.

Brunner kam herein. »Der Rattler ist noch nicht da«, sagte er und blickte auf die Wanduhr. Zehn nach acht.

»Der kommt schon noch.«

Reitmeyer setzte sich an den Schreibtisch, nahm den Telefonhörer und ließ sich mit der Villa des Kunstmalers verbinden. Nein, sagte der Bedienstete dort, der gnädige Herr sei nicht zu sprechen. Für niemanden. Ob er denn zu Hause sei? Es folgte eine längere Pause. Ja … schon. Aber nicht zu sprechen. Er habe strikte Anweisungen, ihn nicht zu stören.

Reitmeyer legte auf. Steiger sah ihn fragend an. »Ich fahr trotzdem hin«, sagte Reitmeyer. »Mit dem Bild.«

Er bat den Fahrer zu warten, es dauere nicht allzu lange. Dann nahm er das Bild vom Rücksitz und stieg aus.

Oben an der Treppe war die Tür der Villa halb geöffnet. Der livrierte Diener sprach mit einem Herrn in dunklem Überzieher. Und sagte ihm offensichtlich das Gleiche, war er ihm am Telefon erklärt hatte. »Nein, ganz ausgeschlossen«, hörte er ihn sagen. »Ich kann Sie nicht vorlassen.« Reitmeyer blieb stehen. Der Besucher ließ sich nicht so einfach abwimmeln. Er müsse unbedingt Herrn von Rager sprechen. Der Diener schob die Tür weiter zu. Der Besucher griff in den Türspalt. »Ich muss wohl sehr bitten«, rief der Lakai entrüstet und knallte nach einigem Hin und Her die Tür ganz zu. Der Besucher drehte sich um und zuckte zurück, als er den Kommissär sah.

»Herr von Dohmberg ...?«, sagte Reitmeyer und stieg langsam die Treppe hinauf.

Dohmberg stierte ihn finster an. »Was machen Sie denn hier?«

»Ich bin mit Herrn von Rager verabredet. Wegen ...«, er deutete auf das Bild unter seinem Arm, »... einem Gutachten ... in einer Fälschersache.«

Dohmberg schien ihm gar nicht zuzuhören. Er schlug ein paar Mal seine Handschuhe auf die offene Handfläche und ging an ihm vorbei die Treppe hinunter. Grußlos und ohne weitere Höflichkeitsfloskeln. Reitmeyer sah ihm nach, wie er mit schnellem Schritt um die Ecke verschwand.

So stand es also. Der Herr Ministerialdirektor wollte die Angelegenheit selbst in die Hand nehmen. Dem Kunstmaler höchstpersönlich die Daumenschrauben anlegen. Vermutlich aufgescheucht von Gerüchten in seinem Amt.

Er klingelte. Es dauerte eine Weile, bis der Livrierte wieder auftauchte. Die Entrüstung in Person. »Also, Herr von ... Ah, Sie, Herr Kommissär! Ich hab Ihnen doch am Telefon ...«

»Ich weiß, was Sie mir gesagt haben.« Bevor der Diener reagieren konnte, drückte Reitmeyer mit einem kräftigen Stoß die Tür auf, der Mann wankte verdattert zurück und stolperte gegen einen Tisch in der Mitte der Diele. Mühsam stabilisierte er sein Gleichgewicht an dem Möbel. »Was erlauben Sie sich!«, rief er außer sich, senkte den Kopf und stürzte auf ihn zu, bevor er im letzten Moment abstoppte, vermutlich, weil sein Gegenüber deutlich größer war als er. »Sie können nicht einfach ...«, keuchte er und plusterte sich, auf den Zehenspitzen wippend, vor ihm auf, »ich habe Ihnen unmissverständlich erklärt ...«

»Und jetzt erkläre ich Ihnen etwas«, erwiderte Reitmeyer ruhig und schob den Diener auf Armeslänge weg. »Und zwar ebenfalls unmissverständlich: Wenn wir irgendwo rein wollen, dann tun wir das. Und wenn wir jemanden sprechen wollen, weist man uns nicht ab. Schluss mit dem Theater! Sie bringen mich sofort zu Ihrer Herrschaft! Oder muss ich Verstärkung anfordern?«

Reitmeyer verbiss sich ein Grinsen, als er die Verwandlung des Lakaien beobachtete. Wie ein Luftballon, dem man die Luft entließ, schnurrte er mit einem Mal zusammen, die bestickte Uniform schien ihm plötzlich wie schlotternd am Leib zu hängen, er sah ihn mit aufgerissenen Augen an und ließ sich dann stöhnend auf einen Stuhl fallen.

»Also?«

Der Diener machte eine fahrige Bewegung in Richtung Treppe. »Wir wissen auch nicht, was los ist«, sagte er tonlos. »Der gnädige Herr hat sich seit gestern Abend nicht mehr sehen lassen ... wir sollten ihn nicht stören, hat er befohlen.«

»Aber er ist im Haus?«

Der Mann nickte. »Ich glaub schon. Im Atelier. Eingeschlossen. Kein Abendessen, kein Frühstück ...«

»Dann sehen wir mal nach«, sagte Reitmeyer und lief die Treppe hinauf. Der Diener folgte ihm.

Vor der Tür des Ateliers blieb Reitmeyer stehen und klopfte ein paar Mal. »Herr von Rager!«, rief er. Dann hielt er das Ohr ans Türblatt. Dann hämmerte er dagegen. »Herr von Rager!« Er lauschte. Nichts.

»Ist der Durchgang in dem kleinen Salon auch abgesperrt?«

Der Diener nickte.

Reitmeyer überlegte einen Moment. »Sie haben sicher einen Hausburschen? Rufen Sie den und sagen Sie ihm, er soll Werkzeug mitbringen.«

Wie in Trance ging der Mann die Treppe hinunter. Kurz darauf erschien er mit einem jungen Burschen, der eine schwere Werkzeugkiste schleppte. Dahinter kam eine ganze Schar Hausmädchen und Küchenpersonal, die sich gegenüber der Tür ängstlich an die Wand drückten.

»Können Sie versuchen, das Schloss hier aufzukriegen?«

Der Hausbursche kniete sich nieder und sah ins Schlüsselloch. »Der Schlüssel steckt von innen. Da kann ich nichts machen.«

»Sehen Sie nach, ob es bei der anderen Tür genauso ist.«

Der Bursche stürzte los und kam nach einigen Momenten wieder zurück. »Da steckt auch ein Schlüssel.«

»Dann muss man aufbrechen. Sind Sie sicher, dass Herr von Rager hier drin ist?«, fragte er in die Runde. »Ich meine, bevor wir die Tür kaputt machen ...«

Alle starrten ihn wortlos an. Bis eine Frau in Köchinnentracht erwiderte: »Vielleicht hat er ...« Sie hob die Hand und machte eine Bewegung, als kippte sie ein Glas.

»Also gut«, sagte Reitmeyer entschlossen. »Dann brechen wir auf. Vielleicht braucht er Hilfe.«

Der Bursche zog ein kräftiges Eisenteil aus seinem Werkzeugkasten. »Aber auf Ihre Verantwortung, Herr Kommissär?«

»Auf meine Verantwortung.«

Der Bursche setzte das Eisen an. Ein knirschendes Geräusch, Metall quietschte, Holz splitterte, und nach einem kräftigen Ruck sprang die Tür auf.

Reitmeyer schob den Hausburschen beiseite. »Sie alle bleiben draußen. Ich geh zuerst allein rein.«

Das Atelier wirkte genauso, wie er es bei seinem letzten Besuch gesehen hatte. Durch das riesige Fenster fiel helles Licht, das Damenporträt stand auf der Staffelei, nur die Skizzenbücher auf den langen Tischen waren durcheinandergeworfen, bei einzelnen die Seiten herausgerissen. Vor der Staffelei stand ein Sessel, auf dem Boden daneben Flaschen und ein umgeworfenes Glas. Ganz so, als hätte sich der Maler von einem Logensitz aus ins eigene Kunstwerk vertieft. Doch von ihm selbst war nichts zu sehen.

Das gibt's nicht, dachte Reitmeyer, die teure Tür kaputt ... wegen nichts ... aber der Schlüssel hat ...

Er drehte sich um. Blickte auf die Stoffbahnen, die von einem Querbalken der Empore hingen. Und in der Ecke eine Art

Alkoven bildeten. Langsam ging er darauf zu. Und wäre fast über eine umgestürzte Leiter gestolpert. Im selben Moment wusste er, was er zu sehen bekäme, wenn er den Kopf hob.

Es war kein schöner Anblick.

AUFZEICHNUNGEN EINES OFFIZIERS

9. JULI 1914

Die Misere erfährt noch Zuspitzungen. Blank teilte mir mit, dass er doch Miete für meinen Aufenthalt in seiner Wohnung nehmen muss. Wie soll ich das im Moment finanzieren?

Zur Ablenkung abends mit Zaumer in der Oper. Er hatte die Karten geschenkt bekommen. Offenbar schwante jemandem schon Übles und man hatte die Plätze schnell weitergegeben. *Der ferne Klang* hieß das Machwerk aus der Feder eines gewissen Franz Schreker.

Was wurde geboten? Ein Komponist sucht verzweifelt einen Akkord, und eine dumme, irre Jungfer, die zu Hause für schnellen Triebentstau herhalten muss, wird Kurtisane in Venedig und schließlich Straßendirne. Allgemeine Erleichterung, als der Vorhang dem unappetitlichen Treiben ein Ende setzte.

Wir waren uns völlig einig. Wenn wir in den Puff gehen wollen, brauchen wir keine Opernkarten, und im Bordell verschont man uns vor dem Katzengejammer, das im Nationaltheater als Musik durchgeht.

27

Reitmeyer vermied es, noch einmal nach oben zu sehen. Es war zu entsetzlich. Der Kunstmaler hatte sich beim Erhängen nicht das Genick gebrochen, sondern sich stranguliert. Aus Mund, Nase und Ohren war Blut ausgetreten, und die Kratzspuren am Hals zeugten von einem letzten, verzweifelten Versuch, sich aus der Schlinge zu befreien.

Der Kommissär schob einen Stuhl vor die aufgesprengte Tür und ging durch den kleinen Salon hinaus. Die Bediensteten standen am selben Fleck, nur noch dichter zusammengedrängt als vorher. Ein Hausmädchen sah ihn mit großen Augen an und drückte die Hand auf den Mund. Sie erwarteten nichts Gutes.

Reitmeyer räusperte sich. »Ich muss Ihnen leider sagen«, begann er, »dass sich Herr von Rager erhängt hat.«

Eine der Frauen stieß einen erstickten Schrei aus und bekreuzigte sich mehrmals.

Reitmeyer hob die Hand. »Wer ist zuständig für die Haushaltsführung?«

Der Livrierte, der anfangs wie erstarrt einen Schritt von den anderen entfernt stand, trat vor und verbeugte sich. »Ich, Herr Kommissär. Ich bin der Majordomus hier.«

»Also, Herr …?«

»Hickl, Joseph, Herr Kommissär.«

»Also, Sie alle folgen den Anweisungen des Herrn Hickl und gehen am besten wieder nach unten. Das Atelier darf von niemandem betreten werden.«

Schweigend, manche mit einem ängstlichen Blick auf die Ateliertür, setzte sich die kleine Schar in Bewegung und ging die Treppe hinunter.

»Und Sie, Herr Hickl, zeigen mir einen Raum, wo ich telefonieren kann.«

Der Diener verbeugte sich erneut. »Am besten in der Bibliothek, Herr Kommissär. Wenn Sie mir bitte folgen wollen.«

Er führte ihn in einen dunkel getäfelten Raum, wo die Schritte sofort von dicken Teppichen verschluckt wurden. An zwei Wänden standen hohe, verglaste Bücherschränke und vor dem Fenster ein großer Schreibtisch mit einem Telefon darauf.

»Bitte, bitte, wenn Sie hier Platz nehmen wollen«, sagte der Diener und deutete auf den Stuhl davor.

»Sagen Sie, es gibt doch auch eine Frau von Rager? Ist die im Haus?«

Der Diener schüttelte den Kopf. »Die gnädige Frau war schon lang nicht mehr hier. Sie ist praktisch ständig auf dem Landsitz der Familie. Bei Starnberg.«

»Dann hätte ich gern die Adresse.«

»Schreibe ich Ihnen sofort auf. Wünschen Sie sonst noch etwas, Herr Kommissär? Darf ich Ihnen vielleicht etwas bringen?«

Reitmeyer warf einen Blick auf den Mann in der bestickten Livree, der in beflissener Haltung vor dem glänzenden Mahagoni-Mobiliar stand und sich so eilfertig um Anordnungen bemühte, dass sich Reitmeyer für einen Augenblick wie in einem Theaterstück vorkam. Aber wahrscheinlich hielt sich der Mensch einfach deshalb so eisern an seine jahrelang eingeübte Rolle, weil sie ihm einen Rest von Sicherheit garantierte im Strudel der Ereignisse.

»Vielleicht ein Glas Wasser.«

»Sehr wohl, Herr Kommisär, sehr wohl.«

Als der Diener draußen war, sah Reitmeyer einen Schlüsselbund am Schloss der obersten Schublade. Er zog sie auf. Ordentlich gestapelt lagen mehrere flache Aktendeckel darin. Er nahm die obersten heraus und klappte sie auf. Sie enthielten Rechnungen oder Korrespondenz mit diversen Kunstkommissionen. Er legte sie wieder zurück und schob die Lade zu. Kein Abschiedsbrief. Neben der mittleren, breiten, befand sich rechts davon eine schmalere Schublade. Sie war verschlossen. Er probierte verschiedene Schlüssel und sperrte auf. Beim Aufziehen stießen klappernd mehrere Schnupftabakdosen zusammen, wertvolle Stücke, eines mit dem Bild des verstorbenen Prinzregenten. Wahrscheinlich ein Geschenk an den verdienten Künstler. Weiter hinten lag noch etwas. Er beugte sich vor. Ein Umschlag. Er nahm ihn heraus. Als er den Inhalt herauszog, pfiff er ein paar Mal durch die Zähne. Sieh an! Der Maler hatte die Briefe also doch nicht ins Feuer geworfen!

Jetzt reicht's, du alte Schwuchtelsau!, stand mit Druckbuchstaben auf die Mitte eines Blatts geschrieben. *Die Sache geht an die Presse! Und die feinen Herrschaften, von denen du deinen Maximiliansorden hast, werden staunen, was für einen Würdenträger sie ausgezeichnet haben!*

Noch etwa acht weitere Briefe steckten in dem Umschlag, die mit ähnlich drastischen Ausdrücken auf die speziellen Neigungen des Kunstmalers eingingen, immer mit Drohungen verbunden, was er zu gewärtigen hätte, wenn nicht gezahlt wurde: Der Verlust jeglicher Reputation, möglicherweise sogar Strafverfahren.

Beim Durchblättern der Briefe stieß er vereinzelt aber auch auf Seiten, die nicht dem üblichen Erpressermuster entsprachen. Ein Blatt etwa, auf dem – mit Schreibmaschine geschrieben – ein Gedicht oder eine Art Sinnspruch stand:

Gebunden führt der Schmerz
uns alle durch das Leben
sanft, wenn wir willig gehen
rauh, wenn wir widerstreben

Und auf einem zweiten, ebenfalls mit Schreibmaschine, nur die Zeilen: *Wer den Kopf in den Sand steckt, vergisst, dass der Arsch rausschaut.* Da aber beide Schreiben mit dickem Rotstift und offensichtlich wütend durchgestrichen waren, schienen sie nicht zufällig unter die Briefe geraten zu sein. Der Empfänger verstand, was damit gemeint war.

Reitmeyer lehnte sich zurück. Stammten alle diese Schreiben von der gleichen Person? Die mit den groben, wüsten Beschimpfungen, und die in dem Zusammenhang eher versteckt und höhnisch wirkenden Drohungen? Wohl kaum. Es machte den Eindruck, als hätte jemand über einen längeren Zeitraum hinweg sein Opfer weichgekocht, und immer wieder nachgelegt, damit es nicht zur Ruhe käme. Reitmeyer überlegte. Dass sich an eine Person wie Rager gleich mehrere Erpresser gehängt hätten, wäre nicht ungewöhnlich. Aber ob alle aus dem gleichen Milieu stammten? Passten diese Schreiben zum Stil von Strichern und Masseuren? Oder deuteten sie nicht eher auf einen gebildeten Menschen hin? Vielleicht sollte er das Material dem Sittensänger vorlegen? Er schob alles wieder in den Umschlag zurück und steckte ihn in die Jackentasche.

Der Diener kam zurück. »Ihr Wasser, Herr Kommissär.«

»Ja, danke. Ach, sagen Sie, Herr Hickl, da fällt mir ein, hatte Herr von Rager, bevor er sich zurückzog, noch Besuch?«

Reitmeyer drehte sich um und stellte überrascht fest, dass der Diener die Livree gegen ein schlichtes dunkles Jackett ausgetauscht hatte. Die Zeit der Maskeraden war offensichtlich vorbei.

»Ja, am Nachmittag. Ein Herr von Dohmberg.«

»Ach, was Sie nicht sagen? Der vorhin hier war?«

»Ja. Ich weiß nichts Näheres. Aber durch die Tür konnte man eine lautstarke Auseinandersetzung hören. Worum es dabei ging, kann ich allerdings nicht sagen.«

»War das der Grund, weshalb Sie ihn heute nicht vorgelassen haben?«

»Ja. Ich hab bloß auf Anweisung gehandelt. Herr von Rager hat mir gestern klare Anweisung gegeben, den Herrn nicht mehr vorzulassen, falls er noch einmal auftauchen sollte, und später dann, dass er überhaupt nicht gestört werden wollte.«

»War Herr von Dohmberg früher schon einmal hier? In letzter Zeit?«

Der Diener überlegte. »Er hat mehrmals angerufen. Aber diese Anrufe hat Herr von Rager nicht entgegengenommen.«

»Ah ja?«

»Ich musste jedes Mal sagen, meine Herrschaft sei nicht zu sprechen.«

Reitmeyer wandte sich wieder um und steckte auch die Briefe ein. »Das wär dann alles, Herr Hickl. Bis meine Leute hier sind, darf niemand ins Atelier. Ich verlasse mich auf Sie.«

»Selbstverständlich, Herr Kommissär.«

MEMORANDUM 9. JULI 1914
OBERST FEICHTL AN OBERST V. SPAITL

Überraschender Verlauf der Affäre durch Freitod des prominenten Malers von Rager. Was die öffentliche Dimension bedeutet, noch schwer einzuschätzen. Verschärfte Aufmerksamkeit auf Regina-Hotel.

Mit raschen Schritten hastete Reitmeyer die Treppe hinauf und eilte in sein Büro.

»Seid ihr schon fertig?«, fragte Steiger von seinem Schreibtisch aufblickend.

»Ja, zumindest, was mich betrifft. Die Leiche wird später abtransportiert. Aber nicht in die Gerichtsmedizin. Der Amtsarzt hält den Fall für eindeutig.«

»Dass der sich aufgehängt hat?«, sagte Steiger kopfschüttelnd. »Also ich versteh das nicht. Wenn ich so viel Geld gehabt hätt wie der, wär ich doch ins Ausland gegangen, nach Capri oder so, statt mich da ... aufzuhängen.«

»Ja, manchmal helfen eben das ganze Geld und der ganze Reichtum nix.« Reitmeyer warf einen Blick auf Steigers

Schreibtisch. »Ist dir bei den Sachen des Masseurs noch irgendwas Interessantes untergekommen?«

Steiger zuckte die Achseln. »Eigentlich nicht. Weder Namen noch Adressen. Bloß Rechnungen, die zeigen, dass der feine Herr großzügig eingekauft hat. Geld hat bei dem keine Rolle gespielt, wie's ausschaut.«

»Ist der Rattler inzwischen wieder da?«

»Nein, ich glaub nicht.«

Das Telefon klingelte. Steiger nahm ab. »Ja, verbinden Sie ihn.« Er blickte auf. »Der Hausmeister aus der Tulbeckstraße«, sagte er verwundert. »Kriminalpolizei, Steiger«, meldete er sich wieder und hörte eine Weile zu. »Ja ... ja ... das gibt's doch nicht! Ganz abgerissen, sagen Sie? Und die Tür ist ...? Wir kommen vorbei. Und Sie rühren nichts an. Gar nichts.« Er legte auf.

»Was gibt's denn?«

»Der Hausmeister sagt, das Siegel an der Wohnungstür des Masseurs sei abgerissen und die Tür nicht mehr zugesperrt.«

»Ganz abgerissen? Aber ... ich bin gestern Abend noch mal in die Wohnung zurück. Weil ich überprüfen wollte, ob wir nicht doch was übersehen haben ...«

»Ja, und?

»Ich hab ein Bodenversteck gefunden. Aber da war bloß eine Brieftasche drin. Leer. Bis auf ein paar Postkarten.«

»Und du hast wieder ein Siegel draufgeklebt und abgesperrt?«

»Sicher.« Reitmeyer überlegte einen Moment. »Wir fahren jetzt ins Regina und schauen nach, ob er dort einen Schrank oder einen Spind gehabt hat. Und vorher machen wir einen Umweg über die Tulbeckstraße. Ich hol schnell den Schlüsselbund von dem Masseur aus der Asservatenkammer.«

Als er auf den Gang hinaustrat, kam Brunner aus seinem Büro gehumpelt. »Herr Kommissär, ich muss Meldung machen, dass der Rattler immer noch nicht da ist!«

»Nein? Warum?«

»Ja, keine Ahnung.«

»Vielleicht ist er krank? Und die Angehörigen geben Bescheid, wenn sie nach der Arbeit heimkommen.«

»Aber der war doch noch nie krank.«

Reitmeyer verdrehte die Augen. »Also, dafür hab ich jetzt keine Zeit, Brunner.« Er sah den Gang hinunter. »Der meldet sich schon.«

Er bog um die Ecke zur Asservatenkammer, klopfte an die angelehnte Tür und trat ein. Polizeiassistent Ripplinger kam gerade zwischen den Regalreihen heraus und legte ein Bündel Papiere auf dem Schreibtisch ab. »Ah, Herr Kommissär«, rief er. »Brauchen Sie was?«

»Ich wollte einen Schlüsselbund abholen. Von dem verunglückten Masseur aus dem Regina-Hotel. Alois Huber.«

Ripplinger sah ihn überrascht an und schüttelte den Kopf. »Ja aber ... aber, den haben Sie doch schon abholen lassen.«

»Was hab ich?«

»Na, da steht's doch.« Er nahm einen Zettel von seinem Schreibtisch. »Gestern. Kurz vor Dienstschluss. Von Ihrem Polizeischüler.«

Angespannt schweigend fuhren Reitmeyer und Steiger zum Regina-Hotel. Das Fahrzeug war kaum zum Stehen gekommen, als sie hektisch heraussprangen und durchs Foyer eilten. Steiger rannte sofort nach unten in den Badebereich, Reitmeyer wollte den Direktor sprechen. Der sei nicht im Haus, erklärte man ihm, und von einem Polizeischüler wisse man nichts. Steiger kam wieder nach oben gerannt. Unten sei keine Spur von Rattler. Die Leitung der Hauswirtschaft, des Küchenbereichs, Putzkräfte und Bedienungen wurden befragt. Nichts. Niemand hatte einen Polizeischüler gesehen.

9. JULI 1914

Zu später Stunde noch ins Neptun. Schmödel und Rüdesheim grüßen nicht mehr. Ich kann's verkraften. An einem anderen Tisch das Gelichter aus dem Regina. »Eine solche Tragödie! Vollkommen unbegreiflich«, hörte ich. »Ein solcher guter alter Freund.« Tränen blitzten in den Augen. Es könnten einem tatsächlich die Zähren fließen. Wo gibt's Ersatz für den spendablen Malerfürsten? Wer soll jetzt die Gelage bezahlen? Auch für mich ein herber Schlag, meine notorisch blanken Herrn Eliteregimentler. Warum musste sich die alte Schwuchtel auch gleich aufhängen? Sehr ärgerlich!

Früher am Abend dem Fotoatelier in Haidhausen einen Besuch abgestattet. Das Bürschchen, das dort im Laden bedient, kam mir bekannt vor. Von seinem Komplizen war nichts zu sehen. In dem Atelier scheinen etliche Fäden zusammenzulaufen. Die beiden mussten den Masseur gekannt und über seine Machenschaften informiert gewesen sein. Sonst hätte der eine nicht versucht, im Regina dessen Schrank auszuräumen. Der tumbe Kerl jedoch, der mir am Stachus das Material verkauft hat (sein Name sei Hassler, habe ich von einem der Stricher rausgekriegt), weiß offensichtlich nicht, welch wertvollen Schatz er verhökert hat. Hat er das Zeug aus dem Atelier geklaut? Alles noch ziemlich undurchsichtig.

Verschärfte Aufmerksamkeit!

»Hast du die Krankenhäuser angerufen, Steiger?«

»Alle. Nirgendwo ein Rattler.«

»Bei mir das gleiche. Wie verhext. Ich war im Hofatelier

Seewald, das ist hinterm Marienplatz, weil ich nachfragen wollte, ob sein Freund Ferdl was weiß. Der arbeitet dort, hat er mir einmal gesagt. Aber wie ich hingekommen bin, hat's geheißen, er sei in der Dunkelkammer, und kurz darauf war er weg. Sein Chef hat sich das nicht erklären können.«

»Und jetzt?«

»Du fährst erst mal in die Tulbeckstraße und klärst die Sache mit dem Siegel.«

Reitmeyer ließ sich auf seinen Stuhl fallen. Wo steckte der Junge? Er war schließlich verantwortlich für ihn. Während er vor sich hin sah, tauchte wieder das Bild des erhängten Rager auf. Das gedunsene Gesicht, das Blut aus den Ohren. Seinen Tod hätte er vielleicht auch verhindern können, denn sicher war es der Kunstmaler gewesen, der mehrfach versucht hatte, ihn telefonisch zu erreichen.

Wo konnten sie den Jungen noch suchen? Er würde nochmals bei Ferdl nachfragen. Und bei Rattler zu Hause. Er griff nach einem Stift. Erst jetzt sah er den Zettel, der auf einer Akte lag. *Der Onkel vom Rattler hat angerufen. Ob er bei uns ist? Weil er zwei Tage nicht heimgekommen ist. Habe mitgeteilt, dass er nicht bei uns ist, und dass wir nichts wissen. Brunner*

Reitmeyer starrte vor sich hin. Wenn der Junge bis heute Abend nicht auftauchte, müsste er zu den Angehörigen gehen. Wie sollte er ihnen erklären, was er befürchtete?

Er schreckte zusammen, als die Tür aufging. Steiger eilte herein.

»Gibt's schon was Neues? Hast du schon irgendwas erfahren?«

Reitmeyer schüttelte den Kopf.

Steiger hängte seine Jacke auf. »In der Tulbeckstraße ist nichts weggekommen. Ich hab alles überprüft, und wieder ein Siegel an die Tür geklebt. Und veranlasst, dass das Schloss ausgetauscht wird. Immerhin hat dieser Bub doch einen Schlüssel gehabt.« Dann blieb er stehen und sah auf Reitmeyer hinab.

»Soll ich zu den Angehörigen fahren? Vielleicht wissen die was.«

Reitmeyer reichte ihm den Zettel. »Da, lies selber.«

»Dann fahr ich zu dem Freund nach Haus.«

Reitmeyer blätterte sein Notizbuch durch. »Rohmüller heißt der. Die Adresse musst du dir im Meldeamt besorgen.«

Steiger griff nach dem Telefonhörer.

»Herr Kommissär?«

»Was gibt's, Brunner?«, fragte er genervt.

»Das Klinikum Ziemssenstraße hat angrufen. Sie hätten da einen Mitarbeiter ...«

Als Reitmeyer im zweiten Stock des Klinikums die Glastür öffnete und zum Schwesternzimmer gehen wollte, kam ihm in wallender, weißer Tracht und wehenden Haubenflügeln die Stationsschwester bereits entgegen.

»Sind Sie der Kommissär?«

»Ja, Reitmeyer, ich –«

»Dann kommen Sie mit.«

Für weitschweifige Erklärungen oder formelle Verbindlichkeiten hatte sie keine Zeit. Mit schnellem Schritt und rudernden Armbewegungen ging sie vor ihm den Gang entlang und beantwortete seine Fragen nach dem Befinden des Polizeischülers in kurzen Stakkatosätzen.

»Den Umständen entsprechend. Sehr unruhig halt. Hat sediert werden müssen. Nach dem Nähen.«

»Er hat genäht werden müssen?«

»Er hat immer was von einem Präsidium gefaselt, völlig zusammenhangslos. Auf den Gedanken, dass er selbst bei der Polizei ist, ist keiner gekommen, sonst hätten wir Sie schon früher verständigt.«

Reitmeyer bemühte sich, mit ihr Schritt zu halten. »Aber er wird doch wieder?«

Die Schwester blieb stehen und öffnete die Tür zu einem

Krankensaal. »Der Arzt hat gemeint, dass der junge Mann Glück gehabt hat. Oder einen besonders harten Holzschädel.«

»Wer hat ihn denn eingeliefert?«

»Ein Wagen. Angeblich hat man ihn vor dem Regina-Hotel gefunden. Über die Ursache der Verletzung konnten die Leute, die ihn hergebracht haben, nichts sagen.« Sie deutete auf ein Bett am anderen Ende des Saals.

»Da hinten.« Sie richtete sich zu voller Größe auf und reckte das Kinn. »Aber eines muss ich Ihnen schon sagen: Von einem Polizeischüler würd man sich in puncto Folgsamkeit was anderes erwarten!« Reitmayer wich ein wenig zurück, als die Panzerung des weißen Drachens spröd knirschte und seine starren Haubenflügel herumfuhren. »So oft man ihm sagt, er soll ruhig liegen bleiben ... nach der schweren Gehirnerschütterung ...« Die Absätze ihres festen Schuhwerks klapperten laut über den glänzenden Linoleumboden, als sie den Weg durch die Bettreihen fortsetzte, »fängt er im nächsten Moment wieder mit seinen Kritzeleien an.«

»Kritzeleien?«

»Ja, was weiß ich? Weihnachtssterne. Mit Schweif. Mitten im Sommer!« Die Schwester blieb vor dem letzten Bett in der rechten Reihe stehen. »Nur fünf Minuten, Herr Kommissär. Der Patient braucht Ruhe!«

Reitmeyer sah auf den Polizeischüler, der mit dick bandagiertem Kopf auf den Kissen lag, doch unter seinem Blick immer weiter nach unten zu rutschen schien, bis schließlich nur noch seine aufgerissenen Augen und die Nasenspitze unter der Bettdecke herausschauten. »Korbinian.«

Er wartete einen Moment, bis das starre Gebirge aus Schwesterntracht den Rückzug angetreten hatte, dann nahm er einen Stuhl und setzte sich ans Bett. »Du machst vielleicht Sachen, Bub. Was ist denn passiert?«

»Ähm ... also ... ich ...«

Im selben Moment bemerkte Reitmeyer den Block mit den

Kritzeleien, von denen die Schwester gesprochen hatte. Aber Rattler hatte keine Weihnachtssterne gemalt, sondern etwas ganz anderes. Und er wusste auf Anhieb, worum es sich dabei handelte. Er beugte sich näher und senkte die Stimme..

»Du warst im Regina-Hotel. Stimmt's? Und hast dir vorher den Schlüssel aus der Asservatenkammer geholt? Wenn das rauskommt, kannst du dir deine Karriere als Kriminaler an den Hut stecken.«

Rattler fuhr leicht hoch, aber sein Kommissär drückte ihn in die Kissen zurück. »Du sagst mir jetzt ganz genau, was passiert ist. Jede Kleinigkeit, an die du dich erinnerst. Keine Lügen oder Ausflüchte! Dafür ist keine Zeit!«

Rattler rutschte wieder etwas höher.

»Jemand hat dich niedergeschlagen. Wo? Hast du die Person erkannt?«

Rattler schluckte. »Unten im Badebereich. Vor den Massagekabinen. Gesehen hab ich niemanden, weil vorher plötzlich das Licht ausgegangen ist.«

»Hast du dich danach irgendwie nach oben geschleppt, auf die Straße hinaus?«

»Nein. Ich bin erst hier wieder zu mir gekommen.«

»Aha. Und bevor man dich niedergeschlagen hat, was hast du da gemacht?«

»Da ... da war ein Schrank mit einer Schublade. Die hab ich aufgesperrt. Und ein schwarzes Heft und ein eingewickeltes Päckchen rausgenommen. In dem Päckchen waren zwei Steckkämme, mit Edelsteinen.« Er deutete auf den Block. »Ich hab probiert, sie genau nachzuzeichnen.«

»Und wo sind die Kämme jetzt?«

Rattler griff sich an den Kopf und verzog das Gesicht. »Weg. Und das schwarze Heft auch. Da war vielleicht die Buchhaltung von dem Masseur drin.«

»Hat man dir noch was abgenommen?«

»Nein.«

Reitmeyer setzte sich. »Und jetzt sagst du mir, warum du diese saublöde Aktion überhaupt unternommen hast?«

»Ja, ähm ... weil ...«

»Wenn du es nicht mehr weißt, sag ich's dir.« Reitmeyer beugte sich so nahe zu dem Polizeischüler, dass der die Augen zusammenkniff bei seinen Worten. »Weil du uns offenbar alle für Trottel hältst. Weil du ganz groß rauskommen wolltest mit deinen Sherlock-Holmes-Methoden. Ich hab dich bereits in der Wohnung beobachtet, da hast du schon mit deinen persönlichen Ermittlungen angefangen. Aber dass du so weit gehen würdest, dir den Schlüssel beschaffst und auf eigene Faust losziehst.« Er brach ab, als Rattler gequält aufstöhnte.

»Ich ... ich versprech's, Herr Kommissär, dass ich nie mehr ...«, stammelte er, den Tränen nahe.

»Und wenn die ganze Sache kein Nachspiel hat, dann bloß deswegen, weil ich dir deinen zukünftigen Beruf nicht vermasseln will.« Reitmeyer lehnte sich einen Moment zurück und sah an die Decke. »Von deinem Alleingang wissen im Moment bloß ich und der Steiger. Dem Brunner gegenüber stellen wir die Sache als einen Unfall dar. Da bist du eben ... vom Rad gestürzt.«

»Und die Leute, die mich hergebracht haben?«

»Das lass meine Sorge sein. Meiner Meinung nach wollen die nicht an die große Glocke hängen, dass in ihrem Badebereich schon wieder einer niedergeschlagen wurde.«

»Ja, meinen Sie, das war derselbe, der den Masseur ...?«

»Was meinst du?«

Beide blickten auf, als mit knallenden Absätzen die Schwester heranrauschte. »Die Besuchszeit ist vorbei, Herr Kommissär. Der Patient braucht jetzt seine Ruhe!«

Reitmeyer stand auf. »Ich schau wieder nach dir. Sieh zu, dass du schnell wieder gesund wirst. Die Zeichnungen nehm ich mit.«

Auf dem Gang blieb er einen Moment stehen und warf einen Blick darauf. Genau wie er vermutet hatte: die mit Diamanten besetzten Steckkämme der Baroness. Deren Verlust am Nachmittag der Soiree bemerkt wurde und das Haus der Dohmbergs in helle Aufregung versetzt hatte. Wieder aufgetaucht in der Schublade des Masseurs.

Vom wem der Masseur sie hatte, lag auf der Hand. Unklar war, ob Caroline von der Verbindung ihres Bruders zu dem Masseur wusste. Er musste unbedingt mit ihr sprechen.

Er lehnte sich an die Wand. In einer anderen Welt, in einer Welt ohne Freiräume für Leutnants, ohne Ausnahmegesetze für Militärs und ohne Ministerien, die Vernehmungsakten sperrten und nach Belieben vertuschten und vernebelten – in einer solchen Welt hätte man es natürlich leicht, einen Fall aufzuklären.

Plötzlich kam ihm ein Gedanke und mit ihm ein Gefühl, als stünde er vor einem dunklen Tümpel, aus dem ein kalter Hauch heraufwehte. Er strich sich ein paar Mal über den Nacken.

Dass Rattler niedergeschlagen wurde, war kein Zufall gewesen! Der Täter war nicht zufällig zur gleichen Zeit wie der Polizeischüler in dem Badebereich aufgetaucht. Er war ihm gefolgt. Hatte ihn beobachtet ... genau wie ihn selbst. In der Tulbeckstraße. Als er glaubte, der Köter würde eine Katze anbellen hinter dem Holzkarren.

Sie wurden beide beobachtet. Auf Schritt und Tritt? Jetzt auch? Er sah sich um. Panik kam in ihm auf. Mit wem konnte er überhaupt noch halbwegs offen über den Fall reden? Die Ermittlungen liefen ja nicht nur nach außen hin verdeckt, sondern auch seine Kollegen waren in die wesentlichen Fakten nicht eingeweiht. Aber was nutzte die ganze Vertuschung jetzt noch? Er selbst hatte daran mitgestrickt, weil sein Präsident ihm dafür Rager ausgeliefert hatte. Den Maler durfte er abschießen, wenn es keine Querschläger gegen das Militär gäbe. Ihn hätte er ausquetschen dürfen und wäre so vielleicht an das

Umfeld herangekommen, in dem der Mörder agierte. Die Möglichkeit war jetzt verspielt. Mit dem Selbstmord von Rager war alles vorbei. Wo konnte er jetzt noch ansetzen?

Er ging zum Wagen und sagte dem Fahrer, dass er noch in die Gerichtsmedizin rübergehen würde.

»Ah, Herr Kommissär!«, rief Professor Riedl von einem Waschbecken herüber, wo er sich gerade die Hände einseifte. »Kommen Sie nur rein!«

Reitmeyer griff nach seinem Taschentuch. Der Geruch war wieder unerträglich, bestialisch geradezu.

»Schwül draußen, gell?«, sagte der Professor und trocknete sich ab. »Aber bei uns herunten ist es immer angenehm frisch.« Er machte eine Geste über die Landschaft aus Seziertischen, als wollte er einen Ferienort in den Bergen anpreisen. »Sie möchten sicher zum Fräulein Doktor? Die ist bloß schnell im Vordergebäude. Nehmen Sie doch Platz so lang.«

»Nein, danke, Herr Professor. Ich wart lieber oben.«

Er hastete zur Tür, rannte die Treppe hinauf und zur Eingangstür hinaus und wagte erst, als er sich an die Hausmauer lehnte, wieder tief einzuatmen.

Schritte knirschten auf dem Kies. Caroline bog ums Eck.

»Sebastian? Willst du zu mir?«

»Ja. Ich muss unbedingt mit dir reden.«

»Gibt's denn was Dringendes?«

»Wir müssen uns treffen. Dann erklär ich dir alles. Am besten heut Abend noch.«

28

Reitmeyer rührte den Kaffee um und rieb sich die Schläfen. Das grässliche Spannungsgefühl, als läge ein Eisenband um seine Stirn, ließ allmählich nach, aber die innere Unruhe, die merkwürdige Atemlosigkeit, ließ sich nicht abschütteln. Dabei hatte er keine Eile. Bis zu dem Treffen mit Caroline im Seehaus blieb ihm noch fast eine Stunde Zeit. Doch die Nervosität ließ ihn nicht los, aber die hatte auch nichts mit der Uhrzeit zu tun. Schon eher mit einem nagenden Gefühl, grundsätzlich zu spät zu kommen. Das Bild des erhängten Malers tauchte wieder vor ihm auf, und er zuckte zusammen, als sich am Nebentisch eine Gruppe Uniformierter niederließ.

Er blickte auf das Plakat an der gegenüberliegenden Wand, wo ein Leiber in historischer Uniform vor dem Löwen am Eingang der Residenz Wache hielt. Ein zwiespältiges Gefühl kam in ihm auf. Carolines Bruder war bei dem Regiment. Und aus ihr wollte er Informationen über den jungen Leutnant herauslocken. Was sicher nur gelänge, wenn er ihr gehörige Angst einjagte, was mit ihrem jüngeren Bruder geschähe, wenn dessen Beziehungen publik würden.

Er trank einen Schluck Kaffee. Sein ganzer Arbeitsalltag bestand inzwischen aus Verstellung. Ständig musste er vertuschen und vernebeln, um an Informationen heranzukommen. Auch bei dem Treffen mit Sänger in der Sitte war es nicht anders gewesen. Die günstige Wendung, die das Gespräch schließlich genommen hatte, ließ sich ebenfalls nur mit einer gewissen Verdrehung der Tatsachen erkaufen. Sein Polizeischüler sei bei der Überprüfung der Schränke des Masseurs im Regina niedergeschlagen worden, behauptete er, aber davon dürfe er auf Anweisung von oben nichts verlauten lassen. Nicht mal intern. Was Sänger maßlos erboste, weil stillschweigend übergangen werden sollte, dass ein Mitglied ihrer Truppe lebensgefährlich verletzt worden war. Er war so wütend, dass er versprach, alles in seiner Macht Stehende zu tun, um ihm zu helfen, den Täter zu überführen. Selbst wenn dabei gewisse Anordnungen von oben nicht ganz so strikt eingehalten werden würden.

Am Nebentisch wurde gelacht, und ein Stuhl scharrte über den Boden, als jemand aufstand. Reitmeyer wandte sich um. Den Mann kannte er doch. Sein Gegenüber schien ihn ebenfalls erkannt zu haben. Doch ohne weitere Notiz von ihm zu nehmen, ging der Offizier an Reitmeyers Tisch vorbei und verschwand in den Toilettengang hinaus. Ihm sollte es recht sein. Er hatte kein Bedürfnis, mit diesem Kerl in Kontakt zu treten. Mit Fritz von Hohenaschheim, oder besser gesagt, von Hohenarschheim, wie sie ihn damals nannten, als er ihr Mitschüler am Wilhelmsgymnasium war, wo auch die Pagerie unterrichtet wurde. Diese Pagen, die alle aus adligen Familien stammten, mussten bei Hoffesten in Rokokotrachten bedienen und trugen bei königlichen Umzügen irgendwelche Gegenstände auf Samtkissen herum. Was Lukas und Sepp oft zu beißendem Spott hinriss. Und Hohenarschheim fand eine Möglichkeit, es ihnen heimzuzahlen. Er denunzierte Sepp beim Direktor, weil er Gaststätten besuchte – wenn auch nur zur Arbeit –, die sowohl Soldaten wie Gymnasiasten verboten waren, weil dort politische Versammlungen von »linkem Gesocks« stattfanden. Daraufhin strich ihm die Kirche das Kostgeld, und nur dem Einsatz der Dohmbergs war es zu verdanken, dass er nicht überhaupt von der Schule flog.

Er winkte der Bedienung. Im selben Moment bog Hohenaschheim aus dem Toilettengang in den Gastraum und blieb vor seinem Tisch stehen. »Du bist doch der Reitmeyer«, sagte er. Ein höhnisches Lächeln verzerrte seinen Mund. »Und? Wie geht's so?«

»Sehr gut«, erwiderte Reitmeyer kühl und legte Geld auf den Tisch.

»Bist du jetzt auch Anwalt wie dein Spezl Leitner? Und linker Volkstribun?«

Reitmeyer antwortete darauf nicht, sondern schüttelte nur den Kopf über die blöde Bemerkung.

Der Kellner kam an den Tisch geeilt. »War alles recht, Herr Kommissär?«

»Ha, Polizist bist geworden!«, feixte Hohenaschheim. »Zu mehr hat's nicht gereicht?«

Reitmeyer stand auf und schob den aufgeblasenen Schnösel beiseite. »Besser als Denunziant«, zischte er, bevor er hinausging.

Auf dem Weg zu seinem Fahrrad fielen ihm noch ein paar Bezeichnungen für den arroganten Idioten ein. Erst nachdem er ein Stück gefahren war, ließ die Wut langsam nach. Damit konnte er sich jetzt nicht aufhalten, im Moment gab es wichtigere Dinge. Doch bei dem Gedanken daran schien sich eine zähe Masse in seinem Inneren auszubreiten, die ihm die Brust einschnürte. Er hatte ein Rendezvous mit einer Frau, die er begehrte. Aber wusste er, ob sie nicht ihn benutzte, um ihren Bruder zu schützen? Und er selbst? Schürte ihre Angst um diesen Bruder.

Nirgendwo entdeckte er einen freien Platz, weder an den langen Tischen entlang des Wassers noch weiter hinten unter den Bäumen. Schon auf der Fahrt durch den Englischen Garten war ihm klargeworden, dass das Seehaus an einem so schönen Abend wahrscheinlich kein günstiger Treffpunkt für ein vertrauliches Gespräch wäre. Ganze Scharen von Spaziergängern drängten sich auf den Wegen, alle wollten zu dem Biergarten am Kleinhesseloher See.

Er stellte sich auf die Stufen, die zur Terrasse hinaufführten, damit er Caroline gleich sah, wenn sie kam. Dann würden sie sich ein anderes Lokal suchen.

Aber sie tauchte nicht auf.

Zunehmend ungeduldig blickte er auf den See hinaus, wo weiter draußen ein paar Kähne mit Liebespaaren im Abendlicht schaukelten, und immer wieder auf die Gästescharen unter den nun brennenden Lampen zurück. Sie war doch sonst immer pünktlich. Beim Blick auf den Eingang des Biergartens, wo ein Pulk neuer Besucher hereindrängte, fiel ihm plötzlich ein junges Mädchen auf, das sich mühsam durch die Menge zwängte und anschließend rasch an den Tischreihen entlangging. Sie schien jemanden zu suchen. War das nicht Liesl, das Hausmädchen der Dohmbergs? Als sie den Blick hob und in seine Richtung sah, winkte er ihr zu.

»Herr Kommissär«, stieß sie hervor, als sie bei der Treppe angelangt war, »ich soll Ihnen ausrichten, dass das Fräulein Doktor nicht kommen kann. Aber ...«, sie schnappte nach Luft, »aber Sie sollen zu ihr nach Haus kommen, in die Giselastraße.«

»Ist was passiert?«

Doch sie hatte sich bereits umgedreht und hastete zum Ausgang des Biergartens. »Ich muss gleich wieder zurück«, rief sie nach hinten und verschwand in einer Gruppe lärmender Studenten, die gerade hereindrängte.

Er ging zu seinem Rad und hetzte zum Haus der Dohmbergs.

»Ah, Sebastian«, sagte Mathilde erleichtert, als sie die Tür öffnete. »Gott sei Dank, dass dich die Liesl gefunden hat. Die Caroline hat sich Sorgen gemacht, weil du sicher schon lange gewartet hast.«

»Was ist denn los, Frau Mathilde?«

»Ach ...« Mathilde strich sich das Haar zurück und ließ sich ächzend auf einen Stuhl in der Diele sinken. Sie schnaufte ein paar Mal tief durch und legte die Hand auf die Brust. »Wenn das so weitergeht«, sagte sie stöhnend, »krieg ich auch noch einen Herzanfall.«

»Herzanfall? Wieso auch?«

»Ja, wie die Baroness.« Sie ließ sich an die Lehne zurücksinken und seufzte tief auf. »Die ist ohnmächtig geworden. Aber Herr von Dohmberg ist auf einer Dienstreise, also hab ich den Dr. Ruckspiel angerufen, und die Caroline im Haus ihrer Freundin.«

»Und wie geht's der Baroness jetzt?«

»Sie ist wieder einigermaßen stabil, sagt Caroline. Sie ist noch bei ihr oben.«

»Kann ich was tun?«

Mathilde erhob sich schwerfällig. »Komm, wir gehen in den Garten runter, da ist es frischer. Und du, Liesl«, rief sie nach hinten, »bringst dem Herrn Kommissär ein Weißbier.« Schwerfällig ging sie die Terrassenstufen hinab und über den Rasen zu einem Tisch unter der großen Platane.

»Ist denn irgendwas passiert?«

Mathilde nickte vielsagend, zog einen Gartenstuhl dicht zu dem seinen und setzte sich. »Weißt du«, sagte sie, »alle denken immer, die arme Frau kriegt nichts mit, weil sie sich schon den Nachmittagstee mit ein paar Gläschen Sherry zu viel verschönt.« Sie sah sich um, als befürchte sie belauscht zu werden. »Aber so umnachtet ist sie nicht. Heut Abend hab ich gehört, wie sie dem Franz auf den Kopf zugesagt hat, er soll ihr die Amethystbrosche zurückgeben. Weil sie die von ihrer Großmutter hat, und weil sie an der hängt. Verstehst du, sie weiß schon seit Jahren, dass er sie beklaut. Und ich«, sie sah sich wieder um, »hab ihn auch einmal erwischt. Noch in seiner Kadettenzeit.«

Reitmeyer schüttelte den Kopf. »Und warum hat man dann nichts unternommen?«

Mathilde winkte ab. »Weil seine Mutter ein schlechtes Gewissen gehabt hat, weil sie zugelassen hat, dass er damals zu den Kadetten gekommen ist, obwohl er doch so ...«, sie suchte nach einem Wort, »obwohl er so *sensibel* war, und weil sie

Angst gehabt hat, dass sonst alles noch schlimmer wird mit ihm und seinem Vater.«

»Und hat er die Brosche zurückgegeben?«

»Nein. Er hat alles abgestritten, der dumme Bub. Deshalb ist es ja so eskaliert. Aber«, sie beugte sich noch näher und legte den Finger auf den Mund. »Das bleibt unter uns. Ich weiß nicht, ob die Caroline darüber Bescheid weiß.«

Liesl kam mit dem Getränk über den Rasen. »Das Fräulein Doktor lässt ausrichten, dass sie gleich kommt. Und Sie sollen zur gnädigen Frau raufkommen«, sagte sie zu Mathilde.

Reitmeyer sah der Köchin nach, wie sie schleppend, eine Hand in den Rücken gestützt, zum Haus zurückging. Die Geheimnisse des Hauses Dohmberg lasteten schwer auf ihr. Aber dass Caroline nichts von Franz' erbärmlichen Klauaktionen wusste, konnte er sich nicht vorstellen.

Die Terrassentür fiel knarrend ins Schloss, und kurz darauf kam Caroline über den Rasen gelaufen. »Tut mir leid«, rief sie, während sie auf ihn zu kam. »Aber du hast ja gehört, was passiert ist.«

»Geht's deiner Mutter wieder besser?«

»Ich denke schon. Ich hab ihr was zur Beruhigung gegeben.« Sie griff nach oben und zündete eine Petroleumlampe an, die in den Ästen hing. »Jedenfalls ist sie entschlossen, in zwei Tagen nach England zu fahren. In die Ferien.« Sie setzte sich und sah in den wolkenlosen Himmel hinauf. »Mein Gott, Ferien! Ich kann's auch kaum mehr erwarten, endlich Urlaub zu haben.«

Liesl kam wieder in den Garten herunter. Sie trug ein Tablett mit Weißwein und einer Platte mit kaltem Braten darauf. »Ich hab dir was zu essen bringen lassen«, sagte Caroline. »Nachdem ich dich schon versetzt habe.«

»Danke, sehr aufmerksam«, sagte Reitmeyer und griff nach Messer und Gabel. Caroline sah ihm eine Weile zu. Dann griff sie nach der Flasche und schenkte sich ein Glas Wein ein.

»Eigentlich«, sagte sie und lehnte sich mit dem Glas in der Hand zurück, »dürfte ich es ja nicht verraten, weil dich Lukas damit überraschen wollte. Aber ich freu mich so sehr darauf, dass ich ...«

Reitmeyer sah sie fragend an. »Der Lukas?«

»Ja. Er hat ein paar Konzerte in England. Im August. Und dazu will er dich einladen.« Reitmeyer legte Messer und Gabel ab. »Und hinterher fahren wir alle noch eine Woche auf den Landsitz meiner Familie. Zu dritt. Lukas, du und ich.«

»Also Caroline –«

»Nein, nein, das kannst du ihm nicht abschlagen. Du hast doch auch Sommerurlaub.«

»Urlaub ... in England? Wie stellst du dir das vor?«

»Du warst doch schon einmal mit uns dort.«

Er schüttelte den Kopf. »Damals war ich Jurastudent.« Er hätte auch sagen können, damals stand mir die Welt noch offen.

»Ach so, du denkst, meine Verwandten empfangen bloß *Standespersonen* oder Oxford-Akademiker? Aber die sind weder dämliche Snobs noch sonst irgendwie dünkelhaft. Und außerdem bist du einer unserer ältesten und besten Freunde.«

»Na ja ... wenn ich da an deinen Großvater denke«, sagte er, um von dem Thema abzulenken. »Dem war doch damals selbst euer Haus nicht vornehm genug, und er ist gleich ins Vier Jahreszeiten gezogen.«

»Ach, da ging's um was ganz anderes. Er ist einfach nicht damit zurechtgekommen, dass es keinen *man servant* im Haus gab. Und er im Nachthemd auf dem Weg ins Bad der Mathilde begegnet ist.«

Reitmeyer lachte gezwungen.

Caroline beugte sich vor und griff mit den Fingern nach einem Bratenstück. »Du siehst also ...«, fuhr sie mit vollem Mund fort und machte eine Geste, die wohl ausdrücken sollte, dass seine Bedenken vollkommen grundlos waren.

Reitmeyer kaute eine Weile und trank einen Schluck Bier.

»Darum geht es doch gar nicht«, begann er, nachdem er sein Glas abgestellt hatte. »Ich will dir ja den schönen Abend nicht verderben, aber vielleicht erinnerst du dich, dass hier ein zweifacher Mörder herumläuft.«

Sie blickte ihn an, und über ihrer Nasenwurzel bildete sich eine steile Falte, die er noch nie bei ihr gesehen hatte.

»Zugleich sieht es ganz so aus«, fuhr er entschlossen fort, »als wäre der Kunstmaler Rager von einem Erpresser in den Selbstmord getrieben worden. Und ich muss zumindest in Erwägung ziehen, dass die drei Fälle in irgendeinem Zusammenhang stehen. Und möglichst verhindern, dass es zu einem vierten kommt. Also in Urlaub ...«

Sie hatte gerade wieder nach einem Bratenstück gegriffen, hielt aber mitten in der Bewegung inne. »Der Rager wurde ...?«

»Das musst du unbedingt für dich behalten.«

»Ja aber ...«

»Hör zu, Caroline, normalerweise bespreche ich diese Dinge nicht außerhalb meiner Diensträume. Aber bei dir liegt der Fall anders. Du bist Gerichtsmedizinerin und daher zu Verschwiegenheit verpflichtet, und zweitens«, er machte eine Pause und holte Luft, bevor er den Schlag niedergehen ließ. »Und zweitens ist dein Bruder Franz so unglückselig in die ganzen Vorgänge verwickelt, dass er als Hauptverdächtiger gelten muss.«

»Was?« Sie wich mit einem Ruck zurück, dass Wein auf ihren Rock schwappte. »Wieso ... wieso der Franz?«

»Caroline, ich sag das alles nicht, um dich zu quälen. Im Gegenteil, ich will dir helfen.«

»Mir helfen?«

»Ja, ganz genau. Ich muss dir erklären, wie ernst die Lage ist, welche Beweise gegen deinen Bruder vorliegen.«

»Du meinst doch nicht etwa ...«, rief sie und sprang auf.

»Nein, das meine ich nicht. Aber andere könnten es so sehen.«

Sie starrte ihn mit einem fast feindseligen Blick an. »Welche anderen?«

»Caroline, ich bitte dich. Setz dich wieder.«

Zögernd gab sie nach.

»Hör mir bitte zu.« Er sah sie eindringlich an. »Es gibt eindeutige Beweise, dass Franz das erste Opfer, Hubert Neugebauer, kannte. Zum einen hat man das Zigarettenetui bei ihm gefunden, das aus eurer Familie stammt, zum zweiten haben ihn die Eltern des Opfers auf einem Foto erkannt und ausgesagt, dass er kurz vor dem Mord bei ihnen in der Au war. Aber was noch viel schlimmer ist ...« Die Falte auf ihrer Stirn vertiefte sich. Er zog Rattlers Zeichnungen von den Diamantkämmen aus der Tasche. »Kommen dir die bekannt vor?«

Sie warf mit starrer Miene einen Blick darauf und schwieg.

»Du kennst die Stücke. Die wurden im Regina-Hotel in einer Schublade des ermordeten Masseurs gefunden.«

»Und wo sind sie jetzt?«, fragte sie trotzig.

»Der Mörder hat sie. Unser Polizeischüler wurde niedergeschlagen, als er den Schrank des Masseurs ausräumte. Nachdem er im Krankenhaus wieder zu sich kam, hat er diese Zeichnungen nach seiner Erinnerung angefertigt.«

»Im Krankenhaus?«

»Ja, er hat gottlob überlebt. Aber ist dir klar, was das bedeutet?«

Sie wurde blass und nickte zögernd.

»Dein Bruder wurde erpresst, Caroline. Er hatte nicht bloß Spielschulden, wie du vermutet hast. Er brauchte Geld, um den Erpresser ruhigzustellen. Und als die Summen immer größer wurden, hat er die Kämme deiner Mutter genommen.«

»Hör auf!«

»Ich kann nicht aufhören, Caroline. Dein Bruder wurde vermutlich von beiden Opfern erpresst, die Beweise dafür liegen vor. Und jetzt mach dir bitte die Rechtslage klar. Franz ist Offizier. Eigentlich müsste ich den Fall sofort an die Militärgerichtsbarkeit abgegeben. Die hätten natürlich keinerlei Interesse, den Fall wirklich aufzuklären. Womöglich Anklage zu erheben und eine Verhandlung zu riskieren. Also, was würden sie tun?«

Sie sah ihn entgeistert an.

»Sie würden alles daransetzen, einen solchen Skandal zu vermeiden. Und wie schafft man in Militärkreisen derlei Dinge aus der Welt?«

»Du denkst doch nicht ...?«

»Doch, genau das befürchte ich. Sie würden davon ausgehen, dass er den Anstand besitzt, sein Regiment vor Schande zu bewahren. Er ist ja schließlich bei keiner Allerweltstruppe, sondern beim Königlich bayerischen Leibregiment, der Zierde des bayerischen Königtums! Also was würden sie tun? Sie würden ihm einen Revolver auf den Schreibtisch legen.«

»Aber er ist doch kein Mörder! Das war doch nicht er mit dem Medulla-Stich!«

»Das wissen *wir* beide. Wir wissen, dass er zu so etwas nicht imstande wäre. Aber die anderen? Die Militärs? Sie würden sich aufgrund der Sachlage wohl kaum auf eine langwierige und skandalträchtige Untersuchung einlassen. Denk doch an den Fall des Oberst Redl in Österreich. Der hat die Aufmarschpläne seines Landes an die Russen verraten, wie trotz aller Vertuschungsversuche durchgesickert ist, und kam der vor ein Militärgericht? Nein. Man hat die diskretere Lösung vorgezogen. Er musste sich auf Druck seiner Vorgesetzen selbst richten.«

Sie griff sich an den Hals. »Aber, aber das geht doch nicht! Das müssen wir verhindern! Was können wir denn tun?«

»Ich muss den Fall aufklären. Den wirklichen Mörder finden. So schnell wie möglich.« Er richtete sich auf. »Und du musst mir dabei helfen.«

»Ich? Wie denn?«

»Ich selbst kann Franz nicht nach seinem Umfeld ... seinen Bekanntschaften befragen. Aber du.«

»Ich soll ihn ausspionieren?«

»So würde ich das nicht nennen. Aber vielleicht hast du irgendwas mitgekriegt, vielleicht irgendwelche Namen gehört?«

Sie sah eine Weile vor sich hin. »Wie soll ich dir denn helfen? Ich weiß doch nichts. Er redet ja kaum mit uns.«

»Und was ist mit deinem Vater? Den hab ich übrigens am Tag von Ragers Selbstmord vor dessen Haustür angetroffen.«

Sie erschrak. Dann griff sie schnell nach ihrem Weinglas und leerte es in einem Zug. »Er setzt ihm also immer noch zu. Dabei dachte ich, es wäre vorbei. Er hätte eingesehen, dass der Rager nicht schuld ist.«

»Woran schuld?«

»Na ja, dass der Franz so ist, wie er eben ist.« Sie starrte einen Moment in ihr leeres Glas. »Das war ein alter Streit in unserer Familie. Mein Vater fand, dass er sich statt aufs Zeichnen lieber auf Dinge konzentrieren sollte, die ihm eine militärische Karriere garantierten. Also nicht auf diesen *Künstlerkram*, der seiner Meinung nach nur zu Verweichlichung und dergleichen führt.« Sie drehte eine Weile das Weinglas in der Hand. »Komisch, nicht? Normalerweise werden die Nachzügler in einer Familie doch eher verhätschelt. Bei uns war es umgekehrt. Wir beiden älteren Kinder waren immer die Lieblinge unserer Mutter, aber an ihrem Jüngsten hat sie ab einem bestimmten Punkt praktisch das Interesse verloren.«

»Warum?«

Sie zuckte die Achseln. »Vielleicht, weil er zu sehr der Dohmberg-Linie nachschlägt.« Ein bitteres Lächeln strich über ihr Gesicht. Reitmeyer hakte nicht nach. Dass die Ehe mit dem vergleichsweise mittellosen Beamten kein Glücksgriff gewesen war, entging bei der letzten Einladung im Haus Dohmberg selbst einem Außenstehenden nicht.

»Du hast gesagt, dein Vater hat Rager zugesetzt?«

»Ja, ihm Vorhaltungen gemacht … ihn beschimpft.« Plötzlich brach sie ab und sah ihn mit aufgerissenen Augen an. »Du denkst doch nicht etwa, dass er ihn in den Selbstmord getrieben hat?«

Reitmeyer zuckte die Achseln. Er dachte an den gebildeten Schreiber. Als er dem Sittensänger die Schreiben vorgelegt hatte, war dem aber dazu auch nicht mehr eingefallen als ihm selbst. Es könnte sich um einen wohlhabenden Gast handeln, den der Masseur ausgenommen hatte, oder um eine Tat im Milieu. Denn dass dieser Masseur junge Männer an interessierte Herren vermittelt habe, hätten sie schon länger vermutet, ihm aber nichts nachweisen können. Reitmeyer überlegte einen Moment. Wenn nun etwa Dohmberg der Verfasser war?

»Nein, nein, das glaube ich nicht«, versicherte er ihr schnell. »Aber gibt's denn irgendwelche Hinweise, dass dein Vater von den Erpressungen wusste, denen Franz ausgesetzt war?«

»Schwer zu sagen. Keine Ahnung.«

»Und sonst? Sagt dir zum Beispiel der Name von Schmödel irgendwas.

»Ja, sicher. Der war bei einer Veranstaltung beim Regiment der Schweren Reiter einmal mein Tischherr. Ich begleite Franz manchmal, wenn er zu einer Einladung geht, wo Damenbegleitung erwünscht ist.«

»Und kennst du zufällig auch einen von Rüdesheim?

»Ja, das ist ein Freund von Schmödel. Ich kenne die beiden aber nicht besonders gut. Das sind halt so ... Militärs. Stolz auf ihr Regiment und ziemlich von sich eingenommen. Ich meine, wir hatten uns nicht viel zu sagen. Die Konversation war eher angestrengt, wenn du verstehst, was ich meine.«

»Du meinst, sie haben nicht ganz so reagiert auf dich, wie du es sonst von Herrn gewohnt bist?«

Zum ersten Mal lächelte sie wieder. »Sagen wir mal so, sie würden vielleicht gnädig darüber hinwegsehen, dass ich schon ein älteres Mädchen bin, und sich trotzdem herablassen, mich zu heiraten. Du kennst doch die einschlägigen Anzeigen in diversen Zeitungen: *Offizier – zehntausend Mark Schulden –*

sucht standesgemäße Verbindung. Wahrscheinlich müsste ich aber noch mal zehntausend drauflegen, weil ich überhaupt Ärztin bin. Aber möglicherweise«, sie lachte auf. »Möglicherweise würde mein ganzes Erbe nicht ausreichen, um wettzumachen, dass ich Leichen seziere.«

Reitmeyer räusperte sich. Sie sah ihn von der Seite an. »Hast du vielleicht auch ein Problem damit?«

»Wieso?«

Sie stand auf und trat hinter ihn. »Ach komm, gib's zu«, sagte sie und legte die Hände auf seine Schultern. »Es ist dir doch ein Graus, wenn du daran denkst, was ich den ganzen Tag so mache.« Ihr Kopf war dicht an seinem, und als er sich zurücklehnte und zu ihr aufsah, fiel ihr Haar um sein Gesicht. »War das der Grund, weshalb du es neulich in deiner Wohnung vorgezogen hast, auf dem Sofa zu schlafen?«

Er schwieg einen Moment. »Ach, Caroline ...«, sagte er schließlich. Verstand sie denn nicht, dass er sich damals nicht dem geringsten Verdacht aussetzen wollte, ihre hilflose Lage auszunutzen? Außerdem war er sich nicht einmal sicher, ob sie es überhaupt darauf abgesehen hatte.

Sie zog sich langsam zurück und setzte sich wieder. »Bist du mit einer anderen Frau zusammen?«

Er antwortete nicht gleich, sondern sah zu der Lampe hinauf, um die Nachtfalter schwirrten. »Das ... das kann man so nicht sagen.«

»Es geht mich ja auch nichts an«, erwiderte sie kühl.

Er sah sie an. Das Lächeln auf ihrem Gesicht wirkte künstlich, eine konventionelle Maske, und wie früher schon oft hatte er das Gefühl, als sei eine Tür einen Spalt breit aufgegangen, um sich hinterher nur umso fester zu schließen. Ihr Pendeln zwischen Zutraulichkeit und spröder Distanz war nichts Neues. Und der Versuch, ihr Angst um Franz einzujagen, hatte möglicherweise genau das Gegenteil dessen bewirkt, was er sich erhofft hatte. Sie wäre sehr vorsichtig, der Polizei Informationen zu liefern, von denen sie nicht wusste, ob die schließlich nicht doch gegen ihren Bruder verwendet würden.

Die Terrassentür knarrte. Mathilde stand oben an der Balustrade. »Caroline«, rief sie leise.

Caroline drehte sich um. »Ich komme gleich«, antwortete sie.

»Hör zu, ich ...«

»Sebastian, ich muss jetzt rein«, sagte sie und legte die Hand auf seinen Arm. »Das verstehst du doch?« Ihre Stimme klang wieder warm und freundlich. »Wir reden ein anderes Mal weiter. Ich ruf dich an.«

Er sah ihr nach, wie sie über den Rasen lief. An den Stufen zur Terrasse blieb sie kurz stehen und hob die Hand, bevor sie im Haus verschwand.

AUFZEICHNUNGEN EINES OFFIZIERS

9. JULI 1914

Das freche Bürschchen gibt nicht auf. Er dachte, ich hätte ihn nicht gesehen. Wie er sich an die dämliche Hausmeistertochter rangemacht hat. Sie bat ihn in die Küche. Ich stand vor dem Fenster und habe alles mitbekommen. Er gab ihr ein Foto von dieser Filmschauspielerin. Kleopatra. Und stellte in Aussicht, dass sie gemeinsam im Gabriel-Kino die *Herrin am Nil* anschauen könnten.

»Mei, Ferdl«, schnaufte die dumme Ziege hin und weg. Ohne zu bemerken, dass er den Wohnungsschlüssel vom Haken nahm (deutlich mit »Blank« beschriftet). Wie lange ist er mir schon auf den Fersen? Ich weiß natürlich, was er vorhat. Aber besser kein Aufsehen im Haus. Ich werde ganz demonstrativ ausgehen. Und ihm später die geklauten Sachen draußen wieder abnehmen. Mit einem gehörigen Denkzettel versehen, den er nicht vergessen wird.

Ich hatte ihn nicht aus den Augen gelassen. Er ging zu seinem Rad zurück, das im Gebüsch an der Brücke versteckt war. Gemessenen Schritts. Natürlich. Nur Diebe laufen davon. Das Jüngelchen hielt sich für besonders schlau.

Als ich hinter ihn trat, fuhr er blitzschnell herum und warf das Rad auf mich. Das hätte er nicht tun sollen. Dass ich so wütend wurde, ist allein seine Schuld.

Meine linke Hand ist stark angeschwollen. Blutvergiftung? Die kleine Zecke hat mich tatsächlich gebissen! Sonst wäre ich nicht so ausgerastet. Trotzdem. Ein kapitaler Fehler! War er allein? Die ganze Gegend abgesucht. Aber kein Anzeichen weiterer Beschattung.

Jetzt heißt's mit kühlem Kopf den Plan zu Ende bringen.

Erster Akt: Den Druck verschärfen!

29

»Da drüben, Herr Kommissär, der Große«, sagte Dobler, der Sittenbeamte. »Der am Brunnen vorbei auf den Kiosk zugeht. Das ist er.«

Reitmeyer trat unter der Markise eines Geschäfts am Stachus-Rondell heraus, kniff die Augen zusammen vor dem grellen Sonnenlicht und warf einen Blick auf den Mann hinüber, der eilig den Platz überquerte und unter den Bäumen am Kiosk verschwand. Jetzt verstand er, warum Dobler drei Polizisten mitgebracht hatte, um diesen Menschen zu verhaften. Der Kerl war ein Hüne, sicher über einsneunzig, und mit so kräftigen Muskeln bepackt, dass seine Jacke fast aus den Nähten platzte. »Ist das ein Boxer?«, fragte einer der Polizisten und hielt seinen Schlagstock umklammert, als suche er Halt daran. Dobler ging auf die Bemerkung nicht ein, sondern zog sein Jackett straff und blickte feldherrnmäßig in die Runde. »Wir teilen uns auf«, sagte er entschlossen. »Zwei gehen um den Platz und kommen von hinten, ich geh auf das Subjekt zu, und der Herr Kommissär und Steiger sichern die rechte und linke Seite.«

Steiger sah Reitmeyer etwas verblüfft an. Der nickte beschwichtigend. Der Sittensänger hatte es für besser gehalten, wenn seine Leute den Einsatz leiteten. Die hätten jahrelange Erfahrung mit dem Gesindel. Und Reitmeyer wollte seinem Kollegen nicht widersprechen, wenn er ihm schon so rasch nach ihrem Gespräch einen Verdächtigen präsentierte, den er ausquetschen durfte. Der sei zwar eher ein kleineres Licht, wie sie sich zu Dutzenden in der Bahnhofsgegend herumtrieben, aber in letzter Zeit vermehrt unter Strichern am Stachus und in der Bayerstraße beobachtet worden und stehe im Verdacht pornografisches Bildmaterial zu verkaufen. Auch wenn es bislang zu keiner einschlägigen Verurteilung gekommen sei, hätten seine Beamten den Eindruck, dass er sich im Milieu bestens auskenne und unter Umständen wertvolle Hinweise liefern könne.

Dobler warf jetzt die Schultern zurück, machte ein Zeichen, und die beiden Polizisten setzten sich in Bewegung. Sie umrundeten den Platz und blieben ein paar Meter hinter dem Kiosk stehen. Reitmeyer und Steiger begaben sich ebenfalls auf die zugewiesenen Positionen. Dobler marschierte hocherhobenen Hauptes auf den Riesenkerl zu, der mit ein paar Burschen neben den Zeitungständern stand, und zückte seine Dienstmarke. »Josef Hassler«, sagte er laut, »ich verhafte Sie im Namen –«

Er brachte seinen Satz nicht zu Ende. Hassler packte blitzschnell das schmächtige Bürschchen neben sich und schleuderte es wie eine Stoffpuppe gegen den Beamten. Dobler verlor das Gleichgewicht und ging, in den Jungen verhakt, zu Boden. Von hinten stürzten die Polizisten herbei. Hassler versetzte dem einem einen Stoß, der ihn ebenfalls aufs Pflaster streckte, der andere wich entsetzt zurück, als der Schläger nach ihm ausholte. »Steiger, pass auf!«, schrie Reitmeyer, als der Dobler zu Hilfe kommen wollte, und Steiger sprang gerade noch zur Seite, als der Tobsüchtige auf ihn losstürzen wollte. Erst als Reitmeyer hinzueilte, besann er sich eines Besseren und rannte mit langen Sätzen in Richtung Karlstor davon. »Los, hinterher!«, rief Reitmeyer.

Hinter dem Karlstor stand eine größere Menschentraube vor einem fliegenden Händler, der Scheren und Messer anpries. Grob rempelnd versuchte Hassler in der Menge unterzutauchen. Was ihm bei seiner Größe nicht gelang. »Da!«, rief Steiger. »Er will ins Kaufhaus!« Schwer schnaufend kamen die beiden Polizisten von der Seite angelaufen.

»Zum Hintereingang!«, rief Reitmeyer und scheuchte die beiden in die Gasse neben dem Oberpollinger. Er selbst rannte mit Steiger durch das offene Portal ins Kaufhaus. Sie blickten sich um. Von Hassler war nichts zu sehen. Bis plötzlich eine Verkäuferin die Hand hob und auf den Eingang deutete. Als sie sich umdrehten, tauchte Hassler hinter einer Vitrine auf und rannte wieder auf die Straße hinaus. Einen Moment hielt er inne, blickte sich um und verschwand gegenüber in den Augustiner.

»Sag dem Dobler und seiner Mannschaft Bescheid«, rief Reitmeyer. Steiger nahm seine Pfeife heraus. Zwei durchdringende Pfiffe schallten durch die Neuhauser Straße. Die zwei Polizisten kamen angelaufen, und schließlich auch Dobler mit erhitztem Gesicht und grimmiger Miene. »Er ist da drin«, sagte Reitmeyer und deutete auf den Lokaleingang.

Dobler klopfte seine staubige Hose ab, rückte sein Jackett zurecht und warf sich in Positur. »Jetzt holen wir uns den Saukerl!«, stieß er hervor und riss die Lokaltür auf.

»Der ist da hinten«, rief eine Bedienung und zeigte in Richtung des Küchentrakts, aus dem lautes Gepolter und schreiende Stimmen klangen. Mehrere Gäste sprangen auf. Reitmeyer schob die Frau beiseite, lief nach hinten und riss die Schwingtür auf. Hinter ihm zwängten sich die Polizisten herein.

»Ja, los jetzt!«, rief Steiger mit Blick auf die verwüstete Küche und den Pulk brüllender Köche, die Hassler in eine Ecke gedrängt hatten, während ein Lehrling auf eine Anrichte sprang und ihm einen Fleischklopfer auf den Kopf hieb.

»Schluss!«, schrie Dobler, stürzte nach vorn und schob die Männer beiseite. Dann zog er Handschellen heraus, die er dem zu Boden gegangenen Hassler anlegte. »Bravo«, sagte ein Koch höhnisch. »Jetzt könnt ihr den mitnehmen, nachdem ihm unser Lehrbub einen Scheitel gezogen hat.«

»Das kommt dich teuer zu stehen, Hassler«, sagte Sänger. »Beamte niederschlagen und in der Küche vom Augustiner randalieren.« Er warf einen Blick zu Reitmeyer hinüber, der die Akte des Verhafteten durchblätterte. »Da kommt einiges zusammen.«

»Soll er die Handschellen anbehalten?«, fragte einer der Polizisten.

Reitmeyer sah auf den Hünen, auf dessen Stirn ein roter Striemen von einem Schlagstock prangte und dessen Hemdärmel zerrissen herunterhingen. So hatte er nach der Festnahme noch nicht ausgesehen.

»Gibst jetzt endlich Ruh?«, fragte Sänger. »Sonst kannst dich in verschärftem Arrest beruhigen.«

Hassler brummte etwas.

»Also, abnehmen«, befahl Sänger den Beamten. »Und dann warten Sie draußen, bis wir hier fertig sind.« Er zog sein Jackett straff. Reitmeyer reichte ihm die Akte.

»Und jetzt zu uns«, sagte Sänger, bevor er sich niederließ. Bedächtig blätterte er die Seiten der Akte durch, zog eine Augenbraue hoch, warf einen Blick auf sein Gegenüber und vertiefte sich erneut in die Akte. Dann folgten Fragen nach Wohnort und Arbeit, immer von quälend langen Pausen und Aktenstudium unterbrochen. Bis er schließlich zur üblichen Vernehmungsmasche aus Drohung und scheinbar wohlmeinendem Ratschlag überging, um den verstockten Menschen aus der Reserve zu locken. Der Deliquent, Josef Hassler, Tagelöhner, wie er angab, ließ sich davon allerdings nicht sonderlich beeindrucken. Zunehmend ungeduldig hörte Reitmeyer zu.

»Also noch mal!«, sagte Sänger scharf. »Woher kriegst du die Fotos?«

Hassler verwahrte sich, irgendwelche Fotos zu besitzen oder gar zu verkaufen. Die seien ihm untergejubelt worden. Wahrscheinlich von den Polizisten selbst, die ihm was anhängen wollten. Er treibe keinen Handel mit dreckigen Fotos, das müsse man ihm erst mal nachweisen.

Reitmeyer horchte erst wieder auf, als es erneut um Hasslers Wohnort ging.

Bei einer Regina Zipf, einer registrierten Kartendame, war er gemeldet. Genau bei selbiger Regina Zipf, die ihn nicht in ihre Wohnung gelassen hatte und auf irgendeine Weise mit diesem Stenz Bürgel verbandelt war. Sänger versuchte Hassler einen Strick zu drehen, indem er ihn der Zuhälterei bezichtigte und ihm mit Arbeitshaus drohte. Man würde die Sache aber nicht weiterverfolgen, wenn er die Fragen des Kriminalkommissärs wahrheitsgemaß beantworte.

Reitmeyer stand auf und legte die Bilder der beiden Opfer auf den Tisch.

»Herr Hassler«, begann er und setzte sich. Sowohl sein Kollege wie der Delinquent blickten ihn verwundert an. Aber er ließ sich nicht beirren. Er sprach einen erwachsenen Mann nicht mit »du« an, auch keinen Kleinkriminellen aus der Unterschicht. »Kennen Sie diese beiden Männer?«

Hassler schüttelte den Kopf. Erst als man ihm mit einer Gegenüberstellung drohte – Sänger behauptete, die Hausmeisterin in der Gollierstraße, wo das erste Opfer wohnte, habe ihn beschrieben – gab er zu, Botengänge für Hubert Neugebauer durchgeführt zu haben. Er habe Kuverts abgeholt aus diversen Lokalen. Über deren Absender oder Inhalt er aber nichts sagen könne, weil er die nicht geöffnet habe.

»Was für Lokale?«, fragte Sänger. Hassler nannte natürlich das Hofbräuhaus, den Hacker- und den Münchnerkindlkeller, lauter riesige Gaststätten, wo man es schwerhätte, Zeugen zu finden, die sich an die Abholung bestimmter Gegenstände erinnerten. Reitmeyer steckte die Fotos wieder in den Umschlag und sah auf die Uhr. Schon seit einer halben Stunde wusste er, dass ihm das Verhör zu keinen wirklich neuen Erkenntnissen verhelfen würde. Ganz offensichtlich hatte man den etwas einfältigen Kerl benutzt, um die Gelder abzuholen, weil man davon ausgehen konnte, dass er die Beute brav ablieferte. In die Interna der Erpressungsgeschäfte war er nicht eingeweiht.

Abschließend machte Sänger noch einen Vorstoß in Richtung des gebildeten Schreibers, der Rager so unter Druck gesetzt hatte. Ob sich vielleicht einmal ein besserer Herr an die versammelte Mannschaft am Bahnhof oder Karlsplatz gewandt habe? Was Hassler einigermaßen verblüffte, weil dort ständig bessere Herrn unterwegs seien. Nach einigem Hin und Her stellte sich aber dann doch heraus, dass ein älterer Herr versucht hatte, Auskünfte einzuholen, »wer was mit Offizieren hat«.

»Und wie hat dieser Herr ausgesehen?«

»Vornehm halt.«

»Geht's etwas genauer?«

»So wie ein Reichsrat halt.«

Sänger verdrehte die Augen. »War irgendwas Besonderes an dem Mann?

Hassler zuckte die Achseln.

»Ja, Herrgott, war er groß, klein, dick, schlank, hat er einen Spazierstock gehabt.«

»Ja.«

»Was jetzt? Einen Spazierstock?«, fragte Reitmeyer gereizt.

Hassler nickte.

»Und wie sah der aus?«

»Silbern am Knauf.«

»Welche Form?«, fragte Reitmeyer mit erhobener Stimme.

»So länglich.«

Sänger schlug auf den Tisch. »Genauer!«

»... so wie ein Entenkopf.«

Eine vage Erinnerung tauchte in Reitmeyer auf. Besaß nicht Dohmberg senior so einen Stock? Versuchte er die Erpresser seines Sohnes ausfindig zu machen? Bei dem Gedanken an Dohmberg schoss ihm wieder die Szene mit Caroline vom Wochenende durch den Kopf. Einen Revolver würden die Militärs Franz hinlegen? Aufgrund welcher Vorwürfe? Hatte Franz Hochverrat begangen und Aufmarschpläne an den Feind verkauft? Es war schlichtweg lächerlich. Reitmeyer raffte seine Unterlagen vom Tisch. Und hier vergeudete er ebenfalls nur seine Zeit.

»Kennen Sie einen Jakob Bürgel?«, fragte er noch, bevor er aufstand.

»Kenn ich nicht.«

»Die Dame, bei der Sie wohnen, kennt diesen Herrn aber sehr genau.«

»Was weiß ich, wen die kennt«, erwiderte Hassler und zuckte die Achseln.

Reitmeyer riss der Geduldsfaden. Der klotzige, sture Kerl, der vor ihm saß, erschien ihm plötzlich wie der Inbegriff aller Widrigkeiten, mit denen er sich herumzuschlagen hatte. Den ganzen Vormittag war er für nichts und wieder nichts durch die Gegend gerannt, nur um sich zum Schluss von einer Schar Köche verlachen zu lassen. Eine maßlose Wut stieg in ihm auf.

»Jetzt reicht's mir aber mit der saublöden Lügerei«, schrie er außer sich und packte Hassler am Kragen. »Sie wohnen bei der Zipf und kriegen rein gar nichts mit? Sie halten mich wohl für einen Vollidioten und meinen, Sie könnten mir jeden Dreck hinschmeißen, und ich schluck den auch noch …«

»Herr Kollege!«, rief Sänger erschrocken und sprang auf.

Reitmeyer ließ den Mann, der ihn fassungslos anstarrte, los und blieb einen Moment mit hängenden Armen stehen. Dann drehte er sich wortlos um und stopfte die Fotos in seine Mappe. »Danke, Kollege Sänger«, stieß er hervor und eilte zur Tür.

AUFZEICHNUNGEN EINES OFFIZIERS

10. JULI 1914

Jede militärische Operation basiert auf einer Täuschung.
(Wellington)

Es ging zwar nicht aufs Schlachtfeld, sondern nur in ein Arbeitszimmer, dennoch ein glänzendes Manöver. Und wie immer hat das Risiko den Reiz noch erhöht.

Anfangs gab Herr von D. natürlich den hohen Staatsbeamten. Ich sollte Namen und Auftraggeber, »Ross und Reiter« nennen.

Meine Identität tue nichts zur Sache. Ich sei mit einer geheimen Mission befasst, die in weiterem Sinn auch seinen Sohn betreffe. (Eine Ader an seiner Stirn, die heftig zu pochen begann, demonstrierte, dass ich ihn am Haken hatte.)

Ich gab mich verantwortungsbewusst und verständnisvoll: Ich dächte in erster Linie an Deutschland. In zukünftigen Waffengängen würden ich und sein Sohn gemeinsam fürs Vaterland kämpfen, er wäre ein Kamerad, und ich würde alles in meiner Macht Stehende tun, um einem Kameraden aus einer misslichen Lage zu helfen, in die er nur aufgrund jugendlicher Torheit, mangelnder Erfahrung und schlechten Umgangs geraten sei.

Zunehmende Irritation beim Ministerialdirigenten. Ich legte nach.

Sein Sohn stehe im Zentrum einer unschönen Affäre und müsse aufgrund der Beweislage womöglich mit empfindlichen Konsequenzen rechnen.

Empörung: Was für Beweise?

Ich zählte auf: Anwesenheit an übel beleumundeten Orten, Umgang mit fragwürdigen Subjekten, Schmuckstücke aus seiner Familie, die bei bestimmten Personen gefunden wurden, die offenkundig mit größeren Geldforderungen an den Sohn herangetreten seien.

Mühsamer Versuch, Haltung zu bewahren. (»Was erlauben Sie sich!«)

Die Lage seines Sohnes sei bedenklich. Ich böte ihm aber meinen Beistand an. Ich sei mit den Fallstricken und Fährnissen des Falls vertraut. Wenn er etwa irgendwelche … Schreiben erhielte … (die Ader begann wieder zu pulsieren, er senkte den Blick auf die Schreibtischschublade, wo die bereits eingegangenen offensichtlich verwahrt wurden), solle er sich sofort an mich wenden. Ich würde mich auskennen mit Subjekten unterster Geistesart und mich der Sache annehmen. Natürlich habe er mein vollstes Verständnis, wenn er einer Person, die er nicht kenne und über die er keine Erkundigungen einziehen könne, nicht auf Anhieb Vertrauen schenke. Dennoch könne ich ihm versichern, dass sein Vertrauen nicht enttäuscht werden würde.

Zögern, Zwiespalt, Unsicherheit.

Ich gab ihm eine Karte des Neptun, wo ich abends nach zehn meist zu erreichen sei. In dem viel besuchten Lokal ließe sich eine zufällige Begegnung jederzeit einrichten. In dem Gedränge vor der Theke würde ein Wortwechsel gar nicht auffallen.

Der gebrochene Vater sackte auf seinen Stuhl zurück, als ich mich zurückzog. Natürlich überlegte er fieberhaft, was dieser Mensch von ihm wollte. Wollte er ihm helfen ... ihm drohen ... ihn erpressen? Schwierig zu entscheiden für ein schwerfälliges Beamtenhirn.

Aber egal welche Variante er aussucht. Er wird sich mit mir in Verbindung setzen. Und ich werde ihm helfen. Was bleibt ihm übrig?

Immer noch aufgebracht marschierte Reitmeyer nach der Vernehmung in sein Büro zurück. Sänger hatte es gut gemeint. Aber wieder ein Schlag ins Wasser. Wieder alles für die Katz!

Als er eintrat, packte Steiger gerade seine Aktenmappe. »Und? Was hat die Vernehmung ergeben?«, fragte er.

Reitmeyer machte eine ärgerliche Geste. »So gut wie gar nichts.«

Steiger schüttelte den Kopf. »Nach dem Aufwand? Also ich versteh das nicht. Wieso hat man den Kerl nicht bei sich daheim verhaftet? Da hätt er seinen eigenen Krempel zsammschlagen können.«

»Frag die Experten in der Sitte.«

»Ja, also ich muss jetzt gleich weg«, sagte Steiger. »Wir haben zwei Einbrüche. In der Harmonie am Mariahilfplatz und beim Radlerwirt in der Lilienstraße. Ich fahr jetzt mit der Spurensicherung hin. Und dann hat noch jemand angerufen, dass in Haidhausen, in der Sedanstraße, die Tür von einem Fotoatelier aufgebrochen worden ist. Das ist einem Nachbarn aufgefallen. Da muss ich auch noch vorbei.«

»In der Sedanstraße?«, fragte Reitmeyer. Hatte er nicht im Vorderhaus ein Atelier gesehen, als er bei dieser Kartendame war? Oder hatte ihn der Ferdl darauf hingewiesen, den er in der Einfahrt getroffen hatte?

»Ja, gut. Wenn du mit den Einbrüchen allein zurechtkommst, würde ich ins Regina fahren und noch mal den Barmann über diesen mysteriösen Menschen befragen, der sich so angelegentlich nach der Badeabteilung erkundigt hat. Und vorher wollte ich noch bei dem Rattler vorbei.«

»Ah, bei dem war ich gestern. Der ist schon wieder ganz munter. Und weil er mich so gebeten hat, bring ich ihm morgen halt das Heft mit, das der Brunner neulich bei ihm konfisziert hat. Und eigentlich in die Bibliothek gehört. Aber da stehen Sachen drin in dem Archiv für ... Kriminalantrolopo –

»... Kriminalantropologie. Was für Sachen?«

»Ja, eigentlich nix für Polizeischüler. Oder?« Er reichte ihm die aufgeschlagene Zeitschrift.

»*Kann man sich ein Weib willenlos gefügig machen?*« Reitmeyer grinste. »Immerhin eine Frage, die nicht nur Polizeischüler interessieren dürfte.«

MEMORANDUM 10. JULI 1914

OBERST FEICHTL AN OBERST V. SPAITL

Die belastenden Negative konnten endlich sichergestellt werden.

Die Verbreitungswege, über die die kompromittierenden Abzüge in Umlauf kamen, sind noch nicht vollständig geklärt. Unsere Spezialkräfte arbeiten daran.

30

Reitmeyer rührte Zucker in den Kaffee, den ihm der Kellner serviert hatte. Ausnahmsweise. Denn in einer American Bar, über die ein vornehmes Hotel wie das Regina inzwischen verfügte, bestellte man *drinks*. Die in der Central-Bar am Platzl sogar von »waschechten Negern« gemixt wurden, wie ihm der Mann erklärte. Im Übrigen sei es reiner Zufall, dass er vormittags Dienst habe, denn seine Schicht beginne normalerweise erst am frühen Abend. Er habe bloß mit einem Kollegen getauscht. Und ja, er erinnere sich an den Herrn, der ihn über die Badeabteilung ausgefragt hatte. »Aber das hab ich doch damals schon alles dem Kriminalbeamten gesagt.«

»Es wäre aber wichtig für mich, wenn Sie mir das noch mal sagen könnten.«

Zwei Gäste setzen sich an die Bar. Der Kellner machte eine bedauernde Geste. »Sie sehen ja.« Reitmeyer nickte. Bis der Mann wiederkäme, würde er den Zeitungsartikel lesen, den ihm kurz zuvor Rattler im Krankenhaus zugesteckt hatte, bevor er mit der Stationsschwester aneinandergeraten war. »Auch Kommissäre müssen sich an Regeln halten«, fauchte der Drachen. »Da gibt's keine Ausnahmen.«

TÖDLICHER UNFALL WEGEN BAUMÄNGELN?

Vor noch nicht allzu langer Zeit haben wir den prächtigen Hotels in unserer Stadt unsere Bewunderung gezollt und deren wohltuende Einrichtungen gepriesen. Nicht zuletzt deswegen, weil diese Tempel der Körperkultur all die anderen Angebote in unserer Musenstadt aufs Schönste ergänzen und ihren weithin gerühmten Ruf begründen. Bis wir von einem schrecklichen Unfall hören mussten. Ein Bademeister und Masseur, von dem man annehmen durfte, er sei mit den Gegebenheiten vertraut, ist so unglückselig ausgeglitten, dass er dabei zu Tode kam! Aufgrund von Mängeln in der Sicherheit der Baulichkeiten?

Auch wenn ein Badender, dessen zerrüttetes Nervenkostüm von diversen Wohltaten neu aufgerichtet, dies in altrömischer Gelassenheit mit einem »tempus edax rerum« abtun mag, können wir uns nicht sorglos auf den »Zahn der Zeit« berufen, der selbst an Nobelherbergen nagt, sondern müssen in nüchterner Verantwortlichkeit fragen: Wo bleiben unsere Aufsichtsbehörden?

Reitmeyer sah auf die Titelzeile. Die linke *Arbeiterpost* natürlich. Die ließ nicht locker. Um keine Prozesse zu riskieren, wenn die Umtriebe in dem Hotel offen angesprochen würden, gab sich der Schreiber als verantwortlicher Bürger aus, der nichts anderes im Sinn hatte, als verheerende Baumängel anzuprangern. Und ließ dennoch, wie schon bei dem ersten Artikel, durch entsprechende Wortwahl – *altrömisch* – keinen Zweifel aufkommen, worauf er wirklich abzielte.

»Darf's noch was sein?«, fragte der Barmann.

»Ja, wie gesagt, ich hätte gern gewusst, was dieser Herr damals wissen wollte.«

Der Barmann nahm ein Tuch und begann Gläser zu polieren. »Ach, alles Mögliche. Wer die Badeabteilung aufsucht. Ob ich Getränke da runter serviere. Ob hauptsächlich auswärtige Gäste da hingehen oder auch Einheimische. Wie lange die gewöhnlich bleiben. Ist mir schon komisch vorgekommen, was der alles wissen wollte.«

»Dass Sie dachten, er sei von der Polizei?«

»Ja, das hab ich damals schon Ihrem Kollegen gesagt.«

»Und was glauben Sie? Warum hätte sich die Polizei für die Badeabteilung interessieren sollen?«

Der Barmann hielt abrupt mit Polieren inne. »Keine Ahnung«, stieß er hervor und sah sich um. »Das war eben so ein Eindruck, das denkt man sich halt, wenn einen jemand so löchern will.«

»Und wann genau war dieser Herr hier?«

»Letztes Wochenende. Samstag oder Sonntag. Ich weiß nicht mehr.«

»Können Sie sich erinnern, wie dieser Herr ausgesehen hat?«

Der Barmann zuckte die Achseln. »Schwer zu sagen. Abends ist es ziemlich schummerig hier drin. Wenn einer nicht direkt unter einer Lampe sitzt ...« Er legte den Lappen weg und überlegte. »Vielleicht Mitte bis Ende dreißig. Etwa Ihre Größe. Helles, kurz geschnittenes Haar. Glattrasiert. Dunkler Anzug.« Er stellte ein paar Gläser auf ein Regal. »So genau kann ich ihn nicht beschreiben. Ich bin ja nicht dauernd stehengeblieben bei ihm, sondern hab meine Arbeit weitergemacht.«

»War er danach noch einmal da?«

»Ich hab ihn nicht mehr –« Der Mann hörte abrupt zu reden auf und starrte an Reitmeyer vorbei.

Reitmeyer drehte sich um. Hinter ihm stand Müller, der Hoteldirektor.

»Wie kommen Sie dazu, mein Personal auszufragen, ohne vorher meine Erlaubnis einzuholen?«, fragte er empört.

Reitmeyer erhob sich langsam und sah den kleinen, auf den Fersen wippenden Mann gelassen an. »Weil ich dafür Ihre Erlaubnis nicht brauche.«

Müller schnappte nach Luft. »Was fällt Ihnen ein?«

Reitmeyer wandte sich zur Bar zurück, trank seinen Kaffee aus und drehte sich wieder um. »Ich schlage vor, wir gehen in Ihr Büro.«

Ohne sich von Müllers Schnauben, fuchtelnden Handbewegungen und herausgespuckten Halbsätzen beirren zu lassen – »Unverschämtheit ... mich beschweren ... empfindliche Konsequenzen ...« – ließ er den Direktor stehen und ging zielstrebig durch die Halle zu dessen Büro, wo er die Tür öffnete und wartete, bis ihm der aufgebrachte Mann schließlich folgte.

»Was erlauben Sie sich?!«, fauchte Müller erneut und schloss geräuschvoll die Tür. »Das wird Folgen haben.«

Reitmeyer setzte sich. Müller sah ihn fassungslos an.

»Wenn Sie von Folgen oder empfindlichen Konsequenzen sprechen, Herr Direktor, so darf ich Ihnen versichern, dass ich denen mit größter Gelassenheit entgegensehe. Ich bin Beamter, verstehen Sie. Im Gegensatz zu Ihnen.«

Müller trat hinter seinen Schreibtisch. »Ich darf wohl sehr bitten!«, rief er. »Was soll der Unfug?«

Reitmeyer musterte den Mann einen Moment, der sich in herrischer Haltung und gerecktem Kinn produzierte. Feine Schweißperlen auf seiner Oberlippe und flackernder Blick deuteten aber darauf hin, dass sich hinter dem Getöse und dem mächtigen Wind, den er machte, etwas ganz anderes verbarg: tiefe Verunsicherung, vielleicht sogar blanke Angst.

»Nun, ich möchte Sie nur darauf hinweisen«, fuhr Reitmeyer fort, »dass Ihre Stellung weitaus weniger gesichert ist als meine.« Müller setzte sich und starrte Reitmeyer irritiert an. »Was glauben Sie wohl, wie es den Eigentümern des Hotels gefällt, wenn sie erfahren, dass dieses Etablissement unter Ihrer Führung seinen guten Ruf verliert?« Er zog den Zeitungsausschnitt aus der Tasche und legte ihn auf den Schreibtisch. »Das ist schon der zweite Artikel, der sich mit den ... Besonderheiten Ihrer Badeabteilung beschäftigt.«

Müller warf einen Blick auf das Blatt und stieß es von sich weg. »Wir geben nichts auf diese ... Schmierereien in der linksradikalen Radaupresse. Damit gibt sich ein anständiger Mensch doch überhaupt nicht ab.«

»Vielleicht ein Fehler, Herr Direktor. Vor allem, wenn man *unanständige* Menschen beschäftigt, die äußerst einträgliche Nebengeschäfte betreiben, wie wir nach Durchsuchung der Wohnung Ihres Bademeisters festgestellt haben.«

»Davon war mir nichts bekannt. Ich verbitte mir diese Unterstellung!«

»Andererseits fand ich es wirklich sehr *anständig* von Ihnen, dass Sie unseren Polizeischüler, nachdem er bewusstlos in Ihrem Keller lag, so rasch ins Klinikum transportieren ließen.«

»Polizeischüler?

»Ganz richtig. Der hier zu Ermittlungen abgeordnet war.«

»Ermittlungen, was soll das heißen ... ohne mich zu informieren?« Die Entrüstung in seiner Stimme fiel bereits deutlich lahmer aus.

»Das heißt ganz schlichtweg Polizeiarbeit, Herr Direktor. Wir schicken keine Sendschreiben, wenn wir einen Tatort unter die Lupe nehmen wollen.«

»Was für einen Tatort?«

»Nun, Ihr Bademeister und Masseur ist nicht in seinem Becken ertrunken. Er war bereits tot, als man ihn dort reingeworfen hat.«

»Das ist ja ...« Müller griff sich an den Kragen und stand schwerfällig auf. Er stierte einen Moment vor sich hin, dann zog er mit einem Ruck sein Jackett glatt und fragte in völlig verändertem Tonfall: »Was wollen Sie von mir?«

»Einblick in Ihre Buchhaltung. Da ich davon ausgehe, dass die Besuche bei dem Masseur in Rechnung gestellt wurden, haben Sie sicher Unterlagen darüber. Also legen Sie mir bitte den entsprechenden Ordner vor.«

»Ja, aber ich kann doch nicht ... unsere Gäste ...«

»Herr Direktor, ich kann auch ein paar Kollegen herbitten und das gesamte Aktenmaterial beschlagnahmen.«

»Ja, ja, sicher.« Er griff zum Hörer und rief in der Buchhaltung an.

»Ich möchte mir nur einen ersten Einblick verschaffen. Im Übrigen möchte ich eine Aufstellung aller Gäste in der Badeabteilung in den letzten vier Wochen. Namen und Adresse.«

»Aller Gäste? Aber das wird dauern.«

»Ich bin überzeugt, dass Sie den Vorgang beschleunigen können. Ich erwarte Ihre Angaben in spätestens drei Tagen.«

Es klopfte. Ein Buchhalter brachte einen dicken Aktenordner und zog sich schnell wieder zurück.

Reitmeyer blätterte die Rechnungen durch. Schon beim Durchblättern wurde ihm klar, dass ihm kaum geboten wurde, was er erwartet hatte. Außer einem Rittmeister a.D. aus Hamburg keine weiteren Militärs, nur Herrn aus verschiedenen Städten oder dem Ausland, die sich als Industrielle, Rentiers oder hohe Beamte ausgaben. Wie sollte er die überprüfen?

»Ich sollte Sie vielleicht darauf hinweisen«, sagte der Direktor, »dass die Badeabteilung allen Hotelgästen kostenlos zur Verfügung steht. Nur wer tatsächlich Massagen gebucht hat, ist hier aufgeführt.«

»Ja, ich verstehe«, erwiderte Reitmeyer und blätterte weiter in dem Ordner herum. Gerade als er ihn zuklappen wollte, fiel sein Blick auf einen Namen mit einer Münchner Adresse. *Dr. Herbert Geßler, Gymnasialprofessor*. Als er das Blatt umwendete, ein weiterer in München ansässiger Gast. Dessen Name ihm keineswegs unbekannt war. *Lorenz von Haugfeld jun., Privatbankier*. Er notierte sich die beiden.

AUFZEICHNUNGEN EINES OFFIZIERS

10. JULI 1914, NACHTS

Mit Oberst Feichtl und Kameraden vom Wehrverein über General Bernhardis Buch *Deutschland und der nächste Krieg* diskutiert. Einhellige Meinung: Der Mann hat recht. Es gibt nur zwei Möglichkeiten: Weltmacht oder Niedergang.

Oberst Feichtl wirkte seltsam bedrückt. Es gebe Probleme, erwiderte er auf Nachfrage. Es sei schwierig, die Ziele militärischer und ziviler Behörden aufeinander abzustimmen. Näheres könne er in Gegenwart der anderen nicht sagen.

Von meinen eigenen Problemen erwähnte ich nichts. Dass plötzlich lästiges Ungeziefer auftaucht, um mir die

Arbeit zu erschweren. Nicht bloß die Bürschchen aus dem Fotoatelier. Auch noch zwei weitere Kreaturen, die sich für besonders gewieft halten. Genau wie ihre Auftraggeber. Schmödel und Rüdesheim entblöden sich nicht, zwei Detektive einzusetzen, unfähiges Personal, das mir die Beute wieder abjagen soll. Lächerlich. Dennoch, mein Ausraster mit dem kleinen Spitzel war ein Riesenfehler. Haben sie mich schon damals beobachtet? Die beiden »Detektive« – aus Geldmangel behäbige, mindere Kräfte – kann ich bislang abhängen. Intelligenz und Wendigkeit sind ihre Sache nicht. Trotzdem, sehr lästig.

Zurück in seinem Büro, suchte Reitmeyer die Telefonnummer heraus. Als Erstes rief er bei Dr. Geßler an. Ein Dienstmädchen meldete sich. Nein, der Herr Doktor sei nicht zu sprechen. Er liege im Krankenhaus. Schon seit dem 20. Juni. Eine schwere Operation. Reitmeyer bedankte sich und strich den Namen durch.

Als Nächstes ließ er sich mit der Privatbank Haugfeld verbinden. Er wolle Lorenz von Haugfeld sprechen. Seine Sekretärin meldete sich. »Kommissär Reitmeyer vom Polizeipräsidium. Ich hätte gern Ihren Chef gesprochen. Es geht um eine Auskunft.«

Herr von Haugfeld sei nicht mehr im Haus. Erst am Montag wieder. Ob er am Montagvormittag zu sprechen sei.

»In seinem Büro?«

Papierrascheln am anderen Ende. Ja, gegen zehn hätte Herr von Haugfeld Zeit.

Als Letztes rief er in der Gerichtsmedizin an. Ob das Fräulen Doktor da sei?

»Nein, im Moment nicht. Sie musste kurz weg«, sagte der Sektionsdiener. »Aber sie wollte noch mal zurückkommen. Wegen Schreibarbeiten.«

»Bis wann ist sie denn da? Ich wollt noch was abholen.«

»Bis neun oder zehn Uhr mindestens. Hat sie gesagt.«

»Herr Kommissär?«, rief Brunner durch die Tür. »Ich soll Ihnen von einem Dr. Leitner ausrichten, dass er Sie dringend sprechen will.«

Reitmeyer blickte auf. »Ja, gut, ich ruf ihn an.«

»Sie sollen gegen neun auf einen Sprung gegenüber ins Café Baumann kommen. Wenn's Ihnen möglich wäre.«

31

Es dauerte einen Moment, bis Reitmeyer seinen Freund in dem dämmrigen Café entdeckte. Er saß ganz hinten, an dem Tisch in der Ecke, mit zwei Damen in seiner Gesellschaft. Wollte er sich nicht mit ihm treffen? Angeblich dringend? Ein Anflug von Ärger stieg in ihm auf. Rasch durchquerte er das Lokal und blieb hinter Sepps Stuhl stehen.

»Ja, deshalb haben sie ihn ja erschossen«, sagte Sepp zu der brünetten Frau an seiner Seite. »Der Franz Ferdinand war doch für einen Ausgleich auf dem Balkan und wollte den Südslawen mehr Eigenständigkeit geben. Aber das hätte den politischen Druck in der Region rausgenommen, was die Serben unbedingt verhindern wollten.«

Reitmeyer tippte ihm auf die Schulter. Sepp drehte sich um. »Ah, darf ich Ihnen meinen Freund Sebastian Reitmeyer vorstellen?«, sagte er und stand auf. Die beiden Frauen nickten Reitmeyer zu.

»Ich dachte, du wolltest dich mit mir treffen?«, raunte Reitmeyer seinem Freund zu, während der ihm seine Gäste am Tisch vorstellte.

»Ja, sicher, die Damen sind auch schon auf dem Sprung ins Theater«, erwiderte Sepp. »Setz dich doch.«

Reitmeyer musterte die beiden Frauen, die es keineswegs eilig zu haben schienen. Gelassen nippten sie an ihren Getränken und lächelten ihn an.

»Aber, der alte österreichische Kaiser«, nahm die Blonde gegenüber von Sepp das Gespräch wieder auf. »Der könnte einem direkt leid tun. Was der an gewaltsamen Todesfällen in seiner Familie hat hinnehmen müssen. Sein Bruder in Mexiko hingerichtet. Der Selbstmord von seinem Sohn. Die Ermordung der Kaiserin. Sogar seine Schwägerin ist in Paris verbrannt.«

»Welche Schwägerin?«, fragte Sepp.

»Na, die Sophie, die mal mit König Ludwig II. verlobt war.«

Reitmeyer stieß Sepp an. »Du, ich hab nicht viel Zeit ...«

Sepp legte beschwichtigend die Hand auf Reitmeyers Arm und wandt sich wieder der Blondine zu. »Sehr tragisch, wirklich«, erwiderte er. »Aber ich kann Ihnen versichern, meine österreichischen Genossen hätten den Kaiser vor manchem Schicksalsschlag bewahren können. Er hätte bloß eine neue Verfassung und Wahlen zulassen müssen. Dann hätte er sich für immer nach Bad Ischl in sein geliebes Jagdrevier verabschieden können. Auf die Art wären bloß Gemsen umgekommen.«

Die Brünette schlug ihm neckisch auf die Hand. »Ach, Sie immer ...«

Reitmeyer nahm einen Bierfilz und trommelte damit auf den Tisch.

»Sie diskutieren wohl nicht mit Frauen über Politik?«, fragte die Blondine schnippisch.

»Grundsätzlich schon«, sagte Reitmeyer. »Auch wenn ich nur gelegentlich die Hofpostillen lese und daher – wie würden Sie sagen? – *weltpolitisch* wohl nicht so versiert bin.«

Die beiden Frauen sahen einander an. »Wir müssen ohnehin aufbrechen«, sagte die Brünette kühl, nahm ihre Handschuhe und stand auf. Ihre Begleiterin erhob sich ebenfalls.

»Aber, ich bitte Sie.« Sepp warf einen vernichtenden Blick auf Reitmeyer.

»Also, dann noch einen schönen Abend, die Herrn«, sagte die Blonde.

Sepp folgte den beiden an die Tür.

»Wenn du das nächste Mal auf Freiersfüßen unterwegs bist«, sagte Reitmeyer gereizt, als er zurückkam, »bestellst du mich vielleicht nicht auch noch dazu.«

»Welche Laus ist dir denn über die Leber gelaufen?«, fragte Sepp ärgerlich. »Jedenfalls kein Grund, so unhöflich zu sein. Wir haben uns rein zufällig getroffen.« Er setzte sich. »Auf Freiersfüßen! So ein Blödsinn. Als wenn ich Zeit für so was hätte! Bei allem, was ich um die Ohren hab, in der Kanzlei, als Abgeordneter, in der Zeitung.«

»Wolltest du mich deswegen sprechen? Wegen dem Artikel? Weißt du was Neues über die Vorgänge im Regina?«

»Nein. Es geht um was ganz anderes.«

Reitmeyer sah ihn fragend an.

Sepp antwortete nicht gleich. Er wirkte immer noch verstimmt. »Ich mach mir Sorgen, verstehst du«, sagte er nach einer Weile. »Wegen Franz.«

Reitmeyer richtete sich unbehaglich auf.

»Er hat mir seltsame Fragen gestellt. Ob er sein Erbe beleihen kann. Ich hab ihm gesagt, dass er das wahrscheinlich nicht kann, wenn er keine Verfügungsgewalt darüber hat. Aber dann ist mir ein anderer Gedanke gekommen. Wofür braucht er das Geld? Er braucht natürlich immer welches ...«

»Ja, und?«

»Also ich glaube, er steckt in ziemlichen Schwierigkeiten und braucht größere Summen ... weil er erpresst wird.«

»Aha.«

»Und wenn er das Geld nicht auftreiben kann, dachte ich mir, wendet er sich vermutlich an Caroline. Und die hat mich auch seltsame Dinge gefragt. Ich weiß zwar nicht, wie sie darauf kommt, aber sie wollte wissen, ob ich glaube, dass auch deutsche Militärs ihren Offizieren eine Pistole hinlegen, wenn es darum gehe, einen Skandal zu vermeiden.«

»Und warum meinst du, hat sie das gefragt?«

»Wegen Franz. Offenbar hat sie Angst, es könnte zu einer Untersuchung wegen seiner Homosexualität kommen. Er hatte ja auch sehr unvorsichtige Kontakte. Und möglicherweise, weil sie ihm helfen will, wird Caroline in eine Sache reingezogen, die unter Umständen gefährlich werden könnte. Denk doch an die Sache mit dem Masseur. Meine Zeitung geht davon aus, dass er Erpressergeschäfte betrieben hat. Ich bin ja nicht eingeweiht, aber angenommen, der Kerl hatte Komplizen. Und die machen weiter. Jedenfalls könnte Caroline in größte Gefahr geraten.«

»Hat sie denn angedeutet, dass Franz den Masseur kannte?«

»Nein, aber offensichtlich dessen Umfeld. Jedenfalls gehe ich davon aus.«

»Und warum erzählst du mir das?«

»Ja, weil du dich auskennst mit dem Fall. Du weißt doch bestimmt Näheres. Gibt es Hinweise, dass die Erpressungen weitergehen? Ja, ja«, er hob die Hand. »Du darfst mir nichts über laufende Ermittlungen sagen, aber in dem Fall, ich meine, wir müssen sie doch schützen.«

»Wie soll ich sie schützen, wenn sie sich nicht an mich wendet?« Er sah seinen Freund an, der seinem Blick auszuweichen schien. Vielleicht lag die Sache ja ganz anders, dachte er plötzlich. Und Caroline hatte Sepp vorgeschickt, um ihn auszuhorchen. Um zu erfahren, wie die Ermittlungen standen, um rauszukriegen, was er wirklich wusste. Vielleicht planten die beiden eine gemeinsame Strategie. Und appellierten als Freund an ihn, als besorgten Freund, der mit Dingen herausrücken würde, die er als Kommissär nicht sagen durfte.

»Verstehst du, das ist schwierig für mich«, sagte Reitmeyer.

»Aber du machst dir sicher auch deine Gedanken.«

Reitmeyer holte Luft. »Gut, Sepp. Ich bin auch schon auf die Idee gekommen, dass Franz erpresst wird. Aber die Familie Dohmberg möchte davon nichts publik werden lassen. Also keine Polizei einschalten. Was kann ich da tun? Du bist Anwalt und könntest ihr raten.«

»Wenn sie mich offen darum angehen würde.«

»Ja, weißt du, das ist genau der Punkt«, sagte Reitmeyer gereizt. »Wie wär's mit mehr Offenheit mir gegenüber?«

Reitmeyer hetzte aus dem Café in den Hof des Präsidiums zu seinem Fahrrad. Als er aufstieg und antrat, löste sich klappernd die Kette und hing schlaff herunter. Fluchend stieg er wieder ab und stieß mit dem Fuß gegen den Rahmen. »Mist verdammter!« Jetzt musste er die Straßenbahn nehmen. Im Sturmschritt lief er zum Stachus und sprang gerade noch rechtzeitig auf den bereits abfahrenden Wagen.

Während die Tram quälend langsam stadtauswärts zuckelte, stand er außer Atem am Fenster und starrte auf die erleuchteten Straßen hinaus. Am liebsten hätte er den ganzen Tag aus seinem Gedächtnis getilgt. Einschließlich der Verabschiedung von seinem Freund, die ziemlich frostig verlaufen war.

Er hastete durch die Pettenkoferstraße und bog in den Hof der Gerichtsmedizin. Hinter der Einfahrt blieb er einen Moment stehen, sah in den wolkenlosen Himmel hinauf und atmete den Duft der Lindenblüten ein. Eigentlich war es ein herrlicher Abend. Vielleicht könnte er Caroline in einen Biergarten einladen, wenn sie fertig war. Vielleicht gäbe es doch eine Möglichkeit, sich anzunähern, das gegenseitige Misstrauen zu überwinden, vernünftig miteinander zu reden?

Er stieg die Stufen zum Eingang hinauf. Als er die Tür öffnete, empfing ihn tiefe Dunkelheit. War sie doch schon heimgegangen? Aber warum war dann nicht abgesperrt? Langsam stieg er die Stufen wieder hinunter. Vielleicht hatte sie beim

Pförtner eine Nachricht hinterlassen. Er ging zum Vorderhaus.

»Nein, das Fräulein Doktor hat keine Nachricht hinterlassen für den Herrn Kommissär. Auch nichts deponiert bei mir.« Und drüben sei alles dunkel. Das sei nicht möglich, wenn nicht abgesperrt war. Ganz ausgeschlossen. Er werde den Hausmeister rüberschicken.

Reitmeyer spürte plötzlich ein Ziehen in der Magengrube. »Haben Sie eine Laterne?«

Der Pförtner zögerte, dann ging er zu einem Schrank und nahm eine schwarze Laterne heraus, die er ihm reichte.

»Aber ...«

Reitmeyer rannte bereits in den Hof hinaus. Vor dem Eingang zündete er die Petroleumflamme an, riss die Tür auf und lief zum Sektionssaal hinab. »Hallo, hallo«, rief er, »ist jemand da?« Das funzlige Licht zeichnete kleine Lichtkegel auf den Boden, drang aber nicht durch das tiefschwarze Dunkel. Er hob die Laterne etwas höher und lauschte. Nichts, außer einem leise gurgelnden Geräusch, das von einem der Wasserbecken herüberdrang. Vorsichtig ging er weiter. Zwischen den Tischen hindurch, die alle leer zu sein schienen, zum hinteren Ausgang. »Hallo!«, rief er erneut und lief zur Bürotür. »Hallo!« Keine Antwort. Als er die Bürotür öffnen wollte, war abgesperrt. »Hallo, Caroline!« Er klopfte. »Bist du da drin?« Er lauschte. Ein schwacher Aufschrei. »Sebastian?« Der Schlüssel drehte sich knarrend im Schloss. Ein Stuhl wurde zurückgeschoben, die Tür ging auf. Die Laterne warf einen schwachen Schein auf Carolines verängstigtes Gesicht.

»Was ist denn, Caroline?« Er griff nach ihrer Hand.

Sie zitterte und schluchzte ein paar Mal auf. »Ich ... ich ...«, stammelte sie krächzend, »hab hier ewig im Dunkeln gesessen ... weil plötzlich das Licht ausging ... aber es war kein Kurzschluss, es gab keinen Knall ...und dann hab ich was gehört, es war schrecklich, dann hab ich mich eingeschlossen.« Sie klammerte sich an ihn.

Er legte den Arm um sie und strich ihr übers Haar. »Jetzt ist ja alles gut. Komm, wir gehen raus. Wenn alles nachtschwarz ist, bildet man sich leicht was ein.« Den Arm um ihre Schulter gelegt, führte er sie im trüben Licht der Laterne in den Sektionssaal hinaus. An der Tür zur Treppe ertönte ein schabendes Geräusch. Sie fuhr zusammen. »Wahrscheinlich der Hausmeister«, sagte Reitmeyer und öffnete die Tür. Im selben Moment gingen alle Lichter an. Reitmeyer trat hinaus und sah den Hausmeister, der kopfschüttelnd vor dem Sicherungskasten stand.

»Drei Sicherungen«, murmelte er verständnislos, »halb rausgedreht.« Er wandte sich zu Reitmeyer um. »Ich kann mir das nicht erklären. Der Kasten war doch abgesperrt.« Er hob einen Vierkantschlüssel in die Höhe.

Caroline lief wie gehetzt die Treppe hinauf. Reitmeyer eilte ihr nach. »Warte doch!«, rief er. Sie reagierte nicht. Erst im Hof blieb sie stehen. »Was war denn los, Caroline?«

»Keine Ahnung. Ich hab mich vorbereitet. Für die Obduktion einer Wasserleiche. Plötzlich ging das Licht aus.«

»Und außer dir war keiner da?«

»Nein. Den Sektionsdiener hab ich heimgeschickt.«

»Wie lange hast du denn gearbeitet, bis –«

»Ist das jetzt ein Verhör?«, fragte sie gereizt.

Er nahm ihre Hand. »Nein, natürlich nicht. Ich will bloß rauskriegen, was passiert ist. Offensichtlich hat jemand an den Sicherungen rumgeschraubt.«

»Was du nicht sagst.« Sie lachte hektisch auf.

»Vielleicht hat jemand gewusst, dass du allein dort unten bist?«

»Ich will jetzt heim.«

»Jetzt warte doch. Vielleicht hab ich dir das noch nicht genügend deutlich gemacht. Es war bestimmt kein Zufall, dass unser Polizeischüler im Regina überfallen worden ist. Und ich hatte neulich auch den Eindruck, dass ich beobachtet werde.

Und du bist so eng in den Fall verstrickt, dass du möglicherweise ebenfalls beschattet wirst. Ich mach mir ernsthafte Sorgen, dass –«

»Mir jemand was antun will?«

»Können wir das ausschließen?«

Sie wandte sich ab.

»Caroline, ist in letzter Zeit irgendetwas Ungewöhnliches passiert, vielleicht mit Franz? Wenn ich den Fall aufklären, wenn ich Franz helfen soll –«

»Du kommst ja nicht weiter«, sagte sie schroff. »Da läuft ein Irrer durch die Gegend, bringt Leute um, beobachtet uns, und du kannst gar nichts dagegen machen. Ich geh jetzt jedenfalls heim.«

»Ich bring dich gleich zum Taxistand. Vorher trag ich bloß noch schnell die Laterne zurück.«

Sie gab keine Antwort.

Als er aus dem Vorderhaus zurückgelaufen kam, war sie weg. Er rannte auf die Straße hinaus. Ein gutes Stück weiter vorn sah er sie in Richtung Sendlinger Tor hasten. Plötzlich trat ein Mann in dunklem Mantel, den Hut tief ins Gesicht gezogen, aus einem Toreingang und versperrte ihr den Weg. Sie redeten kurz. Er gab ihr etwas, das sie rasch in die Jackentasche steckte. Der Mann verschwand durch den Toreingang. Sie eilte weiter.

Am Sendlinger Tor holte er sie ein. »Warum rennst du denn weg?«

»Ach …« Sie wirkte noch verstörter als zuvor bei ihrem Gespräch.

»Was wollte dieser Mann von dir?«

»Ach … mich einladen … in ein Lokal.«

»Aber er hat dir doch was gegeben?«

»Seine Karte. Ich soll ihn anrufen.«

»Seine Karte?«

»Ja, so was passiert öfter. Dass mich fremde Herrn ansprechen, wenn ich allein unterwegs bin.« Sie winkte einem Taxi.

»Bitte, Caroline, geh nicht ins Haus deiner Freundin zurück. Wo du ganz allein bist.«

»Hab ich nicht vor.« Sie stieg ins Taxi.

Er sah dem Wagen nach. Die Sache mit dem zufälligen Verehrer nahm er ihr nicht ab. Solche Typen überreichten keine Visitenkarten. Aber was dann? Plötzlich fiel ihm ein, was Sepp in dem Café gesagt hatte. Wenn sich der Erpresser nun an Caroline heranmachte? Weil er herausgefunden hatte, dass sie wegen eines zusätzlichen Erbes das meiste Geld in der Familie besaß. Was keineswegs unbekannt war, wie sie neulich im Garten ihrer Familie angedeutet hatte.

Was bedeuteten die rausgedrehten Sicherungen? Zahl endlich! Ich hab dich ständig im Blick. Du entkommst mir nicht.

Und wenn etwa dieser Mann vielleicht ... Er hetzte zu der Toreinfahrt zurück und lief in den Hof. Aber da war niemand. Er probierte die Hintertüren. Alle waren verschlossen, bis auf eine. Durch die konnte er abgehauen sein.

Langsam ging er wieder auf die Straße hinaus. Er musste unbedingt noch einmal mit ihr reden. Sie überzeugen, dass sie ihm nichts verheimlichen durfte. Zu ihrer eigenen Sicherheit. Er blieb stehen. Aber sie vertraute ihm nicht mehr. Weil sie bedroht wurde und er sie nicht schützen konnte. Wie sollte er dann ihrem Bruder Franz helfen? Sie würde die Sache selbst in die Hand nehmen. Und wie sollte er das verhindern?

Als er zu Hause die Wohnungstür aufsperrte, kam seine Tante im Nachthemd durch den Gang gelaufen. »Sebastian, da hat zwei Mal einer für dich angerufen. Ein Korbinian Rattler.«

32

Es hatte geregnet in der Nacht. Der Rasen im Vorgarten wirkte wie frisch lackiert, die Blumen grellbunt, wie frisch eingefärbt. Ein Sonntag wie im Bilderbuch, sagte seine Tante. Sie hatte es eilig, um die Ankunft der Leiber nicht zu verpassen, die nach der Parade in Schloss Nymphenburg mit Bussen zum Stiglmaierplatz gebracht werden sollten, um von dort durch die Stadt zu ihrer Kaserne zu marschieren. Ein Jahrhunderterеignis, das Hundertjährige des noblen Regiments.

Reitmeyer hatte nicht vorgehabt, sich das Spektakel anzusehen. Er war kein Freund von Militärparaden. Und der peinliche Vorfall mit Hohenaschheim neulich in dem Lokal hatte seine Abneigung, vorbeistampfende Eliteregimenter zu beobachten, nur noch verstärkt. Aber dann hatte er sich doch überreden lassen. Allerdings nur, weil Sepp angerufen und gesagt hatte, Caroline würde ebenfalls hinkommen. Und nur, weil er hoffte, es würde sich möglicherweise eine Gelegenheit ergeben, nochmals über den gestrigen Vorfall mit ihr zu sprechen.

Er radelte die Schleißheimer hinunter. Kurz vor dem Platz ging es nicht weiter. Scharen von Leuten versperrten die Straße, viele rannten, Männer mit roten, erhitzten Gesichtern, Frauen rafften die Röcke, Matronen zerrten Kinder hinter sich her, alles eilte und hetzte. »Jetzt mach doch«, rief jemand. »Sie steigen schon aus.«

Er lehnte sein Fahrrad an eine Hauswand und drängte sich durch die Menge. Die Einheit hatte bereits Aufstellung genommen. Vornweg die Trommler, die scheppernd auf ihre Instrumente einschlugen, dahinter die Leiber in historischer Uniform. Wie fleischgewordene Spielzeugsoldaten in ihren frackartig geschnittenen hellblauen Jacken, den engen weißen Hosen und kniehohen Stiefeln. Die großen Bärenfellmützen jedoch, seltsam eckige, turmartige Gebilde, die zudem mit Silberschnüren und hoch aufragenden Federbüschen geschmückt waren, nahmen sich in der Realität merkwürdig faschingsmäßig aus. »Nur die größten und schönsten Leut habens damals gnommen«, rief ein Mädchen aufgeregt wippend.

Er sah sich nach seinen Freunden um. Weiter unten, direkt gegenüber vom Löwenbräu, entdeckte er sie. Lukas winkte. Er zwängte sich zu ihnen durch. »Stell dir vor, unser Bruder befehligt die Maskerade«, sagte Lukas. »Da müssen wir natürlich dabei sein.« Er lachte.

»Ja, sehr fesch, der Herr Leutnant«, sagte Sepp grinsend. »Wir wollten eigentlich in den Biergarten rüber, aber alles voll. Nirgends kriegst einen Platz. Tausende Leiber sind in der Stadt, von überall her.«

»Dann gehen wir eben woanders hin«, sagte Caroline. »Du kommst doch mit, Sebastian?«

Sie wirkte völlig verändert. Von der schroffen Abwehr des gestrigen Abends war nichts mehr zu spüren. Sie bog die Krempe ihres Huts zurück und schenkte ihm ein strahlendes Lächeln. Er nickte. »Ja, sicher.«

Von irgendwoher setzte Marschmusik ein.

Reitmeyer blickte zu dem Zinnsoldaten hinüber, der neben die Einheit getreten war und schnarrende Kommandos ausstieß. Jubel brandete auf, als sich nach einem weiteren schneidigen Befehl das Korps in Bewegung setzte. »Da ist ja auch der Hohenaschheim«, rief Caroline und deutete nach rechts. Reitmeyer drehte den Kopf. Gleichzeitig fiel sein Blick auf einen jüngeren, gutaussehenden Herrn in elegantem Sommeranzug, der sein Jackett auszog und über den Arm legte. Plötzlich entstand ein Tumult hinter ihm. Zwei junge Männer drängten sich durch die Menge, zwei junge Arbeiter, nach Kleidung und Verhalten zu schließen. Sie klopften dem Herrn auf die Schultern. Er fuhr herum. Einer der jungen Männer riss etwas aus dem Jackett des Herrn, worauf beide, die Umstehenden rücksichtslos anrempelnd, wieder nach hinten in der Menge untertauchten. Der Herr blieb einen Moment verdattert stehen, dann folgte er den beiden.

»Ich bin gleich wieder da, Sepp«, sagte Reitmeyer. »Falls wir uns verlieren, treffen wir uns im Leopold.«

»Ja, aber –« Doch Reitmeyer hatte sich schon abgewandt. Zu seinem Rad kam er jetzt leichter durch, weil sich die Menge mit den Soldaten in Richtung Briennerstraße bewegte. Genau dorthin waren auch die jungen Männer gelaufen. Was hatten sie aus dem Jackett gerissen? Eine Brieftasche? Er musste sich beeilen, wenn er sie noch einholen wollte. »Schleich di mit deim Scherben«, fluchte ihn jemand an, dem er im Gedränge in die Beine gefahren war. Hinter ihm grölte ein Rudel Studenten. »Es braust ein Ruf wie Donnerhall, wie Schwertgeklirr und Wogenprall.« Weiter vorn fielen ihre angetrunkenen Korpsbrüder ein. »Zum Rhein, zum Rhein, zum deutschen Rhein!«

Die Menge lichtete sich etwas. Ein Stück weiter vorn sah er den Herrn, der stadteinwärts eilte. Reitmeyer stieg auf einen Mauervorsprung. Von den zwei jungen Männern war nichts zu sehen in dem Gewimmel. Die Korporierten rückten johlend näher. »Solang ein Tropfen Blut noch glüht, noch eine Faust den Degen zieht.« Er sprang schnell wieder herunter und wurde von einer Gruppe Gymnasiasten zum Randstein gedrängt, die noch schnell vor der Parade über die Straße wollten. Am gegenüberliegenden Randstein sah er wieder einen der jungen Männer. Er winkte wie wild. Von rechts näherte sich schon der Zug der Leiber. Der junge Mann war hinter einer Wand von Schaulustigen verschwunden. Einen Moment später sah er, dass der Kerl kurz vor der anmarschierenden Truppe wieder über die Straße zurückhetzte. »Ja, spinnt der?«, riefen ein paar Zuschauer aufgebracht. Die Leute drängten noch dichter an den Straßenrand. Hinter ihnen kam er jetzt schneller voran. Und ein Stück weiter vorn sah er die zwei jungen Kerle, die jetzt gemeinsam in die Augustenstraße liefen, knapp hinter ihnen der Herr. Endlich konnte auch er abbiegen und radelte die Augusten entlang.

Vor einem Wirtshaus standen Leute. Die jungen Männer zwängten sich zwischen ihnen hindurch und verschwanden nach drinnen. Kurz darauf der bestohlene Herr.

Reitmeyer stellte sein Rad ab und trat ebenfalls ein. Die Gaststube war dicht besetzt. Vorn an der Theke entdeckte er die drei. Der Herr redete gestikulierend auf die beiden anderen ein. Kannten sie sich? Er beschloss, nicht einzugreifen, sondern das Trio nur zu beobachten. Er setzte sich und bestellte ein Bier. Ein weiterer Pulk Gäste kam herein. Er musste den Hals recken, um die drei im Blick zu behalten.

»Sie gestatten?«, fragte ein Herr. Reitmeyer nickte. Jemand hinter ihm stand auf und klopfte im Hinausgehen einem Gast auf die Schulter. »Was, du noch hier? Alle sind im Urlaub!« Der Mann drehte sich um. »Ich bin doch kein Reichsminister!« Sie lachten.

Der Herr an Reitmeyers Tisch legte die Speisekarte weg. »Schon merkwürdig«, sagte er kopfschüttelnd. »Da wird der Thronfolger unseres Bündnispartners erschossen und unser gesamtes Führungspersonal verabschiedet sich in den Urlaub. Der Kaiser, der Kanzler, die Chefs der Heeres- und der Marineleitung.«

Reitmeyer erhob sich leicht, um zur Theke zu blicken. Einer der jungen Männer und der Herr bogen gerade in den Gang, der zu den Toiletten führte.

»Da hält man ein Requiem ab für die Ermordeten«, fuhr sein Tischnachbar fort, »der Hof mimt Staatstrauer, und kurz darauf ziehen Musikkapellen durch die Straßen, alles jubelt, und die ganze Stadt versinkt im Freudentaumel. Also ich finde …« Der Rest seiner Worte ging in Getrampel und Gejohle unter, als die Tür aufsprang und die Burschenschaftler, denen Reitmeyer entkommen zu sein glaubte, hereindrängten. Lärmend durchquerten sie das Lokal und scharten sich mangels freier Tische um den Ausschank. »Bier her! Bier her!«, brüllten alle im Chor und trommelten mit den Fäusten auf die Theke. »Eine Schande für unsere akademische Jugend«, empörte sich der Mann an seinem Tisch. Reitmeyer stand auf. Von den dreien sah er keinen mehr. Es dauerte eine Weile, bis er sich durch die Burschenschaftler zum Toilettengang durchgezwängt hatte. In den Toiletten waren sie nicht. Als er wieder herauskam, sah er am Ende des Gangs den jungen Herrn auf einem Stuhl sitzen. Auf seinem Anzug waren große Blutflecken. Er hielt den Kopf in den Nacken, und der Wirt drückte ihm ein Handtuch auf die Nase. »Geht schon wieder«, sagte er krächzend. »Das hab ich öfter. Plötzliches starkes Nasenbluten.«

»Ich hab schon ein Taxi rufen lassen«, sagte der Wirt. »Das müsste gleich da sein.«

Reitmeyer ging in den Gastraum zurück und blickte sich um. Von den beiden jungen Männern war nichts mehr zu sehen. Leicht möglich, dass sie in dem Trubel nach draußen verschwunden waren. Aber wenn die beiden Diebe gewesen wären, hätte sich der Mann anders verhalten. Also hatten sie sich gekannt. Und wenn der Mensch sich nicht bestohlen fühlte, ging ihn die Sache nichts an. Er bezahlte sein Bier und ging ebenfalls.

Im Leopold herrschte so dichtes Gedränge, dass er sich kaum durch die Tischreihen zwängen konnte. Doch ihm wurde schnell klar, dass seine Freunde bestimmt nicht hier waren. Zwischen den lärmenden Reservisten des Leibregiments, die *Lützows wilde Jagd* grölten und immer wieder *Die Wacht am Rhein* anstimmten.

Er fuhr nach Hause.

33

Am Montagmorgen trat Reitmeyer durch die Tür der Privatbank und wartete einen Moment, bis sich seine Augen an das Halbdunkel gewöhnt hatten. Der riesige Messingkandelaber, der von der Decke hing, verbreitete nur dämmriges Licht, und in dem hohen, getäfelten Raum herrschte eine fast kirchenartige Stille. Kein Mensch war zu sehen. Hier herrschte kein Kundenverkehr, hier zahlten keine Normalsterblichen ihre Spargroschen ein, hier bettelte kein Kleingewerbe um Kredit. Hier herrschte die gelassene Ruhe des großen Gelds.

Plötzlich ging lautlos eine der Türen auf. »Herr Kommissär?«, fragte ein Mann. Reitmeyer nickte. »Sie werden erwartet.« Ohne weitere Erklärungen führte er ihn die glänzende Treppe hinauf, vorbei an den Ölbildern mit den Porträts der Direktoren. Stattlichen Herrn in dunklen Gehröcken mit Orden auf der Brust, Persönlichkeiten, denen man zutraute, umfangreiche Vermögen durch unsichere Zeiten zu navigieren. Oben empfing ihn die Sekretärin des Juniorchefs und geleitete ihn in ein Vorzimmer. Herr von Haugfeld stehe gleich zu seiner Verfügung. Er setzte sich.

Kurz darauf ging eine Tür auf, und Reitmeyer stutzte einen Moment. Aber er ließ sich nichts anmerken.

»Herr Kommissär, wenn ich bitten darf.« Haugfeld führte ihn in sein Büro, die Sekretärin schloss die Tür hinter ihnen. »Sie wollten eine Auskunft? Wie kann ich Ihnen behilflich sein?«, fragte er freundlich, deutete auf einen Stuhl vor seinem Schreibtisch und nahm selbst Platz.

Reitmeyer räusperte sich und warf einen Blick auf die Fotos, die in einem Regal aufgereiht waren. Berglandschaften mit Jagdgesellschaften davor. Der junge Bankier als stolzer Waidmann mit diversen erlegten Tieren.

»Herr von Haugfeld«, begann er, »wir untersuchen einen

Todesfall. Der Masseur der Badeabteilung im Regina-Hotel ist am 5. Juli im dortigen Wasserbecken aufgefunden worden. Da die Todesursache noch nicht zweifelsfrei geklärt ist, suchen wir nach eventuellen Zeugen, die sich zum fraglichen Zeitpunkt dort aufgehalten haben. Den Rechnungen des Hotels haben wir entnommen, dass Sie sich öfter von dem Masseur behandeln ließen. Waren Sie am Sonntag, den 5. Juli, im Regina?«

Haugfeld rückte pedantisch ein paar Schreibuntensilien zurecht. »Ja, ich habe davon gehört. Ein tragischer Unfall, soweit ich verstanden habe. Auch für mich persönlich bedauerlich. Ein wirklich tüchtiger Mann. Er wurde mir von mehreren Seiten empfohlen. Ich habe mich tatsächlich öfter dort massieren lassen.«

»Auch am 5. Juli?«

Er blätterte in seinem Terminkalender. »Ja, da war ich im Regina. Allerdings nicht in der Badeabteilung, sondern mit Geschäftsfreunden aus England in der Bar.«

»Sie werden verstehen, dass ich das überprüfen muss.«

»Selbstverständlich, Herr Kommissär. Sie tun nur Ihre Arbeit.« Er lehnte sich zurück und sah ihn lächelnd an.

»Dürfte ich Sie dann um ein Foto von sich bitten? Könnte ja sein, dass Sie nicht allen Angestellten des Hotels namentlich bekannt sind.«

»Ja, sicher, wenn ich Ihnen damit helfen kann.« Er öffnete eine Schreibtischschublade und zog einen kleinen Stapel Fotos heraus, den er durchblätterte. »Vielleicht das hier? In unserem Revier in Garmisch aufgenommen.«

Er reichte ihm ein Bild, wo er im Jagdanzug an einem Hang stand, dahinter ein Haus, das aber nicht gut zu erkennen war.

»Und wenn Sie mir, nur für alle Fälle, die Namen und Adressen Ihrer englischen Geschäftspartner geben könnten.«

Haugfeld sah ihn etwas irritiert an. »Die sind aber wieder in England.«

»Ich hätte sie trotzdem gern.«

Er griff nach einer Art Notizbuch und blätterte ausgiebig, bevor er drei Namen auf einen Zettel schrieb. »Ich habe aber nur die Geschäftsadressen.«

»Das reicht schon.« Reitmeyer nahm den eng beschriebenen Zettel. »Das wäre dann alles, Herr von Haugfeld.« Sein Gegenüber erhob sich. »Ich hätte da nur noch eine Frage. Gestern habe ich Sie zufällig in einem Gasthaus in der Augustenstraße gesehen. Gab's da Schwierigkeiten?«

Haugfeld setzte sich wieder. »Ach, Sie meinen, Sie haben mich in dem hinteren Gang gesehen?« Er lachte gezwungen. »Tja, wissen Sie, ich leide an einer ziemlich heftigen Form von Epistaxis.«

»Von was?«

»Das ist der medizinische Ausdruck für Nasenbluten.«

»Aha. Interessant. Aber das meine ich nicht. Ich meine vorher, mit den beiden jungen Männern.«

Haugfeld rückte wieder Schreibutensilien zurecht. »Ach, das ... nein, keine Schwierigkeiten. Das sind die Söhne von unserem ...«, er blickte auf die Fotogalerie hinüber, »von unserem Jagdaufseher. Der unserer Familie sehr nahe steht. Leider haben sich seine Söhne nicht so gut entwickelt, seit sie in München sind. Ich kümmere mich um sie, soweit mir das möglich ist.« Er seufzte. »Aus Gefälligkeit für den Vater, verstehen Sie.«

Reitmeyer nickte. »Ich danke Ihnen, Herr von Haugfeld. Das Foto bekommen Sie natürlich zurück.«

»Ich hoffe, ich habe Ihnen helfen können.« Haugfeld stand auf, um ihn hinauszuführen.

»Und?«, fragte Steiger. »Hat sich dein Besuch rentiert?«

Reitmeyer zuckte die Achseln. »Schwer zu sagen. Wir müssten sein Alibi für die fragliche Nacht überprüfen. Aber wenn sich bei den Hotelangestellten nichts ergibt, bräuchten wir Amtshilfe von unseren Kollegen in London, weil er mit englischen Geschäftsfreunden im Hotel war.«

»Hm«, sagte Steiger. »So was kann dauern.«

Reitmeyer nahm den Zettel heraus, den Haugfeld ihm gegeben hatte. Plötzlich fiel ihm der Blick wieder ein, mit dem der Bankier zu der Fotogalerie hinübergesehen hatte. »Ach, sag mal, könntest du in der Polizeistation Garmisch anrufen und die Kollegen bitten, den Namen des Jagdaufsehers der Familie Haugfeld rauszukriegen. Die haben ein Jagdhaus dort. Eigentlich interessierten mich die Namen seiner Söhne.«

»Jetzt gleich?«

»Ja.«

»Haben Sie's schon ghört?« Brunner stand in der Tür. »Schon wieder ein Streik in Sendling. Und der Sauhaufen rauft sich mit –«

»Geht uns das was an?«, unterbrach ihn Steiger.

»Na, da ist schon Polizei vor Ort. Trotzdem, müssen die immer streiken? Jetzt hams doch ihren Tarif und –«

»Ja, vielleicht sind's keine Facharbeiter und kriegen keinen Tariflohn«, schnitt ihm Reitmeyer genervt das Wort ab. »Das hab ich Ihnen schon mal erklärt. Also, wenn uns das nichts angeht ...«

»Trotzdem, sagte Brunner im Hinausgehen. »Das heißt noch lang nicht, dass man rumkrakeelen und sich rumraufen darf, statt ordentlich seine Arbeit zu machen.«

Reitmeyer sah ihm kopfschüttelnd nach. »Sag mal, hat der Rattler sich eigentlich mal gemeldet? Und was war mit dem Fotoatelier in Haidhausen?«

Steiger setzte sich auf. »Ja, das war komisch. Ein Nachbar hat bemerkt, dass die Tür aufgebrochen war, aber als wir hingekommen sind und mit dem Besitzer gesprochen haben, hat er gesagt, dass nix fehlt. Vielleicht sei der Einbrecher gestört worden. Jedenfalls wollt er keine Anzeige erstatten, weil ihm das zu viel Umstand sei. Und es sei ja auch nix weggekommen.«

Erneut ging die Tür auf. »Was gibt's denn jetzt schon wieder, Brunner?«, fragte Reitmeyer.

»Da hat das Klinikum angrufen.«

»Ist was mit dem Rattler?«, fragte Steiger.

»Der ist weg.«

»Wie weg?«

»Verschwunden, einfach so. Seit heut Morgen. Oder schon seit gestern Nacht.«

34

In der Nähe des Hauptportals der Leiber-Kaserne ließ Caroline das Taxi anhalten und bat den Fahrer zu warten. Sie stieg aus und blickte auf die andere Straßenseite, ob sie unter den Uniformierten, die in größeren und kleineren Gruppen aus dem Tor kamen, Franz entdeckte. Punkt halb eins hatten sie abgemacht. Aber sie sah ihn nicht. Als er nach einer Viertelstunde immer noch nicht aufgetaucht war, bat sie den Fahrer, in der Kaserne nachzufragen, ob Leutnant von Dohmberg im Haus sei.

Nervös ging sie vor dem Wagen auf und ab. Am Telefon hatte sie nichts sagen können, weil sie unbedingt bei ihm sein wollte, wenn sie die schlechte Nachricht überbrachte. Wenn sie ihm erklären musste, dass sie nichts erreicht hatte, dass er die Ungewissheit, die er jetzt schon kaum mehr aushielt, noch länger ertragen müsste. Schon am Sonntag war er am Rand seiner Nerven gewesen, nachdem dieser Kerl gedroht hatte, die Bombe genau zum Hundertjährigen des Regiments platzen zu lassen, falls Caroline das Geld nicht rechtzeitig aufbrächte. Und sie hatte die Summe nicht rechtzeitig aufgebracht. Den ganzen Tag über hatte sie gebangt, Franz' Kommandeur wäre das peinliche Foto zugespielt worden und die Katastrophe nähme bereits ihren Lauf. Trotzdem durfte sie sich nichts anmerken lassen. Weder vor ihrer Familie noch vor ihren Freunden. Doch dann war der Sonntag verstrichen, und nichts war passiert. Der Kerl wollte sie bloß weichkochen. Um schließlich die Forderung noch höher zu treiben. Jetzt verlangte er zehntausend!

Der Taxifahrer kam wieder zurück. »Man findet den Herrn Leutnant nicht. Aber sie wollen ihn suchen.«

»Wie lange dauert das denn?«, fragte sie ungeduldig. Der Fahrer zuckte die Achseln. »Setzen Sie sich halt solang in den Wagen.«

Sie schüttelte den Kopf und ging wieder auf und ab.

Wie sollte sie kurzfristig eine solche Summe lockermachen? Wenn ihr Bankier sich aufgerufen fühlte, sie vor einer großen Dummheit zu bewahren. »Meine liebe Caroline«, begann er immer wieder, »ich kenne Sie ja schon seit Ihrer Kindheit und darf Sie aufgrund der alten Freundschaft zu ihrer Familie doch noch immer so nennen?« Dabei lächelte er sie an, als gratulierte er ihr zur Einschulung, und seine altväterlich bevormundende Art, dass er keine so »übereilten und unklugen Entschlüsse« zulassen könne, trieb ihr jetzt noch die Zornesröte ins Gesicht. Selbst als sie ihn nachdrücklich darauf hinwies, dass sie die alleinige Verfügungsgewalt über ihr Vermögen habe, verlegte er sich nur auf eine andere Variante. »Geht's um den Erwerb einer Immobilie?«, fragte er listig. Dann könnte er überbrückungsweise eine Finanzierung anbieten, die es nicht nötig machte, langjährige Anlagen und nicht fällige Papiere mit Verlust zu veräußern. Sie war fast wahnsinnig geworden.

Als sie sich trotz seiner Versuche nicht entlocken ließ, wofür sie das Geld brauchte, fuhr er sein letztes Geschütz auf. »Verstehen Sie, meine liebe Caroline, Sie ausführlich zu beraten bin ich nicht nur Ihnen, sondern auch meinem alten Freund, Ihrem Herrn Vater, schuldig.« Worauf er andeutete, dass der ihm gesteckt habe, sie wolle sich an einem Projekt des *gewerkschaftlich* orientierten Instituts für Arbeitshygiene beteiligen und eine Klinik für *Arbeiterfrauen* mitfinanzieren. Bei dem Ausdruck war seine Miene noch eine Spur säuerlicher geworden als die seines Vorfahren auf dem Ölbild hinter ihm, mit dem er gemeinsam darüber wachte, dass kein gutes Geld in schlechte Hände geriet. Schon gar nicht in die von Umstürzlern.

Da gab sie auf und begnügte sich fürs Erste mit fünftausend. »Das Äußerste, was ich verantworten kann«, meinte er. Aber sie hatte keine Wahl. Denn falls dieser Mensch ihren Vater informierte, würde der sicher ahnen, wofür sie das Geld brauchte, und zu Hause würde die Hölle losbrechen. Weil sie es wagte, Dinge selbst in die Hand zu nehmen, die allein den Familienvorstand angingen, weil sie glaubte, ihn dank ihres Geldes einfach ausschalten und übergehen zu können. Und statt sich gemeinsam der schwierigen Lage zu stellen, würde nur ein weiterer Kampfplatz eröffnet, der die eigentliche Aufgabe, nämlich Franz zu retten, hinauszögern oder schließlich sogar unmöglich machen würde. Dabei hatte sie ständige Angst, dass ihr kleiner Bruder dem Druck nicht mehr standhielt, dass er sich in seiner Verzweiflung möglicherweise sogar etwas antun könnte.

»Gehen Sie doch noch mal rüber und fragen, ob man den Leutnant gefunden hat«, drängte sie den Fahrer und drückte ihm einen Geldschein in die Hand. Doch während sie ihm nachblickte, wie er in dem Tor verschwand, kam gleichzeitig Franz herausgelaufen. Er sah furchtbar aus. Seine Uniform wirkte zerknittert, als hätte er darin geschlafen, und sein Gesicht blass und verquollen. »Entschuldige«, stieß er hervor. »Ich war kurz weg und hab telefoniert.« Er wich ihrem Blick aus. »Wegen der Übergabe. Hast du das Geld?«

»Also, verstehst du –«

Doch er ließ sie nicht ausreden. »Hast du das Geld?«, fragte er und packte ihren Arm.

Sie sah ihn an. Angst und pure Verzweiflung standen in seinem Gesicht. Den neuerlichen Fehlschlag würde er nicht verkraften, er würde zusammenbrechen. Sie zögerte. Und brachte es nicht über sich, ihm die Wahrheit zu sagen. »Fast alles«, log sie und strich über seine Hand. »Den Rest besorg ich mir noch von einer Freundin.«

»Gott sei Dank.« Er atmete aus. Erleichtert. »Du erhältst einen Anruf, wo die Übergabe stattfinden soll.«

35

Reitmeyer klopfte an Rattlers Wohnungstür. Nichts zu hören. Rattler hatte zwei Mal bei ihm angerufen, aber er glaubte nicht mehr, dass er ihm bloß wieder einen seiner Artikel zeigen wollte, die er in irgendwelchen Zeitungen gefunden hatte. Auch dass er wegen der Keifereien des Stationsdrachens abgehauen war, wie Steiger meinte, leuchtete ihm nicht ein. Es musste etwas anderes passiert sein, wenn er in Kauf nahm, dass die Krankenkasse seine Behandlung nicht bezahlte, falls er sich auf eigene Faust aus der Klinik entließ.

Er klopfte noch einmal. Ein junges Mädchen kam aus der Nachbarwohnung. Da sei jetzt niemand daheim, sagte sie. Die seien alle bei der Arbeit. »Und der Korbinian?«, fragte er.

»Der hat einen Unfall ghabt und liegt im Krankenhaus.«

Reitmeyer wartete, bis sie die Treppe hinunter war, dann klingelte er noch mal. Lange. Keine Reaktion. Er legte das Ohr ans Türblatt. Von drinnen war nichts zu hören. Dann klopfte er wieder. »Korbinian!«, rief er. »Ich bin's, Reitmeyer!« Kurz darauf schlurften Schritte in der Wohnung. »Korbinian, ich bin's!«, rief er noch einmal und hämmerte gegen die Tür. Eine halbe Ewigkeit schien zu vergehen, bis sie endlich handbreit aufging. »Herr Kommissär ...«, Reitmeyer schob die Tür ganz auf. Rattler stand an die Wand gedrückt, als wollte er darin verschwinden. In seinem weißen langen Hemd und dem eng um den Kopf gezurrten Verband, der seine abstehenden Ohren und die lange Höckernase noch mehr betonte, erinnerte er an eine Figur aus der italienischen Komödie. Reitmeyer verbiss sich ein Grinsen und schloss die Tür hinter sich. »Ja, sag mal, was soll das? Warum bist du nicht im Krankenhaus?«

»Ich ... ich ...«, Rattler schnaufte gequält auf. Er drückte sich von der Wand ab und ging mit schleppendem Schritt in die Küche voran, wo er sich stöhnend auf einen Stuhl fallen ließ.

Reitmeyer folgte ihm und setzte sich auf einen Hocker gegenüber von ihm. »Jetzt sag schon, was ist denn los?«

Rattler stierte zu Boden und schüttelte ein paar Mal den Kopf. »Der Ferdl ... ist verschwunden«, sagte er leise, bevor er den Kopf hob und seinen Kommissär verzweifelt ansah.

»Dein Freund? Der Fotolaborant?«

Rattler nickte.

»Und was heißt verschwunden?«

»Er ... er ...«, begann Rattler und fuhr mit der Hand über das Wachstuch auf dem Tisch, als wollte er Brösel fortwischen. »Er ist nicht mehr zu mir ins Krankenhaus gekommen ... am Freitag. Und ich glaub ... ihm ist was passiert.«

»Was soll ihm denn passiert sein?«

Rattler griff an seinen Verband. »Ich ... ich hab Angst, dass ...«

»Jetzt lass dir dir doch nicht alles aus der Nase ziehen. Red schon!«

Rattler schluckte. »Es war ausgemacht, dass er am Freitag zu mir kommt und mir sagt, was er ... rausgefunden hat ...«

»Rausgefunden?«, fragte Reitmeyer verständnislos.

»Wer mich ... im Regina ...«

»... niedergeschlagen hat?«

Rattler nickte.

»Und wie wollt er das anstellen?«

»Er ist dem Kerl damals –«

»Damals? Was soll das heißen? War der Ferdl bei dieser saudummen Unternehmung etwa dabei?«

Rattler nickte und machte Anstalten aufzustehen, aber Reitmeyer packte ihn am Arm und zwang ihn, sich wieder zu setzen. »Du bleibst jetzt hier, mein Lieber, und erzählst mir alles der Reihe nach. Was war in der Nacht, als man dich niedergeschlagen hat? Was hat der Ferdl dabei gemacht?« Rattler versuchte sich loszuwinden, aber Reitmeyer hielt ihn eisern fest. »Du hast mir also noch nicht alles gesagt? Obwohl du es mir hoch und heilig versprochen hast, hast du mich angelogen? Und mit deinen Alleingängen weitergemacht?«

Rattler lief rot an und wagte nicht, den Blick zu heben.

»Los, sag schon!«, rief Reitmeyer und schlug mit der Hand auf den Tisch.

Rattler zuckte zusammen. Dann hob er den Kopf und sah den Kommissär trotzig an. »Ja ... wir sind gemeinsam zum Regina gegangen. Der Ferdl hat sich ein Stück weiter unten im Gebüsch versteckt. Und den Hintereingang im Auge behalten. Wir haben ausgemacht, dass er mir nicht nachgeht, wenn ich nach fünfzehn Minuten nicht rauskommen sollt.«

»Und dann?«

»Dann hat er auf mich gewartet. Und wie ich dann nicht rausgekommen bin, hat er einen Kerl beobachtet, der aus dem Hintereingang gekommen ist. Der ist ihm irgendwo komisch vorgekommen. Weil der besser angezogen war als die Angestellten, die er vorher beobachtet hat. Und den hat er dann auf dem Fahrrad verfolgt.«

»Und der Mann? Ist der zu Fuß gegangen?«

»Nein, der ist am Maximiliansplatz auch auf ein Fahrrad gstiegen. Das er dort abgestellt gehabt hatte.«

»Und wohin ist er gefahren?«

»Ins Gärtnerplatzviertel. In der Nähe der Isarbrücke. Da ist er dann in einem Haus verschwunden.«

»In welcher Straße?«

Rattler stöhnte auf. »Das hat mir der Ferdl nicht mehr sagen können. Weil gerad wieder die Schwester reingekommen ist. Und ein Riesentheater gemacht hat. Aber vorher hat er mir gesagt, dass er am Donnerstag noch mal zu dem Haus fahren will ... und am Freitag hätt er mir dann berichtet ...«

»Und da ist er nicht gekommen?«

Rattler nickte.

Reitmeyer stand auf, ging zum Fenster hinüber und sah hinaus. »Ich glaub's nicht«, sagte er nach einer Weile. »Dein Freund hat möglicherweise den Mörder beobachtet. Und ist dann noch einmal zu dessen Haus gefahren.« Langsam drehte er sich wieder um. »Und was habt ihr ausgemacht, was er dort tun soll?«

Rattler zuckte die Achseln. »Beobachten halt.«

»Bloß beobachten?«, fragte Reitmeyer scharf. »Nicht etwa versuchen, den Namen rauszukriegen? In die Wohnung zu kommen? Vielleicht sogar einzubrechen? Und die Beweisstücke, den Schmuck, aus dem Hotel sicherzustellen? So eine richtige Mutprobe, ja? So ein richtiges Sherlock-Holmes-Stück?«

Rattler zog den Kopf ein und stierte vor sich hin.

»Und warum bist du aus dem Krankenhaus abgehauen?

»Weil ... weil ich sein Fahrrad suchen wollt. Er hat ein ganz neues *Wanderer*, das hätt ich leicht finden können.«

»Und hast du's gefunden?«

»Nein. Ich hab die ganze Gegend abgesucht.«

»Warst du bei dem Ferdl daheim?«

»Ja. Bei seinen Angehörigen.«

»Und was meinen die?«

»Die ... die waren ziemlich außer sich. Die wollten zur Polizei gehen. Weil er Donnerstagnacht nicht heimgekommen ist.«

»Und über deine Rolle bei der Sache hast du –«

»Nein, ich hab nichts gesagt. Bloß, dass er nicht zu mir gekommen ist wie ausgemacht. Dass ich nach ihm sehe ...«

Reitmeyer setzte sich wieder und blickte Rattler kopfschüttelnd an. »Ich hab ja gewusst, dass du ein sturer Bock bist und dir nichts sagen lässt. Aber dass du mich so hintergehst. Das hätt ich dir nicht zugetraut.«

Rattler begann wieder, fahrig übers Tischtuch zu wischen, dann holte er tief Luft und sah seinen Kommissär mit einem feindseligen Ausdruck an. »Sie sagen mir ja nie was«, brach es plötzlich aus ihm heraus. »Sie wollten mir Bescheid geben, was sich im Regina nach der Befragung des Barmanns ergeben hat, aber ich hab nichts mehr von Ihnen gehört. Und überhaupt, wie ist eigentlich weiter ermittelt worden mit dem englischen Silberetui und den Fotos von den Leibern? Und was ist mit dem Bericht von der Gerichtsmedizin? So arbeitet doch keine moderne Kriminalbehörde. Man könnt ja fast meinen, dass Sie ... Ich will richtige Polizeiarbeit machen, aber ständig sagt man mir bloß, dass ich mein Maul halten soll!«

»Jetzt reicht's aber!«, brauste Reitmeyer auf. »Was weißt denn du von modernen Kriminalbehörden! Und von richtiger Polizeiarbeit! Vielleicht hast du dieses Mal noch Glück gehabt. Aber dann deinen Freund losschicken, ihn einer solchen Gefahr aussetzen, das ist doch der Gipfel!« Er trat einen Schritt auf ihn zu und musste sich beherrschen, nicht auf ihn loszugehen, ihn nicht zu packen, zu schütteln. Aber der Blick, den er von dem Jungen auffing, traf ihn ins Mark. Rattler wusste, dass er ins Schwarze getroffen hatte. In dem ganzen Getöse seines Vorgesetzten erkannte er nur wieder ein Manöver, das ihn abblocken, ablenken, in die Irre führen sollte.

Reitmeyer blieb stehen und sah auf den Jungen hinab. Sein Zorn war verflogen. Der Junge war sein Schüler. Er wollte von ihm lernen, war intelligent und wissbegierig. Begeistert von seinem zukünftigen Beruf. Und was tat sein Kommissär? Hielt ihn ständig auf Abstand. Vertuschte und vernebelte. Rückte nie mit den Tatsachen raus. Er streckte die Hand aus und war versucht, dem Jungen über den Kopf zu streichen. Aber er zog sie wieder zurück. Es half nichts. Er musste bei seiner Linie bleiben, er konnte ihn nicht einweihen. Noch nicht. Er räusperte sich und fragte barsch: »Wo wohnt dein Freund überhaupt? Wie er heißt, hab ich ja schon an seinem Arbeitsplatz rausgefunden, als ich das erste Mal nach dir gesucht hab.«

Rattler sank wieder in sich zusammen. »In der Augustenstraße. Nummer 72.«

Reitmeyer notierte sich die Adresse. »Ich geh jetzt in die Direktion zurück und find raus, ob man bei der Polizei was über ihn weiß. Und du, du machst dich schleunigst auf den Weg in die Ziemssenstraße. Und hier«, er zog seinen Geldbeutel heraus und legte fünf Mark auf den Tisch. »Damit nimmst du dir ein Taxi.«

Rattler sah ihn verblüfft an.

»Auf dem Weg kannst du dir ja überlegen, welche Lügenmärchen du ihnen auftischst, warum du ausgerissen bist.«

»Ja, aber Herr Kommissär ...«

»Du tust jetzt genau, was ich dir sage. Wenn ich über deinen Freund was rausgefunden hab, geb ich dir Bescheid.«

»Versprochen?«

Reitmeyer machte eine ärgerliche Handbewegung und ging hinaus.

AUFZEICHNUNGEN EINES OFFIZIERS

13. JULI 1914

Gespräch mit Oberst Feichtl. Es gebe Kompetenzgerangel unter verschiedenen Ministerien, was die Vorgehensweise bei geheimen Operationen anbelangt. Dabei handle es sich vermutlich in erster Linie um Versuche, dem Kriegsministerium die Führungsrolle zu entreißen, und er müsse vorbereitet sein, falls die Angriffe massiver werden sollten. Ins Detail wollte er nicht gehen.

Ob ich Probleme hätte? Irgendwelchen Verpflichtungen nicht nachkommen könne? Wenn dies der Fall sei, wolle er mich eindringlich warnen, mich an gewisse Kreditgeber zu wenden.

Aufgrund seiner vornehm diskreten Art vermied er

es, offen auszusprechen, dass ich mich als Offizier nicht an jüdische Wucherer wenden darf. Stattdessen nahm er seine Brieftasche heraus und bot mir 800 Mark an. Die könne er mir leihen, zinslos, wenn mir damit gedient wäre.

Ich war wirklich verblüfft von so viel Kameradschaft. Natürlich wies ich sein Angebot zurück. Dankte ihm aber für sein Vertrauen.

Von wem die Informationen über meine finanzielle Situation stammen, kann ich nur vermuten. Von Blumwies, dem Juden, sicher nicht. Schon eher aus dem Umkreis von Schmödel und Rüdesheim.

Wenn die Sache über die Bühne gegangen ist, wenn die Quelle, die ich angezapft habe, endlich zu sprudeln beginnt, rechne ich mit den beiden Schuften ab.

Als Reitmeyer aus Rattlers Haus in den prallen Sonnenschein hinaustrat, musste er kurz die Augen zukneifen vor dem stechenden Licht. Er blieb einen Moment stehen und sah auf die andere Straßenseite hinüber, wo sich vor einer Metzgerei zwei Ladenmädchen laut kichernd unterhielten. Hinter ihm trieb ein Kind einen Metallreifen den Gehsteig entlang, der knirschend übers Pflaster holperte. Bierfässer rollten eine Laderampe hinunter. Arbeiter hämmerten auf einem Gerüst. Autos hupten. Und plötzlich verschmolz der ganze Lärm zu einem einzigen anhaltenden Ton, als hielte ein Pianist nach furiosem Spiel den Fuß aufs Pedal gedrückt. Und mit diesem Ton kam Angst in ihm auf. Er zuckte ein paar Mal die Schultern, als wollte er den Gedanken abschütteln. Aber der ließ sich nicht abschütteln.

Schwer schnaufend nach der rasanten Fahrt ließ er sein Rad gegen die Hauswand fallen, rannte die Treppe hinab und riss die Tür zum Sektionssaal auf. Professor Riedl und Caroline, die sich gerade über einen Tisch beugten, blickten erschrocken auf. »Herr Kommissär ...?«, sagte Riedl verblüfft. »Was ...?«

»Ist das die Wasserleiche, die du obduzieren wolltest?«, fragte Reitmeyer atemlos.

Der Professor und Caroline sahen sich an.

»Hat sie diesen Stich?«

Riedl ließ das Skalpell in seiner Hand sinken. »Was meinen Sie, Herr Kommissär? Wie kommen Sie darauf? Ist das ein Fall von Ihnen?«

Reitmeyer ging auf den Seziertisch zu. Zögernd. Weil der Brustkorb der Leiche weit aufgeklappt war. Aber er zwang sich, setzte einen Schritt vor den anderen, kam immer näher an den Tisch heran und legte die Hand auf den Mund, um nicht aufzuschreien, als er ins Gesicht des Toten sah.

»Was ist denn?«, Herr Kommissär?«, hörte er Riedl sagen. Die Worte drangen dumpf wie durch einen Tunnel zu ihm. Er musste sich am Tisch festhalten, weil der Boden unter ihm nachgab.

Erst hinten im Büro, nachdem der besorgte Sektionsdiener zur Tür hinaus war und Riedl und Caroline ruhig warteten, bis er sich wieder gefasst hatte, nahm das Chaos in seinem Kopf ab. Der Professor holte eine Cognacflasche aus dem Schrank, schenkte ein Glas für ihn ein und befahl ihm zu trinken. »Runter damit! Dann gehts gleich besser!« Er stürzte die Flüssigkeit hinab, rang nach Luft und richtete sich auf. »Hat der ... hat die Leiche da draußen diesen Medullastich?«

Caroline sah ihn verständnislos an. »Nein.«

»Hast du das überprüft?«

»Nein ...«

»Hören Sie«, mischte sich der Professor ein. »Der junge Mann hatte Flüssigkeit in der Lunge. Also hat er Wasser eingeatmet. Daher muss er bewusstlos, aber nicht tot gewesen sein, als er in die Isar gefallen ist.«

»Deshalb musste ich nicht prüfen, ob er diesen Stich hat«, sagte Caroline. »Das ist ganz ausgeschlossen.«

»Wie kommen Sie überhaupt darauf?«, fragte Riedl.

Reitmeyer holte tief Luft und atmete lange aus. »Das ist eine längere Geschichte. Ich hab jedenfalls Grund anzunehmen, dass der junge Mann dort draußen einem Anschlag zum Opfer gefallen ist, genau wie die beiden anderen.«

»Was?«, rief Caroline. Er blickte auf. Sie war kreidebleich geworden und starrte ihn entsetzt an.

»Der junge Mann«, fuhr Reitmeyer tonlos fort, »ist der Freund unseres Polizeischülers. Ich hab ihn selbst mal kurz kennengelernt. Und wie ich erst gerade vorhin erfahren habe, ist er möglicherweise dem Mörder zu nahe gekommen.« Er blickte zu Professor Riedl auf. »Gibt's denn irgendwelche Hinweise, dass er gewaltsam ins Wasser geworfen worden ist. Ich meine, gibt's irgendwelche Kampfspuren?«

»Ja, schwer zu sagen«, erwiderte Professor Riedl. »Die Spuren an seinem Kopf könnten natürlich von einem Schlag herrühren. Wir dachten, er sei irgendwo aufgeschlagen. Und die Male an seinem Nacken sehen aus, als sei er heftig gepackt worden. Aber unter den Voraussetzungen, von denen Sie ausgehen, schauen wir ihn noch einmal ganz genau an.«

Reitmeyer sah eine Weile vor sich hin. Dann stand er mit einem Ruck auf. »Ich muss jetzt weiter. Ich muss noch ...«

»Wollen S' nicht lieber noch einen Moment ...?, fragte Riedl und hob etwas hilflos die Cognacflasche. »Und noch einen ...?«

Reitmeyer schüttelte den Kopf. »Ich melde mich dann noch mal bei Ihnen.«

»Ja sicher«, antwortete der Professor. »Wir sind noch länger da. Es wollte ohnehin jemand vorbeikommen, um die Leiche zu identifizieren.«

Reitmeyer nickte. »Ich muss jetzt ...«

»Ich bring dich raus«, sagte Caroline.

Fast im Laufschritt, den Blick starr zu Boden gerichtet,

durchquerte Reitmeyer den Sektionssaal, öffnete die Tür und lief die Treppe hinauf. Caroline hetzte hinter ihm her. »Wart doch!«, rief sie, »wart doch einen Moment!«

Er blieb stehen und drehte sich um. »Ich kann jetzt nicht, Caroline.«

»Das ist ja furchtbar, was du …«

Reitmeyer lehnte sich an die Wand und kniff die Augen zu. »Ich mach mir solche Vorwürfe, Caroline. Wenn ich bloß …« Plötzlich streckte er die Hand aus und zog sie an sich. »Versprich mir, dass du nichts allein unternimmst!«, flüsterte er. »Versprich mir, dass du aufpasst, versprich es mir!«

III
DER SPRUNG INS DUNKLE

14. Juli 1914 – 28. Juli 1914

36

Etwas beklommen ging Reitmeyer den Gang hinunter und zögerte kurz, bevor er an die Tür von Bleichers Sekretariat klopfte. Ihm war bewusst, dass er sich auf vermintem Gelände befand. Die letzte Begegnung mit dem hohen Beamten war ziemlich angespannt verlaufen. Vorsichtig ausgedrückt. Sepp und Lukas hatten dem »Oberintriganten« deutlich zu verstehen gegeben, was sie von ihm und seiner Amtsführung hielten, und er selbst hatte zumindest versucht, sich gegen dessen schwülstig herablassende Formulierungen – »geigender Kommissär«, »Jünger der Euterpe« – abzugrenzen. Was für Sepp zu kläglich und für Bleicher vermutlich zu unverschämt ausgefallen war. Aber daran ließ sich nichts mehr ändern. Er war mit einem Roten und einem genauso wenig vertrauenswürdigen Künstler befreundet, womit er in Bleichers Augen ins Milieu der unsicheren Kantonisten, wenn nicht gar der subversiven Elemente rückte. Kein Umgang jedenfalls, den man von einem Polizeibeamten erwartete. Aber er hatte keine Ahnung, was Bleicher jetzt von ihm wollte. Hatte der Hoteldirektor Verbindungen spielen lassen?

Er klopfte.

»Herein«, ertönte eine weibliche Stimme.

Die Sekretärin blickte von ihrer Schreibmaschine auf.

»Der Herr Ministerialdirektor hat mir ausrichten lassen, er möchte mich sprechen.«

»Ja, nehmen S' kurz Platz, Herr Kommissär. Der Herr Ministerialdirektor ist noch am Telefon, aber er bittet Sie gleich rein, wenn er fertig ist.«

Die Sekretärin fuhr mit Tippen fort. Er setzte sich und sah zu dem Baum vor dem Fenster hinüber. Sonnenlicht fiel durch die Blätterkrone und zeichnete zuckende Muster auf den Boden im Raum. Genau wie gestern, als Lichtreflexe zuckende

Kringel auf Rattlers Bettdecke gezeichnet hatten. Das Bild ließ ihn seitdem nicht mehr los. Er war in den Krankensaal getreten, und der Junge hatte auf der Bettkante gesessen und auf seine baumelnden Beine hinabgestiert. Beim Klang seiner Schritte blickte er auf. Und nach einem Blick ins Gesicht seines Kommissärs sackte sein Kopf schlaff nach unten. Der Junge hatte gleich alles begriffen. Er setzte sich neben ihn und legte den Arm um seine Schultern. »Man hat ihn gefunden, Korbinian.« Ein leichtes Zittern fuhr durch Rattlers mageren Körper, dann schnappte er ein paar Mal glucksend nach Luft. So blieben sie eine Weile sitzen. »Er ist ertrunken.« Der Junge nickte schweigend. Dann zog er plötzlich den Kopf ein, wand sich unter dem Arm seines Kommissärs heraus und schlüpfte lautlos wie ein Tier, das sich im schützenden Bau verkriecht, unter die Decke. »Korbinian?« Aber der Junge rührte sich nicht und gab keine Antwort. »Korbinian?«, hatte er noch einmal gefragt. Als der Bub wieder nicht reagiert hatte, war er einfach stumm neben ihm sitzen geblieben, die Hand auf den reglosen Hügel unter der Decke gelegt.

Plötzlich ging die Tür zum angrenzenden Büro auf und Bleichers untersetzt korpulente Gestalt erschien.

»Ah, Herr Kommissär«, rief er und kam mit ausgestreckter Hand auf ihn zu. »Sehr schön, dass Sie es so schnell einrichten konnten.« Mit einer leutseligen Geste bat er ihn in sein Büro, und bevor er die Tür hinter ihnen schloss, rief er über die Schulter: »Bringen Sie uns zwei Kaffee, Fräulein Hertling.« Dann bedeutete er ihm Platz zu nehmen, alles ein wenig zu übertrieben höflich, wie Reitmeyer fand, und setzte sich schließlich selbst hinter seinen Schreibtisch.

»Tja, also, mein lieber Reitmeyer.«

Er horchte auf. Wenn er der »liebe Reitmeyer« geworden war, stand es schlecht um die Staatsgeschäfte. Und er sollte bei irgendeiner Vertuschungsaktion eingespannt werden oder irgendeine Intrige bemänteln helfen.

»Ich habe Sie wegen einer Angelegenheit hergebeten, die wirklich äußerst ... heikel ist.«

»Aha.«

»Sie sind doch mit dem Fall dieser beiden absolut gräßlichen Morde betraut, und soweit ich weiß, haben sich in der Sache noch keine wirklichen Fortschritte ergeben?«

»Ich –«

Bleicher hob abwehrend die Hände. »Das ist kein Vorwurf, Herr Kommissär, es geht mir hier nicht darum, Ihre Arbeit zu tadeln. Die Sie übrigens ganz ausgezeichnet und mit größter Umsicht erledigen, wie mir Ihr Präsident versichert hat. Da können Sie ganz beruhigt sein.« Der Schmiss an seinem Mund verzerrte die Oberlippe, als er ein anerkennendes Lächeln versuchte. »Aber angesichts der Schwere des Falls ... und der möglichen Auswirkungen sind auch wir nicht untätig geblieben.« Die Tür ging auf, und die Sekretärin kam herein. Sie trug ein Tablett mit silbernem Kaffeegeschirr und einer Schale mit hauchfeinem Gebäck. Vorsichtig stellte sie alles auf dem Schreibtisch ab und zog sich nach einem Nicken Bleichers wieder geräuschlos zurück. Der Ministerialdirektor nahm die Kanne und goss zu Reitmeyers Erstaunen zuerst ihm, dann sich selbst ein. Warum wurde er, ein Untergebener, ein kleines Rädchen im Getriebe, dermaßen hofiert? Das ließ nichts Gutes vermuten.

»Nun, die Sache ist etwas kompliziert, verstehen Sie«, begann Bleicher. »Wie ich schon sagte, sind auch wir nicht untätig geblieben, allerdings haben sich in diesem Bereich Schwierigkeiten aufgetan.«

»Wie darf ich das verstehen, Herr Ministerialdirektor?«

»Nun ...« Er rührte Zucker in seinen Kaffee, legte pedantisch den Löffel ab und sah Reitmeyer an. »Im Rahmen einer verdeckten Aktion haben verschiedene Ministerien Informanten in gewisse Milieus eingeschleust, in bestimmte Hotels und Lokale, ohne sich gegenseitig ausreichend über die einzelnen

Vorgehensweisen zu unterrichten. Ich meine, ich will es ganz offen sagen, ohne sich gegenseitig genügend zu vertrauen, um die Ergebnisse ihrer Beobachtungen auszutauschen, zu bündeln und eine gemeinsame Strategie festzulegen.«

Er trank einen Schluck Kaffee, nahm eines der hostienartigen Plätzchen und forderte Reitmeyer auf, sich ebenfalls zu bedienen. »Vor allem das Kriegsministerium, und das sage ich Ihnen natürlich unter dem Siegel absoluter Verschwiegenheit, neigt in dieser Frage zu bedauerlichen Alleingängen.«

Reitmeyer blickte auf.

»Nachdem das Militär in besonderer Weise betroffen ist, glaubt man gerade dort, sich auf besondere Weise abschotten zu müssen und keine Identitäten des eingesetzten Personals preisgeben zu dürfen.« Er trank wieder einen Schluck Kaffee.

Reitmeyer wusste immer noch nicht, worauf er hinauswollte.

»Und dabei ist mir zu Ohren gekommen, dass im Rahmen dieser Operationen ziemlich seltsames Gelichter zum Einsatz kam.«

»Was meinen Sie damit?«

»Nun, es soll sich um Personen handeln, die aufgrund eigener Verfehlungen selbst in größten Geldnöten stecken und sich bei inoffiziellen Kreditgebern verschuldet haben.« Er beugte sich vor und senkte die Stimme. »Bei jüdischen Wucherern, verstehen Sie! Und daher in einer Angelegenheit, wo es vermutlich um Erpressungen geht, keinesfalls vertrauenswürdig erscheinen. Kurzum, ich habe die Befürchtung, dass man womöglich den Bock zum Gärtner gemacht hat.«

»Herr Ministerialdirektor, ich weiß nicht, was ich ...«

»Sicher, sicher, Herr Kommissär, die Rechtslage verbietet Ihnen Ermittlungen gegen das Militär, aber in diesem Fall ...« Er kramte in einem Papierstapel auf seinem Schreibtisch und zog eine Zeitung heraus. »Wenn selbst die Presse, vorerst nur eines dieser linksradikalen Blätter, nachzustochern beginnt.«

»Ich kenne den Artikel.«

»Sie lesen dieses Blatt?«

»Genau wie Sie, aus rein dienstlichen Gründen.«

Bleicher sah ihn mit einem etwas zwiespältigen Ausdruck an, bevor er fortfuhr. »Verstehen Sie, die Lage ist tatsächlich äußerst knifflig. Der Chefredakteur dieses Blatts soll ja die besten Verbindungen zum Kriegsministerium unterhalten. Das mag vielleicht paradox für Sie klingen. Aber wenn man bedenkt, dass die militärische Führung im Fall des Falles, ich meine bei einem allfälligen Waffengang, auf die Unterstützung der Arbeiterschaft angewiesen wäre, ergibt es durchaus Sinn, sich mit der linken Presse zu verständigen.«

»Herr Ministerial –«

»Auf der anderen Seite habe ich bei dem Oberst, der mit den geheimen Überwachungen betraut ist, durchaus meine Bedenken. Verstehen Sie, es gibt Strömungen in diesem Ministerium, die mit unseren politischen Zielen keineswegs deckungsgleich sind. Ich meine, Sie kennen doch diese Radaubrüder vom Deutschen Wehrverein, die ständig nach Präventivkrieg und Erstschlag schreien und in allen Rängen des Militärs großen Anklang finden.«

»Tut mir leid, Herr Ministerialdirketor, ich kenne mich da nicht so aus, ich bin kein Mitglied der politischen Polizei.« Auf keinen Fall würde er sich auf eine Diskussion über die verschiedenen Strömungen innerhalb der Ministerien einlassen. Wo ihm die eine so verhasst war wie die andere.

Bleicher seufzte. »Ja sicher, sicher. Aber die politische Polizei kommt in dem Fall auch nicht weiter. Ich meine, wir müssen hier einmal *übergreifender* denken. Ich will es so zusammenfassen: Wir sind der Meinung, dass dieser Oberst geheime Beobachter eingesetzt hat, die wir, vorsichtig ausgedrückt, für fragwürdig halten.«

»Gibt es noch andere Ministerien, die sich auf ähnliche Weise Informationen beschaffen? Das Justizministerium etwa?«

Bleicher sah ihn an. »Wie kommen Sie darauf? Ach so, Sie denken an meine Freundschaft mit Ludwig von Dohmberg?« Er schüttelte den Kopf. »Nein ... nein. Ich wollte meinen Freund Dohmberg nicht in irgendwelche Interessenskonflikte bringen. Er zählt ja wegen seines Sohnes selbst zum Kreis der Betroffenen.«

»Wie soll ich das verstehen?«

»Ach, mein lieber Reitmeyer, Sie müssen mir doch nicht den Ahnungslosen vorspielen! Sie wissen doch ganz genau, dass sein jüngster Sohn ... andersrum ist. Darüber gibt es eine Vernehmungsakte, die eindeutig in diese Richtung weist.«

»Und mir nicht zugänglich ist.«

»Dass die geschlossen wurde, geschah nicht auf unser Betreiben, sondern auf Wunsch des Kriegsministeriums. Aber ich darf Ihnen versichern, im Zusammenhang mit den zwei Mordfällen halte ich sie nicht für ergiebig.«

»Herr Ministerialdirektor, ich verstehe immer noch nicht, was genau Sie von mir erwarten.«

Bleicher lehnte sich zurück und sah eine Weile an die Decke. »Nun, ich möchte, dass Sie die Augen offenhalten. Und wenn Sie im Rahmen Ihrer Ermittlungen auf einen dieser Informanten stoßen oder etwas in dieser Richtung erfahren sollten, dann kommen Sie damit zu mir. Weil ich Möglichkeiten der Überprüfung habe, über die Sie nicht verfügen. Sie bewegen sich damit in einem bestimmten Graubereich, das ist mir vollkommen bewusst. Sie berühren Belange des Militärs, die eigentlich tabu für Sie sind. Aber ungewöhnliche Umstände erfordern ungewöhnliche Mittel.«

»Wollen Sie damit sagen, dass Sie unter diesen Informanten den Mörder vermuten?«

Bleicher machte eine abwehrende Geste. »Das habe ich nicht gesagt, Reitmeyer. Aber in so einem kniffligen Fall, in einer so brisanten politischen Lage, sollten wir doch den Überblick behalten. Und möglicherweise rein gar nichts mehr ausschließen.«

Reitmeyer trank seinen Kaffee aus. Bleicher erhob sich. »Also, mein lieber Reitmeyer, ich denke, wir haben uns verstanden. Sie wenden sich direkt an mich, wenn Sie in dieser Richtung etwas herausbekommen.« Er begleitete ihn zur Tür, öffnete sie und blieb mit der Klinke in der Hand stehen. »Ach, übrigens, Sie als Musikfachmann, haben Sie letzten Monat die Aufführungen des *Rings* im Prinzregententheater gesehen? Einfach großartig! Einfach großartig, was unsere Wagner-Festspiele da wieder geleistet haben! Kein Wunder, dass man uns in der ganzen Welt dafür beneidet.«

»Leider nein, Herr Ministerialdirektor.«

»Also, ich sage Ihnen, da haben Sie etwas versäumt. Eine Brünhilde –«

»Da ist ein Anruf für Sie, Herr Ministerialdirektor«, unterbrach die Sekretärin.

Reitmeyer verabschiedete sich schnell. Bleicher hob grüßend die Hand, bevor er sich in sein Büro zurückzog.

Wagner-Festspiele. Als ob er sich das leisten könnte! Mindestens 25 Mark pro Karte. Er ging den Gang hinunter. Aber Bleicher hatte vermutlich etwas ganz anderes im Sinn. Er wollte so tun, als würden sie sich auf Augenhöhe begegnen. Von Wagner-Freund zu Wagner-Freund. Um damit zuzukleistern, dass er ihn für irgendwelche dubiosen Machenschaften gegen ein anderes Ministerium einspannte. Bei einer Figur wie ihm konnte man nie sicher sein, für welche Zwecke er einen benutzte – oder wann er einen kaltstellte. Wie seinen früheren Intimus Dohmberg.

»Herr Kommissär«, rief Brunner aus seinem Büro, als er nach der Rückkehr aus dem Innenministerium den Flur entlangkam. »Da hat ein Bote was aus dem Regina gebracht. Ich hab's Ihnen hingelegt. Ach, und warten S' doch.« Er kam an die Tür gehumpelt. »Was ist jetzt mit dem Rattler? Hat man den gfunden?«

»Der ist schon wieder in seinem Zimmer. Der war bloß ... im Haus unterwegs.«

»Ha, *unterwegs*. Bei uns ist er auch immer *unterwegs*, wenn er sich irgendwo versteckt und vor der Arbeit drückt.«

Reitmeyer machte eine ungeduldige Geste. »Ich hab jetzt keine Zeit«, sagte er und griff nach dem Telefonhörer. »Und Tür zu!«

Er rief in der Gerichtsmedizin an und ließ Caroline an den Apparat holen. Es dauerte eine Weile, bis sie leicht atemlos ans Telefon kam. »Entschuldige«, sagte sie. »Ich hab gerade die Mutter des Jungen hinausbegleitet. Und sie war ... na ja, das kannst du dir ja vorstellen.« Sie schwieg einen Moment, und er hörte nur ihr Schnaufen.

»Ich bin gestern nicht mehr gekommen, weil ich länger bei unserem Polizeischüler war.« Er schwieg einen Moment. »Hat die Untersuchung was Neues ergeben?«

»Nein. Wie gesagt, er hat noch gelebt, als er ins Wasser gefallen ist. Die Verletzungen am Kopf können von einem Schlag herrühren, aber er könnte auch auf einen stumpfen Gegenstand aufgeschlagen sein.«

»Und den Eltern gegenüber habt ihr es als Unfall dargestellt?«

»Ja. Was hätten wir sonst sagen sollen?«

»Nein, nein, schon in Ordnung.« Er überlegte einen Moment. »Hast du später Zeit? Können wir uns treffen?«

»Nein, leider nicht. Ich hab Lukas versprochen, mit zu den Bruckmanns zu gehen. Sie haben ihn endlich überreden können, in ihrem Salon aufzutreten. Komm doch mit. Lukas würde sich sicher freuen. Und bei der Gelegenheit könntest du mir endlich erzählen, was eigentlich passiert ist.«

»Nein ... nein, später am Abend kann ich nicht.« Ärger kam in ihm auf. Zu den Bruckmanns! In einen der ersten Salons der Stadt! Wo sich die Größen der Kunst, der Politik und Hochfinanz trafen! Was dachte sie sich eigentlich? Dass er genauso reibungslos durch die verschiedenen Sphären schwebte, wie es dem Fräulein Dr. von Dohmberg vergönnt war? Vom

Küchentisch seiner Tante zu den glänzenden Tafeln der Großbürger, vom Leberkäs zum Hummerfrikassee, von seinem schäbigen Büro in ein Palais am Karolinenplatz? Er holte kurz Luft. »Da hab ich schon was vor.« Sie setzte zu einer Erwiderung an, aber er kam ihr zuvor. »Ja, dann eben bis morgen.«

»Ach, schade.« Sie klang enttäuscht.

»Mist, Mist, verdammter!«, murmelte er vor sich hin, nachdem er aufgelegt hatte. Er hatte sich mit ihr treffen und ihr nochmals einschärfen wollen, vorsichtig zu sein. Dort draußen lief ein Verbrecher herum, der offensichtlich eine neue Gangart eingeschlagen hatte und zu allem entschlossen war.

Er griff nach dem Umschlag aus dem Regina und riss ihn auf. Offensichtlich war es ihm gelungen, diesem Wicht von Hoteldirektor solche Angst einzujagen, dass er nun doch mit den Gästelisten aufwartete. Was er im Folgenden las, versetzte seinem Triumphgefühl allerdings einen gehörigen Dämpfer. Weiterhin eine Menge auswärtiger Gäste und nochmals der Hinweis, dass die Badeabteilung allen Gästen kostenlos zur Verfügung stehe und nur bestimmte Dienste in Rechnung gestellt würden. Da aber alles dagegen sprach, dass es sich bei dem Täter um eine auswärtige Person handelte, nützten ihm die Namen nichts. Die beiden Morde waren im Abstand von einer Woche verübt worden, der Täter hatte Rattler niedergeschlagen, vermutlich Ferdl in die Isar geworfen, möglicherweise die Siegel von der Wohnungstür des Masseurs abgerissen und Caroline in der Gerichtsmedizin bedroht. Also hielt er sich in der Stadt auf. Aber handelte es sich dabei jeweils um die gleiche Person? Er überlegte eine Weile, dann nahm er einen Zettel und erstellte eine Liste der Verdächtigen.

1. Personen aus dem militärischen Bereich –
   F. v. Dohmberg, Schmödel, Rüdesheim (lt. Akte Sänger)
2. Personen aus dem zivilen Bereich –
   Lorenz von Haugfeld

3. Personen aus dem homosexuellen Milieu – evtl. Streitigkeiten um ein lukratives Revier (keine Erkenntnisse in der Sitte)
4. Ein Informant des Kriegsministeriums – den Bleicher für fragwürdig hält.

Wo konnte er ansetzen? Die Namen der Offiziere kannte Bleicher auch und hatte sie sicher längst überprüft. Ohne Ergebnis, wie es schien. Und wie sollte die Polizei an den Informanten herankommen, wenn es schon Bleicher nicht gelungen war? Ihm blieb nur Haugfeld, den er unter die Lupe nehmen konnte.

Steiger kam herein.

»Ah, übrigens, hast du schon bei der Polizei in Garmisch angerufen?«

»Ja, hab ich. Der Jagdaufseher der Haugfelds heißt Grubinger. Der Dienststellenleiter kennt den Mann persönlich.«

»Und seine Söhne?«

»Das muss ein Missverständnis sein, meint er. Der hat bloß eine Tochter.«

»Ach, bloß eine Tochter?« Er nahm das Foto und den Zettel mit den Adressen, die ihm der Bankier gegeben hatte, aus der Schublade. »Ich geh jetzt schnell ins Regina und überprüf das Alibi von dem Haugfeld.«

»Hast du mal nachgefragt, ob der verheiratet ist?«, fragte Steiger.

Reitmeyer blickte auf. »Ach so, du meinst ... nein, hab ich nicht. Aber das wär ohnehin kein sicherer Beweis, dass er nicht ... Denk an den Fürsten Eulenburg, der wegen solcher Sachen angeklagt worden ist. Der hatte eine Frau und acht Kinder.«

Steiger schüttelte den Kopf. »Man glaubt's ja nicht.«

Der Hoteldirektor blickte erschrocken auf, als Reitmeyer nach kurzem Klopfen sein Büro betrat. »Herr Kommissär?«, sagte er und erhob sich. »Ich habe Ihnen die Listen doch schicken lassen? Ist etwas nicht in Ordnung?«

»Nein, nein, vielen Dank, Herr Direktor. Ich habe eine andere Frage.« Er legte das Foto auf seinen Schreibtisch. »Kennen Sie den Herrn?«

»Ja, sicher, Herr von Haugfeld junior. Der ist oft Gast in unserem Haus.«

»War er auch am 5. Juli hier? Mit englischen Geschäftsfreunden?«

»Ja, daran erinnere ich mich. Weil ich die Herrschaften am nächsten Morgen verabschiedet habe. Sie wollten in die Schweiz, sich dort mit ihren Familien treffen und Ende des Monats auf dem Rückweg wieder bei uns logieren.«

»Kann ich den Barkellner sprechen, der damals Dienst hatte?«

»Ja, sicher. Ich glaube, er bedient heute in der Halle.«

Sie gingen hinaus, und Müller winkte den Mann zu sich. Reitmeyer zeigte ihm das Foto. Der Kellner nickte. Der Herr sei oft Gast in der Bar. Ob er auch am 5. Juli da gewesen sei, könne er nicht mit Sicherheit sagen. Möglicherweise aber schon.

Reitmeyer bedankte sich. Selbst wenn der Kellner sich erinnert hätte, hätte er nicht kontrolliert, ob der Bankier sofort nach dem Barbesuch das Hotel verlassen hatte. Viel wichtiger war, dass ihn Haugfeld auch bezüglich seiner englischen Geschäftsfreunde belogen hatte. Sie waren im Moment gar nicht in London. Warum hatte er das getan? Um Zeit zu gewinnen? Während die Polizei umständlich über ausländische Amtshilfe sein Alibi zu überprüfen versuchte?

Zurück in seinem Büro, griff er nach dem Telefonhörer, um in der Bank nachzufragen, ob Lorenz von Haugfeld im Haus war. Doch nachdem er abgehoben hatte, legte er gleich wieder auf. Er würde sich nicht ankündigen. Aus der Seitenschublade seines Schreibtischs nahm er ein Kuvert für das Foto und den Zettel mit den Adressen heraus. Beim Griff nach dem Kuvert fiel ihm die Brieftasche in die Hand, die er aus dem Bodenversteck des Masseurs mitgenommen hatte. Die müsste er in die Asservatenkammer bringen. Bevor er sie einsteckte, klappte er sie noch einmal auf und legte die drei Postkarten auf den Schreibtisch. *Schöne Grüße von deiner Wally.*

Welche Bedeutung die Postkarten haben konnten, darüber hatte er oft nachgegrübelt. Offensichtlich waren sie so wertvoll, dass sie an einem geheimen Ort aufbewahrt werden mussten. Irgendjemanden hatte der Masseur damit der Hand. Aber wer war Wally? Er schob sie wieder zusammen und griff nach dem Zettel. Plötzlich stutzte er und legte ihn neben die Postkarten. Im selben Moment ging ihm alles auf. Er raffte die Karten, den Zettel und das Foto zusammen, steckte alles in den Umschlag und stürzte hinaus.

Diesmal zögerte er nicht, als er in die Privatbank trat. So schnell er konnte, rannte er die Treppe hinauf. Die Tür zum Vorzimmer von Haugfelds Büro stand offen. Ohne die Sekretärin zu beachten, marschierte er einfach durch, klopfte kurz an die Tür des Bankiers und trat ein.

»Das ... das geht aber nicht!«, protestierte die Sekretärin.

Haugfeld saß an seinem Schreibtisch und blickte auf. »Hatten wir einen Termin, Herr Kommissär?«, fragte er herablassend. Gleichzeitig bedeutete er der Sekretärin mit einem Wink, dass sie nicht gebraucht wurde. Irritiert schloss sie die Tür.

»Was verschafft mir die Ehre Ihres unerwarteten Besuchs?«

Reitmeyer zog die drei Postkarten heraus und legte sie vor dem Bankier auf den Schreibtisch. »Ich überbringe Ihnen schöne Grüße von einer gewissen Wally.«

Haugfeld starrte einen Moment auf die Karten. Kein Muskel zuckte in seinem Gesicht.

»Haben Sie diese Karten gesucht? Hätte der Junge diese

Karten aus der Wohnung des Masseurs holen sollen? Wenn wir nicht zufällig dort gewesen wären und ihn gehindert hätten?«

Haugfeld blickte auf. »Ich würde gern meinen Vater zu dem Gespräch hinzuziehen«, sagte er ruhig und stand auf. »Entschuldigen Sie mich einen Moment.«

»In dem Fall muss ich Sie leider begleiten.« Reitmeyer nahm die Karten vom Tisch.

Haugfeld ging in den Gang hinaus und blieb vor einer Tür stehen »Lassen Sie mich eine Minute allein mit ihm sprechen?«, fragte er.

Reitmeyer nickte.

Haugfeld verschwand hinter der Tür. Reitmeyer blieb stehen und wartete. Er sah auf die imposante Galerie der Vorfahren des Bankiers, auf die selbstsicher und überlegen dreinblickenden Männer, die sich ihres Standes und ihrer Stellung in der Welt bewusst waren. Und über beste Beziehungen verfügten. Damit würde ihm Haugfeld senior wahrscheinlich als Erstes drohen. Dass er sich an höchster Stelle beschweren werde. Einfach hier unangemeldet einzudringen und abstruse Anschuldigungen auszustoßen. Die Art von Getöse kannte er, aber es würde dem alten Herrn Bankier nichts nützen. Die Schrift auf dem Zettel und auf den Postkarten war eindeutig dieselbe. Sein Sohn hatte in enger Verbindung zu dem ermordeten Masseur gestanden und wurde wahrscheinlich von ihm erpresst. Möglicherweise wurde er auch von anderer Seite bedroht. Von den beiden jungen Männern etwa, die er als Söhne seines Jagdaufsehers bezeichnet hatte. Und vielleicht litt er gar nicht an Epistaxis, sondern war schlichtweg niedergeschlagen worden. Der junge Herr Bankier saß in einem ziemlichen Schlammassel, er musste mit peinlichen Ermittlungen rechnen und kam unvermeidlich unter Mordverdacht. Die Protektion des angesehenen Vaters würde ihm da nichts mehr helfen.

Plötzlich hörte er unten in der Halle eine Uhr schlagen. »Verdammt!«, fluchte er und riss die Tür zu dem Vorzimmer auf. Wie konnte ihm ein solcher Anfängerfehler passieren?

Er stürmte an der Sekretärin vorbei ins Büro des Bankiers. »Ist Ihr Sohn bei Ihnen?«, fragte er den älteren Herrn, der mit einem anderen Herrn am Schreibtisch saß. »Wer sind Sie?«, rief Haugfeld senior entrüstet.

Die Sekretärin war aufgesprungen. »Herr von Haugfeld ist doch hier raus!«, rief sie und öffnete eine Tür an der Seitenwand. Reitmeyer warf einen Blick in den angrenzenden Raum, der bis zur Decke mit Aktenregalen bestückt war. »Und wo ist er?«

»Wahrscheinlich über die hintere Treppe nach unten.«

»Wo wohnt Herr von Haugfeld?«, fragte er die Sekretärin. »Rasch!«

»Am Isarhochufer. In der Möhlstraße. Einundzwanzig.«

»Hat Herr von Haugfeld ein Auto?«

Sie nickte. »Einen Mercedes Torpedo.« Dann trat sie ans Fenster und warf einen Blick auf die Straße. »Es ist nicht mehr da.«

Als er hinauslaufen wollte, stürzte ihm der Mann aus Haugfelds Büro nach. »Was sollte das? Wer sind Sie überhaupt?«, schrie er und hielt ihn am Arm fest.

»Reitmeyer, Polizeikommissär, lassen Sie mich sofort los!«

Der Mann wich einen Schritt zurück, eilte ihm aber nach, als er die Treppe hinunter und aus dem Haus hinaus lief. »Aber so geht das nicht!«, rief er ihm nach. »So geht das nicht!«

Reitmeyer sah über die Schulter auf den wild gestikulierenden Mann und hetzte den Weg ins Präsidium zurück. Am Fuß der Treppe hielt er inne. Sollte er mit Steiger in die Möhlstraße fahren? Aber Haugfeld war sicher nicht nach Hause gefahren, zumindest nicht sofort. Hatte er noch eine andere Wohnung? Plötzlich kam ihm eine Idee. Er lief schnell zu seinem Büro hinauf.

»Steiger, ruf doch noch mal in der Polizeistation Garmisch an und sag den Kollegen, sie sollen unauffällig das Jagdhaus der Haugfelds beobachten, ob der Junior dort auftaucht. Und uns dann Bescheid geben.«

Steiger sah seinen Kommissär etwas begriffstutzig an.

»Ich erklär dir gleich alles, aber ruf zuerst bei denen an.« Er selbst griff zum Hörer.

Haugfelds Sekretärin meinte ziemlich schroff, sie wisse nicht, ob sie Auskunft geben dürfe. Reitmeyer erklärte ihr, dass er sie auch von einem Beamten abholen lassen könne, um die Aussage auf dem Präsidium zu machen. Sie hustete kurz und rückte dann mit einer Adresse in der Elisabethstraße heraus. Aber in der Wohnung seien noch die Handwerker. Ihr Chef werde erst nach seiner Hochzeit dort einziehen.

»Was ist denn eigentlich los?«, fragte Steiger, nachdem er aufgelegt hatte.

Reitmeyer legte die Postkarten und den Zettel mit den Adressen auf seinen Schreibtisch. »Fällt dir daran etwas auf?«

Steiger studierte die Schriftstücke eingehend. »Nix ... außer vielleicht, dass die Handschrift ziemlich ähnlich ist.«

»Genau. Den Zettel hat Haugfeld geschrieben, und die Karten hab ich in dem Bodenversteck bei dem Masseur gefunden. Als ich dem Bankier beides vorgelegt habe, ist er unter einem Vorwand rausgegangen und getürmt.«

»Der ist *abgehauen*?«, fragte Steiger ungläubig.

»Tja, eine Panikreaktion.« Reitmeyer steckte die Karten wieder in den Umschlag. »Wahrscheinlich denkt er, er kommt auf eine dieser Listen, die Polizeidirektionen über Homosexuelle führen. Und die Leute werden oft ziemlich schikaniert von den Sittenbeamten.« Er setzte sich. »Was war eigentlich mit dem abgerissenen Siegel in der Tulbeckstraße? Das hab ich ja ganz vergessen.«

»Ja merkwürdig«, sagte Steiger. »Die Tür war aufgebrochen, aber ein normaler Einbruch war das meiner Meinung nach nicht, weil nichts weggekommen ist. Vielleicht hat der Einbrecher ganz was anderes gesucht?«

»Vielleicht genau diese Postkarten?«

37

Den ganzen Nachmittag hatte er gewartet, aber aus Garmisch war keine Nachricht eingetroffen. Und falls Haugfeld doch in München geblieben war? Steiger hatte die Wohnung in der Elisabethstraße überprüft, aber dort wurde tatsächlich renoviert, die Wohnung war leer. Wie wollte eine so bekannte Persönlichkeit wie der Bankierssohn einfach untertauchen in der Stadt? Für längere Zeit würde ihm das kaum gelingen. Oder er hatte sich gleich ins Ausland abgesetzt? Die Bank verfügte schließlich über beste Beziehungen in verschiedene europäische Länder. Und an Geld mangelte es ihm auch nicht. Hätte er doch nicht so diskret vorgehen und ihn sofort zur Fahndung ausschreiben sollen? Er sah auf die Uhr. Schon nach sechs.

Dann klingelte das Telefon. Endlich, dachte er, und nahm ab. Aber es war keine Nachricht aus Garmisch. Sondern Caroline. Ob er sich mit ihr treffen könne. Abends im Domhof? Und Lukas wolle wissen, ob er die Noten bekommen habe, die er ihm geschickt hatte? Sie klang merkwürdig hektisch und aufgeregt.

Ja, er habe die Noten bekommen, aber heute Abend habe er wahrscheinlich keine Zeit.

»Wegen der Sache in der Haugfeld-Bank?«

»Wie kommst du darauf?«, fragte er verblüfft.

»Der Sepp war heute auf dem Weg in die Prannerstraße, zum Landtag, und hat dich aus dem Bankhaus rennen sehen mit einem aufgebrachten Sekretär im Schlepptau.«

»Ach, das? Das war ein Missverständnis.«

»Was für ein Missverständnis?«

»Caroline, ich kann dir nicht über Ermittlungen –«

»Ach, ihr ermittelt also? Das interessiert mich natürlich. Wir sind mit den Haugfelds gut bekannt. Und Lorenz von Haugfeld war mit einer Freundin von mir verlobt.«

»Wieso *war*?«

»Ja, weil ... weil ihr Vater nicht wollte, dass sie ihn heiratet.«

»Und warum nicht?«

»Weil es Gerüchte gab, dass er sich ... nicht ausschließlich für sie interessiert.«

»Und jetzt will er jemand anderen heiraten.«

»Ja, überraschend schnell. Allerdings keine standesgemäße Verbindung, wie Haugfeld senior meint. Keine Aristokratin und kein Geldadel.« Sie schwieg einen Moment. »Dann betreffen die Ermittlungen also ihn?«

»Hör mal, Caroline, das kann ich dir nicht –«

»Dann stimmt es also.«

»Caroline.«

»Nein, nein, es stimmt also.« Sie machte eine Pause. »Ich muss dir unbedingt was sagen. Aber nicht am Telefon. Könntest du nicht kurz in den Domhof rüberkommen? So gegen acht?«

»Mal sehen. Versprechen kann ich's nicht.«

Er nutzte die Wartezeit, um unerledigte Schreibarbeiten zu machen, und prüfte nochmals die Unterlagen zu dem nach wie vor ungeklärten Einbruch bei dem Juwelier in der Residenzstraße. Trotzdem sah er immer wieder auf die Uhr. Steiger war um sieben nach Hause gegangen, wollte sich aber bereit halten, falls sie nach Garmisch fahren sollten. Um kurz vor acht beschloss er, schnell in den Domhof rüberzugehen. Es war ja bloß ums Eck. Wenn zwischenzeitlich eine Nachricht käme, hatte er an der Pforte hinterlassen, wo man ihn finden könne.

Als er die Kaufingerstraße überquerte, sah er Caroline schon von Weitem. Sie ging vor dem Lokal auf und ab. Sie wirkte nervös, nestelte an ihrem Haar und zupfte an den Ärmeln ihrer Bluse. Er eilte zu ihr hinüber. »Warum wartest du nicht drinnen?«

»Weil der Lukas und der Sepp schon da sind. Und ich allein mit dir sprechen wollte.« Sie zog ihn vom Fenster des Lokals weg.

»Weshalb?«

»Wegen dem Haugfeld. Ich finde, du solltest wissen, dass es vor zwei Jahren einen Vorfall gab.« Sie senkte die Stimme. »Da wurde ein Jagdgehilfe von den Haugfelds tot aufgefunden. Er sei abgestürzt, hieß es. Weil er betrunken war.« Sie machte eine Pause und sah ihn eindringlich an. »Aber kurz zuvor hat man ihn mit Lorenz von Haugfeld gesehen.«

»Woher weißt du das?«

»Von meiner Freundin.«

»Hat die Polizei den Fall untersucht?«

Sie zuckte die Achseln. »Man ging von einem Unfall aus.«

»Und das glaubst du nicht?«

»Ich wollt es dir bloß sagen. Nähere Einzelheiten weiß ich nicht.«

»Kann ich mit deiner Freundin sprechen?«

»Das ist schwierig, verstehst du. Sie hat mir das damals ganz im Vertrauen gesagt, und es wäre jetzt peinlich für mich, wenn ...«

»Dir ist schon klar, dass das eine ziemlich massive Anschuldigung ist?«

»Was heißt hier Anschuldigung?«, erwiderte sie gereizt. »Ich wollte es dir einfach nur sagen.« Sie wandte sich ab und ging zum Lokaleingang. »Kommst du mit? Lukas möchte wegen seiner Konzerte in England mit dir reden.«

»Das kann ich jetzt nicht. Wir treffen uns ein anderes Mal.«

Sie nickte ihm zu und verschwand durch die Tür. Er blieb noch einen Moment stehen und sah die Straße hinunter. Wenn jemand tödlich verunglückt war, gab es doch sicher eine Akte mit dem Vorfall. Die könnte er anfordern. Oder gleich vor Ort Einsicht nehmen, wenn er in Garmisch war. Falls er von dort Nachricht bekäme. Rasch ging er ins Präsidium zurück. In seinem Büro setzte er sich an den Schreibtisch und zog nochmals das Foto von Haugfeld aus dem Umschlag. Der junge Waidmann blickte stolz in die Kamera. Der kleine Tannenzweig an seinem Hut zeugte von Jagdglück. Das Gewehr über seinem Arm zeigte mit geknicktem Lauf nach unten. Wo stand Haugfeld eigentlich? Er hielt das Foto näher unter die Lampe. An der Ecke des Jagdhauses? Er nahm die Lupe. Ganz deutlich erkannte er eine Bretterwand. Das Jagdhaus der Haugfelds, ein dürrer Bretterbau? Die Holzwand sah eher nach einer Hütte aus. Eine Jagd*hütte*! Vermutlich weiter oben in den Bergen. Er griff nach dem Hörer und ließ sich mit der Polizeistation Garmisch verbinden.

Es dauerte eine Weile, bis er den Kollegen in Garmisch endlich ans Telefon bekam.

»Ja, sicher, Herr Kommissär, die Haugfelds haben eine Hütte oben in den Bergen. Aber jetzt in der Dunkelheit kann man da niemanden mehr raufschicken. Ganz ausgeschlossen. Aber gleich morgen früh.« Ja, bei Sonnenaufgang, wenn Herr von Haugfeld so dringend als Zeuge gebraucht werde. Und sicher, sie würden den Herrn Kommissär sofort benachrichtigen. Auch vor Dienstbeginn unter seiner Privatnummer, wenn nötig.

Reitmeyer legte auf. Einen Versuch war's wert gewesen. Obwohl das Bild natürlich vor irgendeiner Hütte aufgenommen worden sein konnte. Er sah nochmals das Foto an. War das wirklich der Mörder? An dem hübschen Gesicht mit dem unschuldig stolzen Lächeln ließ sich das nicht ablesen. War es überhaupt möglich, einen Verbrecher anhand seiner Physiognomie zu erkennen, wie manche berühmten Kriminologen glaubten? Seine eigene Praxis hatte ihn eher vom Gegenteil überzeugt. Er schob das Foto in den Umschlag zurück. Wie auch immer, jetzt musste er erst einmal abwarten, ob sie den Bankier überhaupt fanden. Und vor allem musste er etwas essen, bevor er nach Hause ging.

Die Bedienung im Lokal an seiner Ecke bedauerte, »warm ist schon aus«. Nur einen Preßsack oder eine Milzwurst könne sie ihm anbieten. Reitmeyer zögerte. Aber er war zu hungrig und zu müde, um es woanders zu probieren. Er bestellte den Preßsack und ein Helles. Das Bier kam sofort, und nach den ersten Schlucken lehnte er sich zurück. *Dickhäuter-Neubau im byzantinischen Stil fertiggestellt*, las er in der Zeitung auf dem Tisch, *Achtzehn Meter hohe Beton-Glas-Kuppel*. Er stellte sein Glas ab. *Mit dem Norddeutschen Lloyd ins Land der Fjorde. 300 Mark*. Dann kam sein Preßsack.

Er starrte auf den dunklen Fleischfetzen mit den weißlichen Fettbrocken darin, der ihn an das Muster von Haugfelds marmorner Schreibgarnitur erinnerte. Gleichzeitig sah er den glänzenden Mahagonischreibtisch mit der Fotografie einer jungen Frau in dem schweren Silberrahmen vor sich. Haugfeld war reich, sicher nicht die Person, die Franz von Dohmberg erpresste oder dem Kunstmaler so zugesetzt hatte. Es gab also verschiedene Täterkreise. Mindestens zwei. Gedankenverloren griff er nach dem Besteck und schreckte auf, als jemand plötzlich an seinen Tisch trat. Hildegard.

»Da hab ich aber Glück ghabt«, sagte sie mit einem strahlenden Lächeln. »Aber deine Tante hat schon vermutet, dass du hier bist.«

Er stand umständlich auf und begrüßte sie. »Ja, ich wollt bloß schnell noch was essen und dann heim. Ich hab einen anstrengenden Tag hinter mir, und morgen ...«

Sie warf ihre Spitzenhandschuhe auf den Tisch »Ach, ein halbes Stündchen wirst ja noch haben. Ich hab auch nicht viel Zeit, weil ich morgen früh raus muss.«

Von interessierten Männerblicken verfolgt, raffte sie leicht den Rock, der sich wie eine zweite Haut um die Hüften schmiegte, ließ sich mit einer kleinen Drehung auf dem angebotenen Stuhl nieder und nestelte in ihrem Haar, um eine blonde Strähne zu befestigen, die aus der Aufsteckfrisur entkommen war. Ein innerer Unwillen packte ihn bei der koketten Geste.

»Was hast du dir bestellt?«, fragte sie und blickte ihn mit ihren nussbraunen Augen an. »Einen Preßsack? Seit wann magst du den?«

Er machte eine ungeduldige Geste. »Alles andere war schon aus.«

Sie winkte der Bedienung. »Ich nehm bloß eine Radler-Halbe.«

Er sah auf die weißlichen Fettbrocken in dem Preßsack und begann lustlos zu essen.

»Weshalb ich eigentlich hergekommen bin«, fuhr sie fort und beugte sich vor, »nimm dir nächsten Samstag nichts vor. Da gehen wir ins Gärtnerplatztheater! Ich hab zwei Karten geschenkt bekommen.«

»Für was?«

»Irgendeine neue Operette. Den Titel hab ich jetzt vergessen.«

Er unterdrückte ein Stöhnen. »Ich weiß nicht ... Operetten ...«

Sie schenkte ihm ein nachsichtiges Lächeln. »Ach, Sebastian«, sagte sie und legte ihre Hand auf die seine. »Du bist noch sauer, weil ich am Sonntag was anderes unternommen hab. Aber weißt du, du hast mich halt auch versetzt, und ich hab mit deiner Tante ins Kino gehen müssen. Ich find, wir sind jetzt wieder quitt.«

»Ich bin überhaupt nicht sauer«, erwiderte er gereizt. »Ich hab dir ausdrücklich gesagt, dass du gern einen Ausflug mit deinen Krankenschwesterkolleginnen machen kannst.«

»Warum reagierst du dann jetzt noch so ... angfressen?«

»Also, so ein Schmarrn«, fuhr er auf, »ich ...« Aber er beherrschte sich und milderte den Tonfall. »Ich bin einfach ziemlich zerschlagen. Ich hab ein paar schwierige Fälle im Moment und müsste mich dringend mal gründlich ausschlafen.«

»Tja, wenn du dir die Nächte so um die Ohren schlägst, ist das kein Wunder. Deine Tante hat gemeint, du bist neulich erst heimgekommen, da haben schon die Vögel gesungen.«

Ihr schnippischer Tonfall brachte ihn wieder in Wallung. »Da hab ich mich mit ein paar ehemaligen Schulfreunden getroffen. Später noch.«

»Ach so«, sagte sie leichthin. »Und ich hab gedacht, du warst beruflich verhindert.«

»Ist das jetzt ein Verhör?«

»Siehst du, das ist genau, was ich meine. Immer bist du gleich auf der Palme, wenn man dich was fragt.«

»Du hast aber nichts *gefragt*«, erwiderte er aufgebracht, »sondern Feststellungen geäußert.«

Sie drehte sich um, als plötzlich die Tür aufsprang und eine Horde Kadetten hereindrängte. Sie blickten kurz durch den Raum, bevor sie zielstrebig auf Reitmeyers Tisch zusteuerten. »Sie gestatten?«, sagte einer, während sich zwei andere bereits auf die Sitze fallen ließen. Hildegard sah Reitmeyer vorwurfsvoll an. Der zuckte die Achseln und rückte den Stuhl näher zu ihrem, um Platz zu machen. »Für jeden eine Maß!«, rief ein Kadett zur Theke hinüber. Die Kellnerin schleppte Bierkrüge herbei und bat die jungen Herrn, auf die anderen Gäste Rücksicht zu nehmen. Die Burschen stießen klirrend an. »Wir feiern unsere Abiturschlacht«, erklärte Hildegards Nachbar.

»Aha.« Sie rückte etwas ab.

»Das war nicht leicht«, sagte Reitmeyers Nebenmann leicht lallend. »Vormittags in Deutsch der Ausspruch von Moltke: *Der ewige Friede ist ein Traum, und nicht mal ein schöner*, und nachmittags in Religion: Was ist die Aufgabe der Apostel?« Erneut krachten die Krüge aneinander. Bier schwappte über den Tisch. »Aber mit etwas Gehirnschmalz hat sich der Konflikt zwischen christlichen und nationalen Erfordernissen doch lösen lassen.«

»Da bin ich ja beruhigt«, sagte Reitmeyer.

Hildegard stieß ihn an. »Los, wir suchen uns einen andern Platz«, raunte sie.

»Ach, das lohnt sich doch nicht mehr.«

»Jetzt wollen Sie sicher wissen, wie das geht?«, fragte der Kadett.

»Unbedingt«, sagte Reitmeyer. Hildegard funkelte ihn an.

»Man hat auf die Einheit von Thron und Altar hinweisen müssen!«

»Genial«, sagte Reitmeyer und strich Senf auf seinen Preßsack.

»Und wenn's nicht geklappt hat, gibt's immer noch Preußen. Da kann man auch ohne Abitur Offizier werden.«

Reitmeyer nickte. »Gut, dass es Preußen und den Kaiser gibt.«

»Also wenn du dich mit diesen angesoffenen Flegeln unterhalten willst ...«, zischte Hildegard.

Der Kadett sprang auf und schlug die Hacken zusammen. »Ein dreifaches Hoch auf unsere Majestät, den Kaiser!« Der Tisch wackelte, als seine Kameraden ebenfalls aufsprangen. »Er lebe hoch! hoch! hoch!«, brüllten sie im Chor.

»... dann brauchst du mich ja nicht.« Sie packte ihre Handschuhe.

»Jetzt warte doch. Ich geh ja auch gleich.«

Aber Hildegard war schon an der Tür. Er lief ihr nach. »Ich muss nur noch schnell zahlen.« Er ging zur Theke und sah sich nach der Bedienung um. Als er sich wieder umdrehte, war sie weg. Der Kadett kam leicht schwankend auf ihn zu. »Tut mir leid«, sagte er, »ist die Frau Gemahlin etwa unseretwegen gegangen ...?

»Ach«, sagte Reitmeyer und schob ihn ärgerlich beiseite, bevor er der Kellnerin Geld in die Hand drückte und aus dem Lokal rannte. Draußen sah er gerade noch, wie sie in eine Straßenbahn stieg.

38

Die Stadt ächzte unter einer Glocke aus dampfiger Schwüle, in der sich kein Lufthauch regte, alles schien zu stocken, schien träger und langsamer zu werden. Die Pferde von Fuhrwerken schleppten sich voran, Händlerinnen schoben mühsam ihre Karren durch die Straßen. Dennoch glaubte Reitmeyer hinter der äußerlichen Lethargie eine starke Anspannung zu spüren. Immer wieder sammelten sich Arbeitslose und protestierten gegen die Entscheidung des Reichsrats, keine staatliche Unterstützung für sie einzurichten. Immer wieder kam es zu Zusammenstößen mit der Polizei.

Er stellte sein Fahrrad ab, wischte sich mit dem Taschentuch übers Gesicht und eilte die Treppe zum Präsidium hinauf. Auch in seinem Fall hatte sich nichts getan. Niemand hatte bei ihm angerufen, trotz der Zusicherung, man werde ihm sofort Bescheid geben, wenn der Mann von der Überprüfung der Jagdhütte zurück wäre.

»Gibt's eine Nachricht für mich?«, fragte er atemlos und schlug die angelehnte Tür von Brunners Büro zurück. »Aus Garmisch?«

Brunner blickte erschrocken auf. »Ja, grad vorhin hat die Dienststelle Garmisch angrufen.«

»Ja und?«

»Es hat einen Unfall gegeben.« Er sah seinen Kommissär etwas ratlos an. »Sie wollen sich später noch mal melden.«

»Was für einen Unfall?«

»Das hams nicht gsagt.«

Reitmeyer schlug mit der Hand aufs Türblatt, unterdrückte einen Fluch und lief in sein Büro hinüber. Dort ließ er sich mit Garmisch verbinden. War Haugfeld mit dem Auto verunglückt? Oder der Mann, der ihn suchen sollte?

Der Polizist am anderen Ende wusste auch nichts Genaueres. Sein Dienststellenleiter sei ganz in der Früh mit zwei Gendarmen weggefahren. Den Arzt wollten sie auch mitnehmen. Aber was da passiert sei? Jetzt müsse man halt abwarten.«

Reitmeyer knallte den Hörer auf.

»Und?«, fragte Steiger, der zur Tür hereinkam. »Fahren wir hin?«

»Man hat ihn immer noch nicht gefunden.«

»Was hat der für ein Auto? Einen Mercedes Torpedo? So ein Geschoss fährt mindestens siebzig. Der ist vermutlich schon über alle Berge.«

»Oder in die Berge.«

Steiger sah seinen Kollegen verständnislos an. »Ach, übrigens, der Rattler ist wieder da.«

»Was? Wieso hat man den so plötzlich entlassen?«

»Ob das so regulär war, weiß ich nicht. Er wollt nicht länger bleiben, und sie waren froh, dass sie ihn losgeworden sind. Das war zumindest mein Eindruck, als ich bei ihm war.«

»Dann weißt du Bescheid?«

Steiger nickte. »Furchtbar, was mit seinem Freund passiert ist. Der Bub ist ganz verändert. Hat an nichts mehr Interesse. Nicht mal seine Zeitschriften interessieren ihn mehr.«

»Wundert's dich?«

Das Telefon klingelte. Die Sekretärin des Präsidenten. Ob der Herr Kommissär in den Hof hinunterkommen könne? Der Herr Präsident wolle ihn kurz sprechen, bevor er mit seinem Automobil wegfahre.

Reitmeyer lief nach unten. Er konnte sich schon denken, was er von ihm wollte, aber für einen Rüffel des Kommissärs war es zu spät. Mit Empörung konnte die vornehme Familie nichts mehr auszurichten. Und am besten nahm er auch gleich seinem obersten Vorgesetzten den Wind aus den Segeln. »Ich nehme an, dass sich Herr von Haugfeld bei Ihnen beschwert hat?«, sagte er, als er zu ihm hinüberlief.

Der Präsident sah ihn irritiert an. »Sie scheinen das ja auf die leichte Schulter zu nehmen, wenn sich ein angesehenes Mitglied unserer Gesellschaft –«

»Tut mir leid. Aber wir haben eindeutige Beweise, dass Lorenz von Haugfeld in einem intimen Verhältnis zu dem ermordeten Masseur gestanden hat. Als ich ihm die vorlegte, ist er getürmt. Und bis jetzt nicht wieder aufgetaucht.«

»Was für Beweise?«

»Schriftliche. Ich kann Sie Ihnen gern zeigen.«

»Nein, nein, das überlasse ich ganz Ihnen.« Der Präsident ging ein paar Schritte vom Wagen weg und blinzelte in die Morgensonne. Reitmeyer registrierte, wie er ein paar Mal mit den Schultern zuckte, als wolle er etwas abschütteln. Dann drehte er sich um und zog Reitmeyer ein Stück außer Hörweite des Fahrers. »Also, wenn er wirklich geflohen ist«, begann er mit völlig verändertem Tonfall, »verstehen Sie, dann sieht das doch ganz nach einem Schuldeingeständnis aus? Man flüchtet doch nicht, wenn man nichts zu verbergen hat.«

Reitmeyer zuckte die Achseln.

»Und gewisse Teile der Presse stochern neuerdings auch schon nach. Jedenfalls steht zu befürchten, dass sich bestimmte Kreise nicht damit zufriedengeben, es habe sich in der Badeabteilung des Regina um einen Unfall gehandelt. Wenn also von dieser Seite Verdachtsmomente geäußert würden, wäre es natürlich von Vorteil, wenn wir eindeutig einen Täter präsentieren könnten.«

»So ist es, Herr Präsident.«

»Also setzen Sie alles daran, den jungen Haugfeld zu stellen.« Der Präsident ging mit entschlossenem Schritt zum Wagen zurück. »Sein Vater tut mir natürlich leid ... Ich kenne ihn persönlich. Aber in so einem Fall ... da bleibt uns nichts übrig, als unsere Pflicht zu tun.« Er machte eine bedauernde Geste und stieg ein. Dann beugte er sich noch einmal vor. »Ach, wussten Sie übrigens, dass die Bank im letzten Jahrhundert noch *Cohn* und Haugfeld hieß?«

»War mir nicht bekannt.« Reitmeyer wusste nur, dass er die Erleichterung in der Stimme seines Präsidenten richtig gedeutet hatte. Wenn Haugfeld als Täter identifiziert wurde, war das Militär aus dem Schneider, und wenn man zudem bedachte, dass sich das Haugfeldsche Vermögen einem jüdischen Hintergrund verdankte, waren zumindest die absoluten Spitzen der Gesellschaft nicht betroffen. Die Welt war nicht vollkommen aus den Fugen geraten. Der Präsident hob grüßend die Hand, als der Wagen abfuhr.

Er lief wieder nach oben. Als er in sein Büro kam, stand Steiger, den Telefonhörer in der Hand, an seinem Schreibtisch. »Also, du wirst es nicht glauben«, sagte er und legte auf. »Das war der Dienststellenleiter aus Garmisch. Sie haben den Haugfeld gefunden. Oben in der Jagdhütte der Familie.«

AUFZEICHNUNGEN EINES OFFIZIERS

15. JULI 1914

Ständig lauert mir der alte D. im Neptun auf. Manchmal weinerlich bettelnd, manchmal unverschämt drohend, dass er durchaus Mittel und Wege fände, mir Schwierigkeiten zu machen. Ich bleibe gelassen und frage jedes Mal nur, wie er das anstellen wolle, ohne die Verfehlungen des Sprösslings publik zu machen? Dann knickt er wieder ein.

Ob ich vielleicht meinte, dass der Peiniger aufgegeben habe, weil seit ein paar Tagen keine neuen Forderungen eingetroffen seien? Nach all den wirklich abstoßenden Schreiben die Woche zuvor? O heilige Simplicitas! Er hat ein lohnenderes Opfer gefunden, wollte ich brüllen. Das schneller kapiert. Und mehr Kohle hat. Ein saftiges Foto des Herrn Leutnants hat der Einsicht des Töchterchens zudem auf die Sprünge geholfen. Wenn ich vor drei Wochen gewusst hätte, was ich erst kürzlich herausgefunden habe, hätte ich mich mit dem alten Trottel erst gar nicht abgegeben. Die Sache dürfte noch diese Woche über die Bühne sein. Dann bin ich saniert!

39

»*Beim Reinigen der Jagdwaffe* ... mitten in der Nacht? Glaubst du das?«

Steiger zuckte mit den Schultern. »Ja, ich weiß nicht. So was kommt immer wieder vor.«

»Wer hat das festgestellt? Wann genau ist das passiert?«

»Der Dienststellenleiter, der Jagdaufseher und zwei Polizisten. Der Arzt schätzt aufgrund der ausgeprägten Leichenstarre den Todeszeitpunkt auf gestern, etwa zweiundzwanzig Uhr dreißig.«

Reitmeyer griff nach dem Hörer. Steiger schüttelte den Kopf. »Da brauchst nicht noch mal anrufen. Der hat mir schon mehr als knapp Auskunft gegeben. Sie schicken uns den Bericht, hat er gesagt. Ich hab den Eindruck, dass sie sich die Einmischung von Münchner Kollegen verbitten.«

Reitmeyer legte wieder auf. »Das kann ich mir vorstellen. *Beim Reinigen der Jagdwaffe* ... Er schüttelte den Kopf. »Und zufällig gerade dann, wenn wir ihn vernehmen wollten?« Reitmeyer nahm einen Stift und trommelte auf die Schreibtischplatte. Der Jagdaufseher war mit in der Hütte gewesen. Wahrscheinlich hatte er sofort die Haugfelds verständigt, und die Familie wollte den Selbstmord vertuschen. Und aufgrund ihrer guten Beziehungen zu den Obrigkeiten in der Gegend spielte die Polizei mit. Um der Familie die Schande zu ersparen. Und weitere Nachforschungen abzublocken. Er starrte eine Weile vor sich hin. Aber was hatte er gegen den jungen Bankier eigentlich in der Hand gehabt? Den Nachweis, dass er als »Wally« enttarnt worden war, dass er ungesetzliche Beziehungen zu dem Masseur pflegte. Die nicht justiziabel gewesen wären, weil dafür ein »dem natürlichen Beischlaf ähnlicher Vorgang« belegt werden musste. Aber warum war er abgehauen? Genau deswegen, würde ein Verteidiger sagen. In Panik. Aus Scham. Weil schon die Ermittlungen den Verlust seiner Reputation bedeuten konnten, seinen gesellschaftlichen Ruin. Reitmeyer warf den Stift in die Ablage.

»Ich geh jetzt schnell in die Fotografierstelle rüber«, sagte Steiger. »Und übrigens, könntest du nicht mal mit dem Rattler reden? Der ist wirklich furchtbar niedergedrückt.«

Reitmeyer blickte auf. »Mit dem Rattler ...? Ja ... später, wenn ich Zeit hab.«

Brunner humpelte herein. »Da wartet ein Herr Dohmberg unten. Der will Sie sprechen.«

»Was für ein Herr Dohmberg?«

»Hat der Pförtner nicht gesagt.«

Er lief nach unten.

Sein Freund Lukas stand am Fuß der Treppe. »Jetzt muss ich dich schon im Präsidium überfallen, wenn ich dich mal erwischen will. Hat dir die Caroline nicht ausgerichtet, dass wir über die Englandreise reden müssen?«

»Doch, doch. Aber im Moment ... hier geht gerade alles drunter und drüber.«

»Wir wollen ja nicht sofort abfahren, meine Konzerte sind erst Mitte August.«

»Ich weiß nicht, Lukas. Wir sollten uns vielleicht an einem der nächsten Abende treffen, ich ruf dich an, und wir machen was aus.«

»Ich bin leider schlecht erreichbar im Augenblick. Daheim so gut wie überhaupt nicht mehr. Da geht auch alles drunter und drüber.«

Reitmeyer sah ihn fragend an.

»Ja, hauptsächlich wegen meinem Vater. Der ist vollkommen unerträglich inzwischen.« Er lachte auf. »Aber jetzt tobt er nicht nur bei uns zu Haus herum. Wie ich gerade erfahren hab, soll er im Kriegsministerium einen Auftritt hingelegt haben, dass es bis auf die Ludwigstraße hinaus zu hören war.«

»Warum?«

»Keine Ahnung. Wahrscheinlich ging's um den Franz. Worüber sonst hätte er sich mit einem höheren Militär streiten sollen? Vielleicht droht ihm die Demission. Wegen seiner diversen ... Kontakte.«

»Und was meinst du dazu?«

»Ich hab dem Franz vorgeschlagen, seinen Abschied zu nehmen und nach Italien zu gehen. Da werden solche Delikte nicht strafrechtlich verfolgt. Das Geld dafür würde ich ihm vorstrecken. Aber davon will der Herr Leutnant nichts wissen. Und die Caroline lässt sich auch in den Schlamassel reinziehen.«

»Inwiefern?«

»Keine Ahnung. Irgendwie glaubt sie wohl, ihrem kleinen Bruder beistehen zu müssen, weil sich angeblich nie jemand richtig um ihn gekümmert hat. Aber ich halt mich da raus.« Er sah auf die Wanduhr. »Ich muss jetzt weiter. Am besten, wir verabreden uns über den Sepp. In seiner Kanzlei ist immer jemand zu erreichen.« Er wandte sich zur Tür. »Also, bis bald.«

Reitmeyer sah ihm nach. Eine Demission? Das glaubte er nicht. Bei einer unehrenhaften Entlassung brüllte man doch nicht herum. Sondern verhielt sich still, um nicht noch mehr Aufsehen zu erregen. Er stieg wieder die Treppe hinauf. Da ging es um etwas anderes.

40

Reitmeyer blickte auf das Foto, das Sänger ihm reichte. Fünf Offiziere, im Profil aufgenommen und in Uniform, marschierten in einer Art Stechschritt am Betrachter vorbei. Von ihren Gesichtern war nicht viel zu erkennen, da sie die Mützen tief in die Stirn gezogen hatten. Von anderen Körperteilen umso mehr, da sie keine Uniformhosen trugen. »Und die hier«, Sänger reichte ihm zwei weitere Fotos. »Mit aufgepflanztem Bajonett, könnte man sagen.«

Reitmeyer blieb kurz die Luft weg. Der junge Mann auf dem ersten Bild präsentierte sich nackt, aber in Soldatenstiefel und mit erigiertem Penis vor einem gemalten Gebirgshintergrund. Franz von Dohmberg. Auf dem zweiten lehnte ein junger Mann lächelnd an einer mit Marmor verkleideten Wand, ebenfalls hüllenlos und sexuell erregt. Hinter ihm eine Wandleuchte, die ihm irgendwie bekannt vorkam. Er hielt das Foto näher ans Licht. Diese Lampen hatte er doch schon einmal gesehen? In der Badeabteilung des Regina?

»Wie sind Sie überhaupt drauf gekommen, das Material noch mal sehen zu wollen?«, fragte Sänger. »Ehrlich gesagt, hab ich's mir beim ersten Mal auch nur oberflächlich durchgesehen. Der übliche Dreck halt, hab ich gedacht, den der Hassler da verscherbelt.«

»Ja, mir ging's genauso. Aber dann ist mir der Einbruch im Atelier Waginger wieder eingefallen, den mein Kollege bearbeitet hat. Und dass der Besitzer keine Anzeige erstatten wollte. Das ist mir im Nachhinein komisch vorgekommen. Und als ich dann noch erfahren hab, dass der Fotograf auch viel in militärischen Kreisen unterwegs ist …« Dass erst das vorangegangene Gespräch mit Rattler ihn auf die Idee gebracht hatte, erwähnte er nicht.

»Ja, der Waginger«, sagte Sänger und lehnte sich zurück.

»Der ist uns durchaus nicht unbekannt. Wir haben immer schon vermutet, dass in seinem Atelier irgendwas läuft.«

»Ah ja?«

»Da haben sich angeblich Männer, meistens Offiziere, mit ihren *Freunden* fotografieren lassen, rein *freundschaftlich* ...« Er verdrehte die Augen. »Aber wir konnten ihm nie was nachweisen.«

Reitmeyer blätterte den Stapel Fotos nochmals durch. Dass er mit Rattler auf dieses Atelier zu sprechen gekommen war, hatte sich ganz zufällig ergeben. Am Anfang des Gesprächs war der Junge sehr einsilbig gewesen. »Geht so«, antwortete er auf die Fragen nach seinem Befinden, und Reitmeyer wusste auch nicht recht, was er sagen sollte, weil ihm alles, was ihm einfiel, zu floskelhaft und abgegriffen vorkam. Früher konnte er ihn immer mit Sportgeschichten aus seiner Jugend begeistern. Dass er mit eigenen Augen das berühmte Rennen Fahrrad gegen Pferd gesehen hatte. Josef Fischer gegen Cody, den Sohn von Buffalo Bill. Aber was hieß früher? Noch vor einigen Tagen. Derlei Aufmunterungen halfen jetzt nicht weiter. »Bist du noch mal bei den Eltern vom Ferdl gewesen?«, fragte er schließlich.

Daraufhin hatte er ihm stockend erzählt, dass Ferdls Vater ihm das Geld geben wollte, das der Ferdl für ihr gemeinsames Motorrad gespart hatte. Dafür habe sein Freund alles getan, jeden Pfennig beiseite gelegt, sogar abends gearbeitet und Überstunden gemacht. Und wie sich herausstellte, genau in dem Atelier in Haidhausen, in dem eingebrochen worden war. Und als Reitmeyer wissen wollte, was für ein Fotograf das denn sei, wunderte sich Rattler, dass er den nicht kenne, weil der doch »immer fotografiert, wenn irgendwo Veranstaltungen sind. Erst gerad wieder beim Hundertjährigen der Schweren Reiter und der Leiber«. In dem Moment hatte es in seinem Kopf zu rumoren begonnen. Aufgebrochenes Atelier ... Militärs ... Offiziere, und ausgerechnet bei dem Fotografen hatte

Ferdl, der dem Mörder in die Quere gekommen war, gearbeitet. Daraufhin bat er Sänger, ihm das Material nochmals vorzulegen, das man bei Hassler sichergestellt hatte.

»Ich lass den Hassler jetzt raufholen, wenn's Ihnen recht ist?«, sagte Sänger.

Reitmeyer bedankte sich und machte sich auf den Weg zum Vernehmungsraum. Um Rattler eine Freude zu machen, oder wenigstens, um ihn abzulenken, hatte er ihn morgens zum Erkennungsdienst eingeteilt, weil dort nach »wissenschaftlichen« Kriterien gearbeitet werde, wie er immer bewundernd sagte. Und um ihn gleich zu beschäftigen, sollte er die Nummer des Jagdaufsehers der Haugfelds für ihn raussuchen.

Bei dem Gedanken an Haugfeld kam wieder ein nagendes Schuldgefühl in ihm auf. Ob er den jungen Bankier unschuldig in den Tod getrieben hatte? Wenn er aufgepasst hätte und der Bankier ihm nicht entwischt wäre, könnte er noch am Leben sein. Möglicherweise hätte sich alles aufklären lassen, und er hatte mit den Morden gar nichts zu tun. Blieb nur noch der Verdacht, den Caroline gegen ihn geäußert hatte. Aber das ließe sich bei dem Gespräch mit dem Jagdaufseher klären.

Als Reitmeyer in den kahlen Vernehmungsraum trat, saß Hassler bereits am Tisch. Den Kopf in die Hände gestützt, die Schultern hochgezogen, die ganze hünenhafte Gestalt wie ein Klotz, der nur Abwehr ausdrückte. Auf die Begrüßung reagierte er nicht. Was Reitmeyer nicht sonderlich wunderte, nachdem er bei der letzten Vernehmung so grob geworden war.

Er legte die Fotos auf den Tisch. »Herr Hassler«, begann er ruhig. »Ich möchte Sie nochmals zu diesen Bildern befragen.« Hassler rührte sich nicht. »Woher haben Sie dieses Material? Woher beziehen Sie die Fotos?« Keine Reaktion.

»Ich hab Sie was gefragt!«

Nach einer Weile nahm Hassler die Hände herunter und zuckte die Achseln. »Von so ... Leut halt«, brummte er. »Wo's am Stachus anbieten.«

»Auch diese drei Fotos hier?«

Hassler warf widerwillig einen Blick darauf, und Reitmeyer glaubte, ein leichtes Zucken um seine Mundwinkel zu erkennen.

»Also nicht!« Hassler senkte den Kopf. »Diese Bilder stammen aus einem hiesigen Atelier. Ich weiß sogar, aus welchem! Atelier Wagmeier in Haidhausen.«

»Waginger«, platzte Hassler heraus.

Reitmeyer lehnte sich zufrieden zurück. »Sie kennen das Atelier also?«

Hassler wandte sich ab. Beschämt, dass er dem Kriminaler auf den Leim gegangen war, biss er sich auf die Lippen.

»Tja, Herr Hassler«, sagte Reitmeyer, »da Sie für die fragliche Zeit sicher kein Alibi haben, die Bilder sich aber in Ihrem Besitz befanden, ist aus polizeilicher Sicht klar, dass der Einbruch in dem Atelier auf Ihr Konto geht. Das bringt zwei Jahre, mindestens.«

Hassler fuhr entrüstet herum. »Ich hab da nicht –«

»Nein? Dann haben Sie diese Fotos von dem Fotografen ganz freiwillig bekommen? Wir könnten eine Gegenüberstellung veranlassen. Ich bin gespannt, was der Herr Waginger dazu sagt.«

»Den ... den kenn ich ja gar nicht ... richtig ...«

»Von wem haben Sie die Fotos dann? Vielleicht von seinem Assistenten?«

Hassler hob den Kopf und sah ihn mit aufgerissenen Augen an. Dann sackte er in sich zusammen. »Ja, vom Ferdl ...«

»Vom Ferdl?«

Sein Gegenüber rutschte unbehaglich auf seinem Sitz herum. »Der Ferdl hat mir manchmal ... ein paar Bilder ...«

»Herr Hassler«, sagte Reitmeyer gelassen, »den Ferdl hat man tot aus der Isar gefischt. Sie erzählen mir jetzt entweder genau, was sich da abgespielt hat, oder ...«, er machte eine Pause, bevor er richtig nachlegte, »wir gleichen die Fingerabdrücke, die bei dem Einbruch aufgenommen wurden, mit Ihren ab, und Sie kriegen eine Mordanklage an den Hals.«

Hassler jaulte auf. »Ich hab nix getan! Dass der Ferdl tot ist, hab ich nicht gewusst! Ich hab da nicht einbrechen müssen. Der Ferdl hat mir die Bilder ... so gegeben.«

»Wieso hätte der Ferdl das tun sollen? Woher kannten Sie den überhaupt?«

Er druckste eine Weile herum. »Von meinen ... Botengängen. Ich hab manchmal abends was abgeholt in dem Laden.«

»Für wen?«

»Für den Neugebauer.«

»Der tot an der Ludwigsbrücke gefunden wurde?«

Er nickte. »Aber in die Kuverts hab ich nicht reingschaut.«

»Und dabei haben Sie den Ferdl kennengelernt?

Er brummte etwas Zustimmendes.

»Herr Hassler, bitte sprechen Sie deutlich! Hat Ihnen der Ferdl Material angeboten, das Sie auf eigene Rechnung verkaufen wollten?«

»Ja. Und er hat ganz schön was verlangt.«

»Wie viel?«

Er zuckte die Achseln. »Manchmal fünf Mark, manchmal mehr.«

»Haben sich die Bilder gut verkauft?«

Hassler stierte zu Boden. »Geht so.«

Reitmeyer nahm die Fotos und legte sie wieder zusammen. »Waren die Bilder von dem Ferdl denn billiger als die Ihrer sonstigen Bezugsquellen?«

»Da hab ich halt nicht gleich zahlen müssen ...«

»Sondern erst, wenn sie an den Mann gebracht waren?«

Er nickte.

»Und hat Jakob Bürgel ebenfalls dort Fotos abgeholt?«

»Ich kenn keinen Bürgel.«

Reitmeyer stand auf. »Das wär dann alles, Herr Hassler.« Sein Gegenüber reagierte nicht.

Er ließ den Mann wieder nach unten bringen und machte sich auf den Weg in sein Büro zurück. Dass Hassler Bürgel nicht kannte, war garantiert gelogen. Der Kerl leugnete immer erst ab. Plötzlich blieb er stehen. War das Gepäck von diesem Bürgel eigentlich genau durchsucht worden? Er lief zu den Haftzellen hinunter.

Der Beamte, der für die Aufbewahrung der persönlichen Gegenstände der Inhaftierten zuständig war, half ihm, den Koffer auszuräumen. Kleidungsstücke, Wäsche, Rasierzeug. Nichts Besonderes. Dann nahmen sie den Koffer selbst unter die Lupe. Aber kein Anzeichen von einem doppelten Boden oder irgendwelchen Geheimfächern. Schließlich bat Reitmeyer den Polizeiassistenten, die Lampe so zu halten, dass er das Innenfutter inspizieren konnte. Nichts Auffälliges. »Und diese dunkle Verfärbung?«, sagte der Beamte. »Ist das Futter vielleicht neu verklebt worden?«

Reitmeyer fuhr mit dem Finger am Innenrand des Deckels entlang. »Haben Sie ein scharfes Messer?«

»Mein Taschenmesser.« Er reichte es ihm.

Der Kommissär bohrte die Spitze an einer Naht in den Stoff und schlitzte das Futter so weit auf, dass er hineingreifen konnte. »Ach, da schau her.« Er riss das Futter ganz auf. Sechs Bilder fielen heraus.

41

Bevor es den Rosenheimer Berg hinaufging, stieg Reitmeyer vom Rad und zog seine Jacke aus. Es war heiß. »Sudanesisch«, hätte der Oberinspektor gesagt.

Schwitzend überwand er die Steigung und kam in die Sedanstraße. Vor dem Atelier lehnte er sein Fahrrad ans Schaufenster mit den ausgestellten Fotos. Bilder von Umzügen, kirchlichen Prozessionen und militärischen Festlichkeiten. Alles wirkte vergilbt und staubig, jedenfalls nicht so, wie er sich nach Rattlers Schilderung das Atelier dieses Fotografen vorgestellt hatte. *Wir liefern auch 1a Porträtaufnahmen, Kommunion- und Hochzeitsbilder* stand auf einem Pappschild in der Ecke. Proben solcher Aufnahmen waren allerdings nicht zu sehen. Er ging zur Ladentür, wo in Goldlettern *Atelier Waginger* auf der dunkel getönten Scheibe stand. Sie war verschlossen. Er trat zurück und blickte zur Hausfassade hinauf. Mitten am Vormittag geschlossen?

Er ging ein Stück den Gehsteig hinunter. Bevor er hergefahren war, hatte er Steiger eines der Fotos aus Bürgels Koffer gezeigt, und der hatte ebenfalls vermutet, dass es in der Badeabteilung des Regina aufgenommen worden war. Und nachdem er sich diesen Waginger vorgeknöpft hatte, würden sie gemeinsam ins Regina fahren und sich die unteren Räumlichkeiten nochmals genau ansehen. Als er wieder in Richtung des Ateliers zurückging, sah er schräg gegenüber eine Bäckerei. Vielleicht sollte er dort noch einmal fragen, ob jemand diesen Bürgel kannte. Er zog das Foto heraus, schob sich auf den Stufen an einer Frau mit Kleinkind vorbei, und trat ein.

»Na, na, mit Anschreiben is nix«, keifte die Bäckersfrau. »Im Arbeiter-Konsumverein einkaufen, und wenn's Geld aus is, bei uns anschreiben lassen!«

Der kleine Bub vor dem Ladentisch, ein schmächtiges, vielleicht siebenjähriges Kind, barfuß und mit ausgefransten Hosen, schob der Frau ein paar Pfennige zu. »... vielleicht an Ofenkrüppel?«

»Gibt's heut nicht!«, erwiderte sie barsch. Dann wandte sie sich Reitmeyer zu. »Und was darf's bei Ihnen sein?«

»Zwei Brezen«, antwortete Reitmeyer und blickte zu dem kleinen Jungen hinüber, der an der Tür stehengeblieben war.

»Was die sich denken«, schimpfte die Bäckerin weiter. »Im

Konsumverein dürfens nicht anschreiben lassen. Weil sie Wirtschaften und Sparsamkeit lernen sollen, heißt's. Aber bei uns schon ... wo das Gewerkschaftspack mit seinem Konsumverein sowieso schon dem ganzen Einzelhandel das Geschäft kaputt macht.«

Reitmeyer zahlte. Bevor er zur Tür hinausging, reichte er dem blassen Kind eine Brezel. Der Kleine sah ihn mit ängstlich aufgerissenen Augen an, als er danach griff. »Ist das deine Mutter da draußen?« Das Kind nickte.

»Darf ich Sie mal was fragen?«, wandte sich Reitmeyer an die Frau auf den Stufen. Sie sah ihn abweisend an. Er zeigte ihr das Foto. Sie wich zurück. Er griff in die Tasche und gab dem kleinen Jungen, der ihm gefolgt war, fünfzig Pfennig. »Da, kaufst ein Brot.« Mutter und Sohn sahen ihn entgeistert an. »Geh nur«, sagte Reitmeyer. Die Frau griff zögernd nach dem Foto. »Haben Sie den Mann schon einmal gesehen?«

Sie blickte auf das Foto, dann wieder auf den Kommissär. »Ja, ich glaub schon.«

»Und wo?«

Sie deutete auf die Hofeinfahrt gegenüber.

»Bei der Zipf?«

Sie nickte.

»Wohnen Sie im gleichen Haus?«

»Ja ... aber Sie sagen nicht, dass Sie das von mir haben«, fügte sie flüsternd hinzu. »Da wohnt so ein Kerl bei ihr, vor dem fürchten sich alle.«

»Vor dem brauchen S' keine Angst mehr haben. Der sitzt.«

»Ah ... und ich hab gedacht, mit dem hat sie Streit gehabt. Weil so ein furchtbarer Krach war gestern Nacht.«

»Wohnen Sie über ihr?«

»Ja, und wenn sie nicht aufmacht an der Tür im Hof, dann gehen S' in den Hauseingang, da ist noch eine.«

Wie die Frau gesagt hatte, öffnete niemand, als er an die Wohnungstür im Hof klopfte. Er ging in den dunklen Hausflur und fand schnell den zweiten Eingang. Als er die Klinke herunterdrückte, sprang die Tür knarrend auf. Er zuckte zurück. Vor ihm kniete Regina Zipf am Boden und sammelte Scherben ein. »Was ...!?«, stieß sie hervor und fuhr erschrocken herum. Reitmeyer warf einen Blick durch den Raum. Es sah aus, als hätte eine Granate eingeschlagen. Kleider, Wäsche, Geschirr und allerlei Hausrat lagen wild auf dem Boden verstreut, dazwischen Scherben und zerfledderte Grünpflanzen, Türen und Schubladen von Schränken waren aufgerissen, Vasen mit Blumen umgestürzt. Aber auch die Wohnungsinhaberin schien nicht ohne Blessuren davongekommen zu sein. An ihrer Stirn prangte eine Beule, an ihrem linken Auge ein leuchtendes Veilchen.

»So sieht man sich wieder, Fräulein Zipf. Da hat aber jemand ordentlich gehaust bei Ihnen.«

»Einbrecher«, sagte sie trotzig.

»Haben Sie Anzeige erstattet?«

Sie zuckte die Achseln und wandte sich ab.

»Weil Sie wissen, wer es war? Und was die gesucht haben?«

Sie drehte sich um und funkelte ihn mit einer Mischung aus Wut und Hilflosigkeit an. »Wenn ich das wüsst ... dann ...«

»Dann würden Sie Ihren Freund Hassler losschicken?«

»Was hat der damit zu tun?«

»Eine ganze Menge, Fräulein Zipf.« Er schloss die Tür. »Der Herr Hassler hat gewisse Fotos am Stachus verkauft. Deswegen ist er inhaftiert. Und bei Ihrem Freund Bürgel wurde ganz ähnliches Material gefunden.« Er hob die Hand, als sie zu einem Einwand ansetzte. »Dass der bei Ihnen verkehrt hat, haben Zeugen bestätigt.«

Sie zog den Morgenrock enger um sich, warf das Haar zurück und sah ihn angriffslustig an. »Da geb ich gar nix drauf, was irgendwelche Leut sagen!«

»Im Gegensatz zu mir, Fräulein Zipf. Also Schluss mit den

Märchen.« Er deutete auf das Chaos im Raum. »Das sieht danach aus, als ob jemand ganz dringend was gesucht hätte.« Er zog die Fotos heraus. »Vielleicht so was in der Art? Sind noch mehr Herrn an diesen Bildern interessiert?«

»Was weiß denn ich?«, schrie sie und stieß mit dem Fuß das am Boden liegende Gerümpel von sich weg. »Was interessieren mich Ihre Scheißfotos!« Sie lief rot an, und ihre Stimme überschlug sich. »Ich werd am Pariser Platz niedergeschlagen, meine Tasche, mein Geld, meine Schlüssel sind weg ... und wie ich heimkomm, ist meine Wohnung ein Trümmerhaufen.« Plötzlich liefen ihr Tränen übers Gesicht.

»Hatten Ihre Freunde Hassler und Bürgel noch weitere Komplizen?«

Sie ließ sich auf einen Stuhl fallen und begann hemmungslos zu schluchzen. »Wie ... wie ... oft soll ich's denn noch sagen«, würgte sie heraus. »Ich weiß nicht!«

Reitmeyer sah auf die zusammengekrümmte Gestalt, die von Weinkrämpfen geschüttelt wurde. Hier im Moment weiterzubohren, brachte nichts. Entweder war sie eine hervorragende Schauspielerin oder sie wusste wirklich nicht, was vorging. Das Gespräch mit dem Fotografen brachte bestimmt mehr. »Ich komm später noch mal bei Ihnen vorbei«, sagte er und öffnete die Tür. Sie reagierte nicht.

»Da müssen S' fest klopfen! Dann kommt er schon«, rief eine Frau von gegenüber aus dem Parterrefenster.

Reitmeyer klopfte ein paar Mal gegen die Scheibe des Ateliers und trat wieder zurück. Die Frau gegenüber streckte den Arm aus dem Fenster und schüttelte einen Lappen aus. »Der ist schon da. Der ist bloß beim Entwickeln, da sperrt er manchmal ab.«

Fast im gleichen Moment wurde mit lautem Quietschen das Schloss aufgesperrt. Ein untersetzter, älterer Mann mit grauem, welligem Haar öffnete die Tür und schlüpfte eilfertig aus seinem fleckigen Kittel. »Entschuldigen S', tut mir leid«, sagte er etwas atemlos, »ich war im Labor. Da kann ich nicht offen lassen. Aber bitte, kommen S' rein.«

»Ist das nicht schlecht fürs Geschäft«, fragte Reitmeyer beim Eintreten, »wenn Sie tagsüber zusperren müssen?« Ein kurzer Blick durch den vernachlässigt wirkenden muffigen Raum machte allerdings schnell deutlich, dass hier kein drängender Kundenverkehr herrschte.

»Ja, mei«, sagte der Mann und trat hinter eine Vitrine, die als Ladentisch diente. »Was soll man machen?« Er seufzte tief auf. »Ich bin ganz allein. Mir ist ein Laborgehilfe ausgefallen. Und ein Ersatz ...«

Reitmeyers Blick schweifte durch den Laden, wo auf staubigen Regalen allerlei undefinierbares Zeug aufgereiht war, bis hinüber zu der Wand mit zwei großen Bildern des verstorbenen Prinzregenten. Einmal in Uniform mit ordensbewehrter Brust, einmal im Jagdanzug mit Gamsbart am Hut und Flinte über dem Arm. »Haben Sie die gemacht?«, fragte er.

Ein Anflug von Lächeln strich über das Gesicht des Fotografen. »Ja, die sind von mir«, erklärte er stolz. »Ich hab den Herrn Prinzregenten öfter fotografiert. Ich hab ihn sogar ein paar Mal in sein Jagdhaus bei Füssen begleiten dürfen.«

»Wirklich schöne Aufnahmen«, sagte Reitmeyer. »Sie scheinen ein echter Künstler zu sein.« Der Fotograf sah ihn etwas zweifelnd an. »Das ist mir an dem Foto hier schon aufgefallen.« Er zog das Aktbild von Franz aus der Tasche und legte es auf die Vitrine. »Vor allem der malerische Hintergrund, die herrliche Gebirgslandschaft. Ich nehme an, die finde ich dort hinten, in Ihrem Aufnahmestudio?« Ohne auf den Mann zu achten, der deutlich erschrak, als er auf das Foto sah, ging er an ihm vorbei durch eine Samtportiere und stand in einem Gang mit mehreren Türen. »Hier drin?«, fragte er und öffnete eine Tür.

Der Fotograf war mit einem Satz hinter ihm und packte seinen Arm. »Was soll das? Was erlauben Sie sich!«

Reitmeyer zog seine Marke heraus und hielt sie ihm vor die Nase. »Ich erlaube mir, mich hier umzusehen!«

Der Mann wich zurück. »Ja, aber ...«

»Als Erstes möchte ich diesen Foto-Hintergrund sehen. Wollen Sie mir dabei behilflich sein?«

Der Mann starrte ihn mit zusammengekniffenen Augen an und trat dann vor ihm in den Raum. Es war tatsächlich das Aufnahmeatelier. An der Stirnwand hing eine Art Gobelin, nicht mit der Gebirgslandschaft, die der Kommissär suchte, sondern mit einer idealisierten antikischen Szene darauf. Davor standen Lampen und fotografische Gerätschaften.

»Und? Das Gebirgspanorama?«

Etwas widerstrebend trat der Fotograf neben das Hintergrundbild und drehte an einer Kurbel. Unter lautem Rattern verschwand die südliche Landschaft, und nach und nach tauchten Tannen und schroffe Berge auf.

»Na also«, sagte Reitmeyer, »da möcht man ja gleich Bergstiefel anziehen. Schön, Herr Waginger!«

Der Fotograf blieb mit hängenden Schultern neben der Apparatur stehen.

»Jetzt noch die anderen Räumlichkeiten.« Reitmeyer drehte sich um und öffnete die angrenzende Tür. »Ah, der Salon!« Waginger war ihm nachgeeilt, und sie blickten gemeinsam in einen größeren Raum mit Tisch und Sesseln, einem Vertiko, mehreren Kanapées und Palmenkübeln. Vor den Fenstern hingen dicke Samtvorhänge, die kaum einen Lichtstrahl einließen. »Sehr bequem«, sagte Reitmeyer. »Wenn man mehrere Gäste zu Besuch hat. Vor allem die vielen ... Ruhemöglichkeiten.« Der Fotograf zog die Tür schnell zu. »Ach, Sie wohnen nicht hier unten?«

»Nein ... meine Wohnung ist oben im Haus.«

Reitmeyer ging in den Ladenraum zurück. Der Fotograf folgte ihm. »Wollen Sie noch bestätigen, dass der Hintergrund auf diesem Bild mit der Landschaft übereinstimmt, die Sie mir gerade gezeigt haben?« Reitmeyer hielt das Foto von Franz hoch.

Der Fotograf wandte sich ab und ließ sich auf einen Stuhl hinter der Vitrine sinken.

»Herr Waginger«, sagte Reitmeyer ruhig, »wir brauchen nicht lang rumzureden, ich hab gesehen, was ich sehen wollte. Sie betreiben hier eine Werkstatt für pornografisches Bildmaterial, und in dem hinteren Zimmer empfangen Sie diverse Herrn, um sie auf die anschließenden ... Sitzungen einzustimmen. Die Produktion geht dann in den illegalen Handel.«

»Nein!«, rief Waginger und sprang halb auf. »So ist das nicht!«

»Doch! Wir haben die Aussage eines gewissen Josef Hassler, der beim versuchten Verkauf dieses Fotos festgenommen wurde. Er hat ausgesagt, er sei öfter hier gewesen, um Kuverts für einen Hubert Neugebauer abzuholen.«

Waginger sank in sich zusammen. »Ach, die zwei Saukerle«, murmelte er, »... dieser Kellner und dieser Masseur. Die sind an allem schuld!«

»Woran sind sie schuld?«

»Die ... haben mich unter Druck gesetzt, mich hinhängen wollten die, wenn ich nicht ...«

»Was nicht?«

»Die haben irgendwie erfahren ... dass sich hier manchmal ... Freunde von mir und Bekannte treffen, rein privat, und mich gezwungen, ihre Fotos zu entwickeln.«

»Die sie anderswo aufgenommen hatten?«

Er nickte. »Ich hab das nicht tun wollen. Das müssen Sie mir glauben, Herr Kommissär! Was für einen Vorteil hätt ich denn davon gehabt? Mein ganzes Geschäft hat mir das kaputt gemacht! Es traut sich doch keiner mehr her. Mit Erpressungen haben die das große Geschäft gemacht, und ich bin erledigt!«

»Mit anderen Aufträgen sieht's also nicht mehr so gut aus?«

Er schüttelte den Kopf. »Nicht mehr wie früher ...«

»Zur Zeit des Prinzregenten?«

Er blickte auf. »Ja damals ... aber heut mit der Konkurrenz ... und besser wird's nicht. Da schauen S' her!« Er griff in ein Regal neben sich und zog eine Zeitung heraus. »Taschenkameras! Kleine Handkameras! Überall im Verkauf! Die überschwemmen von Amerika her den ganzen Markt!« Er fuchtelte mit der Zeitung durch die Luft. »Schnappschüsse heißt's jetzt«, rief er erregt. »Jeder sein eigener Fotograf! Da braucht's kein Atelier mehr! Da macht jeder seine eigenen Bilder, setzt die Leut daheim aufs Sofa und ...«

»... schießt seine eigenen pornografischen ...«

»Ach, was Sie immer mit Ihrem *pornografisch* haben!«, fuhr er auf. »Es gibt doch auch künstlerisch wertvolle Aufnahmen, nicht bloß so schmieriges Dreckszeug! Gehen S' einmal in ein Museum, da ist alles voll mit Aktbildern, da meint doch auch keiner was.«

»Herr Waginger, damit wir uns nicht missverstehen. Ich bin nicht von der Sitte. Mich interessiert bloß Material, das eindeutig aus Ihrem Atelier stammt, bei Straßenverkäufern am Stachus auftaucht und vor allem zu Erpressungszwecken benutzt wird.«

»Ja, aber damit hab ich doch nichts zu tun! Das hab ich doch schon gesagt!«

»Herr Waginger, jetzt noch mal ganz langsam. Sie geben zu, hier Aktaufnahmen zu machen. Künstlerisch wertvolle Bilder zu rein privaten Zwecken. Außerdem haben Sie Bilder entwickelt, die nicht hier entstanden sind, sondern Ihnen von Hubert Neugebauer und Alois Huber geliefert wurden. Waren diese Bilder ebenfalls künstlerisch wertvoll?«

»Ja, ähm ... wie soll ich sagen?«, antwortete Waginger ausweichend. »Vielleicht nicht so direkt künstlerisch ...«

»Sondern?«

»Sondern eher so ... drastischer ... so richtig ...«

»Richtig was?«

»Ja, halt so Bilder, wo mehrere Männer ...«

»Geschlechtsverkehr haben?«

Waginger machte eine fahrige Handbewegung und zuckte die Achseln.

»Und dieses entwickelte Material wurde bei Ihnen abgeholt? Von einem gewissen Josef Hassler?«

»Ich kenn den Menschen nicht. Nicht mit Namen.«

»Und wie erklären Sie sich, dass dieses künstlerisch wertvolle Foto hier, das Sie aufgenommen haben, am Stachus gelandet ist?«

Waginger kniff die Augen zusammen, als hätte ihn etwas gestochen. »Das weiß ich nicht! Ehrlich, Herr Kommissär! Ich hab keine Ahnung!«

»Ich hätte da eine Vermutung, Herr Waginger.«

Der Fotograf hob zögernd den Blick.

»Durch Ihren Laborgehilfen. Ferdinand Rohmüller.«

Waginger wich mit einem Ruck zurück. »Also das ... kann ich mir nicht ...«

»Das hat der Mann bestätigt, den wir wegen des Verkaufs dieser Bilder verhaftet haben.«

Waginger starrte zu Boden und schüttelte den Kopf.

»Wo ist der Laborgehilfe eigentlich?«

»Weiß ich nicht«, erwiderte der Fotograf, ohne aufzusehen, »der ist schon seit drei Tag nicht mehr erschienen ...«

»Und Sie haben nicht nachgefragt? Sind nicht zu ihm nach Hause gegangen?«

»Das ... das kann ich doch nicht«, murmelte er. »Seine Eltern dürfen doch nicht wissen, dass ...«

»Dass ihr Sohn, ein Minderjähriger, bei Ihnen pornografische Fotos entwickelt?«

Er murmelte etwas.

»Auch in dem Fall kann ich Ihnen weiterhelfen, Herr Waginger. Ihr Laborgehilfe taucht überhaupt nicht mehr auf. Weil er letzten Donnerstag ertrunken ist. In der Isar.«

»Was?« Der Fotograf sah ihn verständnislos an.

»Sie haben mich ganz richtig verstanden. Er ist tot.«

Der Fotograf duckte sich, als wollte er einem Schlag ausweichen.

»Schon ein Zufall, nicht?«, fuhr Reitmeyer fort. »Die beiden Erpresser, deren Material hier entwickelt wurde, sind tot, und jetzt auch noch der Laborant. Der zudem einen schwunghaften Handel mit Bildern betrieben hat, die Sie aufgenommen haben. Merkwürdig, nicht?«

Der Fotograf blickte auf. An seinem rechten Auge begann ein Nerv zu zucken. »Aber ich ... ich hab damit doch nichts –«

»Ja, sicher. Sie haben damit rein gar nichts zu tun«, sagte Reitmeyer sarkastisch »Sie können sich auch nicht erklären, wie diese Fotos hier«, er breitete die sechs Bilder aus dem Koffer vor ihm aus, »ins Gepäck eines Hochstaplers gelangt sind? Und der hatte bestimmt kein Interesse, das Material auf der Straße zu verscherbeln. Der hatte Einträglicheres im Sinn. In welchem Verhältnis standen Sie zu diesem Bürgel?«

»In gar keinem. Ich schwör's Ihnen, ich weiß wirklich nicht ...«

»Wo bewahren Sie Ihre Platten und Negative auf?«

Waginger schnaufte, als hätte er Mühe, Luft zu kriegen, dann sackten seine Schultern nach unten.

»Also?«, fragte Reitmeyer scharf.

»Ja, das ... das ist es ja ...« Wagingers Blick irrte durch den Ladenraum. »Alles weg.«

»Weg?«

»Bei dem Einbruch.«

»Bei dem angeblich nichts vermisst wurde?«

Waginger hob die Hand und ließ sie wieder fallen. »Ich hab's damals nicht angezeigt, weil ... weil ...«

»Weil Sie sich selbst belastet hätten?«

Er antwortete nicht.

Reitmeyer sah auf den Fotografen, der mit hängendem

Kopf hinter der Vitrine saß und sich immer wieder wie geistesabwesend über die Oberschenkel strich. »Herr Waginger«, sagte er nach einer Weile, »ich ruf jetzt in meiner Abteilung an und beordere ein paar Leute her, um Ihren Laden und Ihre Wohnung zu durchsuchen.«

Waginger blickte nicht auf.

»Ich darf doch Ihren Apparat benutzen?«

42

Im Büro von Oberst Feichtl dauerte es eine Weile, bis die Präliminarien geklärt waren und die beiden Vertreter des Innenministeriums, Ministerialdirektor von Bleicher und sein Adlatus von Körber, endlich Platz genommen hatten. Der korpulente Bleicher, der sich wegen der »Sauhitze« ständig Gesicht und Nacken abtrocknen musste, verwahrte sich aufs Schärfste, »hergebeten« worden zu sein, da Feichtl schließlich kein Vorgesetzter von ihm sei. Er habe rein zufällig in einer ganz anderen Sache hier zu tun gehabt, und sich gefälligerweise bereit erklärt, an der Besprechung teilzunehmen. Die ansonsten in seinen Räumen stattgefunden hätte. Oberst Feichtl und Major Wildlinger, denen die tropischen Temperaturen nichts anzuhaben schienen und in ihren tadellos sitzenden Uniformen frisch und ausgeruht wirkten, dankten für das freundliche Entgegenkommen. In streng bemessener Verbindlichkeit.

»Meine Herren«, begann der Oberst in knapp nüchternem Tonfall, »ich habe Sie hergebeten, um eine äußerst leidige Angelegenheit aus der Welt zu schaffen, die uns schon seit Längerem beschäftigt hält.« Bleicher setzte wieder zu einem Protest an, den Feichtl kühl abwehrte, indem er kurz die Hand hob und unbeirrt fortfuhr. »Angesichts der neuen Lage nach dem Attentat auf den österreichisch-ungarischen Thronfolger sind wir der Meinung, dass alle Defizite und Missverständnisse im Austausch zwischen unseren Ministerien ausgeräumt werden sollten und –«

»Defizite? Missverständnisse, Herr Oberst ... Feichtl?«, fiel ihm Bleicher mit einem sarkastischen Unterton ins Wort. »Was für Missverständnisse?«

Der Oberst ließ sich nicht anmerken, dass die bedeutungsvolle Pause zwischen seinem Dienstgrad und seinem Namen vermutlich auf das fehlende »von« abzielte, und die preziöse Art, mit der sein Gegenüber »Feichtl« aussprach, wohl darauf abhob, dass seine Ahnen nicht nach Trutzburgen benannt waren – wie etwa im Fall des Kriegsministers Kreß von Kressenstein. Doch im Vergleich mit dem freiherrlichen Minister hatte Ernst Feichtl bei seinem Aufstieg schon so viele Widerstände überwinden müssen, dass ihm der Standesdünkel eines Beamten kein Zucken der Lider mehr abrang.

»Nun, Herr Ministerialdirektor«, erwiderte Feichtl gelassen, »es mag in der Vergangenheit hier und da zu Koordinationsschwierigkeiten gekommen sein, und die gilt es jetzt angesichts der neuen Herausfordungen unseres Vaterlandes auszuräumen.«

»Was für Herausforderungen?«, fragte Körber. »Die Österreicher werden mit den Serben abrechnen. Auf die eine oder andere Weise ...«

»Meine Herren«, unterbrach ihn Feichtl, »ich bin weder befugt noch in der Lage, über zukünftige Vorgehensweisen Auskunft zu geben. Es steht aber zweifellos fest, dass sich die Beziehungen unter den europäischen Mächten nach dem Vorfall in Sarajewo nicht entspannt haben. Und dass unser Militär in einer solchen Situation weder geschwächt noch durch Skandale in Misskredit gebracht werden darf, steht außer Frage.« Er sah in die Runde und richtete sich noch straffer auf. »Und damit wären wir beim Thema.«

»Jetzt bin ich aber gespannt«, zischte Bleicher. »Rücken Sie jetzt endlich mit den Namen Ihrer Informanten heraus?«

Feichtl verzog keine Miene und ging auf den aggressiven Tonfall überhaupt nicht ein. »Major Wildlinger, der mit dem Fall betraut ist, wird Ihnen als Erstes einen kurzen Abriss zum Stand der Dinge geben, und dann –«

»Wir brauchen keinen Abriss zum Stand der Dinge«, rief Bleicher. »Sie brauchen uns keine Vernehmungsakten verlesen, die wir selbst längst kennen! Und irgendwelche Einzelheiten über Zusammenkünfte in Hotels interessieren uns auch nicht. Da wissen wir selbst zur Genüge Bescheid. Das Einzige, was wir wissen möchten, ist, welche zwielichtigen Figuren Sie als Informanten eingesetzt haben! Und in welchem Zusammenhang diese Subjekte mit den Mordfällen stehen!« Er holte Luft und klopfte mit dem Zeigefinger auf den Tisch. »Oder vielleicht selbst darin verwickelt sind?«

Feichtl verschränkte die Arme und lehnte sich zurück. Dann tauschte er einen Blick mit Wildlinger aus und nickte ihm fast unmerklich zu.

»Was den Informanten anbelangt«, begann der Major zögernd, »handelt es sich um einen Leutnant Kapfenbach.«

»Aus Ihrem Haus? Aus dem Kriegsministerium?«, fragte Körber.

»Nein, vom Eisenbahnbataillon.«

»Von der Eisenbahn ...?«, fragte Körber verständnislos.

»Nicht-militärischen Personen«, unterbrach ihn Feichtl mit einer gewissen Schärfe, »ist möglicherweise immer noch unbekannt, dass gerade die technischen Einheiten für eine moderne Armee ausschlaggebend sind. Wir hatten keinen Grund, an der Eignung des Leutnants zu zweifeln. Was seine dienstliche Führung und seine grundsätzliche Einstellung angeht, erschien er uns absolut tadellos.«

»Ha!«, rief Bleicher. »Tadellos? Einen Menschen, der bis über die Hutschnur verschuldet ist, auf so einen sensiblen Fall anzusetzen!«

»Das war uns zum Zeitpunkt seiner Verpflichtung nicht bekannt«, fuhr Wildlinger aufgebracht dazwischen. »Es gab keinerlei Anzeichen –«

»Dass das Subjekt selbst zum Erpresser und möglicherweise sogar zum Möder wird?«, bellte Bleicher.

»Herr Ministerialdirektor«, erwiderte Feichtl ruhig. »Ich weiß nicht, wie Sie zu solchen Schlüssen kommen? Verfügen Sie denn über Erkenntnisse, die Sie uns vorenthalten?«

Bleicher schnaubte.

»Wir jedenfalls haben nicht um die Besprechung gebeten, weil wir einen eindeutig überführten Mörder zu präsentieren hätten. Wer die Tötung an den beiden Subjekten begangen hat ...«, er sah wieder zu Wildlinger hinüber, »... steht hier nicht zur Debatte. Im Fall unseres Informanten geht es um ein ganz anderes Problem. Das allerdings nicht weniger weitreichend ist.«

»Ach?« Der Schmiss an Bleichers Mund verzerrte seine Lippe zu einem bösartigen Grinsen.

»Wir räumen ein, dass wir uns von der Integrität des Offiziers täuschen ließen. Ein wirklich sehr bedauerlicher Fehler. Er steckt tatsächlich in so großen finanziellen Kalamitäten, noch dazu bei inoffiziellen Kreditgebern, wenn Sie verstehen, was ich meine, dass er ernsthaft um seine Stellung fürchten muss. Aufgrund dieser Lage ist er offensichtlich bereit, die größten Risiken einzugehen. Wir haben jedenfalls Grund zu der Vermutung, dass er seine Erkenntisse dazu verwendet, die Geschäfte der beiden Mordopfer zu übernehmen und versucht, den Kreis der erpressten Personen auszuweiten.«

»Was sag ich denn die ganze Zeit?«, rief Bleicher.

»Im Rahmen dieser Versuche«, fuhr Feichtl ruhig fort, »ist er bei Ludwig von Dohmberg vorstellig geworden. Angeblich, um ihm seine *Hilfe* anzubieten. In einer uns bekannten Angelegenheit, die seinen Sohn betrifft.«

»Was? Woher wissen Sie das?«

»Von Herrn von Dohmberg persönlich. Der mir hier einen

Besuch abgestattet hat und in sehr aufgebrachter Form davon ausging, wir hätten einen verdeckten Mitarbeiter zu ihm geschickt. Eine irrige Annahme, die Ihren Freund äußerst erbost und völlig aus der Fassung gebracht hat.«

»Meinen Freund?«, verwahrte sich Bleicher entrüstet. »Ein Kollege aus dem Justizministerium!«

Feichtl zog die Augenbrauen hoch. »Wie auch immer. Wir haben natürlich niemanden zu ihm geschickt.«

»Unglaublich«, murmelte Körber.

»Sie verstehen«, fuhr Feichtl fort, »und damit komme ich noch einmal auf die politische Lage zurück. Es besteht die Möglichkeit, ich betone, es besteht rein theoretisch die Möglichkeit, dass unser Militär ... Bündnisverpflichtungen zu erfüllen hat.«

»Krieg?«, rief Körber entsetzt.

Feichtl machte mit beiden Händen abwehrende Bewegungen. »Noch gehe ich davon nicht aus, aber wir müssen für alle Eventualitäten gewappnet sein. Das heißt, keinerlei öffentliche Aufmerksamkeit, keine Presseberichte, keine anspielungsreichen Artikel.« Er machte eine Pause, nestelte an seinem Kragen, und seine Miene wurde noch eine Spur ernster. »Die Sache wird nur insofern erschwert«, sein Blick schweifte einen Moment durch den Raum, »als Fotomaterial im Umlauf ist, das unter anderem den Sohn der Dohmbergs zeigt. Äußerst aussagekräftiges Material, möchte ich hinzufügen.« Er öffnete eine Akte und entnahm eines der Bilder. »Wenn Sie sich selbst überzeugen wollen ...« Beklommenes Schweigen trat ein, während das Foto von Hand zu Hand wanderte. »Und ich befürchte, dass Herr von Dohmberg, der ohnehin schon selbst tätig wurde, um den Erpresser seines Sohnes ausfindig zu machen, sich aufgrund dieses Materials zu absolut unüberlegten Reaktionen hinreißen lassen könnte.« Er machte wieder eine Pause und rückte die vor ihm liegende Akte gerade. »Sie können sich wahrscheinlich vorstellen, wozu väterlicher Zorn in

Verbindung mit abgrundtiefer Scham einen Menschen vom Naturell eines Herrn von Dohmberg treiben könnte? Einen Familienvorstand und hochangesehenen Staatsbeamten. Wir könnten da vermutlich nichts mehr ausrichten. Ihn nicht zurückhalten. Und ein solcher Skandal könnte ...«

»Sie meinen doch nicht, dass er ...?«, fragte Körber erschrocken.

Feichtl machte eine unbestimmte Geste, um auszudrücken, dass er nichts für unmöglich hielt.

»Und wer ist jetzt im Besitz dieses Materials?«, fragte Körber.

»Das ...«, Feichtl sah zu Wildlinger hinüber, der seinen Blick ungerührt erwiderte, »... wissen wir nicht. Die Fotos hier stammen aus dem Straßenverkauf.« Wildlinger senkte den Kopf und starrte auf seine Akte. »Deshalb wollte ich Sie, Herr Ministerialdirektor, bitten«, fuhr Feichtl fort, »der Sittenpolizei entsprechende Anweisung zu geben. Es geht hier allerdings nicht um Sittlichkeitsdelikte, sondern um Sicherstellung und Vernichtung von Belastungsmaterial!«

Bleicher stützte den Kopf auf und nickte. »Und was haben Sie jetzt mit Ihrem Informanten vor?«, fragte er.

»Tja ...« Feichtl lehnte sich zurück und sah an die Decke. »Ihn anzuklagen und vor ein Militärgericht zu stellen, langwierige Untersuchungen, Öffentlichkeit ... Presse ... also diese Lösung halten wir angesichts der Lage für keinen gangbaren Weg.«

Bleicher und Körber beugten sich vor und sahen den Oberst gespannt an.

»Und eine sofortige Entlassung würde auch nichts bringen, weil dies den Offizier nur unter noch größeren Druck brächte, ihn zu noch gefährlicheren Unternehmungen reizen würde.«

»Ja, was dann?«

»Wir dachten an eine Versetzung in ein auswärtiges Regiment, wodurch er aus der Stadt entfernt wäre. Ich meine, bei der Entschlossenheit, mit der er seine Lage zu wenden versucht, ist ihm tatsächlich alles zuzutrauen. Vor allem, falls er noch über Fotos verfügt, die nicht nur Franz von Dohmberg belasten, sondern auch andere Herrn, aus höheren ... und höchsten Kreisen womöglich? Denken Sie in diesem Zusammenhang bitte auch an den Freitod des Kunstmalers von Rager.«

»Da hat der auch seine Finger ...?«, fragte Bleicher entsetzt.

»Wir können es jedenfalls nicht ausschließen«, erwiderte Feichtl trocken.

»Ja, aber da würde eine Versetzung doch nicht ausreichen«, meinte Körber verständnislos.

»Da könnten Sie natürlich recht haben«, pflichtete ihm Feichtl bei. »Wenn man bedenkt, dass er sich noch an weitere Personen heranmachen könnte. Zudem wissen wir ja nicht, wie viel des entwickelten Materials in seinen Händen ist.«

»Und Sie haben nun ja selbst gesehen«, warf Wildlinger ein, »dass ein paar wirklich sehr ... brisante Bilder darunter sind.«

»Ja, da müssen Sie handeln! Ich meine, da müssen *wir* handeln! Dem muss sofort Einhalt geboten werden!«, rief Bleicher erregt und griff wieder nach seinem Taschentuch. »Das ist ja nicht auszudenken!« Er öffnete sein Jackett und warf einen schnellen Seitenblick auf seinen Untergebenen. Der stand sofort eilfertig auf und schlug einen angelehnten Fensterflügel zurück. Bleicher schnaufte ein paar Mal tief ein und aus. »Und in dem Fall«, fügte er entschieden hinzu, »ist Ihnen meine ganze Unterstützung sicher!«

»Aber wir müssen mit größter Vorsicht vorgehen, Herr Ministerialdirektor. Es sollten nicht allzu viele Leute eingeweiht werden. Die Gefahr einer undichten Stelle ...«

»Ich bitte Sie, mein lieber Oberst, Sie reden hier doch mit keinem heurigen Hasen.« Er gönnte sich einen Anflug von triumphierendem Lächeln. »Ich habe jahrelange Erfahrung in solchen Dingen.«

»Ja, was könnte mit diesem Kapfenbach dann ... geschehen?«, fragte Körber zögernd.

»Wir sind uns doch einig, oder?«, unterbrach ihn Bleicher und sah Feichtl an. »Der muss in jedem Fall aus dem Verkehr gezogen werden.«

»Aus dem Verkehr ...?«, fragte Wildlinger lauernd.

»Ja ...«, Bleicher sah etwas ratlos in die Runde. »Es muss doch Möglichkeiten geben, dieses Subjekt ...«

»... endgültig ruhig zu stellen ...?«, fragte Körber in die anschließende Stille und wich mit dem Oberkörper zurück.

Alle blickten schweigend auf Bleicher. Ein dünnes, kaum merkliches Lächeln strich über Feichtls Gesicht, und nach einem kurzen Blick auf Wildlinger sagte er: »Ich denke, angesichts der Bedrohung ist es am besten, wenn die Angelegenheit in bewährte Hände übergeht.« Er nickte Bleicher zu. »Wenn sich erfahrene Kräfte aus dem Innenministerium der Lösung des Problems annehmen.«

Bleicher richtete sich auf. »Ganz meine Meinung.«

Oberst Feichtl und Major Wildlinger blickten sich an, nachdem die Herrn aus dem Innenministerium den Raum verlassen hatten. Wildlinger nickte lächelnd. Feichtl griff nach der Cognac-Karaffe auf dem Tisch und sah den Major fragend an.

»Gern, Herr Oberst.«

Feichtl schenkte zwei Gläser ein. »Wissen Sie, Wildlinger«, sagte Feichtl, nachdem er getrunken hatte. »Das sind diejenigen Dinge, die unseren Dienst manchmal so schwer machen.«

Wildlinger stellte sein Glas ab.

»Ich habe ihn eigentlich gemocht«, fuhr Feichtl fort. »Sehr aufrechte Gesinnung. Tadellose politische Haltung. Er hätte es weit bringen können, wenn er ab einem bestimmten Zeitpunkt nicht so vollkommen ...«

»Sicher, Herr Oberst. Aber gegen schwere Verfehlungen sind auch die Besten nicht gefeit.«

»Sie sagen es, Wildlinger, Sie sagen es.«

MEMORANDUM 15. JULI 1914

OBERST FEICHTL AN OBERST V. SPAITL

Nach eingehender Beratung mit den zuständigen Herren vom Innenministerium haben diese darauf gedrängt, selbst Initiative zu ergreifen, um unsere Truppe vor Schaden zu bewahren.

Aufgrund der Art des Erwerbs wurde unsererseits davon Abstand genommen, das Innenministerium zu informieren, dass sich Platten und Negative des belastenden Materials bereits in unserem Besitz befinden.

Die belasteten Offiziere vom Schwere-Reiter-Rgt. müssen zwar schwere finanzielle Einbußen hinnehmen, weiteren Gefahren von dieser Seite wird aber durch Versetzung zuvorgekommen.

43

Reitmeyer raste den Berg am Gasteig hinunter. Der Fahrtwind blies ihm hoffentlich den modrigen Mief der verwahrlosten Wohnung aus den Kleidern. Kein Wunder, dass sich Waginger so vehement sträubte, die Polizisten in seine Privaträume zu lassen. Der Anblick – und der Geruch –, der sie dort erwartete, ließ selbst die hartgesottenen Beamten zurückschrecken. Wolken von Fruchtfliegen in der Küche, die über Abfall und verdorbenen Essensresten schwärmten, Berge verdrecktes Geschirr und Haufen ungewaschener Kleidung in den anderen Räumen, die einen fast verwesungsähnlichen Duft verströmten. Er hatte fast Mitleid gehabt mit dem Mann, der ihnen nacheilte und immer wieder Türen zu schließen versuchte, die den Blick auf sein Elend und das ganze Ausmaß seines Absturzes preisgaben. Unten im Atelier hatte er es noch geschafft, einen gewissen Grad an bürgerlicher Existenz vorzutäuschen, oben in der Wohnung war ihm dies nicht mehr gelungen. Aber irgendwelches Material, Negative und Platten, fanden sich nicht. War es tatsächlich gestohlen worden, wie Waginger immer wieder bekräftigte?

Warum der Kellner und der Masseur das Material nicht an sich genommen hätten, fragte er den Fotografen. Vielleicht, weil sie es nicht bei sich haben wollten, meinte der. Weil sie vermutlich glaubten, im Atelier sei es sicherer, und weil sie im Zweifelsfall, wenn er aufgeflogen wäre, alles ihm in die Schuhe hätten schieben können. Ob sich der Kellner selbst zu Aufnahmen zur Verfügung gestellt hätte? Das verneinte Waginger. Bis Reitmeyer ihm das Foto aus Bürgels Besitz vorlegte. Das sei aber nicht in seinem Atelier entstanden, versicherte Waginger wenig glaubwürdig. Der Palmwedel über der liegenden Gestalt sei kein Beweis. »Palmwedel gibt's überall.« Auch dass der Fotograf Bürgel nicht kannte, nahm er ihm nicht ab. Er ging eher davon aus, dass Waginger mit Bürgels Hilfe ganz groß ins Erpressergeschäft einsteigen wollte. Nach einer Gegenüberstellung der beiden Herrn wüsste er mehr.

Steiger wartete bereits vor dem Präsidium, um mit seinem Kommissär ins Regina zu fahren. Sie stiegen in den Wagen um. »Mein Gott, das war ein Einsatz«, sagte Steiger. »Ich war ja noch in dem Kellerverlies und hab das Gerümpel durchsucht.« Er roch an seinem Jackett. »Aber auch nix. Wer das Zeug wohl gestohlen hat?«

Der Direktor des Regina-Hotels sah nervös auf, als Reitmeyer nach kurzem Klopfen unaufgefordert in sein Büro trat. Es dauerte einen Moment, bis Müllers Miene von Entrüstung auf freundliches Entgegenkommen umschaltete, aber er hatte seine Lektion gelernt. »Herr Kommissär?«, fragte er höflich. »Was kann ich für Sie tun?«

»Ich wollte Ihnen bloß sagen, dass wir die Badeabteilung noch mal untersuchen.«

Müller schüttelte den Kopf und erhob sich. »Ja, aber wieso …?«

Reitmeyer antwortete nicht. Er war schon wieder zur Tür hinaus und durchquerte gemeinsam mit Steiger die Hotelhalle, bevor Müller hinter seinem Schreibtisch hervorkam und ihm folgen konnte. An der Tür ins untere Stockwerk holte er die beiden ein. »Was wollen Sie dort?«, fragte er schnaufend. »Kann ich Ihnen irgendwie … behilflich sein?«

Die Kriminaler gingen ungerührt weiter. »Wir wollen uns bloß umsehen.« Der Direktor hastete ihnen hilflos hinterher.

»Sie können gern wieder in Ihr Büro zurück, wir brauchen Sie nicht.« Steiger öffnete die Tür zur Massagekabine. Aber Müller ließ sich nicht abwimmeln. »Was suchen Sie denn dort?«

»Wissen wir noch nicht.« Reitmeyer blieb stehen und sah sich in der Kabine um. Dann öffnete er die Tür zum Beckenbereich und deutete auf die marmorverkleidete Wand gegenüber. Und auf die Wandleuchte. »Siehst du?«, sagte er zu Steiger. Mit einem Schritt trat er wieder zurück. Neben der Tür, an der Wand, die an den Badebereich grenzte, hing ein Spiegel. Auf ein Nicken des Kommissärs zog Steiger einen Schraubenschlüssel heraus und schraubte ihn ab.

»Was machen Sie da?«, fragte der Direktor. Jetzt wieder im Entrüstungsmodus.

»Das sehen Sie doch.«

»Aber … das geht doch nicht!« Müller flatterte wie ein aufgeregtes Insekt um sie herum und versuchte sogar, Steiger am Arm festzuhalten. Steiger schüttelte ihn mit einem kurzen Ruck ab. Er hatte den Spiegel inzwischen abgeschraubt und stellte ihn auf den Boden. Reitmeyer beugte sich näher. »Dacht ich's mir doch«, murmelte er und spähte durch einen größeren Schlitz. Im nächsten Moment war er draußen und griff zu der Wandleuchte hinauf. Sie ließ sich anheben, sogar abnehmen. Dahinter verbarg sich die Öffnung. »Wahrscheinlich ist das keinem aufgefallen«, sagte er zu Steiger.

»Wenn man mit anderen Sachen beschäftigt ist, nicht«, erwiderte der süffisant.

»Jetzt sagen Sie mir augenblicklich, was das Ganze soll?«, fragte Müller empört.

»Da schauen S' doch selber!« Reitmeyer deutete auf den Schlitz in der Wand. Widerstrebend trat Müller näher und riskierte einen Blick. »Ja, aber auf das Becken hinaus kann man doch auch durch die Türen sehen?«

»Aber es wär auffällig, wenn man von der Tür aus fotografieren würde.«

Der Direktor sah ihn entgeistert an.

»Zufällig ist mir ein Foto in die Hände gekommen, auf dem genau die Wandleuchte dort drüben erkennbar ist.«

»Sie meinen ...?« Wie erschöpft ließ er sich auf einen Stuhl neben dem kleinen Tisch fallen. »Und wie ist Ihnen das Foto ...?«

»Ja, mein lieber Herr Müller, Ihr Bad ist in einschlägigen Kreisen bekannter, als Sie denken.«

Müller rang nach Luft und fuhr sich an den Kragen. »Und darauf sind ... Gäste unseres Hotels zu erkennen?«

»Das können Sie am besten selbst beurteilen.« Er hielt Müller das Bild vor die Nase. Der wich angeekelt zurück. »Das ... ist ja ein Abgrund.«

»Mich würd's ja nicht wundern«, sagte Steiger und deutete auf das Regal an der Wand, »wenn nicht auch da ...« Er hob das Regal mit den Ölflakons aus seiner Halterung. »Da, Volltreffer!«, rief er und deutete auf ein größeres Loch, das hinter der Leiste des Regals verborgen gewesen war. »So hat man von draußen den besten Einblick in die Kabine.«

Müller rieb sich die Stirn. »Und was machen Sie jetzt mit diesem Foto?«

»Kennen Sie den Herrn?«

»Nein!«

»Tja, wir versuchen an den oder die Erpresser zu kommen.

Und Ihr Haus ist der Hauptort des Geschehens, nicht wahr?«

»Aber ich bitte Sie, ich ersuche Sie inständig, unser Hotel herauszuhalten.«

»Das kann ich Ihnen nicht versprechen.« Er sah zu Steiger hinüber, der sich Skizzen und Aufzeichnungen in sein Notizbuch machte. »Bis auf weiteres bleibt die ganze Badeabteilung gesperrt, bis unsere Leute alles aufgenommen haben, bis das ganze ... Arrangement hier fotografiert ist«, sagte er zu dem Mann, der auf seinem Stuhl zusammengesunken war.

AUFZEICHNUNGEN EINES OFFIZIERS

15. JULI 1914

Schmödel und Rüdesheim sollen versetzt werden? Habe ich im Neptun aufgeschnappt. Sehr merkwürdig! Aber wenn meine Beschattung durch die beiden Kerle, die mich im Auto verfolgen, auf Schmödels und Rüdesheims Konto geht, könnte die Versetzung für mich von Vorteil sein!

Bin mir immer noch nicht sicher, ob sie nicht auch neulich an der Isar hinter mir her waren. Doch wenn ja, wäre es sicher längst zu Konsequenzen gekommen. Außer, sie verfolgen eine andere Strategie? Warten sie ab, bis ich tätig werde? Um mich dann ans Messer zu liefern? Oder hat der alte Dohmberg geplaudert? Und Kontakt zu den beiden Schwere-Reiter-Schuften hergestellt?

Auch meine anderen Pläne sind ins Stocken geraten. Die reiche Erbin versucht mich hinzuhalten, zu feilschen, und mich runterzuhandeln. Eine so große Summe könne sie keinesfalls aufbringen, schon gar nicht auf einmal. Das würde auffallen. Da würde ihre Bank nicht mitmachen. Lächerlich!

Der Ort der Übergabe und der Termin wurden von mir festgelegt.

Schlafe schlecht. Albträume. Immer wieder die gleiche Szene: Die kleine Zecke hängt schlaff wie eine Stoffpuppe an mir, lässt sich nicht abschütteln. Schreit.

Aber zuerst hat er das Rad auf mich geschmissen, und als ich ihn packte, um ihm die gestohlenen Sachen wieder abzunehmen, hat er mich in die Hand gebissen.

Erst dann bin ich so außer mir geraten.

44

Ein zähes Stück Arbeit war das gewesen. Reitmeyer trank einen Schluck Wasser. Obwohl die Indizien unwiderlegbar gegen ihn sprachen, war Bürgel mit immer neuen, immer abenteuerlicheren Ausflüchten gekommen. Bis hin zu der Behauptung, der Koffer gehöre ihm gar nicht, den habe er im Hotel mitgehen lassen. Erst als er Waginger raufholen ließ, war Schluss damit. Anfangs kannten sich die Herrn natürlich nicht. Aber der Fotograf verfügte nicht über die Kaltblütigkeit seines Komplizen, und die Nacht in der Haftzelle hatte ihn so mürbe gemacht, dass er den Widerstand bald aufgab und auspackte.

Wie sich herausstellte, hatte Bürgel die Wohnung der Regina Zipf öfter als Absteige benutzt, wenn er schnell untertauchen musste. Und bei diesen Gelegenheiten hatte er mitbekommen, dass in dem Atelier im Vorderhaus auffällig viele Militärs verkehrten. Mit diesen Beobachtungen sei er an Waginger herangetreten und habe ihn unter Druck gesetzt, aus diesen »harmlosen Treffen« eine Goldgrube zu machen. Waginger hatte sich angeblich immer geweigert, dabei mitzuspielen. Jedenfalls habe er niemanden erpresst mit den Fotos. Aber da Bürgel, im Gegensatz zu ihm selbst, ein echter Krimineller sei, der sich in Nobelhotels rumtreibe, reiche Damen umgarne, um ihnen dann Schmuck und Geld abzunehmen, sei ihm durchaus zuzutrauen, dass er es auch mit Erpressungen versucht habe.

Dieser Anschuldigung widersprach Bürgel vehement und behauptete, es sei gerade andersherum gewesen. Der bankrotte Fotograf habe sich geradezu flehentlich an ihn gewandt, ihm bei der Lösung seiner ausweglosen Lage zu helfen. Und ihm diese Fotos geradezu aufgedrängt.

Mit der Frage jedoch, wer in das Atelier eingebrochen und Regina Zipfs Wohnung durchsucht hatte, kam Reitmeyer keinen Schritt weiter. Es gebe keine Komplizen. Und ob die Verwüstung in der Wohnung der Zipf überhaupt mit den Vorgängen in dem Atelier zu tun habe, meinte Bürgel, sei doch gar nicht bewiesen. Das fand auch Waginger. »Mit wem die Nutt'n Händel hat, weiß doch keiner.«

Ob nicht vielleicht Hassler Material bei der Zipf gebunkert haben könnte?

»Ach der«, meinte Bürgel wegwerfend. Der sei doch viel zu blöd, um so einen Plan auszuhecken. »Der war doch bloß Laufbursche für andere.«

Und wer hätte davon gewusst, wenn Bilder in seinem Besitz gewesen wären? Von seinen Kumpanen hätte sich keiner getraut, bei der Zipf einzubrechen, weil denen klar gewesen wäre, dass der Hassler saugrob werden könne, wenn einer seiner Schnalle etwas antat. Also landete man wieder bei den Teilnehmern der »harmlosen Treffen.« Doch an Namen konnte sich Waginger gar nicht erinnern. Man habe sich in dem Kreis nicht mit dem Familiennamen angesprochen. Nur mit Vornamen. Und ob die echt oder ausgedacht waren, wisse er auch nicht.

Wie man auf dieser Grundlage jemanden erpressen könne?

Das sei ja nie seine Absicht gewesen, erklärte Waginger.

Wie dann Bürgel allein hätte tätig werden können? Das sei doch ein eklatanter Widerspruch. Worauf der Fotokünstler listig meinte, jetzt habe der Herr Kommissär den endgültigen

Beweis, dass es zu gar keinen Erpressungen gekommen sein könne. Ohne Namen keine Erpressung!

Nach einer Stunde hatte Reitmeyer genug von dem Schmierentheater und ließ die beiden wieder runterbringen. Der Fotograf spielte auf Zeit, und vielleicht hoffte er sogar darauf, die Offiziere würden es ihm lohnen, wenn er dichthielt.

Reitmeyer nahm seine Unterlagen und ging in sein Büro zurück.

Als er die Bürotür halb geöffnet hatte, blieb er stehen. Rattler stand in der Mitte des Büros und trug mit gewichtiger Miene, als stünde er auf der Bühne des Hoftheaters, einen Text vor, den er von einem Zettel ablas.

»In der guten alten Zeit flüchteten Räuber und Mörder in der nächsten Wald. Der moderne Verbrecher hingegen bestellt einen Schlafwagenplatz, rollt mühelos über europäische Grenzen und kennt die Sea List von Thomas Cook auswendig.«

»Sii List ...?«, unterbrach ihn Steiger.

Rattler winkte ungeduldig ab und fuhr im Tonfall des Großmimen fort: »Er kauft das Einbruchswerkzeug in London, stiehlt damit in Berlin, verkauft die Beute in Amsterdam und verjubelt den Erlös in Paris.«

»Was ist denn hier los?«, fragte Reitmeyer und schloss die Tür hinter sich.

»Der Rattler«, erwiderte Steiger grinsend, »liest mir den Vortrag vor, den er in seiner Polizeischule halten will. *Herausforderungen einer modernen Polizei durch das internationale Verbrechertum.*«

»Und woher weiß er darüber Bescheid?«

»Aus einem Aufsatz von Dr. Heindl«, erklärte Rattler und fuchtelte mit dem Zettel durch die Luft, »in dem er auch ausführlich auf die Geschichte des Fingerabdruckverfahrens eingeht. Wussten Sie eigentlich, dass die Anfänge in der Kolonialverwaltung von Bengalen liegen, um Schwindeleien bei Pensionsbezügen –«

»Nein«, wurde er von Reitmeyer unterbrochen. »Wusste ich nicht. Interessiert mich im Moment auch nicht.«

Reitmeyer warf einen langen Blick auf Rattler, der sich ganz offensichtlich wieder so weit gefangen hatte, dass sein altes Interesse an Fachartikeln zurückgekehrt war, neu war nur Steigers Nachsicht gegenüber den Ausführungen des Schülers, den er bei solchen Gelegenheiten sonst immer brüsk abgewiesen oder gleich rausgeschmissen hatte. Aber seit dem »Unfall« im Regina und Ferdls Tod war ihm der Junge geradezu ans Herz gewachsen.

»Ach, da fällt mir ein«, murmelte Steiger, dem die gereizte Stimmung sichtlich unangenehm war, »ich muss ja noch schnell ...« Wohin er musste, ging in dem Rascheln der eilig zusammengerafften Papiere unter. Als er die Tür geschlossen hatte, setzte sich Reitmeyer an seinen Schreibtisch. Rattler blieb etwas unschlüssig stehen und wollte ebenfalls verschwinden.

»Nein, nein, bleib nur da«, sagte Reitmeyer und deutete auf den Platz vor seinem Schreibtisch. »Ich hab zu reden mit dir.«

Rattler setzte sich auf die Stuhlkante, als wolle er jeden Moment die Flucht ergreifen, und sah seinen Vorgesetzten unsicher an. Reitmeyer nahm ein Lineal, mit dem er sich ab und zu in die Handfläche klatschte, und bei jedem Schlag schien der Polizeischüler zusammenzuzucken.

»Du hast mir erzählt, dass dein Freund bei dem Fotografen in Haidhausen gearbeitet hat, weil er mit dir auf ein Motorrad sparen wollte.«

Rattler nickte. Statt der gewichtigen Miene des Staatsschauspielers bot er jetzt den Ausdruck des braven Eleven, wenn auch nicht ganz überzeugend in der Eile.

»Welche Arbeiten hat er denn da übernommen?«

Rattlers Blick schweifte einen Moment durch den Raum. »Ja, so ... Entwickeln halt ...«

»Was für Material war das denn?«

»Ja, ich weiß nicht ... Fotos halt, die der Waginger aufgenommen hat.«

»Hat dir der Ferdl gesagt, was für Fotos das waren?«

Rattler rutschte auf seiner Stuhlkante herum und zupfte an seinen Manschetten. »Nein …«

»Ihr seid doch enge Freunde gewesen? Und dein Freund hat nicht mal angedeutet, dass er an der Produktion von pornografischem Material beteiligt war, das dann in den illegalen Handel gelangte?«

Rattler sprang auf. »Nein! So was hätte der Ferdl nie getan!«

»Hat auch die Betreuung von Kunden zu seinen Aufgaben gehört?«

»Wieso Kunden?«, rief Rattler. »Der war doch Laborant.«

»Weil wir die Aussage eines gewissen Josef Hassler haben, der übrigens in einer Haftzelle unten sitzt, dass er mit dem Ferdl Geschäfte gemacht hat. Dass er ihm Fotos abgekauft hat, die dann mit Gewinn weiterverscherbelt wurden.«

Rattler schnappte nach Luft. »Davon hat er mir nichts gesagt … und das glaub ich auch nicht.« Er hob trotzig das Kinn. »So ein Kerl kann doch alles Mögliche behaupten!«

»Die Aussagen sind überprüft. Die Fotos stammen zweifelsfrei aus dem Atelier, und Waginger, der Fotograf, ist ebenfalls geständig.«

Rattler starrte ihn an. »Das ist ganz unmöglich. Niemals hätte der Ferdl bei solchen Sachen mitgemacht.«

»Hör zu, darüber will ich gar nicht mit dir diskutieren, die Sachlage ist eindeutig. Dein Freund hat Material von Waginger entwickelt, aber auch Filme, die von dem Masseur aus dem Regina angeliefert wurden. Und nebenbei, ohne Wissen des Fotografen, hat er verschiedene Fotos an Hassler weitergegeben, die auf der Straße verkauft wurden.« Reitmeyer lehnte sich zurück. »Für mich ist dabei nur interessant, dass wir damit wieder beim Regina wären.«

Rattler stierte schweigend vor sich hin.

»Und jetzt möchte ich, dass du mir noch mal ganz genau erzählst, was dir der Ferdl über den Mann gesagt hat, den er nach deinem Alleingang verfolgt hat. Und wahrheitsgemäß, wenn ich bitten darf!«, fügte er mit einer gewissen Schärfe hinzu. »Weil ich sonst nicht weiß, ob ich einen angehenden Kriminaler weiter decken soll, der möglicherweise von Erpressungsgeschäften wusste und der mich«, seine Stimme wurde noch eine Spur schärfer, »ständig hinters Licht führt, mir Bären aufbindet und mich anlügt, dass sich die Balken biegen!«

»Ich hab aber doch nichts gewusst und auch nichts unterstützt«, fuhr Rattler auf, »gar nichts.«

»Das ist keine Antwort auf meine Frage.«

Rattler sank wieder auf seinen Sitz zurück.

»Also?«

»Wie der Ferdl den Mann aus dem Hintereingang hat kommen sehen ...«

»Ich höre!«

»... hat er ihn erkannt.«

»Was?« Reitmeyer sprang halb auf. »Der hat ihn gekannt? Woher?«

»Ja, nicht richtig gekannt«, sagte Rattler leise, »der ist abends einmal in dem Laden gewesen und hat sich so merkwürdig über alles Mögliche erkundigt. Was man für Fotos machen lassen kann und so ... Das ist dem Ferdl komisch vorgekommen, und er hat ihm gesagt, dass er das seinen Chef fragen soll, wenn der wieder da ist.«

»Und wie hat der Mensch ausgesehen?«

»Das hat mir der Ferdl nicht gesagt. Bloß ... bloß, dass er unter dem Mantel einen Kragen gesehen hat ... von einem Offiziers-Jackett ... aber er war sich nicht sicher.«

Reitmeyer schlug mit der Faust auf den Tisch. »Und das erfahr ich erst jetzt?«, schrie er. »Also hat der Offizier den Ferdl vielleicht auch erkannt, als er von ihm verfolgt wurde?«

»Ja ... schon möglich.«

»Der fühlte sich also von jemandem beobachtet, der in einem Atelier arbeitet, wo Erpressungsmaterial entwickelt wird, das aus dem Regina stammt. Und was war dann?«

Rattler blickte nicht auf. »Dann ist er ihm nach, bis der Mensch in einem Haus in der Gärtnerplatzgegend verschwunden ist.«

»In welcher Straße?«

»Das hat mir der Ferdl nicht mehr sagen können.«

»Und warum hast du so lang damit hinterm Berg gehalten?«

»Weil ich den Ferdl nicht ... weil sonst rausgekommen wär, dass er bei dem Waginger arbeitet.«

»Und warum hast du es dann gestern gesagt?«

»Weil ... weil der Ferdl da ja schon tot war, und weil die Sache mit den Bildern nicht mehr so wichtig ...«

»Es ist dir also bloß rausgerutscht, weil du nach dem Tod von Ferdl so durcheinander warst, dass du deine Lügengeschichten nicht mehr im Griff gehabt hast?«

Rattler gab darauf keine Antwort.

»Was war eigentlich dein Ziel bei der ganzen Heimlichtuerei? Was hast du damit bezwecken wollen?«

Rattler blickte auf. »Ich hab gedacht, dass ich's dem Ferdl schuldig bin ... den Mörder zu finden. Und weil ich sein Andenken nicht beschädigen ...«

Reitmeyer schlug auf den Tisch. »Weil du das Andenken deines Freundes, der an Erpressergeschäften beteiligt war, nicht beschädigen wolltest, hast du die ganze Zeit verheimlicht, in welchem Viertel der Mörder wohnt? Bist du verrückt? Da läuft ein Verbrecher frei herum, plant vielleicht schon den nächsten Coup, und unserem angehenden Kriminaler gehts bloß darum, das Andenken seines Freundes zu schützen, der vermutlich von genau diesem Menschen umgebracht worden ist! Sag mal, bist du eigentlich noch bei Trost?«, rief Reitmeyer außer sich. »Wie sollte diese Farce denn weitergehen? Welche Alleingänge hast du denn noch geplant?«

»Ich bin abends in dem Viertel rumgegangen. Ob mir vielleicht was auffällt.«

»Und?«

Rattler ließ den Kopf wieder hängen. »Bis jetzt ... nix. Der Ferdl hat mir den Mann ja nicht beschrieben.«

Reitmeyer schob seinen Stuhl zurück, stand auf und ging zum Fenster hinüber. Er blickte eine Weile hinaus. »Ich glaub's nicht«, murmelte er und schüttelte den Kopf. »Ich glaub's einfach nicht.« Dann drehte er sich wieder um. »Na, servus. Eine großartige Situation, in die du mich da hineinmanövriert hast! Wenn ich gegen diesen Menschen vorgehen möchte, hab ich bloß die Aussagen eines Polizeischülers. Wenn ich die verwende, kommen Dinge an den Tag, dass er sich ein für alle Mal den Kriminaldienst abschminken kann. Und nachdem ich seine Machenschaften gedeckt habe, könnte ich vermutlich auch selbst gleich meinen Abschied einreichen. Fazit, wir sind beide geliefert.« Er blickte zu Rattler hinüber, der fahrig an dem Pflaster auf seinem Hinterkopf zupfte. »Du warst wirklich eine große Hilfe!«

»Aber ich ...« Rattler schluchzte trocken auf. »Ich wollt doch bloß ...«

Reitmeyer packte erneut eine namenlose Wut und trat einen Schritt auf ihn zu. »Ich sag dir bloß eines«, zischte er, »du unternimmst rein gar nichts mehr! Verstanden!«

Rattler wich erschrocken zurück und hob den Ellbogen, als erwarte er einen Schlag.

»Und jetzt geh mir aus den Augen, bevor ich mich ...«

Reitmeyer stand auf und schenkte sich ein Glas Wasser ein. Damit trat er ans Fenster und sah eine Weile hinaus.

Und wenn der Mann, der in dem Fotoatelier mit Ferdl gesprochen hatte, doch ein Offizier gewesen war? Er ging zum Schreibtisch zurück und nahm sein Notizbuch heraus. *Leutnant Kapfenbach, Tengstraße 24.* Sollte er dieser Spur noch mal nachgehen? Ihn von Bleicher überprüfen lassen?

Vielleicht kannte Caroline diesen Kapfenbach. Er rief in

der Gerichtsmedizin an. Ob er das Fräulein Doktor sprechen könne? Im Moment leider nicht, erklärte der Sektionsdiener. Sie sei schon weg und komme heute auch nicht wieder herein.

Er probierte es bei ihr zu Hause. Caroline sei unterwegs, sagte Mathilde. Aber morgen wolle sie in die Oper gehen. Vielleicht könne er sie dort erwischen.

45

Er hetzte über den Max-Joseph-Platz. Es war kurz vor acht und vermutlich schon zu spät, um sie noch im Vorraum zu treffen. Als er durch den Eingang eilte, drängten bereits die letzten Besucher ins innere Foyer der Hofoper. Er blieb stehen. Dann würde er sie eben nach der Vorstellung abpassen. Langsam stieg er die Stufen wieder hinab.

»Hallo, Sebastian!«, rief jemand hinter ihm. »Hast auch keine Karte mehr gekriegt?«

Er drehte sich um. Brenner, die Bratsche aus seinem Streichquartett, lief auf ihn zu. »Total ausverkauft. Dabei wollt ich mir endlich mal diese *Königin der Nacht* anhören, die der Bruno Walter aus Wien mitgebracht hat.«

»Tja, eigentlich ...«

»Ach, macht nix. Komm mit.« Er klopfte ihm auf die Schulter. »Vorn auf der Maximilianstraße sitzen ein paar Musikerkollegen von mir im Café. Da trinken wir was auf die Enttäuschung.«

»Ich wollt hier eigentlich bloß jemand treffen«, sagte Reitmeyer und ging die Stufen hinab. Dann blieb er stehen und überlegte einen Moment. »Ja gut, auf ein Bier geh ich schnell mit.« Er holte sein Rad, und sie bogen ums Eck in die Maximilianstraße. Kurz vor den Vier Jahreszeiten ging es nicht weiter, weil vor der Hoteleinfahrt dichtes Gedränge herrschte.

Droschken fuhren vor, Damen und Herrn in Abendgarderobe stiegen aus, dazwischen Reisende, deren Gepäck von Pagen übernommen wurde. Aber ihr Lokal war ohnehin gegenüber. Sie überquerten die Straße.

Brenners Kollegen saßen an dem Tisch vor dem großen Fenster. Die drei nickten ihnen nur kurz zu, als sie sich setzten, ohne ihre Diskussion zu unterbrechen. »Für mich ist das die Auflösung der Musik in ein kern- und farbloses Einerlei«, rief einer erregt und stellte sein Glas hart ab. »Was heißt hier schwebend und sphärisch, diffus und nebulös ist das!«

Brenner verdrehte die Augen. »Er meint Débussy«, erklärte er. »Es gibt ja Leute, die finden, die *Salome* von Strauss sei ungefähr eine Haydn-Sonate im Vergleich mit *Pelléas und Mélisande.*« Reitmeyer zuckte die Achseln und sah zum Fenster hinaus. Er hatte im Moment andere Sorgen. Ob er Caroline doch noch überzeugen konnte, an einem Strang mit ihm zu ziehen. Und welche Druckmittel nötig waren, Waginger von seiner lächerlichen Strategie abzubringen, irgendwelche Offiziere zu decken. Gegenüber fuhren ein paar Droschken ab. Andere Fahrzeuge rückten nach. Im Festsaal des Nobelhotels musste eine größere Veranstaltung stattfinden. Irgendwas Besonderes, gemessen an den schmuckbeladenen Damen. Plötzlich sprang er auf und trat ans Fenster. Hatte er nicht eben Caroline gesehen? Zwischen den Autos. Er starrte zur Hoteleinfahrt hinüber. Genau. Da tauchte sie wieder auf. Sie ging ein paar Schritte von dem dichten Pulk weg und blieb ein Stück weiter vorn am Randstein stehen. Sie war keineswegs für die Oper gekleidet, sondern trug ein schlichtes, graues Kostüm, unter ihren Arm war eine Zeitung geklemmt. Suchend blickte sie immer wieder die Straße hinauf und hinab.

Zwei Passanten hielten bei ihr an. Offensichtlich Bekannte. Sie redeten kurz. Caroline wirkte nervös, schüttelte mehrmals den Kopf und machte abwehrende Gesten. Als wollte sie die beiden schnell wieder loswerden. Nachdem sie fort waren, ging sie ein paar Meter am Randstein entlang. Dann blieb sie stehen und schien zu überlegen. Zwei junge Herren blieben ebenfalls stehen und grinsten sie anzüglich an, offensichtlich in der Meinung, Caroline sei hier auf Männerfang. Sie machte hastig kehrt und ging eilig zum Hoteleingang zurück, wo sich immer noch dichte Trauben von Gästen drängten.

Ein neues Taxi fuhr heran. Die Hoteldiener beeilten sich, Gepäck auszuladen. Ein Page schwenkte einen Koffer und stieß einen Offizier an. Der kam ins Stolpern und streifte Caroline, als er sich mühsam wieder fing. Caroline fuhr herum und drückte die Zeitung an sich. Der Offizier, er trug eine preußische Uniform, richtete sich ärgerlich auf und zog sein Jackett glatt. Dann strich ein breites Lächeln über sein Gesicht, er klemmte ein Monokel ins Auge. Er schien sie zu kennen.

Caroline wirkte weniger erfreut über die Begegnung. Der Preuße machte Bücklinge und redete auf sie ein, während ihre Miene und Körperhaltung entschiedene Abwehr ausdrückten. Er ließ sich jedoch nicht beirren von ihrer abweisenden Art. Ihre Einwände schienen nichts zu nützen. Als sie sich umdrehte und weggehen wollte, fasste er sie am Ellbogen und führte sie entschlossen durch die Menge zum Hoteleingang, wo sie durch die Tür ins Innere verschwanden.

»Hast du die Müncher *Salome* gesehen?«, fragte Brenner. »Ich hab damals die Uraufführung in Dresden ...«

Reitmeyer starrte auf den Hoteleingang hinüber. Was hatte die Szene eben zu bedeuten? Warum ließ sich Caroline von diesem preußischen Lackaffen abführen? Warum stand sie überhaupt abends allein auf der Straße herum? Mit einer Zeitung an sich gedrückt? Als dürfte ihr die keiner wegnehmen? Während sein Blick immer noch auf die Gästeschar gegenüber gerichtet war, ging ihm plötzlich ein Licht auf. »Ich bin gleich wieder da«, sagte er zu Brenner und lief auf die Straße hinaus.

Natürlich! Der Andrang vor dem Hotel war ein idealer Übergabeort. Ein Erpresser konnte sich praktisch unbemerkt nähern, und wenn er die Beute hatte, in dem Gewimmel untertauchen, in eine abfahrende Droschke springen oder in die Nobelherberge verschwinden, die er genauso unbemerkt durch verschiedene Ausgänge wieder verlassen konnte. Aber irgendwas war dazwischengekommen, hatte ihn abgehalten, sich das Geld zu schnappen. Das vermutlich in der Zeitung steckte. Wahrscheinlich hatte ihn der preußische Offizier gestört.

Reitmeyer lief auf die andere Straßenseite und beobachtete eine Weile das Gedränge der weiterhin ankommenden Gäste. Aber ihm fiel nichts auf. Der Erpresser hatte sicher aufgegeben. Langsam ging er ins Lokal zurück.

»Ich hab dir ein Bier bestellt«, sagte Brenner und deutete auf das Glas auf dem Tisch. »Was war denn los?«

»Ach, ich hab bloß jemanden gesehen, den ich –« und die Tür ging auf, er hob den Kopf. Den Herrn, der gerade hereinkam, kannte er. In dem dunklen Abendanzug wirkte er seltsam verändert. Er kannte ihn nur in Uniform. Aber es war eindeutig dieser Offizier, den er bei dem Vortrag gesehen hatte. Kapfenbach. Der Mann sah sich kurz um, bestellte etwas an der Theke und verschwand nach hinten in die Toiletten.

»Hast du dann wenigstens nächsten Samstag Zeit?«, fragte Brenner.

»Für eine Probe? Ich weiß noch nicht ... im Moment bin ich ganz furchtbar eingespannt.« Er ließ den Zugang zu den Toiletten nicht aus den Augen. Als der Mann nach fünf Minuten nicht zurückkam, ging er selbst hinaus. Doch in den Toiletten war niemand. Weiter hinten befand sich eine Tür mit der Aufschrift *Küche*. Er öffnete sie.

Kein Personal war zu sehen. Im selben Moment wurde auf der linken Küchenseite von außen ein Türflügel zurückgeschlagen, und ein Mann stellte ächzend eine Kiste ab. »Ist da gerade jemand durchgelaufen?«, fragte Reitmeyer. Der Mann blickte auf. »Weiß nicht«, sagte er. »Ich war draußen im Hof.«

Reitmeyer ging ins Lokal zurück. Der Offizier war getürmt. Aber vor wem? Er sah sich unter den Gästen um. Außer ihrem Tisch waren noch drei weitere Tische besetzt. Zwei mit jüngeren Paaren, einer mit einer Runde, die lautstark feierte. Vor ihnen war er nicht weggelaufen. Als er sich umdrehte, gingen zwei Herren in dunkelgrauen Anzügen zur Tür hinaus und stiegen in ein wartendes schwarzes Auto.

»Leg das Bier für mich aus«, rief er Brenner zu und rannte raus zu seinem Rad.

Das Auto fuhr Richtung Maximiliansbrücke und bog dort rechts ab. Er trat in die Pedale und jagte ihm nach. Nicht schnell genug, wie er schnaufend einsehen musste. Die Maximilianstraße war mit holprigem Kopfstein gepflastert, keine Rennbahn. Ob sich die Anstrengung überhaupt lohnte? War Kapfenbach wirklich vor diesen Männern geflüchtet? Wenn ja, wollte er wissen, was dahintersteckte.

Schwer atmend hetzte er dem Auto nach, das jetzt in südlicher Richtung an der Isar entlangfuhr. Weit vor sich sah er, dass es in die Corneliusstraße einbog. Er legte sich noch einmal so in Zeug, dass ihm die Lungen brannten. Doch es war sinnlos, er holte den Wagen nicht mehr ein.

Er stieg ab, schob bis zur Brücke und verschnaufte unter den Bäumen. Der Wagen war Richtung Gärtnerplatz verschwunden. Zwecklos. Er konnte sich keine Verfolgungsjagd mit einem Auto liefern. Und vielleicht hatten die beiden gar nichts mit diesem Kapfenbach zu tun. Er schaute zu den Brückenpfeilern hinüber. Die Gaslaternen warfen ein fahles Licht auf das Gebüsch am Ufer. Ein leichter Schauder überkam ihn. Hier musste der Ferdl umgekommen sein. Er wandte sich schnell ab. Gerade als er wieder aufs Rad steigen wollte, kamen Scheinwerfer aus der Corneliusstraße auf ihn zu. Er wartete. Das Auto blieb in einiger Entfernung von dem Eckhaus stehen. Es war dasselbe, das er verfolgt hatte. Die Scheinwerfer erloschen. Niemand stieg aus.

16. JULI 1914

Ständig versuche ich, Oberst Feichtl zu erreichen. Doch der Adjutant sagt jedes Mal, er sei nicht abkömmlich. Auch bei sich zu Hause ist er nicht zu sprechen.

Ich möchte wissen, was die Versetzung von Schmödel und Rüdesheim zu bedeuten hat. Warum so plötzlich? Was geht hier vor? Was spielt sich hinter den Kulissen ab? Die beiden »Detektive« verfolgen mich. Ob ich Feichtl davon berichten soll? Doch was hieße das für meinen Auftrag? Er würde ihn mir entziehen!

Hatten die zwei Schnüffler auch mit dem Debakel vor dem Hotel zu tun? Stecken sie mit der preußischen Offiziersattrappe unter einer Decke? Gehört dieser aufgeblasene Geck zum Personal der preußischen Gesandtschaft? Die überall ihre Finger drin hat, alles ausspioniert und nach Berlin telegrafiert. Egal was. Ob Bayern immer noch Separationsabsichten hat, oder welcher Militär sich im Regina von wem in den Arsch ficken lässt.

Ich folgte der Erbin und dem Preußen ins Hotel. (Sie hat mich ja nie deutlich gesehen.) Ganz in der Nähe ihrer Sessel in der Halle bezog ich Posten. Der Schnösel montierte sich ein öliges Lächeln aufs Gesicht und gab den Kavalier. Er habe sie keinesfalls völlig »schutzlos und allein« auf der Straße zurücklassen können. Das widerspreche seiner ritterlichen Ehre. Selbstredend stehe er ganz zu ihrer Verfügung und leiste ihr Gesellschaft, bis sich die Verspätung ihrer Freundin aufgeklärt habe. Die Erbin reagierte genervt. Verschwand ein paar Mal in der Telefonkabine. Der Weltmann besorgte »drinks«. Und unterhielt sie mit Schmonzetten aus seinem grandiosen Borussenleben. »Neulich in Berlin …«, »kürzlich in London …«, »im Frühjahr in Paris …«.

Sie schaffte es, durchs Restaurant zu flüchten.
Mir läuft die Zeit davon.

46

»Nein, keinen Kaffee«, rief er seiner Tante zu, die mit der Kanne in der Hand am Kücheneingang stand. »Ich hab's eilig.«

»Aber du musst doch was frühstücken.« Sie hielt die Kanne in die Höhe. »Und die Hildegard hat gestern Abend angerufen, für Sonntag hab ich sie zum Essen eingeladen.«

»Keine Zeit. Ich muss noch wohin vor dem Dienst.« Er ließ die Tür hinter sich zufallen und rannte mit großen Sätzen die Treppe hinunter. Die Hildegard. Dass die überhaupt noch einmal anrief nach ihrem letzten Treffen. Allenfalls, um ihm Vorwürfe zu machen. Vielleicht sogar mit Recht. Tatsächlich hatte er sich auf den angetrunkenen Kadetten bloß eingelassen, um den Streit mit ihr abzubrechen. So konnte es jedenfalls nicht weitergehen. Er musste mit ihr reden. Demnächst. Wenn er den Kopf wieder freier hätte. Jetzt standen andere Dinge an. Zuerst ein Abstecher in die Tengstraße, um zumindest einmal zu sehen, wo dieser Kapfenbach wohnte.

Etwas verwundert stellte er kurz darauf fest, dass die Nummer 24 ein vornehmes Mietshaus war, wo bessere Stände wohnten. War dieser Offizier vermögend? Warum diente er dann im Eisenbahnbataillon? Solche Leute bemühten sich doch, in angesehenere Regimenter zu kommen. Er lehnte sein Fahrrad an die Mauer. Auf dem Klingelschild kein Kapfenbach. Nach kurzem Zögern klingelte er in der untersten Etage und trat in den Flur. Ein Dienstmädchen öffnete. Er entschuldigte sich für die Störung, aber er suche einen Leutnant Kapfenbach. Ob sie vielleicht wisse –

Sie ließ ihn nicht ausreden. »Nein, der ist ausgezogen«, sagte sie und wollte die Tür wieder schließen.

»Ach«, sagte Reitmeyer und setzte ein hilflos-charmantes Lächeln auf, »jetzt weiß ich gar nicht, was ich machen soll, er hat mir diese Adresse gegeben.«

Sie taute etwas auf. »Der ist schon vor ein paar Wochen ausgezogen.«

»So ein Pech. Warum nur? Wieso hat er die Wohnung aufgegeben?«

»Tja«, sagte das Dienstmädchen, trat einen Schritt vor die Tür und senkte die Stimme, »vielleicht war sie zu teuer.«

»Ja, glauben Sie? Meinen Sie tatsächlich?«, tat er besorgt.

»Ich mein gar nix. Ich hab bloß«, sie sah den Flur hinunter, »so manches munkeln hören.«

»Ach? So ein verdienter Offizier? Das kann ich mir nicht vorstellen.«

»Doch, doch.« Sie trat noch einen Schritt vor und senkte die Stimme zum Flüsterton. »Er soll auf ganz großem Fuß gelebt haben, verstehen S' ... Gelage ... teure Restaurants ...«

»Wirklich? Und wo er jetzt wohnt, wissen Sie nicht zufällig?«

»Woher denn? Die Möbelpacker haben bloß gsagt, der ganze Hausrat wird irgendwo abgestellt.«

Von drinnen ertönte eine Stimme. »Anna, wer will da was?«

Das Dienstmädchen machte eine bedauernde Geste und schloss die Tür.

Er schaute in das stuckverzierte Treppenhaus hinauf. Dann war der Leutnant also in Geldschwierigkeiten. Doch welcher Leutnant war das nicht? Das war kein Beweis, dass er der Informant sein könnte, den Bleicher suchte. Aber gestern Abend war er eindeutig geflüchtet. Hatten die beiden Männer womöglich Geldforderungen an ihn?

Er ging hinaus. Wo konnte er sich Informationen über den Mann beschaffen? Vielleicht doch von Caroline? Sie war seine einzige Verbindung zu Offizieren. Der Gedanke an sie löste wieder den Ärger, aber auch die Besorgnis aus, die ihn den ganzen letzten Abend nicht losgelassen hatte. So sah der *Beistand* für ihren Bruder also aus. Sie war auf eigene Faust mit dem Erpresser ins Geschäft gekommen. An einem so belebten Ort wie vor dem Hotel hatte sie sich vielleicht noch nicht in Gefahr gebracht, doch da die Übergabe offensichtlich fehlgeschlagen war, stand zu befürchten, dass der Kerl beim nächsten Mal einen abgelegeneren Ort wählte. Aber wie sollte er sie warnen, wenn sie nicht offen zu ihm war?

»Herr Kommissär, der Rattler hat was auf Ihren Tisch gelegt«, rief Brunner auf den Gang hinaus. »Und ham Sie's schon gsehen? In der Zeitung? Die Nachricht von dem Unglücksfall? Mit dem jungen Haugfeld?«

»Nein«, erwiderte er und trat in sein Büro. »Interessiert mich auch nicht«, murmelte er, »die Lügenmärchen.« Er nahm den Zettel mit der Nummer, die Rattler für ihn rausgefunden hatte, und schloss die Tür, bevor er sich verbinden ließ. *Grubinger, Jagdaufseher, Garmisch 304.*

»Hier Polizeidirektion München, Reitmeyer«, begann er schnell, bevor der Mann ihn abwimmeln konnte. »Die Nachricht von dem Unglücksfall hat uns zutiefst erschüttert. Vor allem mich persönlich, da ich mit Herrn von Haugfeld noch tags zuvor zu tun hatte. Einfach unfasslich. Wie Sie vermutlich wissen, hätten wir ihn ganz dringend für eine Zeugenaussage gebraucht ...«

»Und was soll ich ...?«

»Herr Grubinger, es tut mir wirklich leid, Sie im Moment der Trauer ..., aber da Herr von Haugfeld bei unserem letzten Gespräch seine geliebten Berge erwähnte, und beiläufig auch zur Sprache kam, wie nahe Sie der Familie stünden ...«

»So?«

».. habe ich mir gedacht, vielleicht könnten Sie mir weiterhelfen, da ich es im Augenblick natürlich vermeiden möchte, die Angehörigen zu belästigen.«

»Ja, wie soll ich ..?«

»Bei uns geht es um einen Fall, der schon einige Zeit zurückliegt. Dabei müssten wir überprüfen, ob Herr von Haugfeld in diesem Zeitraum überhaupt in München oder in Garmisch war.«

»Ja, wann denn?«

»Das hat zwar direkt nichts damit zu tun, aber Herr von Haugfeld hat einen Unglücksfall mit einem Jagdgehilfen erwähnt, wenn ich mich recht erinnere. Um diesen Zeitraum etwa würde es sich handeln.«

»Sie meinen vor zwei Jahren?«

»Ja, genau.«

»Das war im Herbst. Im Oktober. Aber zu dem Zeitpunkt war der Lorenz, ich meine, Herr von Haugfeld junior, gar nicht da. Weil er da immer noch in England war. Und erst vor Weihnachten wieder heimgekommen ist.«

»Sind Sie sicher?«

»Ja, freilich.«

Reitmeyer bedankte sich und legte auf.

Ob er die Wahrheit sagte? Immerhin hatte Grubinger mitgeholfen, den Selbstmord des jungen Haugfeld zu vertuschen. Aber das ließe sich überprüfen. Er rief in der Bank an und verlangte das Vorzimmer des Bankiers. Als Erstes bat er die Sekretärin, der Familie sein Beileid auszudrücken, dann ersuchte er sie höflich um eine Auskunft, »die wir noch brauchen, um die Akte abzuschließen«. Sie gab sich reserviert, rückte aber schließlich doch mit der Information heraus. »Herr Lorenz von Haugfeld hat von Mai bis Dezember 1912 in einer Bank in London gearbeitet.«

Reitmeyer lehnte sich zurück. Was hatte Caroline ihm erzählt? Der junge Bankier sei kurz vor dem Absturz des Jagdgehilfen mit ihm gesehen worden? Das habe sie von ihrer Freundin. Warum verbreitete die solche Geschichten? Aus Wut und aus verletztem Stolz? Weil ihr Verlobter mehr jungen Herrn als ihr selbst zugetan war? Deswegen brachte sie ihn unter Mordverdacht?

Steiger kam herein. »Wir müssten noch mal ins Regina rüber. Der Direktor macht einen furchtbaren Aufstand, weil unsere Leute beim Aufnehmen der Badeabteilung einen Schaden verursacht hätten.«

»Was für einen Schaden?«

»An einer teuren Lampe offenbar. Er will aber nur mit dir sprechen.«

Als er sich am Stachus noch rasch Zigarillos besorgen wollte, klemmte der Kioskbesitzer gerade eine Ausgabe des *Bayernland* an den Draht vor der Fensteröffnung. Reitmeyer warf einen Blick auf das Titelblatt. Der König samt Gattin und Töchterschar entstieg einem Flussdampfer, überall Fahnen, Blumen und buckelnde Honoratioren. »Wollen S' ein Heft?«, fragte der Kioskbesitzer. »Sehr schöne Bilder vom Besuch seiner Majestät in Unterfranken.«

»Nein, danke«, erwiderte Reitmeyer und zog seinen Geldbeutel heraus. Was sollte er mit dieser Hof- und Adels-Postille. »Nur eine Schachtel Virginia.«

»Der König hat die Reise ja leider unterbrechen müssen nach dem Attentat in Sarajewo. Was eigentlich gar nicht nötig gewesen wär. Es ist doch alles ganz ruhig geblieben bis jetzt.«

»Bis jetzt«, schnaubte ein Mann hinter Reitmeyer. »Ja, meinen Sie, die Österreicher lassen sich das gefallen und gehen sang- und klanglos zur Tagesordnung über? Wenn die Serben ihren Thronfolger erschossen haben? Und der Poincaré will nach Petersburg, den russischen Zaren besuchen. Die zwei werden schon was auskungeln miteinander ...«

Reitmeyer bezahlte und drehte sich um. Der Mann hinter ihm wischte sich über das erhitzte Gesicht und setzte zu einer weiteren Suada an. »Und wenn die Österreicher auf die Serben eindreschen, werden die Russen nicht zuschauen ...«

Ein Herr kam von rechts auf den Kiosk zu, nahm eine *Müncher Neueste Nachrichten* und legte Geld auf das Brett vor dem Fenster. »Stimmt schon«, sagte er und lief schnell zu dem Wagen, der am Randstein wartete. Reitmeyer sah ihm nach. Der Mann stieg ein.

Das war doch das Auto, dem er gestern nachzuhetzen versucht hatte. Mit den beiden Männern, vor denen der Leutnant möglicherweise abgehauen war. Er nahm sein Fahrrad. Und wenn er jetzt gleich noch mal zur Isar fuhr, in die Corneliusstraße, wo das Auto gestern Nacht angehalten hatte? Die Sache mit diesem Kapfenbach ließ ihm ohnehin keine Ruhe. Der Direktor konnte warten.

Kurz hinterm Gärtnerplatz stellte er sein Fahrrad ab und ging die Cornelius hinauf. Die Straße war nicht allzu lang, also konnte er die Klingelschilder recht schnell überprüfen. Aber er fand nichts. Nirgendwo ein Kapfenbach. Auch nicht in den Wohnungen der Hinterhöfe, wo er sich ebenfalls umsah. Wahrscheinlich hatten die zwei Männer doch nichts mit dem Leutnant zu tun. Trotzdem wollte er noch die beiden Eckhäuser vor der Brücke überprüfen, bevor er aufgab. Als er aus dem Hinterhof auf der linken Seite wieder auf die Straße hinaustrat, kehrte gegenüber bei Nummer 49 ein junges Mädchen mit fahlblondem Haar, das zu dünnen Rattenschwänzen geflochten war, den Gehsteig. Misstrauisch verfolgte sie, wie er zum Klingelschild ging und die Reihe der Namen studierte. Er drehte sich um. »Ich such einen Leutnant Kapfenbach. Weißt du, ob der hier wohnt?«

Das Mädchen stützte sich auf den Besen.

»Wohnt der hier?«, fragte er nochmals.

Sie zuckte die Achseln. »Naa«, erwiderte sie ausdruckslos.

Er trat zurück und blickte zur Fassade hinauf. Und wenn dieser Mensch, den Ferdl beobachtet hatte, bloß in irgendein Haus geschlüpft war, als er bemerkte, dass ihn jemand verfolgte. Vielleicht wohnte Kapfenbach gar nicht in der Gärtnerplatzgegend. Obwohl alles so gut zusammengepasst hätte, der Auszug aus der vornehmen Schwabinger Wohnung und der neue Wohnsitz direkt an der Isar, wo der Ferdl umgekommen war.

»Beim Ingenieur Blank«, sagte das Mädchen plötzlich, »da wohnt einer. Aber wie der heißt ...« Sie zuckte mit den Schultern.

Reitmeyer fuhr herum. »Beim Ingenieur Blank?«

»Ja, der hat meinem Vater gesagt, dass eine Zeitlang ein Freund bei ihm wohnt.«

»Ist dein Vater Hausmeister hier?«

Sie nickte.

»Ist er da? Kann ich mit ihm sprechen?«

»Naa.« Sie schüttelte den Kopf. »Der Ingenieur Blank auch nicht. Der ist in Hamburg.«

»Und so lange wohnt der andere in der Wohnung?«

Das Mädchen sah ihn wieder argwöhnisch an.

Inzwischen waren zwei Frauen aus dem Haus getreten, die neugierig stehen blieben und die Unterhaltung mit der Hausmeisterstochter verfolgten. »Danke«, sagte Reitmeyer schnell. »Dann probier ich's später noch mal. Wann ist es am besten?«

Das Mädchen begann wieder zu kehren. »Weiß nicht«, erwiderte sie. »Ich kenn den ja nicht.«

Reitmeyer überlegte einen Moment. Es war besser, nicht allzu auffällig nachzufragen und Aufsehen zu erregen. Er nickte dem Mädchen zu und entfernte sich Richtung Gärtnerplatz. Wie sollte er rausfinden, ob wirklich Kapfenbach dort wohnte? Den Hausmeister wollte er lieber nicht fragen, weil der sicher dem Offizier davon berichten würde. Also musste er das Haus beobachten. Persönlich. Er konnte ja niemanden abstellen, um die illegale Überwachung eines Militärangehörigen zu übernehmen.

Kurz nach halb zehn bezog er seinen Posten am Isarufer, von wo er einen guten Blick auf das gegenüberliegende Eckhaus hatte. In der Corneliusstraße war es still, nur ab und zu kamen ein paar Leute aus dem Wirtshaus weiter vorn, gelegentlich fuhr eine Droschke vorbei. In dem Haus, das er beobachtete, brannte noch Licht in zwei Etagen, aber niemand kam heraus oder ging hinein.

Er kannte die Gewohnheiten des Offiziers nicht. Nur dass er Stammgast im Neptun an der nächsten Brücke war. Das hatte er damals bei den Ermittlungen nach dem Mordfall erfahren, und auch, dass der Hauptbetrieb in dem Lokal erst zu späterer Stunde begann. Also bestand die Möglichkeit, dass Kapfenbach sich gegen zehn dorthin begeben würde.

Er lehnte sich gegen einen Baumstamm und zündete einen Zigarillo an. Um seinen Magen zu beruhigen, in dem es kräftig rumpelte. Außer zwei trockenen Brezen hatte er den ganzen Abend nichts gegessen. Den Brathering seiner Tante hatte er verschmäht, weil ihm beim Anblick der blasig aufgeworfenen Haut des geschundenen Tiers erneut die Szene in der Gerichtsmedizin einfiel, als der Professor ihm erklärte, wie man anhand der »Waschhaut« eines Ertrunkenen auf den Todeszeitpunkt schließen könne. Nach drei bis vier Wochen im Wasser – und das demonstrierte er ihm – lasse sich die Epidermis einer Leiche ganz einfach wie ein Handschuh oder eine Socke abziehen.

Er inhalierte tief, um das schreckliche Bild zu verscheuchen. Sein Magen knurrte immer noch. Als er erneut zum Eckhaus hinübersah, ging dort das Flurlicht an. Die Tür sprang auf. Er erkannte nicht gleich, ob es sein Mann war. Erst als der schlendernd die Straße überquerte und direkt auf ihn zukam, war er sich sicher.

Reitmeyer drückte schnell die Virginia aus. Als er sich tiefer in die Schatten zurückzog, trat er auf einen Zweig, der leise knackte. Kapfenbach blieb stehen. *Mist, verdammter.* Reitmeyer hielt den Atem an. Der Offizier starrte direkt in seine Richtung und ging ein paar Schritte auf ihn zu. Gleich würde er ihn entdecken. Dann wäre sein ganzer Plan hinfällig. Der beinhaltete mehr, als nur Kapfenbachs Wohnort herauszufinden. Plötzlich raschelte irgendein Tier im Gebüsch. Der Offizier schien sich zu entspannen, wandte sich ab und ging über die Brücke davon.

Reitmeyer holte Luft.

47

»Was war denn im Regina? Was soll unser Fotograf da angeblich kaputt gemacht haben?«, fragte Steiger am nächsten Morgen.

»Ach, nur ein Sprung im Glas von der Leuchte, die unsere Leute abgenommen haben. Aber darum ging's gar nicht. Der Direktor wollte in erster Linie wissen, ob wir endgültig fertig sind, damit er mit *Renovierungsarbeiten* beginnen und die Badeabteilung wieder öffnen kann.«

»Das heißt, er will die Löcher zuschmieren, die sein ehemaliger Masseur in die Wände geschlagen hat? Das kann er doch ruhig. Wir haben alles. Hier sind die Fotos und die anderen Unterlagen.«

Reitmeyer sah die Aufnahmen und Skizzen durch, die Steiger ihm reichte. Der Direktor war gestern schon wieder ganz der alte gewesen. Sein Tonfall anmaßend, die Gesten herrisch. Vermutlich ahnte er, dass der Kommissär keine Druckmittel mehr ausspielen konnte. In den Zeitungen waren keine weiteren anzüglichen Artikel erschienen, ein drohender Skandal schien abgewehrt, sein Posten als Chef gesichert. Der Kommissär schüchterte ihn nicht mehr ein.

»Hat denn das Verhör mit dem Waginger und dem Bürgel was ergeben?«

»Nicht wirklich. Die beiden beschuldigen sich gegenseitig, und jeder probiert mit abenteuerlichen Ausflüchten seine Haut zu retten.«

»Aber kein Anhaltspunkt, wo das Archiv des Fotografen sein könnte?«

Reitmeyer schüttelte den Kopf und legte sich die Unterlagen für das Abfassen des Berichts zurecht. Beim Ordnen der Fotos blieb sein Blick eine Weile auf dem Bild des toten Masseurs haften. Wer hatte ihm diesen Stich beigebracht? Wer hatte ihn so heimtückisch ermordet?

In der Nacht hatte er noch einmal all seine Notizen studiert und sich den Kopf zerbrochen, wo er erneut ansetzen, noch einmal einen Vorstoß machen könnte. Aber alle Mittel waren ausgeschöpft. Hier kam er keinen Schritt mehr weiter.

Er stand auf und ging zum Fenster. Es gab noch einen anderen Weg. Aber sollte er das tatsächlich wagen? Als Kommissär kam er an diesen Leutnant nicht heran. Dafür bräuchte er schon einen Vorwand, einen Trick, einen Bluff. Die Finte allerdings, die er sich im Lauf des gestrigen Abends ausgedacht hatte, barg ein erhebliches Risiko in sich. Ein Fehler und er war die längste Zeit Kommissär gewesen.

»Wenn man«, sagte Steiger und lachte ein bisschen, »die Bilder nehmen, die Militärs darauf identifizieren und dann verhören dürfte, wär das eine ganz andere Ausgangslage, dann müsst man sich nicht mit Figuren wie diesem Waginger und Bürgel rumschlagen.«

»Wem sagst du das.« Reitmeyer setzte sich wieder an den Schreibtisch und stützte den Kopf auf. Der erste Schritt wäre noch ungefährlich für ihn. Er müsste bloß überzeugend wirken. In seiner Magengegend breitete sich ein leichtes Kribbeln aus. Einen Versuch war die Sache wert.

»Gehst du mit in die Mittagspause?«, fragte Steiger und schob seinen Stuhl zurück.

Reitmeyer sah auf die Uhr. Zwei Minuten vor zwölf. »Nein,

ich komm später nach. Muss noch ein paar Anrufe machen. Und sag dem Brunner, dass ich nicht gestört werden will.«

Nachdem Steiger draußen war, griff er zum Hörer und ließ sich mit der Kommandantur des Eisenbahnbataillons verbinden.

»Hier Breuer«, meldete er sich. »Von der *Münchner Zeitung*. Es geht noch mal um den Artikel, den wir über Ihr Regiment bringen wollen. Wie mir gesagt wurde, hat mein Redakteur schon alles mit Ihrem Kommandanten besprochen ... Ah, Sie sind nicht im Bilde ... und der Herr Kommandant ist schon zu Tisch ... nein, nein, Sie müssen ihm nichts ausrichten ... darum kümmert sich mein Redakteur ... es geht nur darum, ich habe hier eine Notiz, dass ich in dem Zusammenhang ein Gespräch mit einem bestimmten Offizier führen soll ... ja, offenbar auch bereits abgemacht ... mit einem Leutnant Kapfenbach ... nein, nein, er braucht mich nicht zurückzurufen, ich wollte mich selbst bei ihm melden ... ja, sicher, das wäre hilfreich, wenn Sie mich gleich verbinden könnten.«

Reitmeyer kritzelte nervös auf einem Block herum. Er hatte nur diese eine Chance. Wenn er ihn jetzt nicht erwischte, könnte er die Nummer kein zweites Mal bringen, weil sich die Militärs in der Zwischenzeit bei der Zeitung erkundigen würden. Gespannt drückte er den Hörer ans Ohr und lauschte auf die Gesprächsfetzen und knarrenden Dielenbretter am anderen Ende. Es dauerte, bis man den Leutnant ans Telefon holte. »Ja, dort für Sie«, hörte er schließlich jemanden sagen. Ein schabendes Geräusch. Eine metallisch klingende Stimme. »Kapfenbach.«

Reitmeyer spürte, wie sein Puls hochschnellte, und atmete tief durch, um seine Nerven zu beruhigen. »Ah, Herr Leutnant, gut, dass ich Sie noch erreicht habe.« Souverän spulte er seine Lügengeschichte ab. Seine Zeitung plane eine Darstellung der technischen Einheiten und der Transporttruppen, die ihrer Meinung nach bei der Berichterstattung übers Militär bislang sträflich zu kurz gekommen seien. Weil sich das Interesse immer nur auf Eliteregimenter und die Kavallerie richte. Das etwas gedehnte »Aha« am anderen Ende deutete an, dass er auf offene Ohren stieß. In dem Zusammenhang, fuhr er fort, wäre er dankbar, wenn sich der Herr Leutnant zu einem Vorgespräch bereit erklärte, damit er, der Journalist, sich ganz grundsätzlich eine Vorstellung von den Aufgaben der Einheit machen könne, bevor er sich mit den näheren Einzelheiten beschäftige.

»Wie sind Sie auf mich gekommen?«, fragte Kapfenbach.

»Sie wurden meinem Redakteur ganz offensichtlich empfohlen.«

»Ach wirklich?«

Reitmeyer glaubte einen geschmeichelten Unterton herauszuhören und hakte sofort nach. »Könnten Sie denn ein Treffen auch relativ kurzfristig einrichten? Heute Abend zum Beispiel, in einem Lokal vielleicht?« In der Kaserne wollte er sich keinesfalls mit ihm treffen. Dort wäre es schwierig, einen schnellen Abgang zu machen. Falls dies notwendig werden sollte.

»Warum nicht?« Kapfenbach überlegte einen Moment. »Nach Dienstschluss. Sagen wir um sechs im Neptun?«

Reitmeyer biss sich auf die Lippe. Im Neptun, ausgerechnet, wo er der Wirtin und einem Teil des Personals als Kommissär bekannt war. Aber er wollte nicht riskieren, dass Kapfenbach misstrauisch wurde und einen Rückzieher machte. Er bedankte sich schnell und legte auf. In dem Lokal müsste er darauf achten, nicht im Servierbereich bestimmter Kellner zu sitzen, und die Wirtin hielt sich ohnehin hauptsächlich an der Theke auf.

Schon eine halbe Stunde vor dem verabredeten Termin kam er ins Neptun, um sicherzustellen, dass er den Tisch aussuchte, an dem sie sitzen würden. Etwas besorgt stellte er fest, dass vorn am Ausschank gerade der Mann Dienst tat, mit dem er nach dem ersten Mordfall gesprochen hatte. Daher suchte er einen Platz, der von der Theke aus nicht einsehbar war.

Als kurz darauf die Tür aufging, und zwei der geschminkten Damen hereinkamen, die Steiger als »Offiziersschnallen« bezeichnet hatte, befürchtete er weitere Schwierigkeiten. Denn eine war genau diejenige, die er damals über das erste Mordopfer befragt hatte. Sie blieb tatsächlich stehen und warf einen Blick in seine Richtung. Doch dann zog die andere sie weiter, und die beiden gingen zielstrebig durch den vorderen Bereich in den hinteren, wo die Tische für das abendliche Diner gedeckt waren. Er bestellte ein Bier und nahm eine Zeitung. Ließ aber den Eingang nicht aus den Augen.

Um kurz nach sechs trat eine Gruppe Offiziere ein. Reitmeyer reckte den Kopf. Kapfenbach war nicht unter ihnen. Hatte er es sich anders überlegt? Oder sich erkundigt, wer einen Artikel über ihr Bataillon machen wollte? Er griff wieder nach der Zeitung. Als er aufblickte, stand die Wirtin ein paar Tische von ihm entfernt und redete mit einem Gast. Reitmeyer hob gerade noch die Zeitung vors Gesicht, bevor sie sich umdrehte. Er hätte doch auf einem anderen Lokal bestehen sollen. Aber dafür war es jetzt zu spät.

Vom Eingang her tönte plötzlich Lärm. Eine Gruppe Studenten drängte herein, die aber gleich die Treppe hinauf ins obere Stüberl polterten. Reitmeyer sah auf die Uhr. Viertel nach sechs. Zwei Paare kamen herein, blieben stehen und winkten jemandem zu. Hinter ihnen wollte jemand vorbei. Einer der Herrn wandte sich um und zog seine Begleiterin beiseite, um dem Gast Platz zu machen. Kapfenbach trat ein.

Reitmeyer spürte, wie sein Herz heftig klopfte. Er holte tief Luft und stand auf. Kapfenbach nahm die Mütze ab, klemmte sie unter den Arm und ließ den Blick durch den Raum schweifen. Reitmeyer hob die Hand. Der Offizier nickte andeutungsweise und kam mit blasierter Miene auf ihn zu. »Dank Ihrer Uniform ...«, sagte Reitmeyer, um zu erklären, warum er ihn erkannt hatte.

»Herr Breuer?«, fragte Kapfenbach knapp.

»Herr Leutnant, ich danke Ihnen. Schön, dass Sie sich so kurzfristig zu einem Treffen bereit erklärt haben. Wirklich sehr freundlich, sehr entgegenkommend.«

Kapfenbach sah ihn unter halb gesenkten Lidern abschätzig an und verzog keine Miene. Aufpassen, schoss es Reitmeyer durch den Kopf. Er durfte nicht zu beflissen oder gar anbiedernd wirken. Bei Militärs löste das gern Herablassung und Herrschaftsgebaren aus. Auch Kapfenbach reagierte so, warf seine Handschuhe auf den Tisch, legte die Mütze daneben und setzte sich. Dann nahm er eine Zigarette heraus, die er mehrmals auftippte, bevor er sie ansteckte. Alles mit betont langsamen und lässigen Bewegungen, wie ein Vorgesetzter im Umgang mit Untergebenen. »Was genau wünschen Sie von mir?«, fragte er kühl und lehnte sich zurück. »Womit soll ich Ihnen behilflich sein?«

Die geschmeichelte Eitelkeit, die Reitmeyer bei dem Telefonat zu hören glaubte, war verflogen. Zudem wirkte der Leutnant merkwürdig verändert. Sein fahlblondes Haar war noch kürzer geschoren, sein Gesicht noch blasser, die Wangen schmaler. Unter seinen Augen lagen bläuliche Schatten. Er wirkte wie ein Mensch, den etwas stark zermürbt und ausgezehrt hatte.

»Wie schon gesagt«, begann Reitmeyer und färbte den Tonfall mehr ins nüchtern Sachliche, »ich möchte mir erst einmal grundsätzlich einen Einblick verschaffen.«

Kapfenbach sah ihn wenig erwartungsvoll an.

»Meine Militärzeit liegt schon etwas zurück, verstehen Sie. Seitdem ich das letzte Mal eine Übung der Eisenbahnpioniere gesehen habe«, er setzte ein freundliches, aber keineswegs beflissenes Lächeln auf, »ist eine Menge Wasser die Donau hinuntergeflossen.«

»Die Donau?«, fragte Kapfenbach mit einem Blick, als hätte ein Schüler die falsche Lektion aufgeschlagen.

»Genau. Die Donau. Dort habe ich nämlich dieses legendäre Manöver gesehen, wo innerhalb kürzester Zeit eine Brücke über den Fluss geschlagen wurde und erstmals schwere Artillerie auf Waggons ...«

»Sie meinen die sogenannte Stürmung der Festung Ingolstadt 1904.« Er klang nicht beeindruckt.

»Sehr richtig. Und ich bin überzeugt, dass es in der Zwischenzeit manche Fortschritte und Neuerungen gegeben hat.« Reitmeyer geriet etwas ins Schwimmen, weil er davon ausgegangen war, den Offizier in Plauderlaune zu versetzen, wenn er die Köder seiner angelesenen Geschichten auswarf. Den interessierten Laien spielte, der sich von einem ausgewiesenen Experten auf die Sprünge helfen ließ. Aber Kapfenbach biss nicht an.

»Fortschritte ... Neuerungen ...«, sagte er und winkte der Bedienung, um sich Kaffee mit Cognac zu bestellen. »In welchem Bereich? Könnten Sie Ihre Frage etwas präzisieren? Wie Sie vielleicht wissen«, er versuchte ein Lächeln, das eher wie ein Blecken der Zähne ausfiel, »gehören nicht nur der Truppentransport und der Bau von Schmalspurbahnen und Brücken zu unseren Aufgaben, sondern auch die Zerstörung solcher Anlagen in feindlichem Gebiet.«

Jetzt ließ er wieder den überlegenen Militär gegenüber dem ahnungslosen Zivilisten heraushängen. Reitmeyer musste schleunigst seine Strategie wechseln. Was sollte es ihm überhaupt nützen, sich mit dem Offizier auf Fachsimpeleien einzulassen? Sein Ziel war ein ganz anderes. Aus der Fassung wollte er ihn bringen, ihm eine ganz bestimmte Reaktion entlocken. Also warum nicht direkt aufs Thema zusteuern?

»Vielleicht sollte ich Ihnen erst einmal erklären, wie wir den Bericht angehen wollen.«

Kapfenbach sah zu einer Gruppe Schwerer-Reiter hinüber, bevor sein Blick wieder auf Reitmeyer zurückkehrte. Ein leichtes Zucken seiner Mundwinkel schien anzudeuten, dass etwas ihn irritiert oder aufgebracht hatte. »Bitte«, erwiderte er knapp.

»An der Recherche sind mehrere Mitglieder unserer Redaktion beteiligt. Einige bearbeiten die rein technischen Aspekte, andere die eher ... gesellschaftlichen. Wir dachten an eine sehr lebensnahe Reportage, vielleicht an die exemplarische Vorstellung eines einfachen Soldaten und eines Offiziers ... und mich persönlich interessieren dabei vorrangig die ganz realen Lebensumstände verstehen Sie, das *Menschliche.*« Kapfenbach rührte den Kaffee um, den der Kellner gebracht hatte, und sah den Journalisten wie ein Insekt an, das an der Fensterscheibe surrt.

»Das *Menschliche*?«, fragte er gedehnt. »Habe ich Sie missverstanden? Arbeiten Sie für eines dieser Blättchen, die gefühlvolle Artikel über karitative Einsätze höherstehender Damen verbreiten?«

»Herr Leutnant, ich finde nicht«, erwiderte Reitmeyer entschieden, »dass dieses Thema Anlass zu sarkastischen Scherzen bieten sollte!«

Kapfenbach nahm sein Glas, schwenkte den Cognac und sah ihn gelangweilt an.

»Schließlich geht es um die Frage: Wie gehen Menschen, die hohe Verantwortung tragen, die ihr Leben einsetzen müssen, um im Zweifelsfall die Sicherheit unserer Nation zu garantieren, mit der Geringschätzung um, die ihrer Tätigkeit entgegengebracht wird?«

»Geringschätzung?«, fragte Kapfenbach als wäre sein Gegenüber nicht ganz bei Trost.

»Finanziell, meine ich.«

Kapfenbach stellte sein Glas ab und fixierte Reitmeyer mit einem scharfen Blick. Der spöttische Ausdruck war verflogen.

»Der schmale Sold, die geringe Entlohnung bei unserer Armee«, fuhr Reitmeyer fort, »die noch aus Zeiten stammt, als nur vermögende Adlige das Offizierskorps stellten. Das passt doch nicht mehr in eine Zeit, wo auch nicht-aristokratische, nicht-vermögende ...«

»Worauf wollen Sie hinaus?« Deutliche Schärfe lag in seiner Stimme.

»Unter anderem darauf, dass nur in Eliteregimentern Fonds existieren für Offiziere, die möglicherweise in Notlagen ...«

»Notlagen?« Kapfenbach setzte sich auf. »Sind Sie denn über solche Vorkommnisse persönlich informiert?«, fragte er lauernd.

»Ach, ich bitte Sie, das weiß doch jeder. Und Sie, als Offizier, vermutlich besser als jeder Außenstehende. Wenn Schulden nicht beglichen werden können, wenn Wechsel platzen, Kredite aufgenommen wurden ...«

Im Augenwinkel sah Reitmeyer, dass der Schankkellner durchs Lokal ging, als suchte er jemanden. Wenn der ihn grüßte! Mit seiner Dienstbezeichnung! Er musste schneller zum Ziel kommen. Die Sache rasch zu Ende bringen. »Kredite, die unter Umständen aus etwas trüberen Quellen stammen«, fuhr er fort, »und eine Demission, eine Entlassung drohen könnte ...«

Kapfenbach sah ihn mit zusammengekniffenen Augen an und warf erneut einen schnellen Blick zu den Schweren-Reitern hinüber. »Herr Breuer«, sagte er, »wenn Sie mit trüberen Quellen jüdische Wucherer meinen ...« Das überlegene Gehabe wirkte nun schon deutlich angestrengter. »... so sind dies Schauermärchen, die für Romane taugen mögen, oder diffamierende Geschichten der linken Presse. Ein Offizier lässt sich darauf nicht ein, weil er weiß, dass er damit gegen die Vorschriften verstoßen würde. Nur falls *Sie* das nicht wissen sollten.«

Jetzt gestattete sich Reitmeyer ein herablassendes Lächeln. »Herr Leutnant, mir sind die Vorschriften absolut geläufig. Aber ich sprach von Notlagen. Von ausweglosen Situationen. Die einen Offizier genau so weit treiben können, sich an keinerlei Vorschriften mehr zu halten.« Er machte eine Pause. »Wie *Ihnen* sehr gut bekannt sein dürfte.«

Von Kapfenbachs Hals stieg eine Röte auf, die sich allmählich über sein Gesicht ausbreitete. Sein Mund verzerrte sich zu einem höhnischen Lächeln. »Herr *Breuer*«, sagte er gefährlich leise und beugte sich näher. »Wo haben Sie gedient?«

»Im 11. Infanterieregiment. Mein Einjähriges. Noch unter Generalmajor von Lichtenstein ...« Was ebenfalls gelogen war. Aber immer noch besser, als eine Münchner Einheit zu nennen.

»Ach, in Ingolstadt? Nicht in München? Nicht bei den Schweren-Reitern?«

»Wieso bei den Schweren-Reitern?«, fragte Reitmeyer verblüfft.

Kapfenbach beugte sich noch näher, seine Pupillen waren zu zwei stechend schwarzen Punkten geschrumpft. »In meinem Regiment weiß niemand etwas von Artikeln. Sie sind kein Journalist, sondern ein ... schäbiger kleiner Schnüffler«, zischte er. »Und Ihre Auftraggeber sind mir ebenfalls bekannt.« Er kippte den Cognac, raffte Handschuhe und Mütze vom Tisch und warf im Aufstehen ein paar Münzen neben das Glas. Dann drehte er sich um und ging hinaus.

Reitmeyer sah ihm nach. Sein Gang war nicht mehr so federnd wie beim Hereinkommen, sondern merkwürdig steif. Der selbstgewisse Leutnant war aus der Fassung, aus der Balance gebracht. War ihm klar, welch dummen Fehler er begangen hatte? Wenn er wusste, dass es keinen Zeitungsauftrag gab, hätte er seine Vorgesetzten informieren müssen, dass sich jemand an einen Offizier der Transporteinheiten heranmachen wollte. Der unter Umständen Kenntnisse von Aufmarschplänen besaß. Und möglicherweise für Spionagetätigkeit gewonnen werden sollte. Dann wäre eine ganz andere Abordnung hier aufgetaucht. Die Reitmeyer vermutlich gleich festgenommen hätte.

Er trank einen großen Schluck Bier. Er hatte Glück gehabt.

Und zugleich erfahren, was er wissen wollte. Der Kerl stand unter Druck. Hatte eindeutig etwas zu verbergen. Er sah zu den Schweren-Reitern hinüber, die plötzlich die Köpfe zusammensteckten. Was hatte Kapfenbach mit den Eliteregimentlern zu tun? Schuldete er ihnen Geld? Hatten sie jemanden auf ihn angesetzt? Waren sie die »Auftraggeber«, von denen der Offizier gesprochen hatte?

Er lehnte sich zurück. Sollte er den Mann von Bleicher überprüfen lassen? Nein. Zumindest jetzt noch nicht. Er hatte eine andere Idee.

48

»Nein, nein, Sie stören gar nicht«, rief Sänger vom Schreibtisch aus, wo er gerade sein Jackett über die Stuhllehne hängte. Er wirkte erschöpft, das Hemd klebte ihm am Rücken und unter den Achseln zeichneten sich dunkle Schweißränder ab. »Ich komm gerade erst aus dem Innenministerium«, sagte er, bevor er sich ächzend auf den Stuhl fallen ließ. »Die reinste Schwitzhütte dort drüben. Einen Samstagabend könnte ich mir anders vorstellen.«

»Ich hab gehört, dass Sie heute Abend noch mal reinkommen, und da hab ich mich gefragt, ob Sie vielleicht ...« Reitmeyer schloss die Tür hinter sich und deutete auf das Plakat, das immer noch an der Rückwand hing. »Die Abschiedsfeier für den Kollegen soll ja eine grandiose Veranstaltung gewesen sein, wenn man dem Bericht in unserem Polizeiblatt glauben darf. Und Sie haben den *Lindenbaum* von Schubert gesungen? Immer wieder ein ergreifendes Lied.«

Die Mundwinkel des Sittensängers hoben sich zu einem Lächeln, fielen jedoch gleich wieder herab. »Ja, ja, *ich träumt in seinem Schatten* ... schön wär's.« Er seufzte und goss aus einem Krug eine trübe Flüssigkeit in ein Glas. »Sie auch? Holunderlimonade. Von meiner Gattin.«

»Gern.«

»Es geht immer noch um das Fotomaterial, das illegal kursiert«, fuhr Sänger fort, nachdem er sein Glas abgestellt hatte. »Aber die Quelle haben wir bis jetzt nicht ausfindig machen können.«

»Wenn Sie die Platten und Negative aus dem Waginger-Atelier meinen, so haben wir alles durchsucht bei ihm. Er behauptet, sie seien bei einem Einbruch gestohlen worden.«

»Ha, wenn das stimmt. Der Kerl lügt doch, wenn er das Maul aufmacht.«

»Und warum kümmert sich plötzlich das Innen –«

»Ja, was weiß denn ich!«, unterbrach ihn Sänger aufgebracht. »Wahrscheinlich weil sich ein paar höhere Herrn bei dem Ministerialdirigenten gemeldet haben, denen der Arsch auf Grundeis geht. Oder das Kriegsministerium, weil besonders viele Offiziere betroffen sind, suchen Sie sich's aus.«

Reitmeyer wartete einen Moment, bis sich Sängers ärgerlich gefurchte Stirn nach einem weiteren Schluck Limonade geglättet hatte. Bleicher hatte dem Beamten offensichtlich ziemlichen Druck gemacht. »Das ist eigentlich der Grund meines Besuchs …«, begann er vorsichtig. »Offiziere … Sie haben mir damals angeboten, wenn ich eine *Interpretation* brauchen würde, könnten Sie mir unter Umständen behilflich sein?« Sänger sah ihn etwas zweifelnd an. »Und jetzt kommen mir bei Aussagen immer wieder die Schweren-Reiter unter. Nicht, dass ich in dieser Richtung irgendwas unternehmen wollte, aber ich hätt doch gern gewusst, was es damit auf sich hat, um … die Sachlage besser einschätzen zu können.«

»Haben Sie Namen?«

»Bloß zwei: Schmödel und Rüdesheim. Aber die sind, soweit ich weiß, im Leibregiment.«

Sittensänger setzte ein hintergründiges Lächeln auf. Ihm

war natürlich klar, dass Reitmeyer damals die Chance genutzt und einen Blick in die Akte auf seinem Schreibisch geworfen hatte. Dann richtete er sich entschlossen auf. »Jetzt zeig ich Ihnen mal was.« Er öffnete das Seitenfach seines Schreibtischs und zog eine Mappe heraus. Mit einem triumphierenden Blick klappte er sie auf und legte ein Foto auf den Tisch. »Schmödel und sein Freund Rüdesheim.« Reitmeyer beugte sich vor. Drei Männer saßen an einem Tisch, vielleicht im Englischen Garten am Seehaus. Einen davon kannte er. Hubert Neugebauer, das erste Mordopfer. Die beiden anderen trugen Schwere-Reiter-Uniformen.

Sänger legte weitere Bilder dazu. Von größeren Gesellschaften. Immer wieder Herrenrunden mit Schmödel und Rüdesheim darunter. Und ein Foto, auf dem er deutlich Kapfenbach erkannte.

»Also keine Leiber? Wer ist der?« Er deutete auf den Mann vom Eisenbahnbataillon.

Sänger nahm das Bild. »Das weiß ich nicht. Vermutlich auch irgendein Freund.«

»Woher stammen diese Fotos?«

»Aus der Wohnung von Hubert Neugebauer, dem wir vor längerer Zeit einen Besuch abgestattet haben.«

»Sie haben also den Beleg, dass diese beiden Offiziere Neugebauer gekannt haben?«

»Ja, sicher, das wussten wir schon lange. Vermutlich hat er seine Reiter gehörig ausgenommen. Gemeinsam mit dem Masseur.«

»Aber der Masseur ist nicht an Unterkühlung, sondern durch einen Schlag getötet worden. Warum wurden Schmödel und Rüdesheim dann nicht vernommen, vom Militär, meine ich?

»Wurden sie ja. Nicht vernommen natürlich, man hat sie im Zusammenhang mit den Vorkommnissen im Regina befragt. Aber soweit ich mitbekommen habe, hatten sie ein wasserdichtes Alibi.«

»Dann hat die Sitte also mit dem Militär zusammengearbeitet?«

»Zusammenarbeit würde ich das nicht direkt nennen. Man hat sich unserer Erkenntnisse bedient. Vor allem, was die Vorgänge in dem Nobelhotel angeht. Aber ich hatte den Eindruck, dass man darüber selbst bereits ziemlich gut Bescheid gewusst hat.«

»Und warum haben Sie mir jetzt diese Fotos gezeigt?«

»Ach, wissen Sie, Reitmeyer ...«, er lehnte sich zurück und sah seinen Kollegen eine Weile an. »Weil mir die ganze Verfahrensweise gegen den Strich geht. Weil wir ständig Leute wegen widernatürlicher Unzucht hinter Gitter bringen, aber andere, *bessere Herren*, die sich eindeutig solcher Verfehlungen schuldig gemacht haben, dürfen wir nicht verfolgen. Entweder gilt gleiches Recht für alle, oder man schafft diesen ganzen Paragrafen ab!« Mit einer ärgerlichen Bewegung schob er die Fotos zusammen und legte sie in die Mappe zurück. »Es liegt nicht in meiner Macht, den Betrieb zu ändern, die Widerstände zu beseitigen, gegen die Sie ständig stoßen. Aber ehrlich gesagt, wollte ich einfach mal eine Frage *beantworten*, die Sie mir stellen. Die beiden Offiziere sind keine Leiber. Viel nützen wird Ihnen diese Information nicht. Trotzdem ...« Er senkte die Stimme. »Ich gehe natürlich davon aus, dass die Sache absolut unter uns bleibt.«

49

Die ganze Nacht hatte er schlecht geschlafen, war immer wieder hochgeschreckt und hatte angefangen, die Sache von Neuem zu durchdenken. Und ob ihm die Information, die Sänger ihm gegeben hatte, etwas nützte! Kapfenbach war mit den beiden Schweren-Reitern befreundet. Oder zumindest befreundet gewesen. Aber was hatte die Verbindung beendet? Geldangelegenheiten?

Er stand auf und beschloss, eine Weile Geige zu spielen. Das hatte schon oft geholfen, die Gedanken zu klären, sich innerlich zu sammeln. Er stellte das *Kaiserquartett* auf den Notenständer und nahm den Bogen. Doch schon nach den ersten paar Strichen brach er wieder ab, weil aus dem vorderen Teil der Wohnung lautes Gepolter ertönte. Töpfe schepperten gegeneinander, dann folgte ein scharfes, klirrendes Geräusch, und jetzt wurde klappernd Besteck in die Büffetschublade geschmissen. Irgendetwas hatte seine Tante verärgert. Und diesem Ärger machte sie mit Radau in der Küche Luft. Weil sie am Sonntagmorgen, wenn er Geige spielte, nicht in sein Zimmer kommen und ihn nicht stören durfte. So war es abgemacht.

Die Polterei schien langsam abzuebben. Reitmeyer konzentrierte sich wieder aufs *Kaiserquartett* auf seinem Notenständer. Es werde gern vergessen, meinte bei ihrer letzten Probe Brenner, die Bratsche, wie nobel und nachdenklich die Melodie im Adagio eigentlich sei, wenn man sie nur aus der Kehle grölender Patrioten in Form des Deutschlandlieds kenne. Daher sei es besonders wichtig, den Satz nicht schmetternd, nicht allzu aufgedonnert anzugehen, sondern dessen feine Melancholie herauszuarbeiten. Reitmeyer hob die Geige wieder ans Kinn. Und fuhr erneut zusammen, als durchdringend schrill das Pfeifen des Wasserkessels einsetzte. Kurz darauf das klackende Stakkato der Absätze seiner Tante im Gang. »Ich geh ins Hochamt«, rief sie. »Dein Kaffee ist fertig.« Er ließ den Bogen sinken und wartete, bis die Wohnungstür ins Schloss fiel. Dann ging er in die Küche. Auf dem Tisch lag, vom Salzfass beschwert, ein Zettel. *Hildegard hat angerufen. Sie hat abgesagt, kommt nicht zum Essen.*

Er schenkte sich Kaffee ein und warf erneut einen Blick auf die Nachricht. Sie hatte doch noch nie abgesagt, war noch nie von sich aus auf die Idee gekommen, auf einen Abend mit ihm zu verzichten. War sie nach dem Vorfall im Ecklokal doch eingeschnappter als er dachte? Merkwürdigerweise mischte sich in die Erleichterung darüber, dass er sich keine Ausrede ausdenken musste, um sich vor diesem gemeinsamen Essen zu drücken, ein Anflug von Ärger. Als fühlte er sich übergangen, wenn sie plötzlich bestimmte, ob sie sich trafen oder nicht. Er wischte den Gedanken schnell wieder beiseite. Das war Unsinn.

Mit der Kaffeetasse in der Hand ging er in sein Zimmer zurück. Die Lust auf Haydn war ihm vergangen. Für »feine Melancholie« fehlte ihm jetzt das Gespür. Stattdessen blätterte er die Noten durch, die Lukas ihm geschickt hatte. *Ich hätte dich wirklich gern dabei, wenn ich das Werk in England aufführe,* stand auf der beigelegten Karte. *Und wenn du die Noten ansiehst, wirst du verstehen, dass ich mich leichter täte, wenn als moralische Unterstützung ein guter Freund im Publikum säße.* Er stellte das Heft auf den Notenständer und nahm sein Instrument. *Jean Sibelius Violinkonzert d-moll, op. 47.* Schon auf den ersten Blick wurde ihm klar, dass hier erhebliche Anforderungen gestellt wurden. Die Anfangstakte, eine langsame, wehmütige Kantilene, gingen noch ganz gut. Bis er zu der Stelle kam, wo die Geige ohne Orchesterbegleitung die Kadenz spielen sollte. Da gab er auf. Und nach einem Blick auf den Finalsatz, auf die endlose Folge schwierigster Doppelgriffe, klappte er das Heft wieder zu. Hier war kein *guter* Geiger gefragt, sondern ein Virtuose von makelloser technischer Brillanz. Auf jeden Fall kein Freizeitmusiker, kein »geigender Kommissär«.

Bei der Erinnerung an Bleichers herablassende Bemerkung kam erneut Ärger in ihm auf. Er legte seine Geige weg und setzte sich aufs Bett. Auf keinen Fall würde er sich an den aufgeblasenen Intriganten wenden und sich an dessen dubiosen Machenschaften beteiligen. Um sich den Fall, dann doch abzunehmen lassen ... das Klingeln des Telefons schreckte ihn auf. Lukas meldete sich, als er abnahm. Ob er sich um elf mit ihm treffen könne? Am Reiterdenkmal auf der Ludwigstraße? Wegen England. Er sagte zu.

Als er die Ludwigstraße hinauffuhr, sah er Lukas schon von Weitem am verabredeten Treffpunkt stehen. Er war allerdings nicht allein. Sepp stand neben ihm, und nachdem eine Gruppe Spaziergänger an ihnen vorbeigezogen war, sah er auch Caroline, die auf den Stufen des Denkmals saß. Lukas gestikulierte in Richtung Odeonsplatz, als er neben ihm bremste.

»Der ist doch viel zu alt für die«, rief er. »Was will denn der alte Sack mit dieser jungen Person?«

Reitmeyer sah Sepp fragend an.

Der grinste. »Er meint eine Bekannte von Caroline, die eben mit ihrem Galan vorbeigekommen ist. Er findet sie zu hübsch und zu resch für den alten Zuckerbäcker.«

»So alt ist der Herr Weinhold gar nicht«, sagte Caroline. »Und er hat eine sehr schöne Konditorei. Mit den besten Windbeuteln in der Stadt.«

»Da siehst du's«, sagte Sepp und klopfte Lukas auf die Schulter. »Da kann ein Musiker nicht mithalten. Also gib's auf.« Er drehte sich zu Caroline um. »Und was machen wir jetzt? Gehen wir vor zum Standkonzert?«

»Also mit mir nicht«, sagte Lukas. »Immer derselbe alte Mist, den die spielen. *Die leichte Kavallerie*, ›Motive‹ aus dem *Ring des Nibelungen* und zum Schluss *Die Stumme von Portici*. Ich möchte lieber in den Hofgarten und was trinken.«

»Ja, dann kommen wir halt nach.«

»Ach nein«, sagte Caroline und stand auf. »Ich fänd's schöner, wenn wir zusammenblieben und mal wieder gemeinsam was unternehmen würden. Früher sind wir doch auch immer ...«

Reitmeyer sah Caroline an. Sie wirkte blass unter dem großen Sonnenhut. Unter ihren Augen lagen dunkle Schatten, als hätte sie lange keine Ruhe mehr gefunden.

»Ach, früher.« Lukas machte eine wegwerfende Handbewegung. »Wie sagt der Dichter? Erinnerungen sind schön, aber nur das Vergessen macht das Leben erträglich.«

»Sind das die Weisheiten, die du aus den Salons der Großbürger heimbringst?«, fragte Sepp.

»Du meinst, weil ich neulich bei den Bruckmanns Beethoven gefiedelt habe? Von dem, was diese Dichter dort zum Besten gegeben haben, hab ich kein Wort verstanden. War mir alles viel zu schwülstig und weihevoll. Aber das Essen war gut und die Frauen ausnehmend hübsch und reizvoll.«

»Da siehst du mal«, sagte Sepp zu Reitmeyer gewandt, »wie recht dein Polizeipräsident hat, wenn er gewisse Theaterstücke verbietet und uns vor den verderblichen Einflüssen der Erotik bewahrt, die selbst einen ehrlichen Anarchisten verleiteten, ins reaktionäre Lager überzulaufen.« Lukas lachte. Reitmeyer lächelte gezwungen. Der Ausdruck »dein Polizeipräsident« hatte ihm einen Stich versetzt. Wollte Sepp damit andeuten, dass er ihn insgeheim doch zu dessen Fraktion zählte?

Caroline schlug Sepp auf den Arm. »Jetzt lass aber gut sein. Dann gehen wir eben alle in den Hofgarten. Und keine ewigen Politikdiskussionen, wenn ich bitten darf!«

»Hast du dir die Noten schon angesehen, Sebastian?«, fragte Lukas, während sie gemeinsam in Richtung Odeonsplatz gingen. »Verstehst du jetzt, dass ich dich in England dabeihaben möchte? Als Freund und musikalischen Beistand.«

Reitmeyer lachte.

Sie gingen durchs Hofgartentor, und Sepp steuerte auf einen der wenigen freien Tische in dem Café zu. »Ihr wollt nach England? Jetzt?«, fragte er, als sie sich setzten.

»Nein, nächsten Monat«, erwiderte Lukas.

»Da kann ich euch nur raten, den Gang der Dinge genau im Blick zu behalten. Vor allem du, Sebastian, als Beamter.

Wenn sich die Lage zuspitzen sollte, kommst du vielleicht nicht mehr rechtzeitig zurück.«

»Jetzt mach doch dem Sebastian keine Angst. Ich versuch gerade, ihn zu überreden, und wenn er seinen Fall bis dahin gelöst hat ...«

»Ach«, sagte Caroline und sah Reitmeyer an.

»... steht dem nichts mehr im Wege.«

»Glaubst du das wirklich? So naiv kann doch nicht mal ein Anarchist sein. Glaubst du wirklich, bloß weil es die letzten Wochen ruhig geblieben ist, wird es so bleiben? Morgen trifft der französische Staatspräsident in St. Petersburg ein. Und unter Umständen wartet man in Wien bloß ab, bis er wieder daheim ist, bevor sie die Katze aus dem Sack lassen.«

»Du meinst, es kommt zum Krieg?«, fragte Caroline. »Auf dem Balkan?«

»Dass es zum dritten Balkankrieg kommt, davon bin ich überzeugt. Und die Franzosen statten dem Zaren keinen Höflichkeitsbesuch ab, sondern werden ihn an seine Bündnisverpflichtungen erinnern. Und zu diesem Bündnis gehören auch noch die Engländer. Aber ich muss euch ja nicht vorbeten, was ›Einkreisungspolitik‹ heißt, fügte er sarkastisch hinzu.

Caroline schüttelte den Kopf. »Aber du hast doch immer gesagt, wenns hart auf hart geht, gibt's immer noch die Arbeiter. Und wenn die Gewerkschaften einen Generalstreik ausrufen, können die Militärs einpacken.«

»Die werden aber wahrscheinlich keinen ausrufen?«

»Ach, sieh an«, sagte Lukas spöttisch. »Die Herrn Genossen sind also schon so patriotisch, dass sie das Vaterland genauso freudig schützen wollen wie unsere Generalstabsoffiziere?«

»Jetzt mach aber mal einen Punkt«, rief Sepp. »Du kannst doch unsere Partei nicht mit den Kriegstreibern in einen Topf schmeißen. »Du redest ja schon genauso wie diese Spinner im Café Stephanie!«

»Da mögen ja ein paar gehörige Spinner darunter sein, aber

was den Militarismus angeht, sind mir diese anarchistischen Spinner immer noch lieber als die SPD. Und ich bin ganz ihrer Meinung: Ohne gehorsame Soldaten gibt's keine Unterdrückungsherrschaft!«

»Oh Gott«, sagte Caroline. »Jetzt geht das wieder los.«

Reitmeyer hörte dem Schlagabtausch zwischen den beiden eine Weile zu, schließlich bloß noch mit halbem Ohr. Der Streit wirkte wie lange eingeübt, fast theaterhaft. Jeder trug seinen Part vor, mit dem er den anderen nicht mehr überraschen konnte. Wenn Lukas höhnte, dass die SPDler »staatstragend« geworden seien und nicht mehr als »vaterlandslose Gesellen« dastehen wollten, rief Sepp, er solle ihn mit den alten Schlagwörtern aus der Bismarckzeit verschonen, sie hätten seitdem eine Menge erreicht. Worauf Lukas spöttisch erwiderte, ob er damit die Zustimmung seiner Partei zur Heeresvermehrung meine, obwohl sie doch früher »keinen Mann und keinen Groschen fürs System« geben wollte.

Reitmeyer winkte der Bedienung. Lukas und Sepp blickten nur flüchtig auf und stritten unbeirrt weiter, nachdem sie bestellt hatten. Caroline legte ihren Hut ab und blickte in die Kastanien hinauf. »Und?«, fragte sie nach einer Weile, »wie kommst du mit der Lösung deines Falls voran?«

»Vielleicht ginge es schneller, wenn du mir dabei helfen würdest?«

»Ich? Wie denn?«

»Du kennst doch Schmödel und Rüdesheim?«

»Ja, aber nicht wirklich gut. Das hab ich dir schon mal gesagt.«

»Kennst du eventuell auch einen Leutnant Kapfenbach?«

Sie schüttelte den Kopf. »Nein. Den Namen hab ich noch nie gehört.«

Die Bedienung brachte die Getränke und für Caroline einen Himbeerkuchen.

Reitmeyer trank einen Schluck Weißbier. »Ich hab dich

neulich zufällig gesehen«, sagte er beiläufig, nachdem er sein Glas abgestellt hatte. »Vor den Vier Jahreszeiten. Ich war gegenüber in einem Café.«

Sie blickte auf. Er glaubte ein leichtes Flackern in ihren Augen zu erkennen. »Ah ja«, sagte sie, als würde es ihr gerade wieder einfallen. »Da hab ich auf eine Freundin gewartet. Die sich leider verspätet hat.«

»Ich wollte zu dir rübergehen, aber da ist mir ein preußischer Offizier zuvorgekommen.«

»Ach.« Sie lachte. Etwas künstlich, wie er fand. »Von Beulwitz. Eine ziemliche Nervensäge. Er wollte mir unbedingt Gesellschaft leisten, bis meine Freundin kam.«

»Etwa die Freundin, die mit dem jungen Haugfeld verlobt war?« Sein Tonfall klang immer noch beiläufig, als erkundigte er sich über eine entfernte Bekannte.

Sie starrte auf eine Wespe, die über den Himbeerkuchen kroch. »Nein«, erwiderte sie.

»Wie kommst du darauf?«

Er lehnte sich zurück und sah ins Blätterdach hinauf. »Weil du mir damals diese Geschichte von ihr erzählt hast. Sie meinte doch, der Haugfeld hätte was mit dem Absturz eines seiner Jagdgehilfen zu tun gehabt.«

Sie schnippte mit der Kuchengabel die Wespe weg, die aufflog und wütend um ihren Kopf surrte. »Ja ... das hat sie mir gesagt.«

»Vielleicht sagst *du* ihr, dass der Bankier damals gar nicht in Deutschland war.«

»Woher weißt du das?« Sie wischte ärgerlich durch die Luft, um das Insekt zu verscheuchen. »Der Haugfeld ist doch tot. Bei einem Jagdunfall verunglückt, hab ich gehört.«

»Ich hab's trotzdem überprüft.«

Sie sah ihn an. Auf ihrer Stirn stand wieder die steile Falte.

»Weißt du, ich hatte den Eindruck, dass es vor dem Hotel um was ganz anderes ging. Du hast nervöser und angespannter auf mich gewirkt als jemand, der bloß auf eine verspätete Freundin wartet.«

»Ich weiß nicht, was du meinst.«

Er sah ihr in die Augen. Die Iris schimmerte blau wie Emaille. Und genauso hart.

»Ich meine, du hast auf einen Erpresser gewartet.«

Sie wich mit dem Oberkörper zurück und griff sich kurz an den Hals. »Also ... ich weiß wirklich nicht, wie du ...«

Er beugte sich vor und legte die Hand auf die ihre. »Caroline, bitte, verkauf mich nicht für blöd.«

Sie zog die Hand weg und schwieg. Er wandte sich ab.

Nach einer Weile fragte sie mit beiläufigem Tonfall: »Was ist denn mit diesen Schweren-Reitern? Gibt's da was Neues?«

»Möglicherweise. Es geht um ihre Kontakte zu anderen Regimentern.«

»Zum Leibregiment?«

»Wie kommst du darauf? Hat Franz etwas gesagt?«

»Nein!«, erwiderte sie auffahrend.

Gläser klirrten, als Sepp auf den Tisch schlug. »Es gibt eben verschiedene Flügel in meiner Partei!«, rief er. »Aber die radikal revolutionäre Linke hat noch nie eine Mehrheit gehabt, und wird auch nie ...«

»Nicht so laut«, sagte Caroline und sah sich um.

Lukas reckte den Kopf und stieß seinen aufgebrachten Freund an. »Da schau, da drüben, da kommt diese Blondine wieder.«

Sepp hob den Kopf. »Tatsächlich. Sebastian, die musst du dir mal ansehen.«

Reitmeyer drehte sich um. Ein Stück entfernt, am Arm eines älteren, etwas massigen Herrn in einem hellen Sommeranzug, vertraulich bei ihm eingehängt, ging ... Hildegard vorbei. In der Miene ihres Begleiters spiegelte sich unverkennbar Stolz, dem Publikum eine so prächtige Trophäe vorzuführen. Sie beugte sich näher und schien ihm etwas zuzuflüstern, worauf beide lachten.

»Und?«, fragte Lukas. »Was meinst du, Sebastian? Die ist doch nichts für den.«

Reitmeyer starrte auf das ungleiche Paar hinüber, das sich in Richtung Englischer Garten entfernte. Er räusperte sich, und hustete ein paar Mal, um nicht in bitteres Lachen auszubrechen. Er konnte es nicht fassen. Was für ein Idiot er doch gewesen war. Er wollte mit ihr reden, ihr schonend beibringen, dass es mit ihnen beiden nichts werden würde? Während sie schon längst einen anderen hatte und überhaupt die ganze Zeit zweigleisig gefahren war. Bevor die zwei bei den Hofarkaden ums Eck bogen, ließ sie den Sonnenschirm auf ihrer Schulter ein paar Mal kreiseln. Sie hatte ihn nicht gesehen. Trotzdem kam es ihm vor, als hätte sie ihm eine Nase gedreht.

Reitmeyer wandte sich langsam wieder um. »Wirklich sehr hübsch«, sagte er leichthin. »Das ist eine Bekannte von dir?«

Caroline nickte. »Sie hat in meiner früheren Klinik gearbeitet. Eine sehr tüchtige Schwester. Und überall beliebt.«

»Und warum nimmt sie sich dann so einen alten Kerl?«, fragte Lukas.

Reitmeyer griff nach seinem Glas. »Was weiß denn ich?«, erwiderte er plötzlich gereizt. »Woher soll ich das wissen?«

Lukas und Sepp sahen einander an.

»Machen wir noch einen Spaziergang?«, fragte Caroline. »Und essen dann bei uns?«

Reitmeyer schüttelte den Kopf. »Ich muss gleich weg. Ich hab meiner Tante versprochen, zum Mittagessen zu kommen.« Er stand auf. »Und wegen England, Lukas, reden wir noch.« Nach einem kurzen Gruß in die Runde ging er eilig davon.

Er radelte die Ludwigstraße hinunter, aber nicht nach Hause. Hinter der Universität bog er in den Englischen Garten ein und fuhr querfeldein über die Wiesen zum Eisbach. Dort warf er sein Rad ins Gras, zog Schuhe und Strümpfe aus, setzte sich an den Bach und tauchte die Füße ins Wasser. *Idiot, Volltrottel, Volldepp* ratterte das peinvolle Räderwerk in seinem Kopf.

Die Frau, die er nicht liebte, hatte ihn reingelegt, und die, die er liebte, belog und täuschte ihn, um ihren Bruder zu schützen.

Er sah eine Weile ins dahinströmende Wasser. Im Fall von Hildegard, gestand er sich schließlich ein, als die Selbstvorwürfe etwas nachließen, ging es vor allem um verletzten Stolz. Weil sie ihn abserviert hatte, bevor er es tun konnte. Im Fall von Caroline ging es tiefer. Denn Carolines mangelnde Offenheit und Vertrauen schien alles zu zerstören, was er sich vielleicht noch an Zukunft mit ihr erhoffte. Was erhoffte er sich eigentlich noch? Ihre Prioritäten waren klar gesetzt. Ihre Sorge galt ausschließlich dem Ansehen ihrer Familie, der Rettung ihres Bruders. Er selbst zählte nicht.

Er zog die Füße aus dem Wasser. Was hielt ihn eigentlich noch ab, seine eigenen Manöver entschlossener auszuführen, die verbotenen Linien ganz zielgerichtet zu überschreiten? Der mögliche Verlust seiner Stellung? Er dachte an das Plakat in Sängers Büro. Der Verlust einer Laufbahn, in der man sich den Hosenboden abwetzte, und wenn man brav war und nirgends aneckte, dann stieg man auf und durfte auf andere aufpassen, die sich den Hosenboden abwetzten. Sepps Worte damals in der Redaktion fielen ihm wieder ein. Er habe nie so ganz verstanden, warum er zur Polizei gegangen sei. Aber er sei bei der Kriminalpolizei, hatte er sich verteidigt, nicht bei der politischen, nicht bei der Sitte und nicht bei der Zensur. Worauf Sepp meinte, dass er sich nicht einzubilden brauchte, als Kriminaler was Besseres zu sein als die oft karikierten Schnüffler von der Sitte, weil sie doch letztlich alle zum gleichen Verein gehörten. Zu einem undemokratischen System, wie Sepp sich ausdrückte, das nur durch politischen Kampf verändert werden könne.

Er hob sein Rad auf. Als er sich in den Sattel schwang und über die Wiesen zurückfuhr, kam ihm ein ganz anderer Gedanke. Er durfte nicht gegen Militärpersonen vorgehen? Richtig. Als *Kommissär* durfte er das nicht. Aber wer schrieb eigentlich vor, was ein vermeintlicher Agent der Schweren-Reiter durfte?

50

Um kurz vor zehn Uhr abends bezog er wieder seinen Posten gegenüber von Kapfenbachs Haus. Vorher hatte er auf dem Klingelschild nachgesehen, in welchem Stockwerk der Ingenieur Blank wohnte. Im ersten offensichtlich. Aber dort brannte kein Licht. Zwei Mal gingen Leute ins Haus, aber nicht der Leutnant. Er wartete eine halbe Stunde. Als sich nichts mehr tat, ging er im Schatten der Bäume bis zur nächsten Brücke, ins Neptun.

Das Lokal war bereits gut gefüllt. Offiziere in Damenbegleitung, reine Herrenrunden, und hinten, im eleganteren Teil, saßen Herrschaften an weiß gedeckten Tafeln, denen Kellner auf Silberplatten die Speisen servierten. Er blickte sich auch im Billardsaal um, wo an mehreren Tischen gespielt wurde. Doch nirgendwo entdeckte er Kapfenbach.

Erstmals ging er auch ins obere Stockwerk hinauf, doch das Publikum im Stüberl war eher studentisch mit ein paar Künstlern darunter, die man an ihren längeren Haaren und abgewetzten Samtjacken erkannte. Er ging wieder hinunter und nahm in der Nähe der Theke Platz, um den Eingang im Blick zu behalten. Der Kellner, der ihn bediente, war jener Baumann, den er damals betrunken im Lagerraum angetroffen hatte.

Natürlich erkannte ihn der Mann nicht. Als er sein Bier brachte, fragte er ihn, ob er die Leutnants von Schmödel und von Rüdesheim kenne. Baumanns Gedächtnis schien auch in nüchternem Zustand nicht gut zu funktionieren. »Ja, wissen S', Namen ...«, sagte er. »Bei dem Trubel, der hier immer ist. »Wir sagen halt immer ›Herr Leutnant‹ und ›Herr Oberleutnant‹, aber Namen ...« Nach ein paar Minuten kam er zurück und erklärte, er habe sich bei einem Kollegen erkundigt, und der meine, die beiden Offiziere seien versetzt worden. »In ein Regiment in Bamberg, hat er ghört.« Ob er vielleicht einen Leutnant Kapfenbach kenne? Baumann sah an die Decke. »Karpfen ... Karpfen ... nein, sagt mir nichts.« Namen waren nicht Baumanns Sache.

Nach einer halben Stunde verließ er das Neptun wieder. Vor dem Lokal standen ein paar Militärs, die sich schäkernd mit einigen Frauen unterhielten. Etwas entfernt von ihnen, außerhalb des Lichtkegels der Laterne, blieb er stehen. Er war nicht nervös. Weil er genau wusste, was er tun würde. Falls Kapfenbach doch noch auftauchte, würde er ihm statt des Journalisten seine neue Rolle vorspielen. Und zwar genau den Typen, als den der Leutnant ihn enttarnt zu haben glaubte: Den Agenten von Schmödel und Rüdesheim.

Was wollten die beiden von Kapfenbach? Reitmeyer hatte sich für das Naheliegendste entschieden: Geld.

Was mit dem Geld sei, würde er fragen. Und wenn Kapfenbach nicht darauf einging? Dann würde er ankündigen, dass er sich auf etwas gefasst machen könne, dass »härtere Saiten« aufgezogen werden würden. Dass man sich nicht länger hinhalten lasse. Dass er nicht glauben solle, so einfach davonzukommen. Alles Weitere würde von Kapfenbachs Reaktion abhängen.

Inzwischen waren mehrere Droschken vorgefahren, und Leute stiegen aus, die zum Lokaleingang gingen. Dann war es wieder ruhig auf der Straße. Kurz darauf näherten sich erneut Scheinwerfer. Doch dieser Wagen hielt nicht an, sondern fuhr langsam vorbei. Reitmeyer trat einen Schritt nach vorn. Das war doch wieder das schwarze Auto gewesen, das er damals verfolgt hatte. Er lief zum Randstein und sah ihm nach. Es entfernte sich in Richtung Corneliusstraße.

Die beiden Männer mussten also doch etwas mit Kapfenbach zu tun haben. *Sie* beschatteten Kapfenbach. Das hieß, der Leutnant war vielleicht ganz in der Nähe.

Er lief über die Straße und stellte sich unter die Bäume am Flussufer. Von der anderen Seite drangen Gesprächsfetzen und Lachen herüber, neben ihm floss tosend das Wasser an den Brückenpfeilern vorbei.

Ein paar Minuten später hörte er Schritte von der Treppe, die von der Isar heraufführte. Ein Mann tauchte auf. Er reckte den Kopf und sah sich hastig um. Kapfenbach. Nachdem er sich offensichtlich überzeugt hatte, dass die Luft rein war, eilte er im Schutz der Bäume Richtung Corneliusstraße.

Reitmeyer trat noch einen Schritt zurück. Als Kapfenbach knapp an ihm vorbei war, schnellte er vor, packte den linken Arm des Leutnants und trat ihm mit aller Kraft in die Kniekehle. Kapfenbach geriet ins Straucheln, stürzte nach vorn und Reitmeyer warf sich mit seinem ganzen Gewicht gegen ihn. Gemeinsam gingen sie zu Boden. Kapfenbach jaulte auf, als ihm Reitmeyer das Knie in den Rücken rammte, den Arm nach hinten drehte und sein Gesicht in die trockene Erde drückte. Alles so blitzschnell, dass dem überrumpelten Leutnant keine Zeit zur Gegenwehr blieb.

»Wo ist das Geld?«, zischte Reitmeyer und drehte Kapfenbachs Arm noch etwas weiter nach oben.

Kapfenbach stöhnte.

»Sag schon!«

»Ich hab kein Geld«, würgte Kapfenbach heraus.

»Schmödel und Rüdesheim sind anderer Ansicht.«

»Die kenn ich nicht.«

»Noch so eine blöde Antwort, und ich kugel dir den Arm aus.«

»Aber der Kerl hat doch ... nichts mehr bei sich gehabt!«

Von der anderen Straßenseite näherten sich Schritte. Stimmen. Kapfenbach spuckte Erdkrümel. »Hilfe!«, rief er. Sein Ruf ging im Klappern einer Pferdedroschke unter. Die Schritte kamen näher. Reitmeyer ließ sein Opfer los und fuhr zurück. Im selben Augenblick rollte sich Kapfenbach auf den Rücken, zog ein Bein an und stieß ihm den Stiefelabsatz an den Kieferrand. Reitmeyer verlor das Gleichgewicht und kippte zur Seite. Ein Feuerwerk explodierte vor seinen Augen. Kapfenbach sprang auf und rannte davon.

Als sich Reitmeyer hochrappelte, brannte sein Kopf, als wäre er mit einer ätzenden Flüssigkeit gefüllt.

Jemand lief auf ihn zu. »Hat man Sie überfallen?«, rief der Mann aufgeregt.

Die zuckenden Blitze vor seinen Augen ließen nach. Jetzt spürte er ein Klingeln im Ohr, ein schreckliches Pulsieren auf der rechten Gesichtshälfte. Der Mann half ihm auf die Beine. »Sind Sie verletzt?«

Reitmeyer griff sich ans Kinn. »Nein ... danke ... geht schon wieder.«

»Ich ruf die Polizei«, sagte der Mann und wollte loslaufen.

Reitmeyer hielt ihn am Arm fest. »Nein, nicht nötig ... Mir ist ja nichts weggekommen.«

MEMORANDUM 20. JULI 1914

OBERST FEICHTL AN OBERST V. SPAITL

Bezüglich Ihrer Frage, wann in besagtem Fall der Zugriff erfolgt: Die damit befassten Herrn im Innenministerium gehen fest davon aus, dass unser Bündnispartner sich binnen Kurzem zu einem Vorgehen gegen Serbien entschließt. Das soll noch endgültig abgewartet werden. Die damit einsetzende Aufmerksamkeit von Presse und Bevölkerung auf außenpolitische Ereignisse garantiert unseren Spezialkräften ungestörten Handlungsspielraum.

51

Als er am nächsten Morgen ins Präsidium kam, stand Klotz in seinem Büro und tupfte sich mit einem Taschentuch die Stirn ab. »... und Sie sollten die Vorhänge vorziehen, Steiger, damit der Raum nicht so aufheizt bei diesen Temperaturen. Eine Hitze ist das, in meiner Straße werden schon die Blätter an den Bäumen gelb. So was hat's doch noch nie gegeben.«

Reitmeyer trat hinter den Oberinspektor und warf einen fragenden Blick zu Steiger hinüber. Der zuckte die Achseln.

Klotz drehte sich um. »Ah, Reitmeyer, gut, dass Sie schon da sind. Ich wollte ohnehin mit Ihnen sprechen.« Er stutzte einen Moment. »Hatten Sie einen Unfall?«

Reitmeyer strich sich übers Kinn. »Ach, ein Sturz ... auf der Kellertreppe. Nicht so schlimm.« Er ließ die Hand wieder fallen. »Was gibt's, Herr Oberinspektor?«

»Kommen Sie am besten in mein Büro hinüber«, erwiderte Klotz und ging zur Tür. Im selben Moment humpelte Brunner herein. Wenn nicht bereits der »Wetterbericht« des Oberinspektors klargemacht hätte, dass eine Wende eingetreten war, wäre dies spätestens an Brunners Verhalten abzulesen gewesen. Nachdem er Klotz in den vergangenen Wochen eher wie einen lästigen Besucher behandelt hatte, wenn der bei ihnen auftauchte, reichte er ihm nun wieder diensteifrig Notizzettel und nahm sofort Haltung an, wenn das Auge des Vorgesetzten auf ihm ruhte.

»Ach, und Reitmeyer«, fügte der Oberinspektor hinzu, bevor er mit Brunner hinausging, »möglichst gleich.«

»Was ist denn hier los?«, fragte Reitmeyer und legte seine Mappe auf den Tisch.

»Keine Ahnung«, erwiderte Steiger. »Er hat irgendwas von einer Weisung von oben erzählt. Dass die Einbruchsfälle aufgeklärt werden müssten, weil sich angeblich die Presse wieder aufregt und uns als Versager hinstellt.«

»Welche Presse?«

»Hat er nicht gesagt.«

»Hast du irgendwas gelesen?«

»Nicht, dass ich wüsst.« Steiger deutete auf den Bluterguss an Reitmeyers geschwollenem Unterkiefer. »Auf der Kellertreppe?«, fragte er ungläubig.

Als Reitmeyer ins Büro des Oberinspektors trat, saß der am Schreibtisch und legte den Rotstift weg, mit dem er in einer Zeitung etwas angestrichen hatte. Dann nahm er die Brille ab und deutete mit einer ungeduldigen Geste auf den Stuhl vor sich.

»Ich wollte mit Ihnen sprechen, Reitmeyer, weil wir einmal ganz grundsätzlich unsere Vorgehensweise für die nächste Zeit festlegen müssen. Ich lese hier gerade wieder einen Artikel, der unsere Arbeitsweise scharf angreift und uns vorwirft, bei der Aufklärung von eklatanten Eigentumsdelikten schmählich zu versagen.«

»Was für ein Artikel?«

Klotz winkte ab. »Natürlich in einem dieser linken Radaublätter. Die Polizei sei reiner ›Selbstzweck‹, schreibt dieser unverschämte Schmierant. Unsere Wirksamkeit konzentriere sich hauptsächlich darauf«, er setzte die Brille wieder auf, »fortgesetzt unsere eigene Existenz darzutun. ›Bei der Verfolgung von Diebstählen und ähnlichen Angelegenheiten gelingt es unseren Ordnungshütern ja selten, ihr unfehlbares Geschick zu beweisen.‹ Eine bodenlose Frechheit!« Er setzte die Brille wieder ab, schnaufte tief durch und lehnte sich zurück. »Trotzdem, auf die leichte Schulter können wir das dennoch nicht nehmen. Wenn sich auch weitere Presseorgane dieser Hetzjagd auf uns anschließen und den Unmut in der Bevölkerung schüren«, er nahm den Stift und trommelte auf die Tischplatte, »könnte das sehr unangenehm für uns werden.«

»Und was heißt das jetzt?«

»Dass Sie sich wieder verstärkt der Aufklärung dieser Einbruchsfälle widmen. Ich meine, dieser Serie von Einbrüchen in Gasthäuser und vor allem dem Überfall auf den Juwelier in der Residenzstraße, wo wir noch immer mit keinen Tätern aufwarten können. Was wirklich fatal ist. Die Bürgerschaft hat schließlich ein Recht, darauf zu vertrauen, dass ihr Eigentum geschützt wird. Das ist doch eine vorrangige Aufgabe der Polizei.«

Reitmeyer sah den Oberinspektor an. So standen die Dinge also. Er sollte den Fall im Regina zu den Akten legen. Vermutlich die ganze Untersuchung an den beiden Mordfällen einstellen. Aber warum redete dann der Präsident nicht mit ihm? Warum erfand man eine drohende Hetzjagd der Presse, wenn ein Linksblatt die üblichen Sticheleien gegen die Polizei austeilte? Irgendetwas stimmte hier doch nicht.

»Ich habe aber den Bericht über den Fall im Regina noch nicht abgeschlossen. Und muss Zeugen noch einmal vernehmen ...«

»Dann schließen Sie den Bericht eben ab. Bis morgen haben Sie den doch?«

»Bis morgen?«

»Da machen wir eine Besprechung mit allen beteiligten Abteilungen, wie wir im Fall des Juweliers und der anderen Delikte vorgehen werden. Verstehen Sie, wir müssen all unsere Kräfte bündeln, um endlich Ergebnisse vorlegen zu können.«

»Der Herr Präsident hat mir die alleinige Leitung des Falls im Regina übertragen. Ich bin ausschließlich seiner Weisung unterstellt.«

»Der Herr Präsident ist ganz meiner Meinung, dass wir uns darauf konzentrieren sollen, endlich Resultate zu erzielen, damit die Vorwürfe gegen uns aufhören.«

»Es gab auch Vorwürfe in der Presse wegen der Sache mit dem ... zu Tode gekommenen Masseur.«

»Davon ist mir nichts bekannt.« Er klappte die Zeitung zu.

»Sie verwenden Ihre ganze Kraft auf die Einbruchserien. Und vielleicht machen Sie sich bis morgen ein paar Gedanken dazu.«

»Ich wende mich auf jeden Fall noch einmal an den Herrn Präsidenten.«

»Habe ich mich nicht klar ausgedrückt? Das ist eine Anweisung des Präsidenten!«

Reitmeyer glaubte, ein triumphierendes Blitzen in seinen Augen zu sehen.

»Das wäre dann alles im Moment«, fügte Klotz hinzu und machte eine Geste, dass er entlassen sei.

Er stand auf und ging hinaus.

Was war in der Zwischenzeit passiert, dass man ihm Klotz so plötzlich wieder vor die Nase setzte und er wieder nach dessen Pfeife tanzen sollte? Hatte Sepp etwa doch recht, dass hinter den Kulissen Vorbereitungen liefen, die auf einen möglichen Kriegsfall abzielten? Hatte man Angst, er könnte doch noch etwas herauskriegen, und wollte alles vermeiden, was auch nur den Schimmer eines schlechten Lichts auf das Militär werfen könnte?

Vor seiner Bürotür blieb er einen Augenblick stehen. Kapfenbachs letzter Satz ging ihm wieder durch den Kopf. *Aber der Kerl hat doch nichts mehr bei sich gehabt.* Es gab also jemanden, dem er Geld abnehmen wollte? Geld, das Schmödel und Rüdesheim gehörte? Und Kapfenbach nahm an, die Schweren-Reiter seien hinter ihm her, weil sie glaubten, er hätte es an sich genommen?

Am Abend stand er vor zehn wieder an seinem Platz vor Kapfenbachs Haus. Vor dem Neptun wollte er dem Leutnant nicht nochmals auflauern, weil er schon gestern ein gehöriges Risiko eingegangen war, ihn in unmittelbarer Nähe so vieler Gäste des Lokals zu attackieren. Ein anderer, stillerer Ort wäre bedeutend gefahrloser. Er setzte sich auf einen Stein und nahm einen Zigarillo heraus. Vermutlich müsste er sich auf eine längere Wartezeit einrichten. Wer konnte wissen, wann sich der Leutnant nach dem gestrigen Schrecken nach Hause traute. Oder war er gar nicht erst ausgegangen? Im ersten Stock brannte zwar kein Licht, aber die Wohnung konnte auch Räume haben, die nach hinten hinaus gingen.

Er sah eine Weile auf die Fenster hinüber. Ob er einfach bei ihm klingeln und ihm einen Hausbesuch abstatten sollte? Nach der Polizei würde Kapfenbach wahrscheinlich nicht rufen, wenn er sich mit einigem Nachdruck Einlass verschaffte. Und Handschellen hatte er vorsorglich auch eingesteckt.

Als er wieder in die Corneliusstraße blickte, sah er jemanden, der schnell den Gehsteig entlangging, in einen Hinterhof einbog, wieder herauskam und gleich durchs nächste offene Hoftor verschwand. Der Mensch suchte doch etwas. Reitmeyer setzte sich auf. Als der Mann, oder besser gesagt, das Bürschchen, wieder aus dem Hof trat, blieb er unter einer Laterne stehen. Reitmeyer stieß unwillkürlich einen Fluch aus. Das gab's doch nicht! Das war Rattler! Was machte *der* hier? Obwohl er ihm strengstens verboten hatte, noch einmal irgendwelche Alleingänge zu unternehmen, ließ er sich nicht von seinen eigenmächtigen Touren abbringen und durchkämmte die Gegend, obwohl er den Mann, den er suchte, gar nie gesehen hatte. Doch mit dem Zorn auf den sturen Polizeischüler stieg gleichzeitig ein Bild in ihm auf. Wie Rattler damals an Steigers Schreibtisch saß und ihm die Punzen auf Neugebauers Silberetui erklärte. Das sei ein teures Stück, sagte er. Aber wieso, fragte er ihn, hatte der keinen Pfennig Geld in der Tasche, wenn er in ein Lokal ging? Das sei doch seltsam. Ein Frösteln überkam ihn. *Aber der Kerl hat doch nichts mehr bei sich gehabt.* War es Neugebauer, den Kapfenbach damit meinte. Hatte *er* nichts mehr bei sich gehabt? Als er ihn durchsuchte? Und ... ermordete?

Ein Schauer fuhr über Reitmeyers Rücken. Er sah zu Rattler hinüber, der noch immer unter der Laterne stand. Kapfenbach kannte ihn. Und der Junge war ihm auf den Fersen. Kam ihm möglicherweise zu nahe, was schon seinem Freund Ferdl zum Verhängnis geworden war. Als er sich aufrichtete, um zu ihm hinüberzulaufen, hörte er ein Knacken, als würde jemand auf einen toten Zweig treten. Aber er hatte keine Zeit mehr, sich umzudrehen.

AUFZEICHNUNGEN EINES OFFIZIERS

20. JULI 1914

Gleich Mitternacht. So kann es nicht weitergehen. Blumwies, der Wucherer, droht, mich auffliegen zu lassen, wenn ich nicht zahle, und die Erbin macht Ausflüchte und wird dreist. An ihr habe es nicht gelegen, dass die Übergabe gescheitert sei. Wenn ich Druck mache, sagt sie frech in den Hörer, sie könnten ihren feinen Herrn Leutnant auch ins Ausland expedieren, dann würde ich mitsamt meinen Fotos in die Röhre schauen. Ich sei letztlich mehr von ihr abhängig als sie von mir. Nur unter härtesten Drohungen gelang es mir, durchzusetzen, dass ich allein den Übergabeort bestimme.

Ich brauche eine möglichst noch größere Menschenmenge, wo ein schneller Tausch Fotos gegen Zaster stattfinden und mich keiner beobachten kann. Schmödel und Rüdesheim haben jetzt schon Leute eingesetzt, um mich einzuschüchtern. Einer ist angeblich Journalist. Aber der Typ hat mich einmal überrumpelt, ein zweites Mal gelingt ihm das nicht!

In spätesten drei Tagen ist Zahltag und die ganze Sache über die Bühne.

»Herr Kommissär! Herr Kommissär! Was ist mit Ihnen?«

Reitmeyers Lider hoben sich zögernd. Er sah schwankende Baumkronen, vor die sich ein blasses Gesicht schob.

»Was ...?«

»Sind Sie gestürzt, Herr Kommissär? Können Sie mich verstehen?«

Reitmeyer versuchte sich aufzurichten.

»Warten S', ich helf Ihnen.«

In Reitmeyers Kopf schien eine Axt zu stecken. Er fasste sich an den Nacken und sah auf seine blutigen Hände. Ein Schlag auf den Kopf, dann der Sturz. An mehr konnte er sich nicht erinnern.

»Ihr Rad liegt hier neben Ihnen. Sie müssen gestürzt sein.«

»Ich bin aber nicht ...«

»Sie haben eine Gehirnerschütterung. Da kann man sich nicht mehr so genau erinnern, was vorher passiert ist. Ich weiß, wie das ist.«

Reitmeyer richtete sich etwas weiter auf. Der Brei in seinem Kopf schien allmählich Struktur anzunehmen. Lose Fragmente schlossen sich wieder zu erkennbaren Mustern zusammen. Er sah Rattler an. »Was machst ... du ... hier?«

»Ich such noch immer das Rad von dem Ferdl. Sie wissen doch, der hat ein ganz neues *Wanderer* gehabt. Und wie ich in dem Gebüsch nachschauen wollt, hab ich Sie gefunden.«

»Hilf mir auf«, sagte er, doch als er mit Rattlers Hilfe wieder auf den Beinen stand, wurde ihm so schwindlig, dass er sich an ihm festhalten musste. Nach Hause radeln könnte er nicht. »Kannst du probieren, ein Taxi für mich aufzutreiben?« Rattler rannte sofort Richtung Gärtnerplatz los. Während er wartete, setzte er sich wieder. Die Schmerzen in seinem Kopf wurden schlimmer, und in seinen Kragen sickerte Blut. Nach einer halben Ewigkeit hielt tatsächlich ein Wagen neben der Brücke, Rattler stieg aus und half ihm auf den Vordersitz. »Kannst du mein Rad heimfahren und in den Hof stellen?«

»Ja, klar, Herr Kommissär. Fahren Sie jetzt gleich ins Krankenhaus?«

»So weit kommt's noch.«

52

Schließlich hatte er doch eine Zwangspause einlegen müssen. Am Montagmorgen nach Dienstbeginn war ihm so schwindlig geworden, dass er tatsächlich am Schreibtisch umsank. Klotz hatte ihn von Steiger umgehend in einem Polizeiwagen heimbringen lassen und ihm verboten, in den nächsten Tagen überhaupt noch einmal zu erscheinen. Und wegen der Schmerzen hatte er schließlich auch zugestimmt, dass seine Tante den Arzt rief, der ihn ob seiner Unvernunft heftig tadelte, weil man von einem Kommissär doch erwarten dürfe, dass er zumindest über primitivste Kenntnisse verfügte, was man bei einer schweren Gehirnerschütterung zu tun, oder besser gesagt, zu lassen habe. Er versorgte die Platzwunde an seinem Kopf und gab ihm am Ende Laudanum, was seine Schmerzen zwar dämpfte, aber das unangenehme Gefühl auslöste, er hätte eine dicke Wollhaube auf dem Kopf, bis tief in die Stirn und halb über die Augen gezogen.

Dieses Gefühl hielt auch jetzt noch an, als er seinen ersten Spaziergang nach dem »Unfall« machte. Zum Wirtshaus am Eck, wo er einen extra starken Kaffee bestellen wollte, den er vor dem Lokal im Garten trinken würde. Und auf dem Weg dorthin sah er die Schlagzeilen. *Serbien lehnt österreichisch-ungarisches Ultimatum ab.*

Er kaufte eine Zeitung und überflog die erste Seite. Die Serben hatten die Forderungen zwar weitgehend akzeptiert, weigerten sich aber, österreichische Ermittler auf ihren Boden lassen, um das Attentat von Sarajewo zu untersuchen. Er legte die Zeitung weg und sah blinzelnd in die Kastanien hinauf. Was würde das bedeuten? Krieg vermutlich. Aber bloß auf dem Balkan? Sepp war bei ihrem letzten Gespräch nicht sicher, ob sich der Konflikt begrenzen ließe.

Was bedeutete das für seine Ermittlungen? Jedenfalls war klargeworden, dass er mit Verstellungsspielchen nicht weiterkam. Wenn er davon ausgegangen war, dem Leutnant durch grob rabiates Verhalten irgendwelche Geständnisse abzuringen, um ihn schließlich festzunehmen und höchstpersönlich der Militärgerichtsbarkeit auszuliefern, hatte der ihn eines Besseren belehrt. Kapfenbach war noch viel rabiater vorgegangen.

Aber war er wirklich der Mörder? Und selbst wenn er ihn dafür hielte, welchen Beweis gab es dafür? Einen Satz, den er rausgewürgt hatte, nachdem er ihn überfallen und niedergeschlagen hatte!

»Entschuldigen Sie«, sagte ein Mann am Nebentisch. »Darf ich kurz einen Blick in Ihre Zeitung werfen?«

Reitmeyer reichte sie ihm. Sein Kopf begann wieder zu schmerzen.

»Jetzt geht's los«, sagte der Mann und tippte auf die Schlagzeile. »Haben S' damals das Ultimatum an die Serben gelesen? Ich hab mir gleich gedacht, dass die das ablehnen müssen.«

Reitmeyer machte eine vage Geste. Die Wunde an seinem Kopf begann wieder zu pulsieren, und an der Stirn hatte er das Gefühl, als würde ihm jemand die Haare zurückreißen. Er stand auf.

»Ihre Zeitung«, sagte der Mann. Reitmeyer winkte ab. »Die können S' behalten.«

Er hatte nur noch eine Möglichkeit, an Kapfenbach heranzukommen. Er musste Bleicher erreichen. Ihm sagen, dass er den Informanten des Kriegsministeriums gefunden hatte. Diesen zwielichtigen, schwer verschuldeten Menschen, der vermutlich Erpressergeschäfte machte und dem unter Umständen noch viel Schlimmeres zuzutrauen war.

Zuhause ließ er sich mit dem Innenministerium und Bleichers Büro verbinden. Es tue ihr leid, sagte die Sekretärin, aber der Herr Ministerialdirektor sei nicht zu sprechen. Wann er denn zu erreichen sei? Sie gab sich ausweichend. Er solle es nächste Woche noch einmal versuchen, der Herr Ministerialdirektor sei im Moment sehr beschäftigt. Reitmeyer erklärte ihr, dass ihr Chef ihn ausdrücklich gebeten habe, sich im Fall bestimmter Ergebnisse sofort an ihn zu wenden. Die Sekretärin erwiderte kühl, dass sie dem Herrn Kommissär im Moment leider keine andere Auskunft geben und keinen Termin bei ihrem Vorgesetzten machen könne.

Reitmeyer legte auf. Das ergab doch keinen Sinn. Warum wurde er abgewimmelt? Gab es irgendeinen Zusammenhang mit den jüngsten politischen Entwicklungen? Aber was hatte das Innenministerium damit zu tun?

Plötzlich fiel ihm ein, dass er auch Caroline anrufen musste. Sie warnen musste. Wenn der Mann, der Franz erpresste, Kapfenbach war, durfte sie keinerlei Risiko eingehen bei der Geldübergabe. Sie durfte sich keinesfalls an irgendwelche dubiosen Orte locken lassen.

Er rief in der Gerichtsmedizin an. Das Fräulein Doktor habe ihre Arbeit bei ihnen beendet, sagte der Sektionsdiener. Die sei ja ohnehin auf eine gewisse Zeit begrenzt gewesen. Und soweit er wisse, habe sie inzwischen ihren Urlaub angetreten.

Dann musste er sie zu Hause erreichen. Aber Mathilde wusste nicht, wo Caroline war. Sie habe aufs Land fahren wollen, so genau wisse sie nicht Bescheid. »Die ist ja kein Schulkind mehr und meldet sich bei mir ab.«

Er ging in sein Zimmer und legte sich aufs Bett. Mit dem Absetzen der Opiattinktur setzten die Kopfschmerzen wieder ein. Er sah auf das braune Laudanum-Fläschchen auf seinem Nachttisch. Aber daran würde er sich nicht mehr bedienen. Er brauchte einen klaren Kopf.

Um sieben klingelte es an der Wohnungstür. Seine Tante führte Steiger herein. Er wirkte atemlos und ließ sich auf einen Stuhl im Wohnzimmer fallen. »Ich bin nur auf dem Sprung«, sagte er, »ich wollt bloß schnell wissen, wie's dir geht. Ich muss gleich wieder weiter.«

»Wohin denn?«, fragte Reitmeyer.

»Vor zum Wittelsbacher Palais. Da steht eine riesige Menge. Die will den König sehen. Unsere Oberen haben angeordnet, dass alle verfügbaren Kräfte zum Einsatz kommen sollen, falls was passiert.«

»Was soll denn passieren?«

»Ach, bei uns stehn schon den ganzen Tag die Telefone nicht mehr still. Ständig kommen Meldungen rein, dass Leut, die irgendwie fremdländisch aussehen, angepöbelt oder gleich verprügelt werden, weil man sie für Spione hält. Da rollt was auf uns zu, sagt der Oberinspektor. Das seien Zustände wie bei einem Umsturz. Unser Präsident hat schon Aufrufe rausgegeben, dass Ruhe und Ordnung bewahrt werden soll.«

»Wollen S' ein Bier?«, fragte seine Tante.

»Nein, nein«, winkte Steiger ab. »Ich muss gleich wieder weiter. Morgen bin ich auch eingeteilt, weil man noch größere Aufläufe erwartet. Für unsereinen heißt das: Sonntagsdienst.« Er stand auf und verabschiedete sich schnell.

Lärm brandete durch die Straßen. Gesänge, das Deutschlandlied, die bayerische Hymne, Hoch- und Hurrarufe, die Wacht am Rhein. Reitmeyer wurde in der strömenden Menge einfach mitgeschoben, bis er eingekeilt vor dem Wittelsbacher Palais stand. Ein Mann hielt eine feurige Rede, er verstand nicht viel, nur dass Deutschland treu seine Bündnispflicht erfülle und Österreich weder von den Serben noch vom russischen »Blutzaren« niederwerfen ließe. Frenetischer Beifall. Als kurz darauf der König mit Gattin und Töchtern auf dem Balkon des Palais erschien, kannte die Begeisterung der Leute keine Grenzen mehr.

Vom Odeonsplatz drängten immer mehr Menschen heran, und die Menge vor dem Palais stimmte die österreichische Kaiserhymne an. Aus der anderen Richtung näherten sich mehrere Abordnungen studentischer Verbindungen, und hinter ihnen ein Zug Wehrkraftjungen, die sich besonders martialisch gaben und mit grimmiger Miene auf ihre Trommeln einschlugen.

Reitmeyer begann es zu schwindeln in dem Geschrei und Gedränge, in seinem Kopf setzte ein dumpfes Pochen ein. Taumelnd kämpfte er sich zum Rand des Menschenauflaufs durch. Drüben auf der Briennerstraße sah er Steiger, der mit zwei Wachleuten redete. Seinetwegen war er eigentlich hergekommen, um seine Hilfe anzubieten. Mühsam schob er sich durch die nachdrängende Menge zu ihnen durch.

»Auf gar keinen Fall hier in dem Trubel«, erwiderte Steiger auf sein Angebot. »Das ist nix für dich. Du bist noch viel zu angeschlagen. Aber im Präsidium könnt man dich sicher brauchen. Am Telefon.«

»Was der bloß will?«, sagte einer der zwei Polizisten und deutete auf einen Mann, der sich aus dem Gedränge auf dem Platz herausgekämpft hatte. »Der rennt schon schon zum dritten Mal wie ein Irrer an uns vorbei.«

»Vielleicht sucht er den, der da drüben winkt«, sagte sein Kollege.

Reitmeyer folgte dem Blick des Polizisten. Den eifrig winkenden Herrn in dunkelgrauem Anzug kannte er doch. Es war einer der Männer, die Kapfenbach offenbar ständig beschatteten. Dann war ihr »Objekt« vermutlich auch nicht weit.

Er sah eine Weile auf die Menge hinüber, ob auch der Leutnant noch auftauchte. Doch als wieder donnernd ein mehrfaches Königshoch und erneut die Wacht am Rhein angestimmt wurden, zwang ihn der höllische Schmerz in seinem Kopf zur Umkehr. Dann kam ihm plötzlich ein Gedanke: Er würde den Militärstaatsanwalt informieren. Kapfenbach würde verhaftet werden. Ein weiteres Hinauszögern war nicht zu verantworten. Auch wenn dies für ihn selbst peinliche Nachfragen bedeutete. Er musste bloß darauf achten, Rattlers Alleingänge zu vertuschen.

Als er in seine Abteilung hinauflief, um sich bei Klotz zu melden, saß der an seinem Schreibtisch mit dem Hörer am Ohr. »Was sagen Sie?«, rief er und kritzelte etwas auf seinen Block, »Die Fenster vom serbischen Generalkonsulat eingeschmissen? Ja, wir schicken jemanden hin.« Er legte auf. »Wenn wir überhaupt noch freie Kräfte haben.«

»Ich werde mich darum kümmern, Herr Oberinspektor.«

Klotz sah Reitmeyer an, als hätte er ihn überhaupt jetzt erst bemerkt. »Sind Sie denn wieder auf den Beinen? Wenn Sie uns wieder umkippen, hab ich niemanden, der Sie nach Hause expedieren kann.«

»Nein, nein, mir geht's gut.«

Klotz lehnte sich zurück und warf seinen Stift auf den Tisch. »Verstehen Sie, schon seit Stunden laufen Besprechungen zwischen den verschiedenen Ministerien, wie man vorgehen soll, aber ohne Ergebnis, wie es aussieht. Der kommandierende General des Ersten Armeecorps ruft zu *Ritterlichkeit* gegenüber Ausländern auf, und der Herr Präsident mahnt zu Besonnenheit. Mit einem solchen Ausbruch, mit solchen Ausschreitungen, hat ja niemand gerechnet.«

»Was gibt's zu tun?«

Klotz machte eine vage Geste. »Ja, setzen Sie sich ans Telefon ... Sie sind ja ein erfahrener Beamter, Sie wissen ja selbst, was zu tun ist.«

Schon nach ein paar Minuten begriff Reitmeyer, worauf er sich eingelassen hatte, und nach einer Stunde war er bereit, Klotz zuzustimmen, wenn nicht bald eine offizielle Mobilmachung erfolge, machten die Leute ihren eigenen Krieg. In einem Tanzcafé hinterm Neuhauser Tor hatte man den Wirt verprügelt und die Einrichtung zertrümmert, weil die Kapelle nicht unablässig patriotische Märsche spielen wollte, am Stachus mussten Polizisten einem fanatisierten Mob blutig geschlagene Gestalten entreißen, in der Schellingstraße enttarnten Passanten einen angeblichen Belgrader als Spion, dessen standrechtliche Erschießung sie forderten, und einer Nonne wollte man die Tracht vom Leib zerren, weil man sie für einen verkleideten Serben hielt. Es gab sogar Meldungen, dass man feindliche Flugzeuge über der Stadt gesichtet habe. Die Militärstaatsanwaltschaft zu informieren, dazu kam er in dem Chaos nicht.

»Die sind alle total hysterisch und verrückt geworden«, sagte Steiger, als er gegen elf Uhr nachts etwas ramponiert ins Präsidium zurückkam. »Selbst Leute, denen man das vom Aussehen her nicht zugetraut hätte, eigentlich eher zwei Herrn, haben andere umgerempelt und sich mit ihnen gerauft.« Er schenkte sich ein Glas Wasser ein, das er in einen Zug leerte. »Aber meine Leut haben die zwei schon vorher wie die Irren rumrennen sehen.«

»Habt ihr die Personalien von den beiden aufgenommen?«, fragte Reitmeyer interessiert.

Steiger schüttelte den Kopf. »Die sind abgehauen, und meine Leut sind ihnen nicht nach. Bloß noch mehr Schreibarbeit, verstehst du. Aber du gehst jetzt heim. Du bist doch noch krankgeschrieben.«

Erneut läutete das Telefon. Reitmeyer nahm ab.

»Sebastian?«, meldete sich eine weibliche Stimme, »Gott sei Dank.«

»Caroline? Ich hab auch schon versucht, dich zu erreichen. Ist was passiert?«

»Der Franz ist verschwunden!«

»Was heißt verschwunden?«

Sie redete so aufgeregt und klang so konfus, dass er ihr kaum folgen konnte. Dann hörte er im Hintergrund ein Gerangel. Kurz darauf meldete sich Sepp.

»Ich weiß nicht, ob du das alles kapiert hast. Der Franz ist nicht auffindbar. Ich denke, wir sollten uns treffen. Wenn es dir recht ist, holen wir dich gleich ab. Mit dem Taxi.«

Trotz der Schwüle im Raum hatte Reitmeyer das Gefühl, ein Eishauch wehe ihn an. »Ich warte vor dem Haupteingang«, sagte er, nahm seine Jacke und rannte die Treppe hinunter. Falls Franz etwas passiert war, wäre alles seine Schuld. Er hätte schon viel früher die Militärgerichtsbarkeit einschalten müssen und nicht warten dürfen, bis der Mörder erneut zuschlug. Wenn Caroline erfuhr, dass er alles verzögert hatte, weil er sich den Fall nicht abnehmen lassen, nicht das Feigenblatt für die höheren Herren in den Ministerien sein wollte ...

Er stellte sich ans Tor, kurz darauf bog einen Wagen um die Ecke, und Sepp und Caroline stiegen aus. Sepp zog ihn ein Stück vom Taxi weg.

»Was ist mit Franz? Seit wann ist er verschwunden?«

»Das ist unklar. Aber vielleicht kannst du uns helfen? Vielleicht fällt dir was ein? Du bist mit dem Fall doch vertraut«, sagte Sepp.

»Was meinst du? Wie kommt ihr überhaupt darauf, dass er verschwunden ist?«

»Weil er nicht in der Kaserne war, als ich dort angerufen hab, und auch sonst nirgendwo«, rief Caroline dazwischen.

Sepp legte ihr die Hand auf den Arm. »Lass mich erklären.« Er zog Reitmeyer noch ein Stück weiter beiseite. »Caroline wollte am Wittelsbacher Palais dem Erpresser ihres Bruders eine bestimmte Summe übergeben. Aber der ist nicht aufgetaucht.«

»Selbst wenn er aufgetaucht ist, war ich so eingekeilt zwischen Studenten und diesen verdammten Wehrkraftjungen, dass –«

Sepp hob die Hand. »Jetzt warte doch!«

»Franz sollte in der Kaserne warten, bis Caroline sich bei

ihm meldet. Aber sie hat ihn nicht erreicht. Nachdem sie vergeblich überall rumtelefoniert hat, ist sie zu mir gekommen. Wir haben bei all seinen Freunden, in allen Bars und Lokalen nachgefragt, die sie uns genannt haben, aber niemand hat ihn gesehen.«

Reitmeyer sah Caroline an, die ungeduldig von einem Fuß auf den anderen trat. »Hast du den Ort der Übergabe ausgewählt?«

»Nein, den hat mir der … Mann genannt.«

»Kennt Franz den Erpresser?«

»Das weiß *ich* doch nicht!«, sagte Caroline. Aber er glaubte ihr kein Wort.

Reitmeyer überlegte einen Moment. »Ich hab da eine Idee. Kommt mit, ich erklär's euch auf der Fahrt.«

Auf Einzelheiten könne er jetzt nicht eingehen, sagte er, aber da dieser Offizier, den er im Verdacht habe, momentan bei einem Zivilisten wohne, könnten sie sich Zutritt zu der Wohnung verschaffen. Vielleicht wäre Franz dort.

»Wenn auf unser Klingeln keiner öffnet, versuchen wir Folgendes: Wir machen dem Hausmeister weis, dass sich Caroline Sorgen um ihren Bruder macht und Angst hat, er könne sich was antun. Deshalb hat sie die Polizei verständigt.«

»Und woher weiß sie, dass er in der Wohnung sein soll?«, fragte Sepp.

»Da fällt mir schon was ein. Wichtig ist bloß«, Reitmeyer drückte Carolines Hand, »dass du dich raushältst und mich machen lässt. Am besten sagst du gar nichts und spielst bloß die besorgte Schwester.«

»Die brauch ich nicht zu spielen.«

Reitmeyer klingelte mehrmals bei Blank. Nichts rührte sich. Dann drückte Reitmeyer auf die Klingel des Hausmeisters. Als sich ebenfalls nichts rührte, läutete er Sturm. In der Erdgeschosswohnung ging Licht an. Schließlich hörten sie schlurfende Schritte, unterdrückte Flüche, und die Haustür wurde knarrend aufgesperrt. Ein untersetzter Mann mit wirrem Haar, der sich einen Hosenträger über die nackte Schulter zog, blickte sie finster an. »Ja, was ...«, setzte er wütend zu einer Schimpfkanonade an. Aber Reitmeyer ließ ihn gar nicht zu Wort kommen, sondern hielt ihm seine Dienstmarke vors Gesicht.

»Kriminalpolizei München«, schnarrte er. »Sind Sie der Hausmeister hier?«

Der Mann wich erschrocken zurück und starrte den Kommissär entgeistert an.

»Ihr Name?«, bellte Reitmeyer in scharfem Befehlston.

»Ku- Kugler«, sagte der Mann und wich noch einen Schritt zurück.

»Also, Herr Kugler. Wir haben Nachricht, dass sich in der Wohnung Blank ein junger Mann befindet. Möglicherweise in hilfsbedürftiger Lage. Verfügen Sie über Schlüssel, um uns zu öffnen?«

»Ja ... ähm ... beim Ingenieur Blank? Aber der ist doch gar nicht da ...?« Der Hausmeister legte den Kopf in den Nacken und sah zu dem Kriminaler auf. »Der ist doch in Hamburg.«

»Ich will nicht zum Ingenieur Blank! Ich will wissen, ob sich ein junger Mann in der Wohnung befindet! Ist das so schwer zu verstehen?« Bei jedem der Sätze, die wie Peitschenhiebe auf den Mann niedergingen, zog er den Kopf ein und zuckte zusammen. Caroline schaute ihren alten Freund fassungslos an, während Sepp Mühe hatte, sich ein Grinsen zu verkneifen.

»Ja ... meinen Sie den Offizier, der bei ihm wohnt? So jung ist der aber doch gar nicht«, stotterte Kugler verdattert.

»Nein, den meine ich nicht. Sondern einen jungen Mann, der vermutlich bei ihm zu Gast ist! Jetzt holen Sie schon die Schlüssel!«

»Meine Frau hat einen Schlüssel, glaub ich. Sie putzt beim Ingenieur Blank ... wenn er da ist.«

»Worauf warten Sie noch? Dann holen Sie den!«, bellte Reitmeyer.

Der Hausmeister verschwand eilig in die Erdgeschosswohnung.

»Da siehst du mal«, sagte Sepp zu Caroline. »Was eine Autoritätsperson mit dem richtigen Tonfall in unserem Land ausrichten kann. Da wird gleich pariert. Der fragt nicht mal nach, wer dieser junge Mann überhaupt sein soll. Oder wer wir zwei sind.«

»Sei still«, zischte Reitmeyer ärgerlich.

Der Hausmeister kam zurück und erklärte umständlich, dass man den Schlüssel nicht gleich gefunden habe. Seine Frau habe sich aber erinnert, dass sie noch einen zweiten ... ob er vorausgehen dürfe. In den ersten Stock. Reitmeyer nickte knapp. Gemeinsam stiegen sie die Treppe hinauf. Vor einer Tür, wo auf einem Messingschild *Blank* stand, blieb der Hausmeister stehen und sah Reitmeyer unsicher an. Der deutete nur auf das Schloss. »Jetzt sperren Sie schon auf!« Kugler nickte beflissen und gehorchte. Als er vor ihnen eintreten wollte, hielt ihn Reitmeyer zurück. »Sie bleiben hier stehen!«, befahl er im Feldwebelton.

Noch bevor er sie abhalten konnte, stürzte Caroline an ihm vorbei in die Wohnung. Er eilte hinter ihr her. Schon auf den ersten Blick war klar, dass hier etwas nicht stimmte. Durch die offen stehende Tür zum Wohnzimmer sah man umgestürzte Stühle, auf dem verrutschten Teppich zerbrochene Porzellanfiguren und die Scherben einer zersplitterten Vitrinenscheibe. Caroline hetzte durch den Gang und riss alle Türen auf. Arbeitszimmer, Abstellraum, Schlafzimmer. »Franz! Franz!«, rief sie außer sich und lief um die Ecke in den hinteren Trakt der weitläufigen Wohnung. Küche, Speisekammer, Badezimmer, bis sie bei der letzten Tür stehen blieb und laut aufstöhnte. Und die Luft anhielt beim Blick in den Raum.

In einer kahlen Kammer, auf einem Messingbett, nackt und

reglos auf dem Bauch, lag Franz. Seine Hände und Füße waren an die Bettpfosten gefesselt, sein Kopf zur Seite gedreht, in seinem Mund steckte ein Knebel. Sein Gesicht wirkte leblos, die Hautfarbe fahler als das Betttuch. Sepp rannte in die Küche und kehrte mit einem Messer zurück, mit dem er die Fesseln durchtrennte. Caroline zog eine Decke über Franz, löste den Knoten der Binde, die den Knebel fixierte und holte vorsichtig das speicheldurchtränkte Tuch aus seinem Mund. »Schnell«, rief Caroline, »wir müssen ihn umdrehen und aufrichten.«

Sepp lief auf die andere Bettseite, sie drehten den schlaffen Körper herum und brachten ihn in halb sitzende Position. Caroline klopfte mehrmals auf die Wangen ihres Bruders. »Franz! Franz!«, rief sie immer wieder. Er rührte sich nicht. Dann griff sie in ihre Tasche, zog ein Glasfläschchen heraus, schraubte den Verschluss ab und hielt es ihm unter die Nase. Ein stechend scharfer Geruch stieg auf. Franz zuckte mit den Lidern, warf den Kopf zur Seite und erbrach sich. Ein widerlich saurer Geruch erfüllte den Raum, der im Verein mit dem scharfen Ammoniakdampf aus dem Fläschchen auch Reitmeyers Magen gehörig in Aufruhr brachte.

»Ja, gut so, Franz! Spuck alles aus!«, ermunterte ihn Caroline. Reitmeyer schwanden fast die Sinne.

»Halt ihn fest, Sebastian«, sagte Caroline, »und du holst mir ein feuchtes Tuch aus der Küche«, befahl sie Sepp.

Sepp ließ den kraftlosen, von Würgeanfällen geschüttelten Körper auf Reitmeyers Seite sinken und eilte hinaus. Reitmeyer wagte kaum, Luft zu holen. Oder auf die gelblich-grüne Brühe mit den undefinierbaren Brocken zu blicken, die sich schwallartig über die Brust des Unglücklichen ergoss.

»Gut gemacht«, sagte Caroline zu ihrem Bruder. »Je schneller alles raus ist, desto besser.«

Sepp kam mit einer Schüssel und einem Tuch zurück, und Caroline wischte behutsam das Gesicht ihres Bruders ab. Er würgte immer noch und rang verzweifelt nach Atem, aber außer gelblichem Schleim kam nichts mehr aus ihm heraus. »Ganz ruhig, ganz ruhig«, beschwichtigte ihn Caroline, »dir geht's gleich besser.« Und zu Reitmeyer gewandt: »Der hat ihm was eingeflößt, gut, wenn er's rauskotzt.«

»Sicher, sicher«, murmelte Reitmeyer, der vor Ekel fast umsank.

»Sepp, du musst den Sebastian ablösen«, rief Caroline. »Dem Herrn Kommissär wird's schlecht.«

Sepp übernahm. Reitmeyer stürzte hinaus. Im Badezimmer riss er das Fenster auf und schnappte wie ein Ertrinkender nach frischer Luft. Dann spritzte er sich am Becken Wasser ins Gesicht, richtete sich auf und starrte einen Moment auf sein kalkweißes Gesicht im Spiegel. Sie mussten hier raus. So schnell wie möglich. Wenn Kapfenbach auftauchte, wäre der Teufel los. Das würde er auch nicht mehr in den Griff kriegen, wenn er die Komödie vom scharfen Kriminaler spielte.

Als er ins Schlafzimmer zurückkam, schaffte es Franz, inzwischen mit einem Kissen im Rücken, die Augen einigermaßen offen zu halten, obwohl sein Kopf immer wieder zur Seite sackte. Lallend mühte er sich ein »Tut mir so leid« ab. Caroline tätschelte seine Hand.

»Wie bist du denn in die Wohnung gekommen?«, fragte sie.

Er stöhnte auf. »Du hast gestern gesagt ... dass du nur fünftausend ... da hab ich Angst bekommen ... dass er zornig wird ... dir was antut ... und bin ihm nach ...«

»Hast du seine Adresse gekannt?«, fragte Reitmeyer.

Franz sah ihn fassungslos an, als hätte er den Kommissär erst jetzt bemerkt. »Du musst jetzt nicht reden«, sagte Caroline mit einem vorwurfsvollen Blick zu Reitmeyer hinüber. »Das strengt dich viel zu sehr an.«

»Und dann hat er gesagt ...«, fuhr Franz, als hätte er Klebstoff im Mund, stockend fort, »... du zahlst *alles* ... weil er dir ein Foto ... gegeben hat ...« Er stöhnte auf. »Da bin ich ausgerastet.«

Caroline beugte sich schnell vor. »Sei still, Franz! Ganz ruhig. Jetzt ist alles gut.«

»Nein, nein ... da bin ich ... auf ihn los«, lallte Franz weiter. »Aber der war stärker ... hat mich gepackt ... in den hinteren Teil ... gezerrt ... mir die Kleider«, er stöhnte laut auf, »mich gefesselt ... mir was in den Hals geschüttet ... ich bin fast erstickt ...«

»Du bist jetzt ganz still«, unterbrach ihn Caroline. »Ich hol ein paar Handtücher aus dem Bad und mach dich sauber.«

Reitmeyer blickte ihr nach. Damals hatte sie ihn also auch belogen. Nach der Sache in der Gerichtsmedizin mit den rausgedrehten Sicherungen. Deshalb war sie so schroff zu ihm gewesen. Weil ihr der Kerl auf der Straße nicht etwa seine Karte, sondern ein Foto gegeben hatte. Ihm war auch klar, was für ein Foto.

Sepp machte eine Kopfbewegung in Reitmeyers Richtung, stand auf und ging in den Gang hinaus. Reitmeyer folgte ihm. »Ich finde«, sagte Sepp flüsternd, »ich sollte mich mal um den Hausmeister kümmern.« Reitmeyer warf einen Blick durch den Türspalt, um sich zu vergewissern, dass der Mann seinen Posten nicht verlassen hatte. »Wir müssen den Franz schließlich hier rausschaffen. Und möglichst so, dass es morgen nicht in allen Zeitungen steht.« Reitmeyer nickte. »Du bleibst hier, Sebastian. Ich red allein mit ihm.«

Sepp trat hinaus. »Herr Kugler«, begann er höflich. »es tut uns wirklich sehr leid wegen der Umstände, die wir Ihnen machen, so mitten in der Nacht.« Der Hausmeister sah Sepp etwas begriffstutzig an. »Ich vertrete gewissermaßen die Interessen der Familie des jungen Mannes. Und die wäre Ihnen wirklich sehr dankbar für Ihr Verständnis«, fuhr Sepp fort und strich wie zufällig über die Stelle seines Jacketts, wo gewöhnlich die Brieftasche steckt. Kugler folgte der Bewegung mit interessiertem Blick. »Sie wissen doch«, Sepp trat etwas näher, »junge Leute ... Offiziere, schlechte Gesellschaft ...« Kugler nickte zögernd. »Da ist schnell eine Dummheit gemacht.« Kugler hielt praktisch die Luft an. Und atmete hörbar aus, als Scheine in seiner Hand knisterten.

»Ja, ja das is wahr ...«, murmelte er nickend, während das Geld in seiner Hosentasche verschwand.

»Deshalb wären wir Ihnen sehr verbunden, wenn von dem Vorfall nichts bekannt werden würde.«

»Ja, freilich, freilich«, versicherte Kugler eifrig. »In jeder Familie gibt's was. Ich sag immer, kleine Kinder kleine Sorgen, große Kinder große Sorgen.«

»Genauso ist es, Herr Kugler. Und wenn Sie so gut wären, zu dem Taxi runterzugehen und dem Fahrer zu sagen, dass er unbedingt warten soll. Am besten bleiben Sie unten stehen, bis wir runterkommen.«

Reitmeyer zog Sepp mit einem Ruck wieder nach drinnen. »Jetzt wird's aber höchste Zeit, dass wir hier verschwinden. Ich möcht nicht unbedingt noch dem Untermieter begegnen.«

Sie gingen in die Kammer zurück. Caroline hatte ihren Bruder inzwischen so weit gesäubert, dass man ihn anziehen konnte. Sie blickte sich um, sah aber nirgendwo seine Kleider. »Ich schau vorn im Wohnzimmer nach, ich glaub, da lag ein Kleiderbündel auf dem Sofa«, sagte sie und eilte hinaus.

»Meinst du, du kannst gehen, Franz?«, fragte Sepp.

»Weiß nicht«, erwiderte er. »Mir ist immer noch ... furchtbar schlecht. Und in den Beinen ... hab ich irgendwie gar kein Gefühl.«

»Aber mit vereinten Kräften kriegen wir dich schon die Treppen runter«, beruhigte ihn Sepp und tätschelte seine Hand.

»Wir sollten uns wirklich beeilen«, sagte Reitmeyer ungeduldig und ging vor dem Bett auf und ab. »Wieso hat der dich überhaupt ausgezogen?«

Franz stöhnte auf. »Weil er mich ... weil er mir zeigen wollte ... dass er ...«

»Ist schon gut, Franz«, sagte Sepp. »Das können wir später besprechen.«

Aus dem vorderen Wohnungsteil drangen plötzlich merkwürdige Laute. Wie Stühlerücken, Papiergeraschel, ein unterdrückter Schrei, dann fiel krachend etwas zu Boden. Reitmeyer reckte den Kopf.

Sepp sprang auf und wollte zur Tür hinaus, Reitmeyer packte ihn am Arm und legte den Finger auf den Mund. Mit aufgerissenen Augen sah ihn Sepp an. Reitmeyer bedeutete dem Freund, den Stecker der schweren Messinglampe neben dem Bett herauszuziehen und sie ihm zu geben. Dann zog er die Schuhe aus. Auf Strümpfen schlich er bis zur Biegung im Flur und schließlich den Gang entlang bis kurz vor die Wohnzimmertür. Was er im Spiegel gegenüber der offenen Tür sah, ließ ihm den Atem stocken.

Caroline stand vor dem hohen Sekretär, Kapfenbach hinter ihr. Mit einer Hand hielt er ihr den Mund zu, mit der anderen drückte er ihr seine Armeepistole an den Hinterkopf. »So haben Sie sich das also gedacht, Fräulein Doktor. Mich in meinem Haus auszurauben?«

Reitmeyer sah, dass sie ein kleines, weiß eingewickeltes Päckchen in der Hand hielt. Caroline versuchte etwas zu sagen, bekam aber nur ein Glucksen heraus. Reitmeyer drückte sich an die Wand. Er musste den Kerl überrumpeln, ihn einen Moment lang dazu bringen, den Griff um Caroline zu lockern. Im Spiegel sah er, dass sie das Päckchen ablegte und mit den Händen über die Schreibtischplatte tastete. Kapfenbach riss sie ein Stück nach hinten. »Dabei schulden Sie mir noch Geld!«, zischte er ihr ins Ohr. Caroline versuchte wieder, etwas zu sagen. Reitmeyer sah, dass ihr Blick auf die Schreibplatte fixiert war. Sie versuchte den Kopf zu drehen, die Hand auf ihrem Mund abzuschütteln. *Jetzt*, dachte Reitmeyer. Er spannte sich an, holte tief Luft und sprang mit einem Satz vor die Türöffnung. »Schluss jetzt!«, brüllte er. »Lassen Sie die Frau sofort los!«

Kapfenbach riss den Kopf herum. »Breuer?«, stieß er hervor. In diesem Moment der Verwirrung nahm Caroline blitzschnell ein Papiermesser vom Schreibtisch und rammte es ihm in den Oberschenkel. Kapfenbach schrie auf, krümmte sich, drückte die Hand auf die Wunde und ließ Caroline los. Aber nicht seine Waffe. »Vorsicht!«, schrie Reitmeyer und stürzte nach vorn, um Caroline von dem Leutnant wegzureißen, als der Schuss bereits krachte und der Türrahmen splitterte. Bevor Kapfenbach sich aufrichten und zum zweiten Mal abfeuern konnte, zog ihm Reitmeyer gerade noch rechtzeitig den Lampenfuß über den Kopf. Der Leutnant sank zu Boden.

Sepp kam durch den Gang gerannt und blieb hinter Reitmeyer stehen. Zu dritt blickten sie auf die zusammengesunkene Gestalt hinab. »Ist der tot?«, fragte Sepp.

Aus dem Treppenhaus klangen erregte Stimmen.

Reitmeyer stieß mit dem Fuß die Waffe beiseite. Caroline deutete hektisch auf die Tür. »Wenn da jemand raufkommt!«

Reitmeyer horchte einen Moment, dann machte er die Tür einen Spalt auf. Zwei Frauenstimmen. »Schnell! Alle Lichter aus! Still!«

Sie standen im Dunkeln und hielten die Luft an. Aus dem Treppenhaus klangen Schritte. Kamen über den Absatz vor ihrer Tür. Es klingelte.

»Das muss von da gekommen sein«, sagte eine Frau.

Erneutes Klingeln. Sie rührten sich nicht.

»Was machen wir jetzt?«, fragte die andere.

»Ich ruf die Polizei an«, sagte die Frau. »Mein Mann ist nicht da, und Ihre Familie auch nicht.«

»Ob das wieder was mit den Serben war?«, fragte die andere ängstlich.

Die Schritte entfernten sich langsam. Wohnungstüren wurden geschlossen.

Reitmeyer drehte eine Wandlampe an. »Da kann sie ruhig anrufen«, sagte er. »Die kommen so schnell nicht.«

Caroline stand an den Schreibsekretär gelehnt und hielt die Hand an den Hals. Dann ging sie stumm neben Kapfenbach in die Knie und tastete nach seiner Schlagader, hob seine Lider an und prüfte seine Augen. »Der ist nicht tot, bloß bewusstlos«, sagte sie mechanisch. »Der kann jeden Moment wieder zu sich kommen.«

»Dann müssen wir ihn fesseln. Schnell!« Reitmeyer sah sich nach einem geeigneten Gegenstand um. »Sind das Seidenstrümpfe, die du anhast?«, fragte er Caroline.

Sie drehte sich irritiert um. »Ja, wieso?«

»Dann gib sie mir.«

Caroline sah zu Sepp hinüber. Der drehte sich um. Dann streifte sie die Schuhe ab, lüpfte den Rock und rollte die Strümpfe über die Beine herunter. »Hier«, sagte sie. »Wir sollten ihn seitlich lagern, damit er nicht erstickt, wenn er sich erbrechen sollte.«

Mit Sepps Hilfe rollten sie Kapfenbach auf die Seite, Reitmeyer fesselte ihm die Hände auf den Rücken, dann band er seine Füße zusammen.

»Und was machen wir jetzt?«, fragte Sepp.

Aus dem hinteren Trakt rief Franz mit erstickter Stimme. Sepp lief in den Gang und antwortete, dass sie gleich zu ihm kommen würden.

»Einfach so abhauen können wir jedenfalls nicht mehr«, sagte Reitmeyer.

»Wir müssen die Militärbehörden verständigen«, sagte Sepp.

»Was?«, fuhr Caroline auf, »dann war ja alles umsonst!«

»Willst du ihn so liegen lassen?«

»Nein ... aber ...«

»Wir könnten auf alle Fälle zuerst Franz wegbringen«, sagte Reitmeyer. »Am besten in deine Wohnung, Sepp. Ich helf euch, ihn runterzuschaffen. Und von dem Gasthaus weiter vorn ruf ich die Polizeistation am Mariahilfplatz an. Die sind am nächsten und können am schnellsten hier sein. Dann liefern wir ihn im Militärlazarett ab.«

»Und was erzählst du denen?«

»Genau das gleiche, was wir dem Hausmeister gesagt haben. Caroline hat ihren Bruder gesucht, alles weitere werde ich sehen.«

»Ja, aber dann kommt doch alles raus«, rief Caroline, »dann ist Franz doch erledigt. Dann kommt es zu einer Untersuchung, und wer weiß, was dieser ... Mensch hier dann alles aussagt«, sie machte eine fahrige Geste auf Kapfenbach, »das ist doch sein Ruin. Dann sind wir alle erledigt.«

»Das hätte sich Franz vielleicht vorher überlegen sollen«, schnitt ihr Sepp das Wort ab. »Es gibt keine andere Möglichkeit. Da lässt sich nichts mehr vertuschen.«

»Aber wir könnten ihn später doch auch wegbringen ...«

»Bist du irre? Und was mit ihm anstellen? In die Isar werfen?«

»Nein! Ich könnte ihm das Geld geben ... dann hätte er, was er will. Dann bräuchten wir doch keine Militärbehörden.«

»Du redest wirres Zeug, Caroline«, sagte Sepp. »Willst du ihm so lange die Hand halten, bis er wieder aufwacht? Und was dann? Treten wir in Geschäftsverhandlungen mit ihm? Meinst du, ich ruinier mir wegen der Neigungen deines Bruders meinen Beruf als Anwalt, wenn die Sache hier auffliegt? Dem Franz droht allenfalls die Entlassung aus dem Militär, aber der Sebastian könnte seine Stellung und seinen Lebensunterhalt verlieren, wenn rauskommt, dass er mit einem Erpresser praktisch gemeinsame Sache gemacht und ihm zu seiner Beute verholfen hat. Wer weiß denn, ob der Hausmeister wirklich dichthält? Und wenn die Presse irgendwas spitz kriegt, das wär doch ein gefundenes Fressen für die ...«

»Und wenn sie gar keine Untersuchung machen, sondern ihm gleich eine Pistole hinlegen ...«

»Eine Pistole?«, fragte Sepp. »Wieso denn das? Hat der Franz etwa unsere Aufmarschpläne an die Russen verkauft? So ein Schmarrn.« Er ging in die hintere Kammer zurück.

Caroline sah Reitmeyer an. »Sag doch du was!«, rief sie verzweifelt. »Du hast mir erklärt ...«

»Das waren ganz andere Voraussetzungen, Caroline, damals zählte doch Franz noch zum Kreis der Verdächtigen. Aber jetzt ...«, er griff das Kleiderbündel vom Sofa. »Jetzt ist der Erpresser gefunden, und ob er zugleich ein dreifacher Möder ist, wird die Untersuchung ergeben.« Als Caroline zu einem Einwand ansetzte, fügte er entschieden hinzu: »Wir sollten den Franz jetzt anziehen und so schnell wie möglich hier rausbringen. Besser, er ist nicht mehr da, wenn meine Leute kommen.« Er ging zur Tür. »Du solltest den Mann hier untersuchen, ob der eine Weile allein bleiben kann. Vielleicht siehst du dir diese Wunde an seinem Bein mal an.«

Caroline setzte wieder zu einem Protest an, aber Reitmeyer hob abwehrend die Hand und ging hinaus.

»Bist du so weit?«, fragte Reitmeyer, als sie kurz darauf mit Sepp und Franz, der schlaff zwischen ihnen hing, an der Wohnungstür stand. Caroline hatte inzwischen Kapfenbachs Hosenbein aufgeschnitten und band eine große Serviette um die Verletzung an seinem Schenkel. Der Leutnant lag immer noch reglos in der gleichen Position am Boden. »Können wir?«, fragte Reitmeyer. »Aber ganz leise!« Caroline erhob sich, nahm ihre Tasche und folgte den dreien die Treppe hinab.

Der Hausmeister kam ihnen entgegengelaufen, als sie aus der Haustür traten. »Kann ich helfen?«, fragte er beflissen.

»Ja, vielleicht könnten Sie seine Beine nehmen, dann geht's schneller.«

Der Taxifahrer stieg aus. »Ist der bsoffen?«, fragte er. »Wenn der mir den Wagen vollspeibt.«

»Nein, nein«, beruhigte ihn Sepp. »Dem geht's bloß nicht gut.«

Reitmeyer atmete erleichtert auf, als er dem abfahrenden Wagen nachsah. Sepp hatte dem Taxifahrer noch einen Geldschein zugesteckt und etwas von einem Kreislaufschock gemurmelt, und Caroline war schließlich auch ohne weiteren Protest eingestiegen. Zu einer Einschätzung des Gesundheitszustands von Kapfenbach war sie nicht bereit gewesen. »Weiß nicht«, erwiderte sie nur knapp auf die Frage, ob man den Mann sich allein überlassen könne, während er telefonieren ginge. »Ihr habt das ja ohnehin so entschieden.«

Der Hausmeister kam auf ihn zu. »Kann ich die Wohnung jetzt wieder absperren?«, fragte er.

»Noch nicht, Herr Kugler, ich ... hab noch was oben.«

Gegenüber im Haus ging quietschend ein Fenster auf, und jemand steckte den Kopf heraus. Reitmeyer zog Kugler aus dem Lichtkegel der Straßenlaterne. »Am besten, Herr Kugler, Sie gehen wieder in Ihre Wohnung und warten dort, bis ich fertig bin. Das macht am wenigsten Aufsehen. Ich klopf dann bei Ihnen.«

Kugler sah den Kommissär etwas unsicher an.

»Ich lauf jetzt schnell in das Wirtshaus da vorn, um meine Dienststelle zu benachrichtigen. Die wollten mir einen Wagen schicken, verstehen S' ... und übrigens«, er schenkte dem Hausmeister ein anerkennendes Nicken, »Sie haben sich sehr umsichtig verhalten, Herr Kugler.«

Dass der Mann über das Lob nicht in plötzlichen Jubel ausbrach, nachdem er ihn anfangs so angeschnauzt hatte, wunderte Reitmeyer nicht. Entsprechend nickte Kugler auch nur flüchtig und bedachte ihn mit einem leicht misstrauischen Seitenblick, bevor er die Straße überquerte und zum Haus zurückging. Er selbst lief in Richtung des Gasthauses.

Der Wirt wollte zwar gerade zusperren, ließ ihn aber noch ein, um zu telefonieren. »Die Polizei am Mariahilfplatz benachrichtigen?«, fragte er. »Hat's denn wieder was mit den Serben gegeben?«

»Ja, die beschäftigen uns schon den ganzen Tag«, sagte Reitmeyer und ging zu dem Apparat neben dem Tresen. Er legte ein Geldstück auf die Theke und wartete, bis der Wirt in die Küche verschwunden war. Dann ließ er sich verbinden. Der Diensthabende erklärte ihm, dass man noch auf die Rückkehr ihrer Einheit warte, aber das dürfte in der nächsten Viertel- bis halben Stunde der Fall sein. Ein Überfall in der Corneliusstraße? Nein, schneller könne er niemanden schicken, die seien alle noch unterwegs.

Reitmeyer bedankte sich bei dem Wirt und lief wieder hinaus. Schneller bekäme er nirgendwo einen Wagen her. Er musste eben am Fenster der Wohnung warten, bis die Polizisten auftauchten.

Im Sturmschritt lief er die Corneliusstraße zurück. Als er die nächste Ecke erreichte, etwa fünfzig Meter von Kapfenbachs Haus entfernt, sah er zwei Männer aus der Eingangstür kommen. Sie blieben stehen, als ein Militärfahrzeug von der Isarseite her einbog. Reitmeyer blieb ebenfalls stehen.

Das Militärfahrzeug hielt gegenüber dem Eckhaus an, und drei Uniformierte sprangen von der Ladefläche, aus der Fahrerkabine kletterte ein weiterer heraus. Dann nahm einer etwas vom Wagen, das wie eine große dunkle Rolle aussah. Er steckte sich das Ding unter den Arm und überquerte mit den drei anderen die Straße. Hob einer der beiden Männer die Hand und machte ihnen ein Zeichen? Er konnte es nicht genau erkennen. Die zwei Männer entfernten sich um die Ecke. Die Militärs marschierten ins Haus. Reitmeyer spurtete bis zur Ecke und sah gerade noch, wie ein schwarzes Auto in südlicher Richtung davonfuhr.

Was hatten Kapfenbachs Schatten hier gewollt? Hatten sie die Militärs benachrichtigt? Aber was hatten sie mit dem Militär zu tun? Er rannte zum Haus zurück.

Die Haustür stand offen, und er lief in den ersten Stock hinauf. Vor der Wohnungstür blieb er stehen und legte das Ohr ans Türblatt. Von drinnen hörte er Stimmen und ein schabendes Geräusch, als würde etwas über den Boden geschleift.

Er klopfte. Als niemand aufmachte, drückte er auf die Klingel. Stiefeltritte ertönten im Gang. Die Tür wurde aufgerissen. Ein Feldjäger in grüner Uniform stand vor ihm. »Was wollen Sie?«, fragte er barsch.

Reitmeyer zückte seine Dienstmarke. »Kriminalpolizei München. In der Wohnung hat ein Überfall stattgefunden. Ich habe einen Wagen von der Polizeistation Mariahilfplatz angefordert, um –«

»Was ist hier los?«, fragte ein Offizier in dunkelblauer Artillerieuniform herrisch und schob den Feldjäger beiseite. »Kriminalpolizei? Hier handelt es sich um einen Angehörigen unserer Truppe. Das betrifft allein unsere Belange.«

Reitmeyer wich nicht zurück vor dem breit gebauten Menschen mit dem feisten, rötlichen Gesicht, der sich drohend vor ihm aufbaute. Auch der starre Blick, mit dem er ihn fixierte, und der Kommandoton, mit dem er die Worte ausspuckte, beeindruckten ihn nicht.

»Sie befinden sich in der Wohnung eines Zivilisten«, erwiderte Reitmeyer scharf. Gleichzeitig versuchte er einen Blick in die Wohnung zu werfen, sah aber nur, dass zwei Uniformierte in dem vorderen Raum eine Plane auf dem Boden ausrollten.

»Muss ich Sie daran erinnern, dass Sie sich als Polizist Militärpersonen bei Ausübung ihres Dienstes nicht nähern dürfen!« Er hörte sich an, als würde er seine Worte aus Eisenblech stanzen.

»Sie befinden sich in Ausübung Ihres Dienstes? In einer Privatwohnung?«

Von oben hörte man, wie ein Schloss aufgesperrt wurde und eine Tür knarrend aufging.

Der Offizier machte einen Schritt nach vorn und warf einen Blick ins Stiegenhaus hinauf. »Hören Sie«, sagte er, offensichtlich bemüht, den schroffen Befehlston zu mildern. »Wir haben die Angelegenheit übernommen.« Er zog die Tür weiter hinter sich zu. »Ich muss Sie bitten, absolutes Stillschweigen über den Vorgang zu wahren.« Auf Reitmeyers abwehrende Miene fügte er noch etwas konzilianter hinzu: »Wir setzen uns mit Ihrer Dienststelle in Verbindung. Sie werden hier nicht mehr benötigt, Sie können sich entfernen, Kommissär ...?«

»Reitmeyer, Polizeipräsidium München.«

Der Offizier nickte kurz, trat in die Wohnung zurück und schloss die Tür.

Reitmeyer blieb noch einen Moment stehen, dann ging er die Treppe hinunter.

Dem Offizier war offensichtlich daran gelegen, ihn zu beschwichtigen. Damit seine Proteste kein Aufsehen erregten, die anderen Hausbewohner nicht aufscheuchten. Unten auf der Straße blickte er zu dem Militärfahrzeug hinüber, dessen Fahrer rauchend an der Seitenwand lehnte.

Der Aufforderung des Offiziers, sich zu entfernen, kam Reitmeyer allerdings nur bedingt nach. Er ging bis zum nächsten Hauseingang und drückte sich in den Schatten. Nach etwa fünf Minuten kamen die Feldjäger aus dem Haus. Zwei von ihnen schleppten etwas, das in eine Plane eingeschlagen war. Mit vereinten Kräften hievten sie ihre Last auf den Wagen und sprangen auf, nachdem der Offizier eingestiegen war. Dann fuhren sie ab.

Reitmeyer blieb noch einen Moment stehen. Das war doch nicht möglich. War das der »Dienst«, den sie ausgeübt hatten?

53

»Endlich, Sebastian«, rief Sepp, »du wolltest den Kerl doch bloß abliefern? Ist alles gut gegangen?«

»Weiß ich noch nicht. Das wird sich herausstellen. Wo ist Caroline?«

»In der Küche. Sie macht Haferschleim für Franz.«

Reitmeyer folgte Sepp den Flur hinunter. An der offenen Küchentür blieb er stehen und sah zu Caroline hinüber, die am Herd stand und in einer blubbernden Flüssigkeit rührte. Sie drehte sich nur kurz um und nickte ihm zu wie einem Bekannten, den man zufällig auf der Straße trifft. »Ach, du sprichst nicht mehr mit mir?«, fragte er gereizt. »Nachdem ich ...«

Sepp legte ihm die Hand auf die Schulter. Dann schüttelte er den Kopf und machte eine beschwichtigende Geste. »Hat es irgendwelche Schwierigkeiten gegeben im Lazarett?«, fragte er. »Aber jetzt setz dich erst mal.« Er zog einen Stuhl für ihn heraus. »Was zu trinken?«

Reitmeyer leerte das Glas Wasser in ein paar Schlucken, das Sepp für ihn eingegossen hatte. Caroline rührte schweigend ihren Haferschleim weiter. Eine unbehagliche Stille breitete sich aus.

»Kapfenbach ist tot«, sagte Reitmeyer unvermittelt.

Caroline hielt mit Rühren inne. »Woher weißt du das?«, fragte sie, ohne sich umzudrehen.

»Weil ihn Feldjäger aus dem Haus getragen haben. Eingewickelt in eine Plane.«

Sie drehte sich um. »Wieso Feldjäger? Ich dachte, du wolltest ihn wegbringen?«

»Dazu kam es nicht mehr. Als ich aus dem Gasthaus zurücklief, waren sie schon in der Wohnung.«

»Wer hat die gerufen?«, fragte Sepp.

»Keine Ahnung.« Reitmeyer stand auf und nahm sich noch ein Glas Wasser. »Aber warum war der überhaupt tot?«, fragte er in Carolines Richtung. »Ich dachte, du hast ihn untersucht und gesagt –«

»Ich hab gar nichts gesagt«, unterbrach sie ihn auffahrend und warf den Löffel auf den Herd. »Ihr habt ihn doch liegen gelassen. Du bist doch weggerannt, um die Militärbehörden zu verständigen.«

»Es gab keine andere Möglichkeit, Caroline. Trotz deiner Angst, was dieser Mensch aussagen könnte«, fügte er hinzu, »Trotz der Schwierigkeiten, die deinem Bruder und deiner ganzen Familie entstehen könnten, wenn es zu einer Untersuchung kommt.«

»Das hab ich schon verstanden«, erwiderte sie aggressiv.

»Aber als du den untersucht hast, da schien er doch noch gelebt zu haben. Jedenfalls hast du nichts Gegenteiliges gesagt.«

Caroline machte einen Schritt nach vorn und griff nach der Lehne eines Küchenstuhls. Sie war noch eine Spur blasser geworden als bei seinem Eintreten und fixierte ihn mit einem stechenden Blick. »Und du meinst jetzt«, sagte sie leise, »ich sei für den Tod dieses Menschen verantwortlich?«

»Er kommt dir zumindest nicht ungelegen«, erwiderte Reitmeyer ungerührt.

»Also, Sebastian!«, rief Sepp. »Das ist doch ...!«

Reitmeyer beachtete ihn nicht. »Du hast mich die ganze Zeit hintergangen, Caroline. Hast dich hinter meinem Rücken mit dem Erpresser getroffen, dein Bruder kannte den Kerl sogar, wusste, wo er wohnt –«

»Hintergangen? Ich hab dich *rausgehalten*!«, sagte Caroline mühsam beherrscht. »Aus einer Sache, in der du ohnehin nicht weitergekommen bist –«

»Aber vielleicht wär ich weitergekommen«, schrie Reitmeyer, »wenn du mich eingeweiht hättest, statt zu versuchen, mich abzulenken oder auf falsche Fährten zu locken, indem du erfundene Geschichten über den Haugfeld erzählt hast!«

»Das bringt doch nichts!«, rief Sepp und schlug auf den Tisch. »Lass uns lieber gemeinsam überlegen, warum diese Militärs aufgetaucht sind!«

»Das überlass ich ganz euch«, sagte Caroline kalt und wandte sich ab. Mit zitternden Händen goss sie den Haferschleim in eine Schale und ging hinaus.

»Wir sollten vermeiden, uns gegenseitig an die Gurgel zu

gehen. Ich weiß nicht, was zwischen dir und Caroline vorgefallen ist«, sagte Sepp und stand auf, um die Tür hinter ihr zu schließen. »Ich kann mir allerdings gut vorstellen, dass sie mit allen Mitteln versucht hat, den Franz aus der Schusslinie zu bringen.« Er setzte sich wieder. »Aber das sollten wir jetzt mal beiseitelassen. Viel wichtiger ist doch, dass von uns jedenfalls keiner das Militär verständigt hat. Also müssen die schon vorher was gewusst haben. Vielleicht wussten sie überhaupt Bescheid über diesen Kapfenbach? Die haben doch ihre eigenen Informanten.«

Reitmeyer dachte an die beiden Männer, die aus dem Haus gekommen waren. Doch bevor er Sepp in die Hintergründe einweihte, wollte er erst mit seinem Präsidenten sprechen.

»Wer weiß, was da hinter den Kulissen abgelaufen ist. Und wenn das zutrifft, war es für sie höchste Zeit einzugreifen«, sagte Sepp.

»Was meinst du damit?«

»Unsere Zeitung hat ganz gute Verbindungen nach Russland.« Er senkte die Stimme, »und es gibt Anzeichen, dass man sich dort auf ein militärisches Eingreifen vorbereitet. Aber selbst ohne solche Informationen würde ich davon ausgehen, dass sie Vorbereitungen treffen, ihre Truppen mobil zu machen. Denk doch an die Entfernungen, die sie zu überwinden haben. Und darauf beruhen doch die ganzen Hoffnungen unserer Militärs, dass die Russen früher als wir die Mobilmachung verkünden müssen und wir nicht als Aggressor dastehen. Wir verteidigen dann bloß unser Land gegen die anrollende Dampfwalze. Und ich sage dir«, er klopfte auf den Tisch, »das Ganze dauert nur noch ein paar Tage. Du wirst sehen.«

»Und was hat das mit Kapfenbach zu tun?«

»Ja meinst du, sie möchten in dieser aufgeladenen Atmosphäre einen Skandal riskieren, der das ganze Militär beschädigen könnte? Wer weiß denn, was dieser Kerl sonst noch auf dem Kerbholz hatte? Wen er sonst noch erpresst hat?«

Reitmeyer überlegte einen Moment, ob er dem Freund sagen sollte, dass er Kapfenbach für einen dreifachen Mörder hielt. Aber was brachte das im Moment?

»Und deshalb glaube ich auch nicht, dass es überhaupt zu einer Untersuchung kommt«, fuhr Sepp fort. »In der gegenwärtigen Lage versuchen sie bestimmt, die Sache nicht an die große Glocke zu hängen. Mich würde es nicht wundern, wenn man dir dringend nahelegen wird, im Interesse unserer Nation, Stillschweigen zu bewahren.« Er stand auf. »Ein Bier?«

Reitmeyer nickte.

»Und übrigens, aus England wird auch nichts. Lukas hat mich angerufen. Die Konzerte sind abgesagt. Der Veranstalter traut sich im Moment nicht, einen deutschen Geiger auf die Bühne zu stellen.«

»Ich hab ohnehin nicht geglaubt, dass ich nach England komme«, sagte Reitmeyer und stieß mit seinem Freund an.

»Könnte sein«, erwiderte Sepp, »dass wir trotzdem ein paar Reisen unternehmen. Hast du dir schon mal überlegt, dass auch wir zwei eingezogen werden, wenn es so weit ist?

54

Den Sonntag verbrachte Reitmeyer fast nur auf dem Kanapee. Die Aktionen am Samstag und in der Nacht hatten ihn an den Rand seiner Kräfte gebracht, mit starken Kopfschmerzen lag er im Halbdunkel seines Zimmers. Sobald er aufstand, setzte nach wenigen Minuten Schwindel ein, ihm war übel, mit Überwindung brachte er die Suppe hinunter, die seine Tante für ihn kochte.

Am nächsten Morgen fühlte er sich ein wenig besser. Aber da die Unruhen auch den ganzen Sonntag angehalten hatten und eine Menge Anzeigen eingegangen waren, erwartete ihn am Montagmorgen ein Haufen Arbeit. Schlimmer jedoch war die anhaltende Nervosität, was das Militär jetzt unternehmen würde, wann man seine Dienststelle informierte, wie der Offizier in Kapfenbachs Wohnung angekündigt hatte.

Doch er hörte nichts.

Am Dienstagvormittag schließlich gelang es ihm nur noch mit Mühe, sich auf seine Arbeit zu konzentrieren. Immer wieder sah er auf die Uhr, weil er ständig erwartete, dass der Präsident ihn zu sich rief, aber jetzt war schon fast Mittag und der Präsident hatte sich immer noch nicht gemeldet. Etwas abwesend betrachtete er wieder die drei Vergrößerungen, die Steiger ihm vorgelegt hatte: Ein flaches abgerissenes Streichholz, ein Streichholzbriefchen Marke Jupiter und dasselbe Briefchen geöffnet, in dessen Halteleiste am unteren Rand sich das Streichholz perfekt einpasste.

»Das ist der Beweis«, sagte Steiger, »dass sich der Kerl doch am Tatort aufgehalten hat, obwohl er es strikt leugnet.«

»Und das Jupiter-Briefchen war in seiner Tasche?«, fragte Reitmeyer.

»Ja. Aber darauf hätte keiner geachtet, wenn Rattler nicht das Streichholz am Boden gefunden und aufgehoben hätte. Dieser Kerl hat sicher Komplizen und ist möglicherweise für die ganze Serie von Wirtshauseinbrüchen verantwortlich.«

»Das wäre ja endlich mal ein Lichtblick in diesen Zeiten«, rief Klotz von der Tür aus. »Steiger hat mir das Material auch schon gezeigt. Endlich kommt einmal Bewegung in die Sache, endlich einmal ein Durchbruch!«

»Dann konfrontieren wir ihn damit beim Verhör«, sagte Reitmeyer. Mit seinem Alibi ist es dann wohl auch nicht weit her.«

»Ach, eindeutig gelogen. Die Kellnerin ist seine Schnalle«, sagte Steiger.

»Also gut, dann lass ihn gleich nach eins raufbringen.« Er sah wieder auf die Uhr. Viertel vor zwölf. Noch immer nichts von »oben«. Doch gerade als er aufstehen wollte, klingelte das Telefon. Die Sekretärin des Präsidenten.

Die Tür zum Zimmer des Präsidenten war angelehnt. Die Sekretärin lächelte ihm entgegen und säuselte, dass er nur gleich durchgehen solle. Offensichtlich herrschte keine Gewitterstimmung. Er klopfte und trat ein.

Der Präsident saß an seinem Schreibtisch und bedeutete ihm mit einer Geste, die Tür hinter sich zu schließen. »Das ist ja eine ganz ungeheuerliche Geschichte, über die mich das Innenministerium heute Morgen informiert hat«, begann er sofort. »Geradezu unfasslich!«

»Herr Präsident, ich ...«

Er winkte ab. »Nein, nein, Reitmeyer, Sie haben sich vollkommen tadellos verhalten. Das hat mir Ministerialdirektor von Bleicher ausdrücklich versichert. Wer weiß, was sonst noch passiert wäre.« Er deutete auf den Besucherstuhl.

Reitmeyer setzte sich.

»Wie sind Sie denn überhaupt auf dieses Subjekt gekommen? Wie haben Sie herausgefunden, wo sich der Mensch aufhält?«

»Die Schwester des Leutnants von Dohmberg hatte es wohl von ihrem Bruder erfahren. Deswegen konnte schnell eingegriffen werden.«

»Ah, die Schwester ...«

Das Telefon auf seinem Schreibtisch klingelte. Der Präsident nahm ab. »Ja, ich verstehe ... ja ...« Sein Gesicht verdüsterte sich zunehmend. Während er den Präsidenten beobachtete, rasten in Reitmeyers Kopf die Gedanken. Woher wusste Bleicher überhaupt, was genau passiert war? Franz war doch gar nicht mehr in der Wohnung gewesen, als die Militärs auftauchten. Und wer hatte die überhaupt gerufen?

Der Präsident legte auf und starrte einen Moment vor sich hin. Dann seufzte er tief und sah Reitmeyer an. »Österreich-Ungarn hat Serbien den Krieg erklärt«, sagte er schließlich.

»Was meinen Sie? Ist das der dritte Balkankrieg oder ...« Er machte eine vage Geste.

Es läuft alles genauso, wie Sepp es vorausgesagt hatte, dachte Reitmeyer. Sie haben die Kriegserklärung abgewartet, bevor man seine Dienststelle informierte. Und als Nächstes würde man ihn auffordern ...

»Ach ja, und was Sie betrifft, Reitmeyer. Die Militärstaatsanwaltschaft nimmt sich der Sache jetzt an. Deshalb liefern Sie doch bitte auch alle Akten und Aufzeichnungen, die Sie im Rahmen dieser beiden Mordfälle haben, an mich ab. Ich leite sie dann weiter. Man will sicher ermitteln, ob dieses Subjekt noch in andere Ungeheuerlichkeiten verstrickt war.«

Reitmeyer richtete sich auf.

»Und ich muss Ihnen ja wahrscheinlich nicht ausdrücklich einschärfen, dass in einer so prekären Lage –«

»Absolut nichts über den Vorfall nach außen dringen darf?«

Der Präsident sah ihn irritiert an. »Ganz richtig. Genauso ist es.«

Reitmeyer ging nach unten und lehnte sich auf einem Treppenabsatz an die Wand. Wieso wollte man die Unterlagen zu den beiden Mordfällen von ihm haben? Was wussten die Ministerien über Kapfenbach?

Er trat an ein Fenster und sah auf die Straße hinab. Zeitungsjungen verkündeten die Meldung ihrer Extra-Ausgabe. *Kriegserklärung an Serbien! Österreich-Ungarn erklärt Serbien den Krieg!* Passanten rissen ihnen die Blätter aus den Händen.

Hatte man ihn wochenlang ermitteln lassen, obwohl man längst wusste, wer der Täter war? Aber warum hatte man Kapfenbach dann nicht festgenommen?

Irgendetwas in seinem Hinterkopf begann zu rumoren, als wollte es an die Oberfläche. Ein Gedanke versuchte sich aus dem formlosen Knäuel zu lösen und Gestalt anzunehmen. Plötzlich schoss es ihm wie ein Nadelstich durch den Kopf.

Weil es genauso gewünscht war! Wer waren die Opfer? Erpresser! Man wollte die Erpresser eliminieren!

Hatte Kapfenbach im Auftrag der Militärs gehandelt? Warum ließ man dann zu, dass er von »Agenten« der Schweren-Reiter verfolgt wurde? Das ergab keinen Sinn. Reitmeyer starrte auf die Straße hinab.

Plötzlich fiel ihm die »Offiziersschnalle« wieder ein, die im Neptun am Nebentisch von Neugebauer gesessen hatte. Ob ihr sonst noch was aufgefallen sei, hatte er sie gefragt. »Zwei Herrn«, sagte sie, »die an dem Tisch mit der Cognacflasche standen.« *Bevor* Neugebauer kam.

Was er damals für belangloses Beiwerk gehalten hatte, wie es Zeugen oft von sich gaben, wenn man sie befragte, ging ihm mit einem Mal als zentrale Information auf: Die beiden Männer hatten die Flasche präpariert! Und warum? Um das Opfer ruhigzustellen, das anschließend ermordet werden sollte.

Er riss das Fenster auf, als bekäme er nicht genug Luft zum Atmen. Er war absolut auf dem Holzweg gewesen. Genauso wie Kapfenbach. Die beiden »Herrn« hatten schon von Anfang an die Fäden gezogen. Und sie handelten gar nicht im Auftrag der Schweren-Reiter Schmödel und Rüdesheim, sondern bekamen ihre Direktiven von ganz anderer Stelle.

Mit einem Mal wurde ihm heiß, eine maßlose Wut stieg ihm auf. Er rannte wieder die Treppe hinauf, hetzte durch den Gang und riss die Tür des Sekretariats auf. Ohne die Sekretärin zu beachten, stürmte er ins Büro des Präsidenten.

»War auch ich Ihre Marionette?«, rief er.

Der Präsident fuhr auf. »Was fällt Ihnen ein?«, schrie er. »Was soll der Unfug?«

Reitmeyer schloss die Tür hinter sich. »Das würde ich gern von Ihnen wissen. Haben Sie mich auch bloß benutzt? Durfte ich ein bisschen herumermitteln, ein bisschen im Nebel stochern, als Feigenblatt für die Presse?«

»Was reden Sie da? Sind Sie verrückt geworden?«

Der Präsident beobachtete entrüstet, wie Reitmeyer sich unaufgefordert auf dem Besucherstuhl niederließ. »Ganz und gar nicht, Herr Präsident«, erwiderte der Kommissär plötzlich ruhig. »Ich wollte mich nur vergewissern, ob sich meine Sicht der Dinge mit der Ihren deckt.«

Der Präsident griff nach dem Telefonhörer.

Reitmeyer drückte die Gabel nach unten. »Wachpersonal können Sie rufen, wenn ich fertig bin.« Er lehnte sich zurück. Der Präsident starrte ihn entgeistert an.

»Die ganze Sache war also von vornherein eingefädelt?«, fuhr Reitmeyer fort. »Leutnant Kapfenbach war Informant des Kriegsministeriums. Und wahrscheinlich hat man ihn deshalb ausgesucht, weil man von seinen Geldnöten wusste. Man hat ihn beobachtet, war nach ihm am Tatort, als er die bekannten Erpresser niederschlug und ausraubte ... und im Fall des Toten an der Ludwigsbrücke wurde das Opfer sogar vorher *präpariert.*«

»Sie verlassen augenblicklich ...«

»Und er hätte als Südenbock gedient, falls etwas schiefgelaufen wäre. Ihm hätte man die Morde anhängen können, die auf höchste Anweisung ausgeführt wurden.«

»Das ist ja ungeheuerlich ...«, stieß sein Vorgesetzter hervor, »sind Sie noch bei Sinnen?«

»Die Beute hat man Kapfenbach gegönnt«, fuhr Reitmeyer unbeirrt fort, »da man diese *Subjekte* ohnehin eliminieren wollte. Und eigentlich ging man davon aus, dass die Medulla-Stiche nicht entdeckt werden würden. Alles hätte wie geplant nach Unfällen ausgesehen, wenn die Gerichtsmedizin nicht dummerweise die wirkliche Todesursache entdeckt hätte. Wenn eine junge Ärztin, wie Sie sicher längst wissen, den Befund ihres Professors nicht angezweifelt hätte.«

»Hören Sie«, unterbrach ihn der Präsident, »Sie haben eine wirklich blühende Fantasie ...« Reitmeyer hörte vor allem, dass sein Vorgesetzter vor Entrüstung und Schnauben auf eine andere Gangart umgeschaltet hatte. Was wollte er jetzt? Ihn einschüchtern?

»Aber dann ist Kapfenbach aus dem Ruder gelaufen«, fuhr Reitmeyer fort. »Hat nicht nur Erpresser ausgeraubt, sondern ist selbst ins Erpressergeschäft eingestiegen. Er wurde zum Risiko. Und dann hat man ihn *eliminiert*. Ich gehe mal davon aus, dass man den Leutnant auch deswegen ausgewählt hatte, weil er keine Angehörigen hat, oder zumindest keine einflussreichen, die unbequeme Fragen stellen und nachbohren könnten. Sonst hätte man ihn nicht wie einen Tierkadaver in eine Plane eingewickelt auf einen Lastwagen geworfen.«

Der Präsident erhob sich abrupt und ging zum Fenster. Er sah eine Weile hinaus. Dann drehte er sich um. »Mein lieber Reitmeyer«, sagte er, »ich habe Ihnen schon einmal erklärt …«

»Dass Sie im Lauf Ihres Lebens aus Gründen der Staatsraison verschiedene Kröten schlucken mussten? Richtig, das haben Sie mir nach der Farce bei Herrn von Rager erklärt.«

»Nein, das meine ich nicht«, erwiderte er kalt. »Ich wollte Sie vielmehr warnen, dass Sie sich auf gefährlichem Terrain bewegen mit Ihren wüsten Anschuldigungen. Ich kann Ihnen nur raten, die Auswüchse Ihrer Fantasie für sich zu behalten. Aber vermutlich«, ein mattes Lächeln strich über sein Gesicht, »leiden Sie noch an den Folgen Ihres Unfalls. Der schweren Kopfverletzung.« Er kam an den Schreibtisch zurück und blieb dicht vor Reitmeyer stehen.

»Bis die wirklich auskuriert ist, bis Sie nicht mehr von plötzlichen Halluzinationen befallen werden, bis Sie sich beruhigt haben und wieder klar denken«, sein Tonfall war zunehmend schärfer geworden, »können Sie sich zwei Tage freinehmen.« Er hob die Hand, als Reitmeyer zu einer Erwiderung ansetzte. »Mehr kann ich nicht für Sie tun.«

»Können wir?«, fragte Steiger, als der Kommissär sein Büro betrat. »Der Verhaftete sitzt schon im Vernehmungsraum.«

»Ich komm gleich«, antwortete Reitmeyer. Er nahm die Akte. Freinehmen? Die Kollegen allein mit der Arbeit lassen? Er hatte auch so verstanden. Wenn er keine Ruhe gäbe, könnte der Präsident »nichts mehr für ihn tun«. Das war eine klare Warnung gewesen. Aber gleichzeitig die Andeutung, dass er nichts von dem weitergeben würde, was seinem Kommissär aufgegangen war? Er ging zum Vernehmungsraum.

Hätte er noch Gelegenheit, dies alles Caroline zu erklären? Würde sie ihm überhaupt noch einmal zuhören? Nachdem er sie in seinem Zorn tatsächlich verdächtigt hatte, bei Kapfenbachs Tod nachgeholfen zu haben.

Vor der Tür blieb er noch einen Moment stehen.

Die wahren Zusammenhänge würde er ihr nicht erklären. Weil er sie damit womöglich in Gefahr brachte, falls etwas durchsickern sollte. Er musste sie schützen. Stillschweigen bewahren.

Er atmete noch einmal durch.

Dann öffnete er die Tür.

EPILOG

Péronne, September 1916

Sie stand auf dem Hügel. Zartblau und gläsern wölbte sich der Himmel zum See hinab, in der Ferne die Berge. Dann sah sie sein Boot. Es glitt langsam zum Steg, mit straffen Segeln, obwohl sich kein Lufthauch regte. Sie drehte sich um. Plötzlich kam Wind auf. Die Fenster des Gasthofs standen offen, weit aufgerissen, Vorhänge wehten heraus, weiß und gebläht. Gab es Sturm? Sirenen heulten. Dann ein schriller, lang anhaltender Klingelton. »Lukas!«, rief sie. Und noch einmal »Lukas!«

Stöhnend fuhr sie hoch und strich sich verklebtes Haar aus der Stirn. Die Lampe neben der Pritsche hüllte den Raum in gelbliches Licht. Durch einen Spalt im Fenster schwirrte ein pelziger Falter herein und taumelte gegen die Decke. Hastige Schritte auf dem Gang, Türenschlagen, Rufe, klappernde Absätze die Steintreppe hinab.

Seit Monaten hatten sie nichts mehr von Lukas gehört. Das letzte Mal eine Postkarte, wahrscheinlich aus Flandern. Von wo genau, durfte er nicht schreiben. Er sei vermisst, hieß es. Man müsse ihn suchen, meinte ihr Vater. Sie solle ihn suchen. Als wäre er ein Junge, der sich im Wald verirrt hatte. Aber hier verirrte sich keiner. Sie wusste, was ihm passiert war.

Von der Straße dröhnte ein dumpfes Brausen herauf, wie Brandung, bald stärker, bald schwächer: Das Stampfen der Truppen, der Marschkolonnen, seit Tagen schon, immer mehr Soldaten, immer mehr. Zur Front, zu den Gräben, zum Tod hin.

Schwerfällig stand sie auf, schlüpfte in die Schuhe, legte sich fröstelnd den Schal um die Schultern und trat ans Fenster. Schnarrendes Hupen ertönte im Hof, Scheinwerfer tauchten die Gerippe der Stallgebäude in fahles Licht. Autos und Pferdewagen drängten herein, Sanitäter liefen hinzu, betteten Verwundete auf Bahren, stützten solche, die noch gehen konnten und legten andere, die den Transport nicht überlebt hatten, am Eingang des Kellers ab.

»Fünfundvierzig Mann auf Ihren Saal«, hörte sie den Stabsarzt von unten brüllen. »Schieben Sie Betten zusammen, damit die Flure frei werden!«

Es klopfte, die Tür ging auf. »Frau Doktor«, sagte die Schwester atemlos. »Sie sind schon wach? Wir wollten Sie eigentlich schlafen lassen, aber Sie hören ja selbst ...«

»Ja, sicher, ich komme.«

»Keine Eile. In einer halben Stunde, hat der Professor gesagt. Dann fängt er zu operieren an.«

Sie trat an den Tisch und schob die schwarze Kladde in einen Umschlag. Dann nahm sie den Brief, auf dem nur noch der Abschiedsgruß und ihre Unterschrift fehlten, las ihn noch einmal durch, bevor sie ihn ebenfalls in den Umschlag steckte.

Lieber Sebastian,

Ich habe mehrere Anläufe gemacht, um wieder Kontakt mit dir aufzunehmen, das letzte Mal im Frühjahr in München. Damals habe ich von deiner Tante erfahren, dass du ebenfalls an der Westfront bist, wo genau, konnte sie nicht sagen. Vor einiger Zeit habe ich dann von Mathilde gehört, dass du verwundest wurdest und nach Hause in ein Lazarett gebracht worden bist. Es gehe dir schon wieder besser, das meinte Sepp zumindest, der dich offensichtlich besucht hat. Ich hoffe, das stimmt, und vor allem, dass du keine schweren, bleibenden Schäden zurückbehältst.

Als ich Ende Mai nach einem kurzen Urlaub wieder meine Arbeit in Péronne aufnahm, konnte sich keiner vorstellen, was uns hier an der Somme bevorsteht, und schon gar nicht, dass ich nach der englischen Offensive im Juli nicht mehr von hier wegkommen würde, ohne meine überlasteten Kollegen vollkommen im Stich zu lassen. Aber mit der Post kann ich nicht schicken, was ich dir zukommen lassen will, weil es vielleicht die Zensur nicht passieren und dann unabsehbare Konsequenzen nach sich ziehen würde.

Ich musste also warten, bis ich jemandem, dem ich vertraue, den Brief mitgeben konnte. Feldunterarzt Ohldorf aus Garmisch hat Fronturlaub bekommen und wird dir meine Nachricht überbringen. Wahrscheinlich wirst du dich wundern, dass der blasse Milchbart schon Arzt sein soll. Er hat auch die sieben Semester noch nicht, die man für den Unterarzt braucht, aber in seiner Zeit an der Westfront so viel gelernt wie manch anderer im ganzen Studium nicht. Und wenn es stimmt, dass an der Somme eine Generation drei Monate dauert, ist dieser junge Spund längst ein Greis. Falls er in München nicht gleich Anschluss zur Weiterfahrt kriegt, könntest du dir das Himmelreich verdienen, wenn du ihm Unterkunft – vielleicht sogar mal eine ohne Flöhe und Wanzen – und etwas zu essen geben könntest. Du wirst sehen, er ist ein sehr feiner Mensch und hat bei der Bergung und Versorgung unserer Verwundeten wahrhaft Übermenschliches geleistet.

Beiliegend zu meinem Brief ist ein Heft, das ich damals in der Nacht in Kapfenbachs Wohnung gemeinsam mit den Diamantkämmen meiner Mutter eingesteckt habe. Das hätte ich dir natürlich auch gesagt, wenn mich dein Kommissärs-Tonfall und deine Verdächtigungen damals in Sepps Küche nicht so wütend gemacht und so maßlos verletzt hätten. Ich gebe allerdings zu, dass ich mich auch dir gegenüber nicht immer korrekt verhalten habe. Aber zu dem Zeitpunkt war ich so vollkommen fixiert darauf, Franz zu retten, dass mir im Vergleich dazu alles andere unwichtig erschien.

Das beiliegende Heft enthält Kapfenbachs Tagebuch. Anfangs habe ich bloß einen kurzen Blick hineingeworfen und gleich wieder zugeklappt, weil ich das Ganze für die typischen Schwafeleien eines reaktionären Militärs hielt. Erst nachdem mein Vater und später auch ich von einem Oberst Feichtl einbestellt wurden, habe ich das Tagebuch wirklich gelesen, und erst dann ging mir die Tragweite des Inhalts überhaupt auf. (Der Oberst hat natürlich keine Ahnung, dass ich dieses Tagebuch besitze.)

Bei dem Gespräch mit dem Oberst, das äußerlich höflich und scheinbar freundlich verlief, machte er mir einerseits Komplimente für meinen medizinischen Spürsinn, der zur Aufdeckung der Medulla-Stiche geführt habe, andererseits appellierte er an mein vaterländisches Gewissen, dass ich meine Nation nicht in Misskredit bringen dürfe, indem ich bekannt machte, dass ein Offizier unseres Königs aus Habgier zum Mörder geworden sei. Darüber müsse in so schwierigen Zeiten absolutes Stillschweigen gewahrt bleiben. (Das Gespräch war am 30. Juli, als Russland die Generalmobilmachung verkündet hatte.) Diese Forderung nach Stillschweigen wurde von mehr oder minder deutlichen Drohungen flankiert, was Franz und schließlich auch meinem Vater passieren würde, wenn die Homosexualität meines Bruders herauskäme. Bis dahin entsprach größtenteils alles deiner Einschätzung über das Verhalten der Militärs, wie du sie damals in unserem Garten abgegeben hast: Man würde unbedingt vertuschen wollen, dass es im Kreis von Offizieren zu kapitalen Straftaten gekommen war.

Unheimlich wurde mir erst, als er mir das Tatwerkzeug präsentierte, das angeblich in der Corneliusstraße sichergestellt worden sei, und er einem Kästchen eine schmale Klinge entnahm, die einem Brieföffner glich. Damit seien die Stiche ausgeführt worden. Einmal abgesehen davon, dass diese Stiche mit allen möglichen Werkzeugen ausgeführt werden können, fielen mir Kapfenbachs Ausführungen in seinem Tagebuch ein. Er wundert sich beide Male, dass nach seinen Überfällen auf den Kellner und den Masseur die Opfer tot aufgefunden wurden. Weil er sie zwar bewusstlos geschlagen, aber nicht umgebracht hat!

Mein Gott, Sebastian, wir sind einem riesigen, heimtückischen Komplott aufgesessen. Das Ganze war offensichtlich von langer Hand geplant und Kapfenbach ist genauso darauf hereingefallen wie wir. Er hat bis zum Schluss nicht begriffen, dass seine Verfolger nicht von Schmödel und Rüdesheim eingesetzt wurden, um ihm das Geld wieder abzujagen, das er dem Opfer an der Ludwigsbrücke abgenommen hat. Er kam nie auf die Idee, dass ihn sein »Freund« Oberst Feichtl benutzte, um ihm Morde anzuhängen, die in Wahrheit von höherer Stelle befohlen wurden. Bis man den Sündenbock selbst kaltblütig liquidierte.

Seit nun zwei Jahren schon schleppe ich dieses Wissen mit mir herum und wagte mit niemandem darüber zu reden, weil man mir drohte, Franz müsse dafür büßen. Auch über meine Beziehung zu dir wusste der Oberst irgendwie Bescheid und deutete an, dass ich auch gegenüber der Polizei äußerste Zurückhaltung wahren sollte. Dass wir uns dank seiner Machenschaften schon entzweit hatten, wusste er offenbar nicht. Aber es hätte ihn sicher gefreut.

Weshalb ich mich jetzt über die Befehle und Drohungen des Obersten hinwegsetze, liegt an dem furchtbaren Ereignis, für das ebenfalls die Feichtls dieser Welt verantwortlich sind. Weil sie uns mit ihrer Politik in einen Krieg gestürzt haben, der zu nichts anderem als reinster Menschenschlächterei ausgeartet ist. Mir fällt es schon schwer, die Worte nur niederzuscheiben. Lukas ist tot. Sie sagen, er sei vermisst. Nach schwierigen Nachforschungen habe ich erfahren, dass er wahrscheinlich Anfang September bei den Gefechten um Thiepval, ganz in der Nähe von hier, eingesetzt war. Mein Vater meint, er könnte in englische Gefangenschaft gekommen sein. Ich solle ihn suchen. Aber hat er gesehen, wie es hier aussieht? Die endlose Kraterlandschaft, über der scharfe Chlordämpfe und süßliche Phosgenschwaden wabern, wo die Vögel vom Himmel fallen und alles, was lebte, vergiftet ist? Wo sich in Millionen Granattrichtern die Leichen türmen? Ein einziger Friedhof.

In ihrer Hilflosigkeit sprechen viele vom »Ende der Tage«, den »Schalen des Zorns«, die über uns ausgegossen werden, vom »Jüngsten Gericht«, wo alles in Feuersbrunst untergeht. Alles Floskeln. Auch mir fallen apokalyptische Horrorvisionen ein, wenn ich Männer ohne Nasen und Ohren sehe, Männer, denen die Stirn weggeschossen und das Kinn weggesprengt ist, Männer ohne Arme und Beine und solche, denen beim Gasangriff die Lungen nicht gleich geplatzt sind, sondern die sich elend zu Tode husten oder zu Tode schreien müssen, weil wir nicht mehr genug Morphium haben. Aber hier ist nichts biblisch oder archaisch, sondern alles höchst technisch und modern. Ein deutsches Maschinengewehr feuert sechshundertmal pro Minute, und auf diese Weise wurden im Juli an einem Tag 20000 Menschen getötet, davon 8000 Engländer in der ersten halben Stunde des Angriffs – weil sie glaubten, sie hätten die deutschen Stellungen vernichtet nach sieben Tagen und Nächten andauerndem Artilleriebeschuss. Ein tödlicher Irrtum, wie sich herausstellen sollte. Und unser Sieg? Ich hörte hier munkeln, dass der Feind bei seinem zweiten Großangriff im September keine Gefangenen mehr gemacht und keine Verwundeten mehr verschont hat. Wo soll ich Lukas also suchen? Und wer ist in seinem Fall überhaupt der Feind? Unsere Mutter ist nicht mehr aus England zurückgekommen. Sie ist bei ihrer Familie geblieben, und ihre Söhne sind jetzt für meine englischen Verwandten die »Feinde«. Einer wurde vernichtet, der andere kämpft mit dem Leibregiment in Rumänien, um unsere russischen Feinde zu schlagen. Und ich? Helfe Soldaten zusammenzuflicken, damit sie möglichst schnell wieder in die »Blutmühle« unseres Frontabschnitts zurückkehren können. In die Hölle, würde ich sagen. Ohne Professor Riedl, der sich freiwillig zum Lazarettdienst gemeldet hat und seine Sache bestimmt besser macht als die operierenden Zahnärzte und

Psychiater, die aus Chirurgenmangel hier eingesetzt werden, wäre ich sicher schon wahnsinnig geworden.

Zu ihm muss ich jetzt auch hinunter, vermutlich stehen wir wieder die ganze Nacht im Operationssaal, wo es an allem fehlt.

Durchs Fenster fegte ein feuchtkalter Windstoß herein, und sie stand auf, um es zu schließen. Dann trat sie wieder an den Schreibtisch zurück, griff nach der Feder und schrieb weiter.

Wenn es dir wieder besser geht, könntest du vielleicht einmal in der Giselastraße vorbeigehen? Um nach Mathilde zu sehen. Du weißt ja, wie gern sie dich immer hatte. Sie ist ganz allein mit meinem Vater, dessen Gesellschaft sicher nicht leicht zu ertragen ist, nachdem er endgültig einsehen musste, dass seine Frau nicht zurückkommen wird. Unsere Familie war schon lange zerbrochen, aber jetzt gelingt es ihm nicht mehr, dies hinter hoch aufgerichteten Mauern aus Tabus und Redeverboten zu verbergen.

Heute Morgen bin ich mit den Sanitätern zu einem Verbandsplatz direkt hinter der Front hinausgefahren. Weil ich auf die Schlachtfelder hinaussehen wollte. Auf Lukas' Grab vielleicht. Was ich durchs Fernglas sah, war nach den Regenfällen nur eine bräunlich-graue Masse, eine Schlammwüste, in der sich nicht mal die Jahreszeit erkennen ließ. Auf dem Rückweg war ich dennoch ganz ruhig. Warum? Ich weiß nicht. Vielleicht weil plötzlich so etwas wie Gegenwehr in mir aufkam, eine Art Trotz, dass dies nicht das Ende sein kann. Und eine ganz unsinnige Überzeugung, dass wir überleben. Dass wir überleben und uns wiedersehen.

Ich umarme dich.

Deine Caroline

Anmerkung der Autorin
Die Feiern zum Hundertjährigen Jubiläum des Königlich Bayerischen Leibregiments fanden vom 4. bis 6. Juli 1914 statt. Aus dramaturgischen Gründen habe ich das Fest um eine Woche auf den 12. Juli 1914 verschoben.